改訂
第2版

大学入学 **共通テスト**

地理総合、
地理 探究

の点数が面白いほどとれる本

河合塾講師
瀬川 聡

＊この本は，小社より 2022 年に刊行された『改訂版　大学入学
共通テスト　地理 B の点数が面白いほどとれる本』を底本と
し，最新の学習指導要領と出題傾向に準じた加筆・修正を施す
ことにより，令和 7 年度以降の大学入学共通テストに対応させ
た改訂版です。

▶地理は難しくない！　しかも最高におもしろい！

　こんにちは。河合塾地理科講師の瀬川 聡 です。本書は，大学入学共通テスト（以下，共通テスト）にチャレンジする受験生の絶対的な味方となるべく書きあげたものです。この『大学入学共通テスト　地理総合・地理探究の点数が面白いほどとれる本』は，従来の共通テスト対策以上に君たちの実力アップと夢の実現を図れるよう磨きをかけて完成させました。本書を手にとった「君」は，もう大丈夫です！

　地理は，人類の未知なことに対する 憧 れから出発しました。未だ見ぬ世界に思いをはせ，見果てぬ夢を追いかけたのです。でも，新しい知識を獲得することだけが地理の目的ではありません。地表のできごとを関連づけ理論的に解明する「地」の「 理 」なのです。そして地理（Geography）を学べば，国際社会を生き抜くための人間力（生き抜く力）を身につけることができます。受験で成功するのはもちろんですが，地理との出合いによって視野を広げ本当のグローバルな人材に育ってくださいね！

　共通テストの地理は，莫大な知識量だけで勝負する科目ではありません。もちろん覚えるべきこともあります。しかし，バタバタとあわてて語句や地名，統計の丸暗記をしても，さほど効果がありません。君たちにとって高得点をとるための最良の方法は，**地理の基本的な知識と理論を身につけ，与えられたデータや素材から地理的思考力や観察力を発揮して正答を導き出すこと**なのです。

　本書は，今から地理の学習を始める人にも，すでに十分な学力が身についていて，さらに高得点をねらう人にも満足してもらえる，画期的な参考書に仕上がったと自負しています。

▶新課程における共通テスト

　新課程の共通テスト（地理総合・地理探究）は，小問 30 前後という形式が予想されます。つまり，単純計算で小問を少なくとも 2 分以内で解かなければなりません。人間は，タイムプレッシャーにどうしても弱いため（時間制限があると焦ってしまう），どんなに基本的な問題が多くても，共通テスト当日の緊張感や「こんな図やデータは見たことがない！」という焦りから思わぬミスをしてしまうもの。しかし，本書を熟読すれば，**設問の意図を素早く読み取ることができるようになり，さまざまな知識や情報を整理・分析し，君たちが培ってきた地理的な理論と結びつけることができるようになります**。だから心

配しないでも大丈夫！

▶ 『地理総合』と『地理探究』

　2022年度から新しく生まれた『地理総合』と『地理探究』では，以下のことを学びます。地理総合では，地図と地理情報，地球的課題，自然災害と防災を中心的なテーマとして，地理的な見方・考え方を習得します。さらに，地理探究では，地理総合で身につけた地理的見方・考え方を駆使して，系統地理と地誌におけるより深い学びを行うのです！本書で学習すれば，『地理総合』も『地理探究』もパーフェクト！！！

▶ 本書の使い方

　本書を使うにあたって，最初にp.14（共通テストで大成功するための5箇条）を必ず熟読しましょう！

　第1講の「地図と地理情報」，第2講の「系統地理」では，しっかりと地理の基本を身につけ，地理的な見方や考え方を君たちのものにしてください。そして第3講の「地誌」では，これまでに学んだことを十分に活かして世界を正しく観察してください。そして世界の諸地域の関係性や相異点を見出してほしいのです。今まで時間をかけて，頭に無理やり詰め込んできた知識や情報がすんなり理解できるはずです。

　まずは，語句や地名，統計などを丸暗記しようとするのではなく，本文をしっかりと読み込んでください。地理が単なる暗記科目ではなく，「理解していく」科目だとわかれば，地理がたちまちおもしろくなり，得点力もアップします。読みながら理論武装していきましょう！

　さらに，本書は共通テストにとって欠かせないデータ・資料などをできる限り多く載せ，共通テストを解くための重要な鍵をちりばめています。本文に沿って，しっかりとどこに着目すればよいのかを学びましょう！　そして，チェック問題を解いてみましょう。その際には，正答したかどうかを確認するだけでなく，正答に至った過程が正しいかどうか，本文中で君たちに与えたアドバイスを有効に利用できたかを，必ず確認してください。最新の出題傾向も理解できるよう，できるだけ共通テストに対応できる問題を載せてあります。

　また，本書をひと通り通読したら，それだけで終わらせることなく，がんばってもう2回読み直してください（1回目は，かるーくハイスピードで，2回目以降はマーカーでチェックしたり，付せんをつけたりしながらじっくりと時間をかけて読むのが高得点の秘訣）。必ず実力アップと，共通テストでの成功に通じます。

▶最愛の受験生へ

　本書には，**地理のおもしろさ**，**共通テストでの成功法**，君たち受験生を応援する**俺のパワーとエネルギー**がたくさんつまっています。地理がおもしろくなった，好きになった，高得点が取れるようになったと，君たちに言ってもらえると信じています。

　苦しいときもあると思うけど，君たち１人ひとりが，**自分にできるだけのことを精一杯やってみてください。**そして本書と学校や予備校の授業に真剣に取り組んでください。**必ず道は開けます！**　春に，君たちから吉報が舞い込むのを楽しみに待っています。

▶謝　辞

　本書の執筆にあたっては，河合塾をはじめ多くの先生方にご協力いただきました。先生方のご協力なしに，本書の完成はあり得ませんでした。この場をお借りしてお礼申し上げます。また，㈱KADOKAWAの原賢太郎さん，細野翔太さん，デザイナーのムシカゴグラフィクス長谷川有香さん，イラストレーターのたはらひとえさん，地図制作の佐藤百合子さんにも，心から感謝しています。

　2024年７月

河合塾地理科講師

瀬川　聡

主な参考文献（ウェブサイト含む）

『世界国勢図会　2023／24』（矢野恒太記念会）

『日本国勢図会　2023／24』（矢野恒太記念会）

『データブックオブ・ザ・ワールド　2024』（二宮書店）

『地理データファイル　2024年度版』（帝国書院）

『データでみる県勢2023』（矢野恒太記念会）

『日本のすがた2023』（矢野恒太記念会）

『国際連合世界統計年鑑』（国際連合統計局）

『国際連合世界人口年鑑』（国際連合統計局）

『国際連合世界人口予測』（国際連合経済社会情報・政策分析局人口部）

『世界森林白書』（FAO〔国連食糧農業機関〕

『ILO労働統計年鑑』（国際労働事務局）

『人口の動向』（厚生統計協会）

『出入国管理統計年報』（法務省）

FAOSTAT〔FAO Statistical Databases〕http://faostat.fao.org/

参考とした教科書

『地理総合』『地理探究』（東京書籍）

『新地理総合』『新詳地理探究』（帝国書院）

『地理総合』『わたしたちの地理総合』『地理探究』（二宮書店）

もくじ

第①講　地図と地理情報でとらえる現代世界

第②講　現代世界の系統地理的考察

第 **3** 講　現代世界の地誌的考察

本文デザイン：長谷川有香（ムシカゴグラフィクス）

本文イラスト：たはら　ひとえ／けーしん

地図制作：佐藤　百合子

さあ，共通テスト「地理総合，地理探究」の勉強をこれから始めよう！　難しくないから大丈夫！最初はちょっとキツいけど，あとからたまらないほど楽しくなるよ！

本書の特長と使い方

第2講　現代世界の系統地理的考察

14 人　口
世界の人口分布と人口動態

この項目のテーマ

1　人口分布
人口の分布が均一でないのはどうしてだろう？

2　人口増減と人口転換
経済発展に伴う人口増減のタイプと人口転換を理解しよう！

3　人口構成と人口問題
発展途上国と先進国の人口問題について考えてみよう！

1　人口分布

　現在，世界にはどれくらいの人々が居住しているかは知ってるよね？　約80億人（2022年）もいるんだ。日本は約1億2,500万人（2022年）だから，いかに世界の人口が多いかわかるよね。しかも世界の人口はまだまだ増えると予測されているんだけど，地球っていったいどれくらいの人口までなら養っていけるのかなあ。

　図1を見てごらん！　これは**世界の人口分布**を人口密度で表したものだよ。

図1　世界の人口分布状況

1km²当たり人口
■ 100人以上　□ 1～50
■ 50～100　□ 1人未満
『世界人口年鑑』などによる。

項目ごとに，そこで学ぶテーマを冒頭に示しています。

重要記述は太字と下線で，重要用語は赤字で，それぞれ表されています。

図表は見やすく，わかりやすく表現しています。そのまま共通テストに出ちゃうかも!?

本書は，共通テスト「地理総合，地理探究」対策において必要となる基本事項を，苦手な人にも十分読みこなせるよう，他の本では手薄になりがちな地理の"**根本原理**"をフォローし，これ以上丁寧には書けないというレベルまでかみくだいた最強の共通テスト対策本です。本書を読み込んで，苦手なところを全部つぶしてしまいましょう！

この図を見ると人口の分布が不均等で，人口密度が高い地域と低い地域がどこにあるかはっきりとわかるだろう？

じゃあ，ここで**図1**［➡ p.249］を見ながら君たちに考えてもらおう！　どんなところで人口密度が高いかなあ？　……そうだね，**西ヨーロッパ**，**モンスーンアジア**，**アメリカ合衆国北東部**の3か所で特に人口密度が高いね。

人口密度が高いということは，多くの人々を養っていくだけの「何か」がある地域と考えていいよ。つまり，西ヨーロッパは早くから産業が発展し，**農業，工業，商業**などが高度に発達している地域だよね。

モンスーンアジアは恵まれた**地形，気候，土壌**を利用して稲作（連作が可能で生産性が高く，米は熱量も大きいから人口支持力が高い）が発達した地域だったよね。

そしてアメリカ合衆国北東部は世界的な商工業地域（**アメリカンメガロポリス**）なんだ。それぞれ特色は異なっていても，共通しているのは多くの人間を支えていける**産業が発達している**ということが背景にあることがわかるね。

> 世界にはたくさんの国々があるけど，人口密度には大きな違いがみられるよね？　高い国と低い国は，ただ覚えるしかないのかなぁ？

共通テストでは細かな数値や地名を丸暗記する必要はないよ（ただ，**国名や位置**はある程度わからないとまずいからね！）。

じゃあ，どういうところに注意をして勉強していったらいいのかを**表1**を見ながら確認してみよう!!

表1　国別人口密度			
人口密度が高い主な国		人口密度が低い主な国	
バングラデシュ	1,153	モンゴル	2
韓　国	516	オーストラリア	3
インド	431	アイスランド	4
オランダ	423	カナダ	4
日　本	335	リビア	4

※単位は人／km²。統計年次は2022年。

モナコ（18,235人／km²）やシンガポール（8,202人／km²）などの都市国家を除くと，モンスーンアジアの国々がかなり高い数値を示しているのがわかるよ。

じゃあ，人口密度が低い国はどんな国かな？

モンゴル，オーストラリア，リビアなどの乾燥地域を含む国やアイスランド，カナダなど高緯度の寒冷な国で人口密度が低いことがわかっただろう？　**農業生産に不利な気候環境**だからだよ。これは共通テストで，かなり重要なポイント

> 「地理的思考力」が身につく，ていねいで論理的な解説が展開されています。

> 読者が疑問に思うところを，キャラクターが読者になり代わって質問しています。

＊本書に掲載されている情報は，2024年4月現在のデータに基づいています。ただし，一部の資料は，資料内に記載されている年月日現在のデータです。

共通テストで大成功するための5箇条

I 『地理』という科目を十分に理解する！

　地表で生じるさまざまな事象を，バラバラにしかも強引に丸暗記するだけじゃおもしろくない。『地図と地理情報（第1講 ①）』『系統地理（第2講 ②〜⑲）』でしっかりとテーマごとの基礎的知識と理論を学習しよう。特に地形や気候などの自然環境（①〜⑧）は成因に注目！　自然環境をマスターできれば，絶対に地理は得意になれる!!!

II 地図を利用し，図で理解する！

　地球上での位置関係をとらえることは，地理学習の基本！　めんどうでも**本書の横には必ず地図帳を置いて学習する習慣を身につけること**。細かい地名までを覚える必要はないが，**重要な自然地名（海洋，山脈，河川など）や国の位置は必ずチェックしよう！**　なかなか本書の内容が頭に入ってこないときは，できるだけ図を描いたり，フローチャート（flow chart：Aが原因で➡Bが生じ➡Cになる，というような流れを図式化したもの。大学生になったり，社会人になっても使える技だ）を作成してみよう。

III 『地誌（第3講 ⑳〜㉘）』では，さまざまなスケールで地域性をとらえる！

　まずは，系統地理で学んだことをできるだけ，地誌で使ってみよう（たとえば「コンゴ民主共和国では国土の大半が熱帯である」➡「コンゴ民主共和国は，ほぼ赤道直下に位置し，赤道低圧帯の影響を受けるため，国土の大半が熱帯になる」）。地誌は，ある地域や国がもっている総合的な特色，つまり**地域性を学習する分野**だ。まずは大陸規模，国家的規模の特徴をしっかりとらえよう！　そのためには，「東アジアとはどのあたりに位置していて，どのような国が東アジアに該当するのか」という基本的な知識を定着させたい。

IV 本書を最大限に有効利用する！　大切に持ってるだけじゃダメ！

　共通テスト対策の基本テキストとして使用してもよいし，定期考査や模試対策として使用してもよいが，どちらにしてもしっかりと通読して，地理の醍醐味を味わってほしい。そのためには，以下の読み方を勧める。

　❶　1回目は，概観をとらえるためにスピーディにざっと読もう！　ただし，気になるところや，ちょっと難しく感じたところはマーカーなどでチェックしておくこと。

❷　2回目は,「地球と地図」,「大地形」などテーマごとにしっかりと理解を深めよう！

❸　かなり力がついてきたので, アウトプットにもチャレンジ！

『瀬川聡の　大学入学共通テスト　地理B ［系統地理編／地誌編］超重要問題の解き方』,（以上, KADOKAWA）で, 解法のスキルをアップしよう！　得点がとれるようになるはず。この問題集は本書に準拠しているので, 学習の到達度を測るには最も効果的‼

❹　3回目は, ノートやメモ用紙などを横に置いて, 記憶に残りにくい部分やよく誤ってしまう部分については, ラフでよいので書き出したり, まとめたりしながら読んでいこう。

もうこれで大丈夫！！！

Ⅴ　受験当日までの時間を最大限に有効利用する！

「時間がない！」のは受験生全員同じ。数学も英語もやるべきことが多くて大変だというのはよくわかる。でも成功する人は「**時間はないけど, できるだけがんばろう**」とする。失敗する人は「**時間がないから焦って手につかなくなる**」, または「**時間がないから地理まで手が回らなくても仕方がない**」と自分に言い訳をする。俺は君たちに受験だけじゃなく, 人生で成功してほしい。そのためには乗り越えなくちゃいけない壁がある場合, 完璧じゃなくていいから, いつも最善の努力を惜しまないことを, 受験を通じてわかってもらいたい。時間はなくても, 1日に30分の時間がとれない人はいない！　もしそんなこともできないなら, 仕事をし始めると, 友人と遊ぶことも, 家族と楽しい時間を過ごすことも, 趣味に興じることもできなくなる。3分×10回でも貴重な勉強時間だ！　入試当日に「**不十分かもしれないけど, 自分なりに精一杯やってきた**」という思いで入試のステージに立てるようにがんばれ‼

この5箇条は, 本書を読んで勉強するときには, 必ず頭のどこかに入れておこう‼

図1 形式的な指標である州による地域区分

＊メルカトル図法

図2 アジア州の区分

地域区分とは，世界を共通性や関連性をもとに，まとまりのある地域に分けてとらえることである。地域は，地形や気候などの自然環境，政治・経済，民族・宗教などの文化のような指標にもとづいて区分することができる。**本書では，形式的な指標である州によって地域区分を行った。**

第1講　地図と地理情報でとらえる現代世界

1 地球と地図
地図や地理情報システムでとらえる現代世界

この項目のテーマ

1 球面上の世界
地球が球体であることと，地表の海陸分布に注目しよう！

2 地図投影法
各種地図の特色を理解しよう！

3 地図と地理情報
統計資料などの地理情報は地図化すると一目瞭然！

4 地域調査
事前調査と現地調査で，地域の特色をとらえる！

1 球面上の世界

さぁ，いよいよ楽しい**地理（Geography）**の世界の始まりです！　最初に地球の概観をとらえておこうね。

われわれの暮らしている世界が**球体**であるということは，君にとって当たり前だろうけど，古代バビロニア（現在のイラク付近）やインド，中国では「世界は平面で中央に大陸がある」という世界観が一般的だったんだ。**世界が球面であるという考え方は古代ギリシャ時代に生まれ**，2世紀には**経緯線**を使用した世界地図（**プトレマイオスの世界地図**）まで作られたんだよ ［➡ p.20 図 3 ］。

その後，**中世ヨーロッパのキリスト教世界**では，**TO図**のように再び**聖地エルサレム**を中心とする平面世界へ逆戻りしたけど ［➡ p.20 図 4 ］，7世紀以降イスラーム世界では大地が球体であるという説にもとづき，科学的に研究が進められたんだ。そして，ついに15～16世紀の**大航海時代**には，**マゼランやコロンブス**らによって球体であることが実証され，正確な世界地図も作成されるようになったんだね。

では，最初に**地球の大きさ**について確認をしておこう！　地球は，**半径約6,400km，全周約4万km**の球体だ。赤道全周が子午線（経線）全周よりほんの少しだけ長いんだけど，ほぼ球形と考えていいよ。表面積は約5.1億 km² で，

18 | 第1講　地図と地理情報でとらえる現代世界

そこには**陸地**と**海洋**が分布しているんだね。

地球儀を見ていると，陸地と海洋って偏（かたよ）って分布しているように感じるんだけど？

地球儀は楽しいよ～。地球儀を見るといろんなことがわかってくるもんね。

地球の表面積における**陸地と海洋の割合は３：７で，海洋が圧倒的に大きいよ**。そして**北半球**（北極を中心とする半球）**には陸地の３分の２が分布**しているんだ。

図１を見てごらん！ これは**緯度別の海陸分布割合**を示したものなんだ。陸地の割合や海洋の割合がきわだっているところを地図帳でチェックしておこうね！

図１　緯度別の海陸分布割合

緯度	陸地	海洋
90°N	10	90
80°N	49	51
60°N	54	46
40°N	40	60
20°N	24	76
0°	23	77
20°S	17	83
40°S	2	98
60°S	41	59
80°S	100	
90°S		

凡例：□ 陸地　□ 海洋

陸半球（りくはんきゅう）と水半球（すいはんきゅう）［図２］

陸地が最大となる半球を陸半球，海洋が最大となる半球を水半球と呼んでいる。陸半球の中心は48°N 0.5°E（北緯48度，東経0.5度のこと）で**パリ南西付近**，水半球の中心は48°S 179.5°W（南緯48度，西経179.5度のこと）で**ニュージーランド南東にあるアンティポディーズ諸島付近**となる。

図２　陸半球と水半球

陸半球　　　水半球

※●は半球の中心。
□は陸地を，
□は海洋を表す。

プトレマイオスの世界地図 ［➡ p.20 図３］

２世紀ごろのギリシャの地理学者プトレマイオスは，地球全周を360度として，経度０度～180度における半球図を作成した。プトレマイオスは実際より経度幅を大きく考えたため（アジアの東西方向を誇大表現），西端のカナリア諸島から東端の唐の都長安（ちょうあん）（中国の西安（シーアン）付近）あたりまでを経度180度の広がりとしてとらえていたことがわかる。実際の経度180度は，ニュージーランドの東方を通過していることに注意しよう！ **緯度は太陽高度や北極星の位置から比較的容易に求められたが，経度は正確な時計が発明されるまで測定することが難しかった。**また，図からインド洋も誤って内海で表現されていることがわかる。

TO図［図4］　**中世ヨーロッパ**では，**地球球体説**が否定され，**キリスト教**の**聖地エルサレム**を中心とする**地球円盤説**になってしまった。陸地はＴ字状の地中海などでアジア，アフリカ，ヨーロッパに三分割され，**O**で示されるオケアノス（ocean の語源）で全体が囲まれている。中心がエルサレム（現在の**イスラエルの首都**付近），上が東を指している。

図3　プトレマイオスの世界地図

図4　TO図

[General Cartography]

1 東　2 アジア　3 ヨーロッパ
4 アフリカ　5 エルサレム

> 地球表面にはかなり凹凸があるよね？

　そうだね。陸地の最高峰が**ヒマラヤ山脈のエヴェレスト山**（8,848m），海洋の最深点は**マリアナ海溝**の**チャレンジャー海淵**（10,920m）だよ。陸地の平均海抜高度は約880m，海洋の平均深度は約3,800m［図5］と，かなりの凹凸があるように思うけど，もし仮に地球を半径64cm の地球儀に見立てると，その凹凸は2mm 以内におさまってしまう程度なんだ。数値を丸暗記する必要はないんだけど，地表面の凹凸が君たちの生活にもいろいろな影響を与えていることが，**②大地形**［p.36～］以降で理解できると思うよ。

　実力アップのために**表1**をしっかり見てみよう！

図5　陸地と海洋の高度別割合

地球の表面積に対する割合

表1　大陸別の高度別面積割合（%）

大陸＼高度（m）	アジア（カフカスを含む）	ヨーロッパ（カフカスを除く）	アフリカ	北アメリカ	南アメリカ	オーストラリア（ニューギニアなどを含む）	南極	全大陸
200未満	24.6	52.7	9.7	29.9	38.2	39.3	6.4	25.3
200～ 500	20.2	21.2	38.9	30.7	29.8	41.6	2.8	26.8
500～1000	25.9	15.2	28.2	12.0	19.2	16.9	5.0	19.4
1000～2000	18.0	5.0	19.5	16.6	5.0	2.2	22.0	15.2
2000～3000	5.2	2.0	2.7	9.1	2.2	0.0	37.6	7.5
3000～4000	2.0	0.0	1.0	1.7	2.8	0.0	26.2	3.9
4000～5000	4.1	0.0	0.0	0.0	0.0	0.0	—	1.5
5000以上	1.1	—	0.0	0.0	0.0	—	—	0.4
平均高度	960	340	750	720	590	340	2,200	875

　大陸別の高度別面積割合を示したものなんだけど，ヨーロッパは**200m 未満の低地の割合が高い**ことに気づくだろう？　低地は大部分が**平野**のことだから人間の経済活動，つまり**農業や工業などの経済活動には有利**だよね。これもヨーロッパが経済発展をしている要因の一つなんだ。

　逆に**アフリカは低地の割合が低い**のがわかるかな？　大部分が標高の高い**高原状**になっているんだよ。交通機関の発達一つをとっても，内陸部と海洋部を結ぶ水運は発達しにくいことがわかるよね（**コンゴ川**や**ナイル川**など大部分の河川は下流部に滝があるため，**外洋船の航行が困難**）。

　南極が群を抜いて高いことも不思議だったんじゃないかな？　これはね，**南極大陸**が平均して厚さ**2,000m 以上もの大陸氷河（氷床）**に覆われているからなんだ。すごいね！　南極大陸の岩盤は，平均標高が 200m 程度しかないけど，氷河も陸地の一部とされているんだよ。

> そうかぁ。高度一つとっても統計（データ）を読むのは楽しいんだなぁ。統計なんて暗記するだけで苦痛だと思ってたけど。ところで，地球上の位置を表すのに使われる緯度と経度って何なの？

　緯度と経度は球面上の位置を示すための座標だよ。**緯度は南北，経度は東西の位置関係**を表しているんだ。

　図6を見れば，緯度と経度の考え方がすぐわかるよ。地図上で**赤道**，**本初子午線**（経度0度），**経度180度**がどこを通過しているかを知っていると，地理的な思考力を使いやすくなるので，**地図帳にマーカーで線を入れておこう！**

図6　緯度と経度

> 先日，ハワイにいるセツコおばあちゃんに電話をかけたんだけど，ハワイ時間の真夜中に電話してしまって怒られちゃった！　時差について教えてくれないかなぁ？

　それは，いけないねえ（^^;）。では図7　[➡ p.22] を見ながら，しっかり時差について勉強しておこう。

地球は，1日（24時間）かけて1回転（経度360度）するわけだから，**経度15度で1時間の時差**が生じることになるよね？

もう一度**図7**を見てごらん！　**図7**は北極を中心に描かれた地図だよ。ほぼ**経度180度**を日付変更線とし，**この西側から1日が始まる**んだ（日付変更線の西から順に時刻が進んでいく）。つまり2025年の1月1日を最初に迎えるのが，日付変更線のすぐ西側，最後に迎えるのがすぐ東側の地域ということになるんだよ。

図7　時差

また，ロンドンを通過する**本初子午線**（経度0度）を世界標準時（GMT：Greenwich Mean Time）の基準線と定めているんだ。最近は原子時計に基づく**協定世界時**（UTC：cordinated universal time）が基準になっているけど実生活の上ではほとんど同じと考えていいよ。

　標準時って何のために定めてあるの？

さっき**経度15度で1時間の時差**が生じるという話をしたよね。厳密に言えば，経度1度で4分の時差が生じるんだ。ということは，東京（東経140度）で午後7時だったら福岡（東経130度）ではまだ午後6時20分ということになるよね。

君たちも日本全国いろんなところに住んでいるだろうけど，日本中で時刻が異なっていると，とってもめんどうなので，ちょうど国土のほぼ中央部を通過する**東経135度**（**兵庫県明石市**）を日本の**標準時子午線**と定めているんだ。

ところが，ロシア，アメリカ合衆国，オーストラリアなどの**東西幅が大きい国**では，一つの標準時では無理があるので，**複数の標準時を定めている**んだよ。

じゃあ，次に 例題 を出してみるのでやってみよう！

例題1　東京に住んでいるスナオ君は，4月1日午後2時にロンドンに留学中のマサミさんに電話をかけました。マサミさんが電話を受けるのはロンドン時間で4月何日の何時ですか？

例題2　大学生になったタイヨウ君は夏休みにロサンゼルス（120°W）に行くことにしました。8月2日午前10時に成田を出発し，11時間の所要時間でロサンゼルスに到着しました。ロサンゼルス時間で8月何日の何時に到着しましたか？（**例題1** **例題2** ともサマータイムは考慮しない）

以上，2問は完答するまで徹底的に練習しよう！

複数の標準時を採用している国　ロシアでは11，アメリカ合衆国では本土で4，アラスカ，ハワイを加えて計6，オーストラリアでは3とおりの標準時が採用されている。例外として中国はペキン（北京）を基準とした標準時を用いており，時刻帯は一つである。

サマータイム　サマータイムは20世紀初めにイギリスで提案された。夏季に日光浴する時間を長くとったり，点灯時間を短くするなど省エネルギーを目的として設定された時間で，標準時より1時間進んだ夏時刻（サマータイム）を採用している国がある。特にイギリスやドイツなどヨーロッパ諸国やカナダ・アメリカ合衆国などは，比較的高緯度に位置するため，夏の日照時間が長いことから採用している。サマータイムは約70か国で実施されているが，日本，韓国，アイスランドなどでは採用されていない。

ポイント　球面上の世界

❶ 地球は，半径約6,400km，全周約4万km，表面積約5.1億km² の回転楕円体で，陸地と海洋の割合は3：7である。

❷ 時差は経度15度につき1時間生じ，日付変更線を基準として西に向かうほど時刻は遅れる。

p.22 例題1 の解説

4月1日午前5時　東京は135°E，ロンドンは0°を標準時子午線としているので経度差が135°ある。これを15で割ると9時間の時差があることがわかり，東京のほうが時刻が進んでいるため，スナオ君が電話をかけた東京時間の4月1日午後2時から9時間差し引いた時刻がロンドンの現地時間であるのだから，マサミさんが電話を受けるのは4月1日午前5時となる。

p.22 例題2 の解説

8月2日午前4時　飛行機による移動の問題では，必ずどちらかの時刻（この場合は成田かロサンゼルスのいずれか）に合わせて考える。ここでは成田（135°E）とロサンゼルス（120°W）の経度差は135＋120となり，15で割ると，17時間分だけ成田の時刻が進んでいることがわかる。したがって，タイヨウ君が成田を出発するのはロサンゼルス時間の8月1日午後5時となり，11時間（飛行機の所要時間）後に到着するのだから，8月2日午前4時となる。

❷ 地図投影法

　君は**地球儀**を見たことあるよね？　地球儀とは地球を縮小した模型で，経緯線，陸地と海洋，地名などが表記されているよ。**球面上での距離・方位・面積・角度の関係がそれぞれ正しく表されている**ため，地球を観察するにはとっても便利なものなんだ。

　しかし，作業や持ち運びを考えるとどうだろう？　俺も地球儀は持っているけど，自分の車に地球儀は載せていないし（いつも車にでっかい地球儀を載せて走り回ってたらかなり怪しいよね！），新幹線や飛行機での移動のときも困るよね。そこで地図が登場するわけだ。

　地図は地球の表面を写し取ることによって作成するんだ。これを**地図投影法**（**図法**）といって，写し取る面によって**図8**のような方法があるよ。

図8　地図投影法

図9　平面図法の投影

➡**正射図法**では，地球を遠くから眺めた感じの地図になること，**心射図法**では**任意の2点間を結ぶ直線が最短（大圏）コースを示すこと**，**図9**の図法ではすべて**中心からの方位が正しい**ことに注意しよう！

　　地図は地球儀と同じように地球を正確に表すことができるの？

　うーん，それは難しいねぇ。球面を平面にするわけだから，いろいろな問題が生じるんだ。つまり平面の地図上では**距離・方位・面積・角度のすべてを同時に正しく表すことはできない**んだよ。そこで地図の使用目的に合わせてさまざまな**図法**が作成されているんだね。

正積図法というのはどんな図法なの？

正積図法とは，**地図上での面積関係が正しく表されている図法**のことで，「アメリカ合衆国の面積は，日本の約25倍だ」ということが正しく表現されているんだ。主に，**ドットマップ** [→ p.29 図14] などの**分布図**（何が，どこに，どれぐらいあるかを示す地図）として使用されているよ。**分布図を作成する時に，面積がでたらめな地図を使うと，地図を読む人に誤った印象を与えてしまうから要注意だ！** 本来，地表面では緯線と経線が直交しているんだけど，平面上

図10 正積図法

●サンソン図法（円筒図法）

緯線は等間隔の平行線で，経線は正弦曲線（サインカーブ）。中低緯度は比較的正確だが，高緯度地方のひずみが大きい。

●モルワイデ図法（円筒図法）

経線が楕円曲線（ホモロ），緯線は平行線で，サンソン図法よりも高緯度地方でのひずみが小さい。

●ホモロサイン（グード）図法

モルワイデ図法
—— 40°44′
サンソン図法
—— 40°44′
モルワイデ図法

低緯度でサンソン図法，高緯度でモルワイデ図法を用い，緯度40度付近で接合したもの。さらに大陸の形のひずみを小さくするために，海洋の部分に断裂を入れた。船舶航路や等値線図，流線図を描くには不適当である。

●エケルト図法（円筒図法）

高緯度地方のひずみを小さくするために，極を赤道の2分の1の長さの直線とした。緯線間隔は面積が正しくなるように，緯度が高まるほど狭くしてある。

●ボンヌ図法（円錐図法）

緯線は等間隔の同心円で，中央経線を離れるにつれ形のひずみが増すため，世界図や半球図には不適当であるが，大陸図や地方図にはよく用いられている。

では面積を正しくすることによって経緯線が直交しなくなるため，形の歪み<ruby>歪<rt>ゆが</rt></ruby>が大きくなるのが欠点だ。

それを少しでも改善しようと，図10［➡ p.25］のようにいろいろな図法が作られてきたんだよ。

> メルカトル図法という名前をよく聞くんだけど，どんな図法なの？

確かに，有名な図法だよね。

では，**正角図法<rt>せいかく</rt>であるメルカトル図法**について説明してみよう！　共通テストではメルカトル図法をしっかり学習しておく必要があるからね。

まず，**正角図法**というのは**地球上での角度の関係が地図上でも正しく表現されている図法**なんだ。つまり，任意の線と経線<rt>けいせん</rt>との交わる角度が地表面と同じように描き表されているんだ。

さっきも話したけれども，地球の表面では経線と緯線<rt>いせん</rt>が直交していて，**メルカトル図法でも経線と緯線が常に直交している**よね。だから地球の表面で，測った角度は，地図上でも同じ角度になるため，**任意の2点を結んだ直線は等角航路**になるんだ。これによってコンパス（羅針盤<rt>らしんばん</rt>）を使用すれば，経線に対して船の舵<rt>かじ</rt>の角度（舵角<rt>だかく</rt>）を常に一定に保って航行する等角航路を直線で表すことができるから，**航海図**としてはとても便利なんだよ。

ただ，君も気づいているように，大きな弱点があるよね。

本来は**赤道上の経度1度と他の緯度における経度1度は距離<rt>きょり</rt>が違う**はずなのに，この図法ではすべての経度を赤道上と同じ長さに表しているから，**高緯度<rt>いど</rt>になるほど距離や面積が著しく拡大**してしまうんだ。それから，**北極点や南極点は描き表せない**のも欠点だね。

たとえば，**北緯60度における経度1度分の距離は2倍に拡大**されていることになるので，図11のメルカトル図法で見るロシアやカナダは，実際よりかなり大きく表されているんだ。ちょっとびっくり!!

図11　メルカトル図法

A～B間とC～D間の実際の距離は等しい

距離の求め方

緯度1度分の距離
赤道上での経度1度分の距離　} 40,000km（全周）÷360度＝約111km

緯度θ度における経度1度分の距離　111km × cosθ°

 次の**図12**は何という図法なの？

図12　正距方位図法

　図12は東京を中心とする<ruby>正距方位<rt>せいきょほうい</rt></ruby>図法だね。君の地図帳にも必ず<ruby>載<rt>の</rt></ruby>ってるよ。これは**中心からの距離と方位が正しい図法**なんだ。

　われわれは，どの図法でもつい地図の上が北，右が東と思いこんでいるけれど，方位が正しい図法でなければこれは言えないんだ（地形図のような大縮尺の地図なら方位はほぼ正しくなるけどね）。

　メルカトル図法や**ミラー図法**などの見慣れた図法で，「東京から真東に行くとアメリカ合衆国の西海岸，西に行くと<ruby>地中海<rt>ち ちゅうかい</rt></ruby>」などというミスを犯しがちだけど，**図12**の**正距方位図法**を見れば，東京からの真東と真西がどこに位置しているかをすぐ

図13　<ruby>大圏<rt>たいけん</rt></ruby>（<ruby>大円<rt>だいえん</rt></ruby>）コース

任意の点A・Bと地球の中心Oを通る切り口を大円と呼び，A・B間の最短経路（大圏コース）となる。

に理解できるよ。**真東**に進むと南アメリカのチリやアルゼンチンに出るし，**真西**に進むとアフリカ南東部に，**真北**に進むとブラジルの東部に行き着くんだね（これはちょっとびっくりかな？）。

　また，この図法は中心からの距離も正しいので，**図12**［➡ p.27］に**東京から**
ロンドン，**東京からニューヨーク**へ直線を引くと，これが**最短（大圏）航路**［➡
p.27 **図13**］を表していることになるんだ。

　ちなみに**東京~ロンドン間**は何 km ぐらいあるかわかるかな？　そう，約1万 km だね。球体上のある地点から最も遠い地点は，その真裏（**対蹠点**）なので，図の中心から最も遠い**外周が対蹠点**になるんだ。そこで地球全周は約4万 km ということから，**外周までは約2万 km** であるということがわかるよね。もちろん，これは**正距方位図法で世界全図が描かれている場合にわかること**だよ。入試頻出だからがんばって理解しよう！

> ## ポイント▶地図投影法
>
> ❶ 　距離・方位・面積・角度（形）を地図の4要素といい，このすべてを同時に1枚の地図上で表すことはできない。
> ❷ 　メルカトル図法では任意の2点間を結ぶ直線は**等角航路**となる。
> ❸ 　正距方位図法では中心からの距離と方位が正しく，中心から任意の点を結ぶ直線は**最短（大圏）航路**となる。

図法はちょっと難しいかもしれないけど，メルカトル図法と正距方位図法が得意になれば大丈夫だから，くじけずにがんばろう！　特に，正距方位図法については，中心からだけ距離と方位が正しいということを忘れないで！
君だったらできるよ。すっきりしなくても，もう一度読めば必ずわかるからね！

❸ 地図と地理情報

　地図には，土地の起伏や土地利用など基本的な情報を1枚の地図にまとめてある**一般図**と，人口分布・気候区分・各種統計など特定の事柄に的をしぼって表現した**主題図**があるよ。**一般図**の代表的なものは**地形図**だけど，これは④地形図［p.72〜］で勉強するからね。

　主題図の一つに**統計地図**があるんだ。一見複雑な統計資料も地図化すると，とてもわかりやすくなるよ。だから**統計地図を作成するときは，用途に応じて地図を見る人にわかりやすい地図を作成する必要がある**んだね。

　表現方法を間違えると，地図の読み手に大きな誤解を与えてしまうんだ。

 統計地図にはどんな種類があるの？

　統計地図には数値の**絶対値**を示した**絶対分布図**（国別・都道府県別人口，国別米の生産量など）と，単位面積当たりや人口1人当たりなどの**割合**を示した**相対分布図**（国別人口密度，1人当たりGNIなど）があるんだよ。

　まず，絶対分布図を見てみよう［**図14**］。**ドットマップ**はドット（点）で人口や家畜などの分布を表現したものだね。**等値線図**は等しい値の地点を線で結

図14　いろいろな統計地図

ドットマップ

等値線図

図形表現図

流線図

んだもので，等温線図などに利用されているよ。

また，流線図は物資や人の移動元・移動先や量を流線で表すもので，貿易量や相手国を示すのに使われているね。図形表現図は○や□などの図形の大きさで地域の統計数値を比較するのに便利なんだ。カルトグラムは表現する値にあわせて面積や形を変形させて視覚にうったえているよ［図15］。

相対分布図の中でよく使われるのが図16の階級区分図（コロプレスマップ）だ。これは統計調査地区ごとの比率や密度を色彩や模様で表現したもので，各地区の特徴をつかみやすいのが利点だね。

図15 世界各国の二酸化炭素排出量

［グローバル統計地図 (2009)］

図16 階級区分図

就業人口に占める
農林漁業人口比率

- 70%以上
- 50〜70
- 30〜50
- 10〜30
- 10%未満
- 資料なし

(2021年，国・地域による区分)『世界国勢図会 2023/24』による

統計地図といっても，いろんな用途に適した地図があるんだなぁ。ところでさっきの階級区分図はどんな資料を表すのに用いられるのかなあ？

　階級区分図は，1人当たりの GNI（国民総所得）や人口密度などの**割合（相対値）を示す**のに用いられることが多いね。**数値が高いほど濃・密に，低いほど淡・疎**にぬり分けて表現しているよ。

　たとえば人口分布のように，**面積が広がると数値が大きく変わってしまうような指標には適さない**んだ。たとえば，都道府県別人口分布を階級区分図で示すと，**面積がひときわ大きい北海道の人口が面積が小さい東京，大阪より多いようなイメージを与えてしまう**んだよ。読み手に誤解を与えるような表現はよくないよネ！　入試では頻出の統計地図なので忘れないでね。

　話は変わるけど，最近では，日本全国に設置してある AMeDAS 情報をコンピュータ処理して地図化したり，人工衛星からの電波で位置を測定できる GNSS（Global Navigation Satellite System：全球測位衛星システム 🖐）を利用した**カーナビゲーションシステム**の利用や，人工衛星などから発信する電磁波を地表に反射させて各種の情報を得る**リモートセンシング** 🖐も発達しているね。

　さらに，収集された膨大な地理情報をコンピュータのデータベースにまとめて必要な情報のみを取り出したり，解析したりして地図に表現できる GIS（Geographic Information System：地理情報システム 🖐）の作成も進められているんだよ。

🖐　GIS（Geographic Information System）　**地理情報システム**のことで，位置情報を持つ空間データをコンピュータで管理し，その**データを地図上に表示する**ことができる技術である。地震，火山，洪水などの**ハザードマップ**や各種分布図などさまざまな主題図を容易に作成することができる。また，これらの地図に地名，衛星画像などを自由に重ね合わせることが可能で，**防災，商業活動，学術研究**などに広く利用されている。

🖐　リモートセンシング（Remote Sensing：**遠隔探査**）　人工衛星や航空機などに搭載したセンサーを使用し，熱や光から出る電磁波を観測して，地表の情報を獲得する技術のこと。**気象衛星ひまわり**の衛星画像では，**地表の温度，雲の様子，熱帯低気圧の発生や進路**などの気象情報を把握することが可能である。また，**ランドサット**などの地球観測衛星を利用すると，**石油などのエネルギー資源や鉄鉱石**

などの鉱産資源の探査も可能で，エルニーニョ現象の発生，洪水・津波・火山活動などの被災状況，森林破壊の進行状況など多岐にわたる観測が行われている。

全球測位衛星システム（GNSS：Global Navigation Satellite System）　複数の**人工衛星**の電波を受信し，**正確に位置を知ることができるしくみ**で，アメリカ合衆国の GPS（Global Positioning System），ロシアの GLONASS，日本の「みちびき」，EU の Galileo，中国の BeiDou などが開発・運用されている。GPS は1980年代にアメリカ合衆国が開発した GNSS で，広く採用されてきたが，近年は高い精度を求めてより多くの GNSS が採用されている。**自動車**，**航空機**，**船舶**などの運航に利用されているほか，近年は**携帯電話（スマートフォン）**などもその機能を備えている。

ポイント ▶ **地図と地理情報**

❶　地図は**地形図**などのように土地の起伏（きふく），水系，土地利用など基本的な情報が得られる**一般図**と，気候図や人口分布図，その他の**統計地図**のように特定の事象についての情報を伝えてくれる**主題図**に大別される。

❷　各種の統計地図には，**ドットマップ**，**等値線図**（とうちせん），**流線図**，**図形表現図**，**カルトグラム**，**階級区分図**などがある。

---

❹ 地域調査

　本試や模試で地域調査が出題されると，「なんか嫌だった」とか「時間がかかって解けなかった」っていう話を時々聞くんだけど，そんなに難しいテーマじゃないよ。だって本当なら君たちは小学校や中学校の地理の時間でやってることなんだもの。君が，小中学校でどんなことを学んできたのか知りたくて，教科書を読むことがあるんだけど，重要なことはほとんど書いてあるよ。思ったより小学校の地理の教科書は難しかったけど（笑）。

　ふ〜ん，そんなものかなぁ。まぁ，とにかく忘れちゃってるわけだから，先生ぼくにも思い出させてください。

　よし，わかった！　じゃあ，シンプルにまとめておこう。

　地域調査は，主に身近な地域について，調査したいテーマ（戦前戦後の地域の変化，市街地の郊外への拡大やスプロール現象，都心のドーナツ化と都心回帰，過疎化，高齢化などなんでもいいんだよ）を決め，書物や地図，統計資料から情報を手に入れ，そして現地に出向き自分の目で見たり，土地の人から話を聞いたりしていろいろな発見をするんだ。**事前調査**や**現地調査**した内容をもとに，**地形，土地利用，人口分布，産業や交通の発達や変化**など君たちなりに考えたり分析したりして，地域の特色をとらえたり将来の展望を考察するんだよ。**ただ調べてまとめるだけじゃなくて，自らの力で考え表現する**ことが大切かな。こうした経験や考え方は，君の人生ですごく役に立つと思うよ。

　ということで，地域調査の手順は，

① 調査したい地域についてのテーマを決める。
② 調査の準備をして，文献調査と現地調査で資料を収集し整理をする。
③ 収集した資料をもとに統計地図を作成するなど資料の分析や考察をする。
④ 調査結果をレポートにまとめ発表する。

というのが一般的なやり方だ。プレゼンするときは，コンピュータソフトを駆使して，**統計地図やグラフ**で示したり視覚的にうったえると効果的かな。おもしろそうだろう？　学生の間にぜひやってみるといいよ。

　共通テストの地域調査は，解いてもそんなに楽しくないかもしれないけど（問題作成のための地域調査なので），設問文をしっかり読んで，**出題の意図をとらえ，地理学習で学んできた系統地理の各テーマと地誌の日本をうまく利用**すると必ず解けるようになっているのでがんばってね！

チェック問題

標準 **3**分

1 次の図1中の**A**地点で1月1日午後1時に開始されるサッカーの試合の生中継を，東京で視聴するときの試合開始時刻として正しいものを，次の①～④のうちから一つ選べ。なお，サマータイム制度は考慮しない。

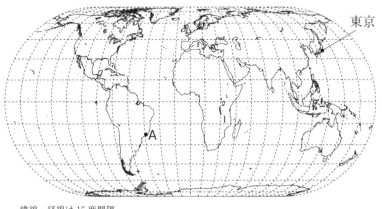

東京

緯線・経線は15度間隔。

図1

① 1月1日午前1時 　　② 1月1日午前7時

③ 1月1日午後7時 　　④ 1月2日午前1時

2 地球を平面に表現したものが地図であり，さまざまな投影法がある。次の図2はシアトルを中心とした正距方位図法で描かれた地図，図3はメルカトル図法で描かれた地図である。図2中の**ア**と図3中の**イ**，**ウ**について説明した文として正しいものを，次の①～④のうちから一つ選べ。

図2

図3

① 図2中のアは2地点間の最短距離を示し，図3中のイが同じ
　軌跡になる。
② 図2中のアは2地点間の最短距離を示し，図3中のウが同じ
　軌跡になる。
③ 図2中のアは2地点間の等角航路を示し，図3中のイが同じ
　軌跡になる。
④ 図2中のアは2地点間の等角航路を示し，図3中のウが同じ
　軌跡になる。

解答・解説　**1**　④　　まずは**東京とA地点の経度差を求めて，時差を計算
する**。東京は，日本の標準時子午線である東経135度を利用すればよいが，A
地点（ブラジルのサンパウロ付近）は**図1**から読み取らなければならない。**図
1**の左下に，緯線・経線は15度間隔と記してあるため，ロンドンを通過する本
初子午線（経度0度）から数えて15×3＝45となり，西経45度であることがわか
る。したがって，東京とA地点の経度差は135＋45＝180となり，時差は180÷15
＝12時間で，**東京がA地点より12時間時刻が進んでいる**（逆にA地点が東京よ
り12時間遅れている）ことから，A地点での1月1日午後1時からの生中継は，
東京では＋12時間の**1月2日午前1時**となる。

2　①
① 図2は，直線アの右端に当たる**シアトルを中心とした正距方位図法**であ
るため，シアトルからの方位と距離は正しく表されている。したがって，シア
トルと直線左端の東京との距離は正しく，**最短距離（大圏コース）**が示されて
いる。また，**図3**はメルカトル図法で，**任意の2点を結ぶ直線は等角航路（コ
ース）**を表すが，大圏コースは高緯度側の線分**イ**が該当するため，これが正文
である。
② メルカトル図法で，最短距離を直線で示せるのは，**赤道上と同一経線上
のみ**である。ウは大圏コースではなく等角コースであることから，後半部分が
誤り。
③ **ア**も**イ**も大圏コースであるため，全文誤り。
④ **ア**は大圏コース，**ウ**は等角コースであるため，全文が誤り。

2 大地形
プレートテクトニクスと大地形

この項目のテーマ

1 プレートテクトニクス
現在の大陸と海洋はどのようにして形成されたんだろう？

2 内的営力と外的営力
地形はどのようにして形成されるのだろう？

3 世界の大地形
安定陸塊，古期造山帯，新期造山帯の特色と分布を理解しよう！

1 プレートテクトニクス

地理の土台をなす**自然環境**の学習を始めよう！

君たちがなにげなく見ている**大陸**や**海洋**の分布は，46億年前の地球誕生以来ずっと同じ状態であったわけではないんだ。

20世紀の初め，ドイツの地球物理学者の**ウェゲナー**が，「かつて大陸は一つの塊であったが，やがて裂け目ができて分裂し，移動することによって現在の大陸になった」という「**大陸移動説**」を発表したんだ。地図帳を開いて大西洋の両岸にあるアフリカ大陸と南アメリカ大陸の海岸線を見てごらん！　そっくりだろう？　彼は，この事実に注目して両大陸の地層，地質構造，動植物の化石などを調査し，大陸移動説にたどり着いたんだ。第二次世界大戦後，急速に海底の調査や研究が進み，彼の学説が脚光を浴びることになったんだ。これが「プレートテクトニクス」という考え方に発展していくことになるんだ。

> プレートテクトニクスってどんな考え方なの？

プレートテクトニクス（Plate tectonics）とは，なぜ大陸が移動するのか，なぜ山脈や海溝ができるのかなどを説明した地球科学の学説のことだよ。地球の表面は十数枚の固い岩盤（プレート）に覆われているんだ。プレートの下には流動性のある**マントル**といわれる物質があり，この上にプレートがのって，

それぞれのプレートが移動すると考えればいいね。

プレートの中央部は安定しているけれど，**プレートの境界**部分はすごく不安定で，火山活動や地震が生じやすいんだよ。だからプレート境界については，絶対に得意になろうネ！

系統地理

大地形

小地形

地形図

気候要素と
気候因子

気候区分と
植生・土壌

陸水と海洋

自然災害と
防災

農業

林業・
水産業

エネルギー・
鉱産資源

工業

地域開発と
環境問題

人口

村落と都市

商業・
観光業

交通・通信

貿易と
資本の移動

国家・民族

図1　地球の内部構造

図2　プレートの分布

プレートの境界　広がる境界　せばまる境界　ずれる境界　未確定の境界　→プレートの移動の方向
（アフリカプレートを不動とした時）

ふーん，**プレートの移動**で現在のような大陸分布になったんだね。ところでそのプレートの境界ってどんなものなのかなぁ？

プレートの境界は大きく三つの種類に分けられるよ。二つのプレートが互いに**遠ざかる部分**は「**広がる境界**」，**近づき合う部分**は「**せばまる境界**」，**水平にずれ動く部分**は「**ずれる境界**」と呼ばれているよ。

まず，図3の「**広がる境界**」から見ていこう！

プレートが両側に広がると，内部から

図3　プレートの境界

広がる境界　海嶺　プレート
プレート　不連続面

せばまる境界　海溝　プレート
プレート　不連続面

ずれる境界
プレート　プレート　不連続面

マントル物質が上昇し，**マグマ**となって海底から噴出するんだ。このときできる**海底大山脈**を海嶺と呼んでいるんだよ。たとえば，アフリカ大陸と南アメリカ大陸は一つの大陸（かつてのゴンドワナランド）が引き裂かれてできたので，大西洋の中央部には**海嶺（大西洋中央海嶺）**が分布しているということになるね。インド洋にも，**インド洋中央海嶺，南西インド洋海嶺，南東インド洋海嶺**があるし，太平洋には**東太平洋海嶺**があるだろ？　大西洋中央海嶺とともに，同じ色のマーカーで地図にチェックしておいてね！　また，アフリカの東部は，今まさに大陸が引き裂かれる瞬間で，**リフトヴァレー（Rift valley）**［➡ p.40 🖐］と呼ばれる**大地溝帯**が形成されてるんだ。遠い未来にはアフリカは引き裂かれ，いくつかの大陸に分裂していくんだろうね。

　次に「せばまる境界」の話だけど，その前に，プレートには重い**海洋プレート**と軽い**大陸プレート**［➡ p.40 🖐］があるということを理解してね。
　海洋プレートと大陸プレートが衝突すると，重い海洋プレートが軽い大陸プレートの下に**沈み込もうとする**んだ（**沈み込み型境界，沈み込み帯**）。すると，前ページの図3のように**海溝（6,000m以上の深さになるよ）**が形成され，さらに大陸プレート側には**弧状列島（島弧）**や**大山脈**が形成されるよ。
　ここで注意したいことが二つあるんだ！
　一つは**海溝**部分で**地震**が発生しやすいということだよ。海洋プレートは大陸プレートを引きずり込みながら地球内部に進むんだけど，大陸プレートは，ばねのように押し曲げられ，そのひずみの蓄積が大地震につながるんだよ（**海溝型地震**）。
　もう一つは**火山**の形成だね。海洋プレートがある程度の深度まで沈み込むと，引きずり込まれた岩や石などの堆積物が高温高圧で溶融して**マグマ**が発生するんだ。マグマが上昇することによって，地表には火山が形成されるんだね。

　最後は「ずれる境界」だね。これはプレートが水平方向にずれるわけだけど，**アメリカ合衆国のカリフォルニア州**にある**サンアンドレアス断層**のように大断層が形成され，**地震**の多発地帯になるんだ。

> なるほど，「せばまる境界」では，海洋プレートと大陸プレートの衝突で，**海溝や弧状列島**ができるんだね。じゃあ，**大陸プレート**どうしが衝突するとどうなるの？

なかなかいい質問だね。**大陸プレートどうしが衝突**するとプレートが押し曲

げられ，高度を増し，**大山脈**が形成されるんだよ（**衝突型境界，衝突帯**）。たとえば**インド・オーストラリアプレート**と**ユーラシアプレート**の衝突により形成されたのが，標高8,000mを超える**ヒマラヤ山脈**や**チベット高原**なんだ。**衝突型の境界では活動が活発な火山はほとんどみられない**から要注意！

系統
地理

表1　プレート境界のまとめ

境界の種類	プレートの生成・消滅	特徴的な地形	具体例
広がる境界	生　成	海　嶺	大西洋中央海嶺 アイスランド リフトヴァレー
せばまる境界	消　滅	大陸プレートと海洋プレートの衝突 ➡海溝・弧状列島（島弧）・大山脈 大陸プレートと大陸プレートの衝突 ➡大山脈	日本海溝・日本列島 アンデス山脈 ヒマラヤ山脈
ずれる境界	生成・消滅はみられない	横ずれ（トランスフォーム）断層	サンアンドレアス断層

瀬川先生，陸地については，かなりくわしくなったけど，海底の地形についても説明してほしいな。

　そうだね。じゃあ，海底の地形についてもまとめておこう！　**地球の表面積の約70％を海洋が占めている**って話をしたよね。その海底の大半を占めるのが**大洋底**だ。大洋底は，主に**深海平原**と呼ばれる**水深4,000m**前後の平坦な深海底で，プレートが沈み込む部分には**海溝**，プレートが広がる部分には**海嶺**が分布してるよ。大陸沿いの海底には，傾斜が緩やかな**大陸棚**と呼ばれる浅海底が分布しているって聞いたことあるだろ？　たしか，小学校や中学校の教科書にも載ってたはず（笑）。およそ**200m未満の浅い海底**なんだ。大陸棚には，いろいろなできかたがあるんだけど，君たちには次のことをマスターしておいてほしいな。今から２万年前の**更新世の氷期**には，地表が寒冷化していたから，**海面が100m以上低下**していたんだ。つまり，現在の**大陸棚が分布しているところは，かつて海岸付近の平野だった**んだね。

えっ!!!　大陸棚ってそういうことだったんだ！　ということは，地図帳の海洋部分で白く表現してあるところ，つまり**大陸棚はずっと昔には陸地の一部だった**ところなんだね。なんか地図帳を見るときのイメージが変わりそう。

そのとおり！　その一例として，ユーラシア大陸と北アメリカ大陸の間にあるベーリング海峡は，更新世の氷期に陸化していて，そこを通ってシベリアのモンゴロイドがアメリカ大陸に移動していったんだ。そのモンゴロイドの子孫こそが，アメリカ大陸の先住民（イヌイット，インディアン，インディオ）なんだ。

プレートと地殻　地殻は，花崗岩などの酸性岩，安山岩などの中性岩，玄武岩などの塩基性岩からなる地球の表層部である。これに対し，プレートは，地殻とかんらん岩などの超塩基性岩石からなるマントル最上部を合わせた岩石層のことである。

海洋プレートと大陸プレート　海洋プレートは玄武岩質，大陸プレートは花崗岩質の岩石を含むため，比重の大きい海洋プレートは大陸プレートの下に沈み込もうとする。たとえば，海洋プレートのナスカプレートが，大陸プレートの南アメリカプレートの下に沈み込んでいるため，南アメリカ大陸の太平洋岸にはペルー海溝，チリ海溝が分布する。しかし，北アメリカの太平洋岸は，太平洋プレートと北アメリカプレートの「ずれる境界」部分に当たるため，海溝は形成されない。ただし，アラスカ，メキシコ沿岸は「せばまる境界」でアラスカ海溝，中央アメリカ海溝などの海溝がある。

リフトヴァレー（アフリカ大地溝帯）　グレートリフトヴァレー，大地溝帯とも呼ばれる。プレートの「広がる境界」に当たり，紅海～エチオピア高原～ザンベジ川河口付近に連なる大地溝帯である。多くの地溝湖（タンガニーカ湖，マラウィ湖など）や，キリマンジャロ山，キリニャガ（ケニア）山などの火山も分布する。アフリカ大陸は大部分が安定陸塊に属するため地震や火山活動は少ないが，リフトヴァレー付近は活動が活発であることに注意したい。

> ### ポイント　プレートテクトニクス
> ❶　地表は十数枚の海洋プレートと大陸プレートからなる。
> ❷　プレート中央部は安定しているが，プレートの境界付近は地震や火山活動などが活発で変動帯となる。
> ❸　プレートの境界には「広がる境界」，「せばまる境界」，「ずれる境界」がある。

② 内的営力と外的営力

地形をつくる力を営力といい，地球内部の熱エネルギーによるものを**内的営力**（内作用），外部からの太陽エネルギーによるものを**外的営力**（外作用）というんだよ。さらに内的営力はマグマの噴出による**火山活動**と地表面を動かす**地殻変動**に分けられるよ。地殻変動には，長い期間にゆっくりと高原や盆地などを形成する**造陸運動**と，短い期間に激しく働き山地を形成する**造山運動**があるんだ。外的営力は**風化**や雨，河川，氷河などによる**侵食**，**運搬**，**堆積**などの作用からなることにも注意しよう！

表2　営力のまとめ

地形をつくる力	力の性質	運動・作用	地　形
内的営力	起伏を増大	火山活動 地殻変動：造陸運動 　　　　　　造山運動（褶曲・断層）	大地形をつくる
外的営力	起伏を平坦化	風化・侵食・運搬・堆積作用	小地形をつくる

図4　褶曲と断層

褶曲　　　　逆断層　　　　正断層　　　横ずれ断層

← 力の働く方向
⚡ 断層の動き

[A.N.Strahler ほか原図を改変]

地殻っていうのは，地球表面の岩石圏のことをいうんだよね。地殻変動のうち造山運動ってどんな運動なの？

簡単に言えば**山地を形成する運動**だよ。図4にあるように褶曲や断層を伴い，山地や山脈をつくるんだ。**プレートのせばまる境界で造山運動が生じている**ことに注意しようね。

褶曲は，横からの圧力によって地殻が波状に折り曲げられることで，**ヒマラヤ**，**アンデス**，**アルプス**などの大山脈を形成するんだ。

断層は地殻が断ち切られてその割れ目がずれることで，**断層山地**を形成するんだよ。断層のうち比較的最近活動したものを**活断層**と呼び，今後も活動が予想され，**地震**が発生する可能性があるんだ。

火山活動ってどんな運動なの？
それから，火山はどんなところに分布するのかなぁ？

系統地理

大地形
小地形
地形図
気候要素と気候因子
気候区分と植生・土壌
陸水と海洋
自然災害と防災
農業
林業・水産業
エネルギー・鉱産資源
工業
地域開発と環境問題
人口
村落と都市
商業・観光業
交通・通信
貿易と資本の移動
国家・民族

地中で生成された**マグマ**が溶岩や火山砕屑物，火山ガスとなって地表に噴出することをいうよ。**火山地形**を形成し，**地震**や**津波**を発生させるだけでなく，**溶岩流**，**土石流**，**火砕流**（高温のガスを含む砕屑物が噴出し，高速で流下），**降灰**となって山麓の集落や農地などに被害を与えることがあるんだ。

 火山の周辺は，災害の危険性が高いってことだよね。日本は世界有数の火山国なんだけど，イヤなことばっかりなのかなぁ。なんか悲しいかも……。

そんなことないよ。もちろん災害の危険はあるけど，国や地方自治体などが**防災**，**減災**を目指して，**ハザードマップの作成**やハザードマップを活用した**危険箇所の把握**，**避難ルートの確保**などの努力を行ってるんだ。地域や家族の協力や備えも大切だけどね。

それから，**火山による恩恵**も忘れちゃダメだよ。**火山噴火による火山灰を起源とした土壌**は，**肥沃な土壌**のもとになるし，火山の**美しい景観や温泉**は重要な観光資源だよ。地熱発電だって火山の恩恵だし，火山地域には**豊富な地下水**が存在することが多くて，山麓の湧水は貴重な水資源だ。マグマの上昇によって**銅や銀**などの**有用な金属鉱床**も形成されるしね。ちょっと話しただけでもこれだけの恵みがあるんだから，火山って思った以上にありがたいんだよ。

 地理を受験科目に選んで本当に良かった！　なんかすごく世界観が広がるし，もっともっと頭が柔軟になれそう。

そんなふうにいってくれると，俺もうれしいな。じゃあ，次は火山地形について説明するね。

火山地形は，流出する溶岩の粘性の大小や噴火の回数などによって決まってくるんだ。**ハワイ島**や**アイスランド**など粘性の小さいマグマが噴出する火山は，ゆるやかな傾斜の**楯状火山**や**溶岩台地**（インドの**デカン高原**が有名だね）になり，粘性が大きい場合には**溶岩円頂丘**と呼ばれる高まりをつくることがあるよ。さらに，プレートのせばまる境界付近では，溶岩や火山灰の層が重なって**成層火山**と呼ばれる**富士山**型の山体も多くみられるんだ。

それから，**火山分布**は，プレートの「広がる境界」に当たる海嶺や「せばまる境界」の海洋プレートが沈み込む部分に多くみられるよ。ただし，ハワイ島のように**プレートの中央部**をマグマ（マントル物質）が上昇してくる**ホットスポット**と呼ばれる部分にも火山は分布していることに注意しよう。

図5　世界の主な火山と地震の分布

地震の震源
▲　火山

系統地理

大地形
....
小地形
....
地形図
....
気候要素と
気候因子
....
気候区分と
植生・土壌
....
降水と海洋
....
自然災害と
防災
....
農　業
....
林業・
水産業
....
エネルギー・
鉱産資源
....
工　業
....
地域開発と
環境問題
....
人　口
....
村落と都市
....
商業・
観光業
....
交通・通信
....
貿易と
資本の移動
....
国家・民族

内的営力は，地殻変動と火山活動からなってるってことはわかったよ。主に地形の起伏を大きくしているんだね。
では，外的営力っていうのはどんな力なの？

　外的営力は，風化（岩石が物理的または化学的に分解），侵食，運搬，堆積などの作用からなるということはさっき説明したよね。ここでは侵食についてくわしく説明しておこう！

　侵食とは，雨や河川などの流水や氷河の流下による摩擦で，岩石が削り取られること（物理的侵食）と考えていいよ。地表の凸の部分をなだらかにしようとするんだね。さらに削り取られた岩くずなどは河川や氷河によって運搬され，凹の部分に堆積するため，外的営力には，最終的に地表を平坦化する性質があるということになるよ。

そういえば，地形の侵食輪廻という考え方があるって聞いたことがあるんだけど，これってどういうことなのかなぁ？

　侵食輪廻とは河川の侵食作用によって地形が変化していく過程をいうんだ。図6［➡ p.11］を見てごらん！
　造山運動などで隆起した直後の地形が原地形だよ。雨が降り，河川が谷（V字谷）を刻み始めたものが幼年期地形だ。河川は海抜が高いほど侵食力が強く，海面の高度に近づくほどその力は弱くなるんだよ。そこで河川はさらに深い谷を刻み，原地形や幼年期地形にみられる平坦面がなくなり，尾根は鋭くとがってくるのがわかるかな？　これを壮年期地形と呼んでいるよ。ちなみに日本の山地は大部分が壮年期地形に当たることを忘れないでね。

さらに侵食が進むと谷幅は広がり、丘陵性の山地ができて**老年期地形**となるんだ。古期造山帯の山地は、だいたいこんな感じかなあ。侵食によりほとんど海面（**河川の侵食基準面は海面**だからね）と同じ高さになった侵食輪廻の最終段階を**準平原**というんだ。もしこの後、再隆起（または海面が低下）したら、再び侵食が復活することになるよ。

図6　デービスによる地形の侵食輪廻

ポイント　内的営力と外的営力

❶　内的営力は造陸運動、造山運動（褶曲・断層）、火山活動などからなり、地表の起伏を増大する。

❷　外的営力は風化・侵食・運搬・堆積作用からなり、地表の起伏を平坦化する。

　火山・地震災害と防災　プレート境界と火山噴火や地震の震源はほぼ重なっている。地震は、「広がる境界」、「せばまる境界」、「ずれる境界」のいずれでも多発し、せばまる境界の**沈み込み型**（太平洋プレートが北アメリカプレートに沈み込む日本海溝付近など）では、**海溝型の深発地震が多く巨大な津波を発生させることがある。チリ大地震、スマトラ島沖地震、東北地方太平洋沖地震**による津波では甚大な被害が生じた。また、プレート境界ではなくても、活断層の動きで**直下型地震**が発生することがある。**兵庫県南部地震**や**四川大地震**のように人々の居住地域に近いところで地震が発生すると家屋の倒壊などの大きな被害が生じる。

　一方、火山はプレートの「広がる境界」と「せばまる境界」の**沈み込み型**付近に分布する。火山噴火は、降灰、溶岩流、火砕流、火山泥流により山麓の居住地域に被害をもたらすだけでなく、火山灰の浮遊による日傘効果（日射を遮る現象）などから異常気象の原因にもなっている。

　このような災害に対して、近年は**防災意識**が高まり、先進国を中心に、地震や火山活動の情報収集を積極的に行うことに加え、耐震・免震工法が導入されている。

またGIS（**地理情報システム**）を活用したハザードマップ（**防災地図**）の作成も積極的に行われている。ハザードマップとは，**災害が想定される地域を予測し地図化**したもので，危険地域や避難経路を示すことによって，**被害を軽減させる目的で作成**されている。

❸ 世界の大地形

　世界の陸地は，造山運動を受けた時期によって**安定陸塊**，**古期造山帯**，**新期造山帯に大別することができる**んだ。**安定陸塊**〔➡ p.49 ⛰〕は，プレート境界から離れたところ（つまりプレートの中央部）にある安定地域で，長い間地殻変動を受けていないため，侵食作用が進んでいるところだ。起伏も小さくなり，**大平原**や**高原**になっているところが多いよ。**古期造山帯**は，古い地質時代に成長を終えた山脈で，侵食が進んでいるため，**低くなだらかな山脈が多い**よ。アメリカ合衆国東部の**アパラチア山脈**やロシアの**ウラル山脈**などが代表的な古期造山帯の山脈だ。**新期造山帯**は，比較的最近の造山運動で形成された山脈で，現在も成長したり，地殻変動を受けていたりしているところが多いよ。**高く険しい山脈が多い**んだ。

　図7でわかるように，アフリカ北部からアルプス山脈～ヒマラヤ山脈と続く**アルプス＝ヒマラヤ造山帯**と，太平洋を取り囲むロッキー山脈～アンデス山脈のコルディエラ（大山脈のこと）山系と弧状列島（島弧）からなる**環太平洋造山帯**が新期造山帯に当たるよ。

 安定陸塊って具体的にはどんなところに分布しているの？

図7　大地形の分布

図8　地質時代の区分と造山帯の形成期

現在より何年前	46億年	5億4,100万年	2億5,200万年	6,600万年	260万年	1.2万年
地質時代	先カンブリア時代	古生代	中生代	第三紀	更新世	完新世
				第四紀		
				新生代		

大地形の平均高度と造山帯の形成期

安定陸塊　　古期造山帯　　新期造山帯

造山帯の形成期

高度
6,000m
4,000
2,000
0

安定陸塊は，地球上で最も古くからある陸地で，**大陸の大半は安定陸塊**だよ。図9にあるように，かつては一つの大陸（**パンゲア**）であったものが分裂し，北の**ローラシアランド**と南の**ゴンドワナランド**という大きな大陸が形成されたんだ。

そして，ローラシアランドは北半球の大陸（**ユーラシア大陸，北アメリカ大陸**）になり，ゴンドワナランドは**アフリカ大陸，アラビア半島，インド半島，オーストラリア大陸，南アメリカ大陸，南極大陸**に分裂して，現在のような配置になったんだよ。

つまり，これらの古い時代に形成された陸地が安定陸塊で，**火山や地震が比較的少ない地域となっている**んだ。

図9　大陸の移動

（←プレートの動きの方向）

①中生代初期（約2億2,500万年前）

古太平洋　　テティス海（地中海の前身）　古太平洋

②中生代中期（約1億8,000万年前）

ローラシアランド

ゴンドワナランド

③新生代初期（約6,500万年前）

④現　在

安定陸塊は、その名前のとおりに安定した地域なんだね。じゃあさ，古期造山帯っていうのはどんなところに分布しているのかな？

　古期造山帯は，古い時代のプレートの境界だったところで，**低くなだらかな山脈**が多いんだ。**アパラチア山脈**，**ウラル山脈**，あとは，南アフリカの**ドラケンスバーグ山脈**，オーストラリアの**グレートディヴァイディング山脈**などが代表的だね。地図帳にマーカーしておこうね！　最近は，世界の大地形を**安定地域**（**安定陸塊**，**古期造山帯**，**大洋底**を含む）と変動帯（**新期造山帯**のように地殻変動が活発なところ）に分けてとらえることもあるみたいだね。

古期造山帯の山脈はみんな1,000～2,000mくらいの低くてなだらかな山脈なの？

　大部分はそうだね。
　ただ，インド・オーストラリアプレートがユーラシアプレートに衝突したときに，**断層運動で再隆起**した**テンシャン山脈**や**アルタイ山脈**は例外的に高く険しいよ。テンシャン山脈の最高峰はなんと**7,000m**を超えるんだ！　テンシャン山脈は，**中国の北西部**にあるから地図帳をチェックしておいてね！

日本は新期造山帯に属する弧状列島だよね。**新期造山帯**はどんなところに分布しているの？

　新期造山帯は，プレートの「せばまる境界」付近に分布しているんだよ。大地形の分布図［➡ p.46 図7］とプレートの分布図［➡ p.37 図2］を比べて見てごらん。また**地震帯**ともほぼ一致しているし，海洋プレートが沈み込むところには**火山も多い**ことがわかるよね。アルプス＝ヒマラヤ造山帯と環太平洋造山帯の分布地域は要チェックだよ！　図7を見ながら，地図帳の**世界地図にマーカーで着色しておこう!!**　これをやらないと力がつかない！

大地形と資源の分布には，関連性があるって聞いたことがあるんだけど，よくわからないよ。丸暗記するしかないのかな？

　安定陸塊では**鉄鉱石**，古期造山帯では**石炭**，新期造山帯では**銅鉱**，**銀鉱**，石油の埋蔵が多いという話だよね。共通テストでは成因についてまで出題されることはないけど，理由を少しでも知っておくと勉強しやすいから，簡単に説明しておこうね。
　鉄鉱石は今から約6億年以上前の先カンブリア時代に，海水中の鉄が酸化し

て沈殿したものなので，侵食が進み古い岩石が地表面に露出している安定陸塊に多くみられる資源なんだ。特に楯状地に多いよ ［➡ p.49 ］。

　また，**石炭は古生代以降の陸生植物**（シダ類などの森林）が地中で炭化したものなんだ。古生代には多くの森林が繁茂していたため，これらが当時の造山運動による熱や圧力の影響を受けて生成されたんだ。だから古期造山帯の山脈（アパラチア山脈やグレートディヴァイディング山脈など）には**良質な石炭を産出する大炭田が分布**していることが多いんだね。**古期造山帯に石炭の埋蔵は多いけど，新期造山帯に石炭が分布していないわけではない**から注意してね！

　銅鉱や銀鉱は，マグマの活動によって生成されるので，**新期造山帯などの火山分布地域に多く埋蔵**されているんだ。

　石油は，海洋プランクトンが海底に堆積したもので，海底の隆起部分，つまり新期造山帯に分布していることが多いよ。ただし，石油の生成には，その他にもいろいろな条件が必要なので，**新期造山帯に必ず石油があるわけではない**ことは，**新期造山帯に属する日本にほとんど石油が分布しない**ことを考えればわかるよね。偏在性が大きく**西アジア～北アフリカでの埋蔵が多い**んだ（⑪エネルギー・鉱産資源 ［p.198～］で勉強するよ！）。

系統地理

大地形

小地形

地形図

気候要素と
気候因子

気候区分と
植生・土壌

陸水と海洋

自然災害と
防災

農業

林業・
水産業

エネルギー・
鉱産資源

工業

地域調査と
環境問題

人口

村落と都市

商業・
観光業

交通・通信

貿易と
資本の移動

国家・民族

表3　大地形のまとめ

地体構造	造山運動の時期	特徴	例	資源
安定陸塊	先カンブリア時代	楯状地卓状地	かつてのゴンドワナランド・バルト楯状地・カナダ楯状地・シベリア卓状地など	鉄鉱石金鉱
古期造山帯	古生代～中生代初	丘陵性の山地	アパラチア山脈・ウラル山脈・ドラケンスバーグ山脈・グレートディヴァイディング山脈など	石炭
新期造山帯	中生代末～新生代	険しい山地・島弧	環太平洋造山帯アルプス＝ヒマラヤ造山帯	銅鉱銀鉱石油錫鉱

楯状地と卓状地　安定陸塊には，**先カンブリア時代の岩石が地表に露出している楯状地**（カナダ楯状地・バルト楯状地）と，**先カンブリア時代の岩石の上に古生代以降の地層がほぼ水平に堆積している卓状地**（ロシア卓状地・シベリア卓状地）がある。

ポイント　世界の大地形

❶ 世界の陸地は造山運動を受けた時期によって，安定陸塊，古期造山帯，新期造山帯に大別できる。

❷ 安定陸塊と古期造山帯はプレート中央部の安定地域に，新期造山帯はプレート境界の変動帯に位置する。

チェック問題

次の図1を見て，世界の自然環境と自然災害に関する下の問いに答えよ。

緯線・経線は30°間隔。　　　　図1

地震の発生頻度や震源の深さは，プレートの運動や火山活動の影響を受ける。次の図2は，いくつかの範囲*における地震**の震源分布を深さ別に示したものであり，①～④は図1中のA～Dのいずれかである。Aに該当するものを，図2中の①～④のうちから一つ選べ。

*経度・緯度ともに6°の範囲。
**1981～2012年に発生したマグニチュード4以上の地震。

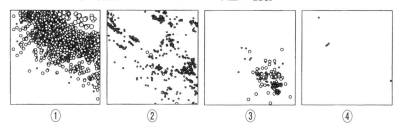

①　　　　　　②　　　　　　③　　　　　　④

震源の深さ　。20km 未満　○20～100km　○100km 以上
United States Geological Survey の資料により作成。

図2

① 　近年しばしば出題される**地震の震源分布**から地域を判定させる問題である。**図2**には，震源の分布だけでなく，**震源の深さ**が示してあることに注目する。地震は，**プレート境界で多発**するが，広がる境界とずれる境界に当たる部分では，浅発地震が多く，逆にせばまる境界のプレートの沈み込みに当たる部分では，**深発地震が多い**。図中の**A**は，**インド・オーストラリアプレートがユーラシアプレートに沈み込むスンダ海溝**付近である。海溝がある沈み込み部分では，震源の深さが100km以上のところが多いことから**①**と判定できる。**B**は，**オーストラリア北東部の安定陸塊**と**古期造山帯**に当たることから，**震源が少ない④**である。**C**は，**ハワイ諸島**付近の海域で，**C**のハワイ島の分布地域と震源が対応することから**③**である。ハワイ島は，マントル深部からマントル物質が上昇する**ホットスポット**に当たり，**火山性の地震**が多発している。残る**D**は，プレートの**「ずれる境界」**に当たる**カリフォルニアのサンアンドレアス断層**付近である。震源が浅いことから判定できる。

新期造山帯（アルプス＝ヒマラヤ造山帯と環太平洋造山帯）の分布地域は超頻出！　地図帳や白地図を使って，定着させておこうね！

系統地理

大地形

小地形

地形図

気候要素と
気候因子

気候区分と
植生・土壌

陸水と海洋

自然災害と
防災

農業

林業・
水産業

エネルギー・
鉱産資源

工業

地域開発と
環境問題

人口

村落と都市

商業・
観光業

交通・通信

貿易と
資本の移動

国家・民族

3 小地形
平野・海岸の地形と特殊な地形

1 平野の地形

　平野とは農業をはじめとする経済活動に適した平坦面のことをいうんだ。最初から平野が存在したわけではなく，**②大地形**［p.36〜］で説明した**外的営力**によって**侵食平野と堆積平野が形成された**んだよ。

　侵食平野は，山地などの凸部分が削り取られてできた平野なんだけど，かなり長い期間侵食されないと山地が平野にはならないよね？　ということは侵食平野が形成されるところは，侵食の途中で造山運動が起きていない安定した地域なんだ。だから**安定陸塊やその周辺には侵食平野が分布**しているんだよ。一方，河川などの侵食により削り取られた岩くずや土砂が海底や谷底を埋めてできた平野を堆積平野というんだ。侵食平野に比べると**新しく形成されたものが多く**，一般に規模も小さいよ。**日本の平野は大部分が堆積平野**だ！

表1　平野のまとめ

平野の種類	成　因	特　色	例
侵食平野	山地などの陸地が長期間侵食されて形成	古い岩盤や地層からなり，大規模	準平原構造平野
堆積平野	河川などが運搬してきた土砂が堆積して形成	比較的新しいものが多く小規模	沖積平野（洪積）台地海岸平野

侵食平野には準平原と構造平野ってあるよね？
勉強していると，ときどき，この二つの平野がわからなくなるんだけど，どうしたらいいのかなぁ？

確かに，やや難しいところもあるよね。でも共通テストではそんなにつっこんだことまでは聞いてこないので，心配しないで今からの説明をしっかり聞いてね！

準平原は，**山地が長い間侵食されて平坦化したもの**で，古い岩石が露出した平野だよ。バルト海の沿岸（**バルト楯状地**）やカナダの北東部（**カナダ楯状地**）などが安定陸塊に分布しているね。これに対し，**構造平野**は，**古い岩石の上に，地層がほぼ水平に堆積したもの**だね（海面の上昇などにより浅海底で土砂が堆積）。それがもう一度，海面の低下によって陸化した後に侵食されて，高度が低くなった平野だよ。東ヨーロッパ平野や北アメリカの中央平原などが代表的な構造平野だから地図帳にマークしておいてね！　**準平原は楯状地，構造平野は卓状地など安定陸塊やその周辺に分布していることが多いこと**を忘れないように！　もちろん，**日本にはない！**

また，**構造平野**には硬い岩石や地層が侵食に取り残されてできた特異な地形もみられるんだ。

図1を見てごらん！　特に**ケスタ**というのはおもしろいだろう？　これは硬層と軟層が交互に堆積している場合に，侵食に強い硬層部分が取り残されてできる地形なんだ。ケスタとは「斜面」という意味で，**急崖と緩斜面からなる非対称の丘陵が連続して分布**しているよ。パリ盆地 [➡ p.54 図2]，ロンドン盆地，五大湖沿岸地方のものが有名だね。硬層の一部がテーブル状に取り残されたものは，**図1**のように**メサ**，メサが侵食されて塔状になったものを**ビュート**と呼ぶんだ。

図1　準平原と構造平野

図2　パリ盆地のケスタ

じゃあ，今度は堆積平野の説明をしよう！

堆積平野は，文字どおり**河川や海洋の堆積作用でできた平野**なんだ。最初に**河川の侵食・運搬・堆積作用**について確認をしておこうね。

河川は最終的に海に流れ込み，陸地を海面と同じ高さにしようとする性質があるんだよ。だから河川の上流部では海抜高度が高いため，**侵食力や運搬力が**強く働き，下流部や河口のように海面と同じ高さのところでは**堆積力**が強まるんだ。**侵食力と運搬力は，流速に比例**し，流速は傾き（河川勾配）に比例すると考えよう！

このことを理解できれば堆積平野についてはわかったも同然だよ。表1 ［➡ p.52］にあるように**堆積平野は，沖積平野，（洪積）台地，海岸平野に分類で**きることをわかってほしいな。

まず，沖積平野（約1万年前から現在までの完新世［沖積世］の堆積物でできた平野のこと）の説明から始めるよ！　**沖積平野は河川の堆積作用によって形成された平野**だと考えよう。

山地を流れだした河川は，**勾配（傾斜）が大きい**ため侵食力が強く，流水の摩擦力で岩石を削り取り，谷（これが**V字谷**だね）をつくるんだ。ここで，流水の勢いが弱まれば，谷に土砂を堆積し，**谷底平野**をつくることになるね。

また，河川が山から平地に流れ出る**山麓**には，**緩やかに傾斜する扇状地が**できるよ。**河川は山の麓で急速にスピードが落ちるため，運搬力が低下し，**目の粗い礫（砂より粒径が大きなもので，水はけがいい）が堆積し，次ページの**図3**のような扇状地ができるんだよ。

扇状地では河川の水がすき間の多い礫の中に突入し，**扇央では地下水**となっ

て流れ（**伏流**して**水無川**になることが多い），**扇端**で**湧水**することが多いね。だから土地利用も，水が得にくい**扇央**では，**果樹園**や**畑**（上下水道が整備された現在では**住宅地**の開発も行われているし，**灌漑設備**の建設によって**水田**化しているところもある），**水が得やすい扇端には集落**（特に古くからの農村）や水田が立地しているよ。

図3　扇状地の模式図

扇頂
扇央　河川は伏流することが多く乏水地となるため，開発が遅れ，桑畑，畑，果樹園に利用。
伏流（水無川）
扇端　湧水がみられるため，早くから集落が立地。水田に利用。
湧
水
帯

図4　扇状地の断面図

なるほど，だから扇状地って緩やかに傾斜してたり，水が得にくかったり，扇端に集落や水田が多く集まっているんだね。河川は，さらに下流に行くとどうなるの？

　中下流では一層傾斜が緩やかになる（**河川勾配が小さくなる**）ため，**蛇行**するようになるんだ。みんなも気力・体力が充実しているときは，いろんな困難に出合っても，多少のことだったら乗り越えられるよね。でも風邪を引いていたり，悩みを抱えていたりするとくじけてしまうこともあると思うんだ。

　河川も同じで**勾配が小さいと流速も衰え**，ほんの少しの高まりも乗り越えられなくなるため蛇行するんだね。でも，もともと流水は最短コースで海まで流れていこうとする性質があるので，上流で雨がたくさん降って流速が増すと，ショートカットし（**三日月湖（河跡湖）**を形成），洪水を起こしやすくなるんだ。すると，あふれでた水は両岸に土砂を運び出し，**河川に近いところに比較的粒の大きな物質（砂礫）**を，岸から遠く離れたところには粒の小さな物質（**粘土**

系統地理

大地形

小地形

地形図

気候要素と気候因子

気候区分と植生・土壌

陸水と海洋

自然災害と防災

農業

林業・水産業

エネルギー・鉱産資源

工業

地域開発と環境問題

人口

村落と都市

商業・観光業

交通・通信

貿易と資本の移動

国家・民族

など）を堆積するんだ。

　河川両側に形成された微高地が**自然堤防**，その外側の低地が**後背湿地**だよ。

　自然堤防は数ｍ（まあ普通は１〜２ｍくらいかな）の微高地で，周囲よりは**水はけもいいし，洪水の被害も受けにくい**ため，古くから**集落や畑**が立地していたんだよ。後背湿地は水はけが悪く**水田**に利用されているけど，最近は堤防の建設や排水を施すことにより，住宅地の開発も行われているね。このように，**河川の氾濫によって形成された自然堤防や後背湿地を含む平野**を**氾濫原**というんだ。

図5　沖積平野の模式図

扇状地　　　　　　　氾濫原

扇頂
扇央
扇端
基盤岩石

自然堤防
数ｍの微高地で畑や集落が立地。

後背湿地
低湿で水田に利用。
近年は宅地開発。

三角州
肥沃な沖積土からなるため，
水田に利用。高潮や洪水の
被害を受けやすい。

三日月湖（河跡湖）
かつての流路がとり残されて湖になったもの。

　河口付近には三角州ができるんだよね？　小学校のころから三角州の名前は知ってるんだけどどうもピンとこないんだよねぇ。

　気持ちはわかるよ。でも大丈夫！

　河川は，海に流入すると海にぶつかり，流速が減じるから，一気に**運搬能力が衰えて**，海底に土砂を堆積するんだ。つまり河川が海を埋め立てていると考えればわかりやすいね。こうやって新たにできた，**海面とほぼ同じ高さの陸地**が，三角州になるんだよ［**図5**］。ただ下流部は運搬力が小さく，すごく**細粒な物質（砂泥）**から形成されているため，三角州は水はけが悪いんだ。でも土壌は，**肥沃な沖積土**だから水田や牧草地には適しているんだね。

　それから，三角州はすべての河川で形成されるわけではないよ。**土砂の運搬が活発な河川**でないと三角州はできないからね。日本のように山地を侵食した

河川が，水深の浅い内湾に急勾配で流入するようなところでは，小規模な三角州が発達しやすいんだよ。

　もちろん日本だけでなく，**ナイル川，ガンジス川，ミシシッピ川**など，**流域面積が広く，多量の土砂を運搬してくる大河川の河口には，大規模な三角州が形成**されているよ。

　三角州は，**肥沃な沖積土**に恵まれ**水利の便もいい**から，水田には最高なんだけど，**低湿**（土地が低くて，べちゃっとしている）で**軟弱**だから洪水や**熱帯低気圧による高潮**，**地震による液状化**，過剰取水による**地盤沈下**などが生じやすいので対策も必要になってくるね。

系統地理

大地形

小地形

地形図

気候要素と
気候因子

気候区分と
植生・土壌

陸水と海洋

自然災害と
防災

農業

林業・
水産業

エネルギー・
鉱産資源

工業

地域開発と
環境問題

人口

村落と都市

商業・
観光業

交通・通信

貿易と
資本の移動

国家・民族

表2　沖積平野のまとめ

種　類	形成される場所	特　色	伝統的土地利用
扇状地	山　麓	砂礫質で緩やかに傾斜	扇端・扇頂は水田や集落，扇央は畑や果樹園
氾濫原	河川の中下流	自然堤防や後背湿地を形成	自然堤防上は畑や集落，後背湿地は水田
三角州	河口付近	砂泥質で地盤が軟弱	氾濫原とほぼ同じ

　沖積平野は日本では重要な生活の舞台になっているんだなぁ。僕の家も瀬川先生の家も**沖積平野**にあるんだよねぇ（^_^）。でもちょっと待って！　ほかにも堆積平野には台地というのがなかったかな？

　そう，台地 [➡ p.58 図6] を忘れてはいけないね。**日本の台地はほとんどが洪積台地**だよ。特に関東平野は大部分が台地からできているんだ。

　洪積台地というのは，**更新世（洪積世）**（260万年〜1.2万年前）に形成された扇状地，氾濫原，三角州，海岸平野などが**隆起**（または海面が低下）してできた**台地状の平野**で，**河岸段丘** [➡ p.58 図7] や海岸段丘 [➡ p.59 図8] も台地に含まれるよ。

　台地は高燥で**水が得にくいため開発が遅れた**んだ（地下水面が地表から離れているから，取水が困難だった。**古くからの農家は，湧水がみられる崖下に立地**していることに注意！）けど，近年は逆に洪水の被害などが少なく，地盤も比較的安定していることから，**宅地開発**などが進んでいるよ。

　洪積台地　近年は，単に「台地」と表記することが多くなった。ただ，世界的な台地の定義では，コロンビア台地など山地の一部として分類されるような大規模な高原を含むが，**日本の台地は，大半が洪積台地で台地状の平野であること**に注意しよう！

図6　台地の模式図

海岸侵食　ダムや堰（砂防ダムなど）を建設したり，河床から土砂を採取すると，土砂が下流（河口付近）まで運搬されなくなるため，**海岸侵食により砂浜海岸や三角州が縮小するなどの海岸線の後退**という問題が生じている。

河岸段丘　**河川沿いに形成された階段状の地形。**氷期の海面の低下など陸地の相対的な隆起によって河川の侵食が復活し，河床が低下した結果，かつての氾濫原の一部が取り残され，**階段状の段丘面を形成する。**ライン川，天竜川，相模川沿岸などで発達している。地形図での出題が入試頻出なので，要注意！

図7　河岸段丘の形成

V字谷

河川の侵食によりV字谷を形成。

谷底平野

海面上昇（陸地の沈降）により，侵食基準面も上昇するため土砂が堆積し，谷底平野が形成。

段丘崖

段丘面　　段丘面

海面低下（陸地の隆起）により，再び侵食が復活し，かつての氾濫原に階段状の地形を形成。

ポイント　平野の地形

❶　平野は成因により，侵食平野と堆積平野に大別される。侵食平野には準平原と構造平野があり，堆積平野には沖積平野と洪積台地がある。日本の平野は大部分が堆積平野である。

❷　沖積平野は，河川の堆積作用でできた平野で，山麓に扇状地，中下流に氾濫原，河口に三角州が形成される。

❸　台地は，古い扇状地などが隆起した台地で，日本の台地の大部分がこれに当たる。

❷ 海岸の地形

　さぁ，次は海岸の地形を勉強していこう！　**海岸は成因によって離水海岸と沈水海岸に分けることができる**よ。

　一般に**離水海岸の海岸線は単調で，沈水海岸は複雑**になってるんだ。離水と沈水というのは，相対的なもので，**地殻変動による陸地の隆起や沈降**，氷河の盛衰による**氷河性海面変動**などがそれだね。

　氷河性の海面変動という語句はちょっと難しく感じるかもしれないけど，大丈夫だよ。寒冷な**氷期**には，水が雪や氷河となってたくさん陸地にとどまるため**海面が低下**し，逆に温暖な**間氷期**には，**海面が上昇**するのはわかるよね。特に約2万年前の最終氷期には，**現在よりはるかに広い範囲で大陸氷河が広がり**，海面も100m以上低下していたんだよ。当時はベーリング海が陸化していて，ユーラシア大陸と北アメリカ大陸が陸続きになっていたんだね。そこで**ユーラシア大陸からモンゴロイドが北アメリカに移動**し，現在の**イヌイット**や**インディオ**の祖先になったんだっていう話を以前したよね？

表3　離水海岸と沈水海岸のまとめ

	成　因	特　徴	地　形
離水海岸	陸地の隆起または海面の低下	海岸線が単調で水深は浅い	海岸平野，海岸段丘
沈水海岸	陸地の沈降または海面の上昇	海岸線が複雑で水深も深い	リアス海岸，フィヨルド，エスチュアリー

　では，離水海岸の説明に入ろう。**離水海岸はかつての浅海底が離水**（海底が海面上に姿を現すこと）**して形成された**もので，**海岸平野や海岸段丘がその典型**になるよ。

　海岸平野は遠浅の海底が離水したもので，主として**砂**など細粒な物質からできているよ。千葉や宮崎の海岸に行ったことがある人は思い出してごらん！　砂浜が広がっていたはずだよ。さらに海岸平野の沖合には**沿岸州**，砂浜には**浜堤**が発達していることが多いよ〔➡ p.63 ◻〕。

　次に**海岸段丘**〔**図8**〕だ。これは波の**侵食**作用によりつくられた**海食台**や**海食崖**が離水したもので，**離水の回数によって複数の階段状段丘面が形成される**んだ。**上位段丘面ほど古い段丘**だということ

図8　海岸段丘の形成

① 海食崖／←海食／海食台

② 海岸平野／隆起

③ 新しい海食崖／段丘面／隆起

系統地理

大地形
小地形
地形図
気候要素と気候因子
気候区分と植生・土壌
陸水と海洋
自然災害と防災
農業
林業・水産業
エネルギー・鉱産資源
工業
地域開発と環境問題
人口
村落と都市
商業・観光業
交通・通信
貿易と資本の移動
国家・民族

になるね。**段丘の崖下**は，湧水がみられるため，**集落**が立地していることが多いよ〔➡ p.63 〕。

　続いて**沈水海岸**の話をしよう！　離水海岸のときに説明したように，**氷期の海面低下時に侵食**された谷の部分が，その後の海面上昇によって**沈水**したと考えたらいいよ。水深が深くて，入り組んだ海岸線が特徴だね。代表的な沈水海岸には，**リアス海岸，フィヨルド，エスチュアリー（三角江）**があるんだ〔**図9**〕。

図9　沈水海岸の例

●**リアス海岸**
（スペイン）

●**フィヨルド**
（ノルウェー）

●**エスチュアリー**
（ドイツ）

　リアス海岸は知っているよ！　ギザギザの海岸線からなる海岸だよね。確か日本では三陸海岸や若狭湾なんかにあると思うけど。

　よく知ってるね。でも地名を覚えているだけじゃまずいかな（＾_＾;）。
　リアス海岸は，**V字谷を持つ険しい山地が沈水**したもので，**尾根が岬，谷**（**V字谷**だったよね！）**が入江となった鋸歯状の海岸線**をもった海岸なんだ。**スペイン北西部のリアス地方が語源**となっているよ（必ず地図帳でチェックしてね！リアスバハス海岸って書いてあるはず）。
　壮年期の険しい山地がたくさんある**日本にも多数分布**しているから，君んちの近くにもあるんじゃないかな？　**水深が大きいため良港**になるけど，次に説明するフィヨルドと同様に，**山地が海に迫り，平地が狭い**ため，大きな貿易港などは発達しにくいよ。また，**湾奥が狭いから津波の際には，波高が上昇するので被害を受けやすい**んだ。逆に，山地に囲まれている分，波がおだやかだから**海面養殖**には適しているけどね。

　フィヨルドも知ってるよ。ノルウェーには世界最大級のソグネフィヨルドがあって世界的な観光地になっているんだよね。

すごい！　ソグネフィヨルドなんて知ってるんだね。でも共通テストでは問われないかな（＾_＾;）。共通テストでは，「どうやってできたんだろう？」という地理的思考力や理論を身につけることが，高得点を取るための秘訣だね。

フィヨルドは**氷河の侵食**によって形成された**U字谷**（氷食谷）に海水が浸入したもので，**水深はとても大きくて，リアス海岸以上に湾奥も広く深い**んだ。**ノルウェー西岸，アラスカ～カナダ太平洋岸，チリ南西岸，ニュージーランド南島西岸**などに分布しているよ。

ちょっと待って！　今気づいたんだけど，フィヨルドの分布地域って全部，高緯度地方で，しかも西岸に多くない？

そのとおり，フィヨルドは**かつて大陸氷河に覆われていた高緯度地方に分布**しているんだ。**高緯度の西岸は偏西風の影響で降雪が多かった**地域で，氷河が大規模に発達していたんだよ。今までで一番いい質問で感動している……。

先生！　感動はさておき（・∀・），エスチュアリーってどんな海岸地形なの？

エスチュアリー（三角江）も氷期の海面低下時に，河川によって侵食された谷が沈水したもので，**ラッパ状の河口**になっているんだ。河口だけが沈水しているから**水深が深く平野も広い**ため，**港湾都市や工業地域**などが発達しやすいんだ〔➡ p.63 ⛰〕。でもヨーロッパにはたくさんあるのに日本にはないよね？

エスチュアリーは，日本のように山がちで，しかも河川による侵食も盛んで，**土砂の生産や運搬・堆積作用が活発なところでは，河口が埋積してしまうため発達しにくい**んだ。それに対して**安定陸塊**など大陸の河川ではエスチュアリーがたくさんみられるよ。でも，**ライン川**のように，**流域面積が広く**，アルプス山脈から流れ出て**土砂の運搬が盛んな河川**では，エスチュアリーではなく**三角州**が発達していることに注意しようね！

表4　沈水海岸のまとめ

種　類	成　因	形　態	分布地域
リアス海岸	険しい壮年期山地が沈水	V字谷が入江，尾根が岬となる鋸歯状の海岸線	スペイン北西部，三陸海岸，若狭湾沿岸
フィヨルド	氷食によるU字谷に海水が浸入	湾奥が比較的広く，細長い湾を形成	スカンディナヴィア半島西岸，アラスカ～カナダ太平洋岸,チリ南西岸
エスチュアリー	河口部が沈水	ラッパ状の河口を持ち，比較的平野が広い	テムズ川，セーヌ川，エルベ川，ラプラタ川

系統地理

大地形
小地形
地形図
気候要素と気候因子
気候区分と植生・土壌
陸水と海洋
自然災害と防災
農業
林業・水産業
エネルギー・鉱産資源
工業
地域開発と環境問題
人口
村落と都市
商業・観光業
交通・通信
貿易と資本の移動
国家・民族

海岸にはいろいろな**砂の堆積地形**がみられることがあるよね？説明してくれる？

いいよ！

一般に，浅い海では砕ける波の作用により**海岸線に平行**した**沿岸流**が生じるんだ。岬部分などを侵食してできた岩くずや河川が海に供給した土砂を，沿岸流が運搬し堆積すると**砂嘴**，**砂州**などのような特徴的な砂の堆積地形が形成されるんだよ [➡ p.63]。

図10を見てみよう。**砂嘴**はかぎ状の堆積地形で，これが発達し湾口を閉じるように伸びると**砂州**（内側に**ラグーン**と呼ばれる**潟湖**を形成）になるんだ。

さらに砂州は対岸の陸地まで到達したり，島と連結する場合もあるね。連結した島を**陸繋島**，砂州の部分を**陸繋砂州（トンボロ）**と呼ぶんだ。

それから，**沿岸流は砂の堆積地形の付け根から先端にかけて流れている**ことに注意しよう！

図10　海岸部の砂の堆積地形

この前，テレビでオーストラリアの番組があったんだ。そのときに**グレートバリアリーフ（大堡礁）**が映ってて，すごくきれいだった！　サンゴ礁海岸はどうやってできたの？

サンゴ礁海岸は，サンゴを主とする**炭酸カルシウム**からなる生物の分泌物や遺骸が，海底の基盤岩の上に発達した地形なんだ。つまり造礁サンゴがつくりあげた**石灰質の海岸**なんだね。

サンゴは**熱帯〜亜熱帯**の水温が高く，**きれいな海**を好む生物で，**水深が浅いところ**（共生する植物が太陽光を必要）に分布するよ。だから低緯度地方でも**寒流**が流れていたり，**土砂の流入が多いところ**では発達しにくいんだ（土砂の流入が激しい大陸部より，島のほうが発達しているのもこれが一因だね）。

また，島（陸地）が相対的に沈水するとサンゴは死滅してしまうので，生きのびるため上方に成長することから，**図11** [➡ p.63] のように**裾礁**（fringing reef）➡**堡礁**（barrier reef）➡**環礁**（atoll）の順に形成されることが多いよ。裾礁は陸地の裾にへばりついたもの，堡礁は堡みたいになったもの（オーストラリアのグレートバリアリーフは超有名!!），環礁は環状になったものと考

えれば忘れにくいんじゃないかな。比較的高緯度にある**日本のようにサンゴ礁分布の限界付近では裾礁が多いし、赤道付近では環礁が多い**ことにも注意しよう！ それから、サンゴ礁が離水すると隆起サンゴ礁の形で**石灰岩の台地**になるというのも興味深い話だよね。

図11 サンゴ礁海岸

裾礁（きょしょう）／サンゴ礁／基盤岩

堡礁（ほしょう）／礁湖（ラグーン）（しょうこ）

環礁（かんしょう）

系統地理

大地形

小地形

地形図

気候要素と気候因子

気候区分と植生・土壌

陸水と海洋

自然災害と防災

農業

林業・水産業

エネルギー・鉱産資源

工業

地域開発と環境問題

人口

村落と都市

商業・観光業

交通・通信

貿易と資本の移動

国家・民族

👉 **エスチュアリーの代表的河川** 河口には大貿易港が発達している場合が多い。テムズ川（ロンドン）、エルベ川（ハンブルク）、セーヌ川（ルアーヴル）、ラプラタ川（ブエノスアイレス）、セントローレンス川などがある。

👉 **沿岸州と浜堤** 海岸平野などの沖合は遠浅で、沖からの波の砕け作用により、**海岸線と並行した砂の堆積地形**が形成されることがある。これを**沿岸州**と呼ぶ。**沿岸州が陸化**したものを**浜堤**と呼び、海岸線に並行して数列並ぶことが多い。

👉 **海岸平野と海岸段丘** 海岸平野は、**アメリカ合衆国の大西洋岸**からメキシコ湾岸、日本の**九十九里平野**（千葉県）で発達している。また海岸段丘は**室戸岬**（高知県）のものが有名。

👉 **砂嘴と砂州** 砂嘴と砂州は、砂礫でできた海面上の高まりで、**野付崎**（北海道）、**三保の松原**（静岡県）は砂嘴、**弓ヶ浜**（鳥取県）、**天橋立**（京都府）は砂州である。地図帳にマークをしておこう！

ポイント　海岸の地形

❶ 海岸は成因によって、**離水海岸**と**沈水海岸**に大別できる。

❷ 離水海岸には**海岸平野**や**海岸段丘**があり、平坦面は人間の重要な活動の場となる。

❸ 沈水海岸には、**リアス海岸、フィヨルド、エスチュアリー**があり、いずれも水深が大きいため**良港**が立地しやすい。

❸ 特殊な地形

　今までは，主として河川の侵食・堆積作用による地形を説明してきたね。河川は陸上の地形をつくるうえで最も重要な働きをしているんだ。

　今度は氷河の侵食・堆積作用による地形，つまり氷河地形の話をしよう！まず，氷河とはどのようなものかということをしっかりと理解してね。

　氷河とは，万年雪（年間を通じて融けない雪で，融雪の限界である雪線以上のところに分布）が数十メートル降り積もり，上層の雪の圧力によって圧縮され氷河氷になったもので，侵食力がものすごく大きいんだ。氷河には地表面を広く覆う大陸氷河（氷床）と，高山の山頂付近などで発達する山岳氷河（谷氷河）があることは知ってるよね。

　氷河は地球上で盛衰をくり返してきたので，現在や過去の分布地域をわかっていれば，氷河地形の分布についても理解しやすいよ。

　現在，大規模な大陸氷河は，南極大陸とグリーンランド（カナダの北のほうにある世界最大の島でデンマーク領）**にしか分布していない**んだ。

　でも，過去の地質時代の第四紀（現在から約260万年前まで）には，**氷期**（氷河期）**と間氷期**が数度にわたってくり返され，約2万年前の**更新世**の**最終氷期**には**全陸地の3分の1**（現在の3倍）**が氷河に覆われていた**んだ。**ユーラシア大陸で北緯50度**付近，**北米で北緯40度**付近まで大陸氷河に覆われていたことに注意しよう！　図12は頻出事項だよ！　**ヨーロッパと北米における氷期の大陸氷河の分布については，君の地図帳にマーカーでハデに書き込んでおこう！**

図12　氷期の北半球大陸氷河の分布

特にこの2地域に注意！

すごいことに気づいたよ！　大陸氷河の最大拡大範囲がわかれば、さっきやったフィヨルドや氷河によってつくられた**氷河湖**や、その他の氷河地形がどこで発達しているかわかってしまうよ！これは簡単でいいや！

本当に君の言うとおりだ。**氷河地形**だけでなく、**大陸氷河に覆われていた地域は表土も薄く、土地もやせている**ことが多いから、農業にも関係してくるしね。では、続きを説明するよ。

氷河は侵食作用が活発で、山頂付近に発達した氷河は、自らの重さで岩石を削ったり、もぎ取ったりして移動するため、**カール**（圏谷）と呼ばれる**半椀状の凹地**を形成するんだ。さらに山頂の氷河が幾方向にも流下し、カールが複数できることにより**ホルン**（ホーン）と呼ばれる**とがった峰**（尖峰）になるよ。カールやホルンを形成した氷河は、谷を下り**U字谷**をつくるんだ（氷河地形は写真や地形図で頻出なので注意しよう）。

図13　氷河地形

ホルン　　カール（圏谷）

U字谷

モレーン

氷河湖

フィヨルド

そして氷河に削り取られた岩くずは運搬され、高度が低下し氷河が消失する（低地のほうが暖かいからね）と、**岩くずが押し固められたモレーンと呼ばれる丘陵状の氷河堆積地形が残る**んだね（**五大湖沿岸**や**ドイツ北部**に分布➡図13）。

次は乾燥地形だ。乾燥地形は**砂漠気候**下にみられる地形なんだけど、砂漠では降水が非常に少なく、植生もほとんどみられないのはわかるよね。水がないわけだから、岩石の性質（比熱が小さいため、温度が上がりやすく下がりやすい）が強く影響するので、日中は気温がすごく高くなり、夜間は寒いほど低温になるんだね（つまり**気温の日較差がとっても大きくなる**）。

そこで岩石は崩れやすくなり、**風化作用が活発**になるんだ［➡ p.67 ⛰］。大きな岩石が砕かれ、岩くずや礫が地表一面に広がることになるよ。だから**砂漠は大部分が岩石や礫からできている**んだね。

えーっ！　砂漠って「砂」だらけじゃないの？　砂丘（さきゅう）が広がってさぁ，砂嵐（すなあらし）がきて……，ラクダに乗った商人が隊商を組んで……

まぁ，気持ちはわかるよ（＾_＾）。よく見る光景だよね。

desert（砂漠）（さばく）とはもともと非常に降水が少なく植生（しょくせい）に乏（とぼ）しいため，人間から放棄された場所という意味だよ（動詞の desert は「捨てる」という意味だったね）。かつては日本でも「沙漠」（水がきわめて少ないの意）と書かれていたんだよ（「沙」という漢字が常用漢字にならなかった）。

今は「砂漠」と書くことが多いので砂のイメージが強いけど，実際は**岩石や礫（れき）の砂漠がほとんどを占め**，その周辺に風で運ばれた砂が堆積した**砂（すな）砂漠**がある程度なんだ（もちろんここには砂丘（さきゅう）もあるよ）。

砂漠の年降水量はとっても少ないけど（たとえば年20mmとか），**年変動率が大きく**，ある年やある時期にまとまって降る場合が多いんだ。すると雨水はもろくなった岩石を激しく侵食（しんしょく）しながら谷をつくり，**ワジ（涸川）（かれがわ）**と呼ばれる河川を形成するんだね。降水時には**面的な侵食が働くため，比較的平坦（へいたん）な河床を形成**することが多いんだ。

ワジは**降水時しか流れてない**んだけど，ワジの周辺や底では，地下水面が浅く井戸（いど）も掘りやすいため，オアシス集落が立地しやすいよ。流水がないときは**交通路**として利用されることも多いね（砂漠は目印がないから道に迷いやすいんだ。迷ったらかなり危険だもんねえ。だからワジが利用されるんだ）。

河川には，**ナイル川**のような**外来河川（がいらいかせん）**（「砂漠の外から来る川」の意）［➡p.68 📖］もあるよ。**湿潤（しつじゅん）な地域や雪解（と）け水が豊富な山から流れてくる**から水量も豊富なんだね。乾燥地域に住む人々にとって大切な河川で，流域では**オアシスが形成され，灌漑（かんがい）によって農業も営まれている**よ。

そうかぁ，だから**エジプト**は国土の大部分が砂漠で水が得にくいはずなのに，**ナイル川**のおかげで古くから農業が行われてきたんだね。最後に**カルスト地形**について聞きたいなぁ？

よし，わかった！　今まで説明してきた河川や氷河の侵食は大部分が摩擦力（まさつ）などによる**物理的侵食**だったけど，今度は**化学的侵食**だね。**雨水に含まれた二酸化炭素（にさんかたんそ）が，炭酸カルシウム（たんさん）を含む石灰岩（せっかいがん）を溶食（ようしょく）**［➡p.68 📖］してできた地形を**カルスト地形**（語源は東欧の**スロベニア**にある**カルスト地方（とうおう）**だよ）というんだ。雨水が直接触れやすい石灰岩の台地ではこの地形がはっきりとみられるよ。

雨水によって石灰岩が溶かされるとカルスト凹地を形成することになるね。

図14にあるようにドリーネ➡ウバーレ➡ポリエ（溶食盆地）と呼ば

図14　カルスト地形

ウバーレ（ドリーネが結合したもの）
ドリーネ　ポリエ（溶食盆地）
タワーカルスト
鍾乳洞
石灰岩

系統地理

大地形

小地形

地形図

気候要素と気候因子

気候区分と植生・土壌

陸水と海洋

自然災害と防災

農業

林業・水産業

エネルギー・鉱産資源

工業

地域開発と環境問題

人口

村落と都市

商業・観光業

交通・通信

貿易と資本の移動

国家・民族

れるカルスト凹地が順に発達していくんだ。凹地の底には石灰岩中の不純物が溶食から取り残されてできた**テラロッサ**（「バラ色の土」の意）と呼ばれる**赤土**が堆積していることが多いよ。それほど肥沃な土壌じゃないんだけど，土壌の発達が悪い石灰岩地域では，農業に利用されているんだ。

さらに雨水は地下に浸透し（石灰岩台地では地表に河川がみられないことが多い），地中に**鍾乳洞**を形成するよ。また，**東南アジアや中国の華南（コイリン[桂林]）のような熱帯から亜熱帯の多雨地域**では**タワーカルスト**[➡p.68 🏭]と呼ばれる特異な地形を形成しているんだ。

表5　特殊な地形のまとめ

種類	成因	特徴	分布地域
氷河地形	氷河の侵食・堆積作用	カール，ホルン，U字谷，モレーン，氷河湖，フィヨルドを形成	高緯度地方や高山地域
乾燥地形	岩石の風化，雨水による面的侵食作用	砂漠，ワジ，外来河川，塩湖	緯度20〜30度の中緯度地方，大陸内部
カルスト地形	雨水中の二酸化炭素が石灰岩を溶食	ドリーネ，ウバーレなどのカルスト凹地，タワーカルスト，鍾乳洞	地中海沿岸，平尾台，秋吉台など石灰岩台地

🏭 **風化**　岩石が物理的，化学的に破壊されることである。**物理的風化**は，主に温度変化による岩石の熱膨張と放射冷却による収縮により，岩石に割れ目が生じ，さらにその割れ目に浸入した水の膨張・収縮で岩石が破壊されることで，**乾燥気候**下で風化が進む。また，**化学的風化**は，酸化や加水分解などにより岩石が破壊されることで，**高温多雨の気候**下で風化が進む。

🏭 **レス**　**氷河の侵食**によって生産された岩くずのうち，細かいものは風で運ばれてレスと呼ばれる**風積土**となり，**ヨーロッパや北アメリカ**に分布している。レスは，栄養分をよく吸収するため，ステップ気候や温帯気候など腐植が形成されやすい

地域に堆積すると黄褐色の肥沃（ひよく）な土壌となることが多い。**ウクライナからロシア南部，カザフスタン北部に分布するチェルノーゼムの母材はレス**である。ただし，**中国の黄土（おうど）高原から華北に分布するレス（黄土）**は，**砂漠の表土が風で運ばれた**ものであることに注意しよう！　氷河起源のものを氷成レス，砂漠起源のものを砂漠レスという。

外来河川　**湿潤気候地域から流出し乾燥地域を貫流する河川**で，農業・工業用水や生活用水の確保に重要な役割を果たしている。**ナイル川，ティグリス・ユーフラテス川，ニジェール川，インダス川，コロラド川**などが代表的である。

溶食　雨水に含まれる二酸化炭素が石灰岩を溶食（ようしょく）する過程は，次のように示すことができる。$CaCO_3 + CO_2 + H_2O \longrightarrow Ca(HCO_3)_2$

タワーカルスト　**熱帯や亜熱帯気候**地域では，**降水量が多い**ことに加え植生（しょくせい）が豊富なため，土中には有機酸が多く含まれている。そのため雨水と地下水による溶食が活発で，石灰岩台地の一部が溶食から取り残され，タワーカルストと呼ばれる**巨大な塔（とう）状の山々が林立する特異な地形**が形成されることがある。特に，中国・コワンシー壮（チワン）族自治区のコイリン（桂林）は，古くから景勝（けいしょう）地として知られている。

ポイント ▶ **特殊な地形**

❶ 　**氷河地形**（ひょうが）は，氷河の**侵食**（しんしょく）・**堆積作用**（たいせき）により形成されたもので，高緯度地方や高山地域で発達している。

❷ 　**乾燥地形**は，乾燥気候でみられ，岩石の風化作用が活発で，**砂漠**が分布する。

❸ 　**カルスト地形**は，雨水に含まれる二酸化炭素（にさんかたんそ）により**石灰岩**（せっかいがん）が**溶食**（ようしょく）されて形成される。

「氷河地形」，「乾燥地形」，「カルスト地形」が，特殊な地形の3大頻出事項だよ。どこにみられるか，どのように形成されたかなどをしっかりおさえておこう！

1 図1中の**ア**〜**ウ**は，ノルウェー南西部，スペイン北西部，フランス北部のいずれかの地域の海岸線を同じ縮尺で示したものである。また，図2の**カ**と**キ**は，その湾の海面下の横断面形を模式的に表している。ノルウェー南西部の地域に該当する海岸線と湾の模式的な横断面形の組合せとして正しいものを，あとの①〜⑥のうちから一つ選べ。

黒い部分が海を表す。図の上が北を示すとは限らない。
図1

図2

海岸線	①	②	③	④	⑤	⑥
海岸線	ア	ア	イ	イ	ウ	ウ
横断面形	カ	キ	カ	キ	カ	キ

2 現在では世界各地の自然環境を考察するために，GIS（地理情報システム）が積極的に使われている。次ページの図1は，世界のある海岸地方の衛星データからGISで作成した地図である。また，次ページの図2は，図1中の矢印の視点からの地形景観を3D化したものであり，図2の下の文章は，この地域の海岸地形の形成過程についてまとめたものである。次ページの文章中の空欄**ア**と**イ**に当てはまる語の正しい組合せを，71ページの①〜④のうちから一つ選べ。

JAXA の資料により作成。

図1

高さは強調して表現してある。Google Earth により作成。

図2

図1では，海岸線とほぼ（　ア　）して，細長い島々が配列している様子が読み取れる。これは，海岸線と同じ向きの稜線をもった地形が沈水し，稜線の一部が沈水から取り残されて島々ができたことを示している。すなわち，図2にみられる海岸付近の山地と島に挟まれた海域は，雨水や河川など主に（　イ　）営力により形成され

た谷に，海水が侵入してできたものと考えられる。

	①	②	③	④
ア	直 交	直 交	平 行	平 行
イ	外 的	内 的	外 的	内 的

解答・解説　**1**　⑥　　ノルウェー南西部はフィヨルド，スペイン北西部は
リアス海岸，フランス北部はエスチュアリーが分布し，それぞれ**図1**中の**ア**が
エスチュアリー，**イ**がリアス海岸，**ウ**がフィヨルドに該当する。
　フィヨルドは氷食によるU字谷に海水が浸入したものなので，湾奥も広く，
水深も深い。
　図2中の**カ**はV字谷，**キ**はU字谷とわかれば解答は容易だ。

2　③　　**図2**を見ると，細長い島々が海岸線とほぼ（**ア　平行**）しているの
が読み取れる。2行目の「海岸線と同じ向きの稜線」というのは，海岸線と同
じ向きの**尾根線**と同じ意味で，図中の海岸は，このような地形が**沈水**してでき
た海岸地形である。沈水は，**地殻変動による陸地の沈降**または**氷河性海面変動**
による海面上昇によって生じる。同じ沈水海岸でも**リアス海岸**は，稜線が海岸
線に向かって，ほぼ垂直方向に伸びているため，陸地側に海水が浸入し，入り
組んだ鋸歯状の海岸線を形成している。共通テスト対策として覚える必要はな
い知識だが，**図1**ならびに**図2**に見られる海岸地形は，アドリア海沿岸のクロ
アチア南部に見られるダルマチア海岸と呼ばれる特異な海岸地形である。雨水
や河川の作用により形成された谷に，海水が浸入してできた海岸とあるので，
流水による**侵食作用**つまり（**イ　外的営力**）が正解である。外的営力とは，地
球外部からの太陽エネルギーなどを起源とするもので，**風化**，**侵食**，**運搬**，**堆**
積などの作用である。これに対して，選択肢にある**内的営力**とは，地球内部の
熱エネルギーを起源とするもので，**地殻変動**，**火山活動**などがある。

4 地 形 図
地形図読図の基礎的知識と技能

この項目のテーマ

1 地形図の種類
地形図とはどのような地図なのかを理解しよう！

2 等高線と地図記号
とうこうせん
等高線の性質を理解すれば地形図はとっても簡単！

3 地形図の読図
地形を理解していれば，読図は楽しい！

---

1 地形図の種類

　今回は地形図の話だよ。多くの受験生と話をするけど，「地形図がニガテ！」っていう話を聞くねぇ。逆に山に登ったりするのが好きなアウトドア派の人はけっこう得意な人が多いように感じるな。苦手な人の気持ちはわかるよ。じつはここだけの話，親しい地理の先生たちから「瀬川さんは地形図実習きらいだもんね」と言われるんだ。泥まみれになったり，汗まみれになるのがあんまり好きじゃない（＾_＾;）。

　でも，地形図とは何かということをしっかり理解して，**等高線と地図記号の**
とうこうせん
ルールをちゃんと身につければ，すぐに読めるようになるから心配しないでね！　もともと得意な人はここを読んでいっそう得意になろう！　じゃあ，説明に入るよ！

　地形図とは等高線によって**地形**や**水系**を表現し，**地図記号**によって**集落，道路，行政界，土地利用**などの情報をくわしく記した地図だよ。うまく活用すれば，地域を理解する手助けになるんだ。

　国土地理院が発行している地形図は３種類あって，日本全土を表現したものは**２万５千分の１**と**５万分の１**の地形図だ（１万分の１は都市部だけ作成）。２万５千分の１地形図は実際に測量された**実測図**で，５万分の１地形図は実測図をもとにつくられた**編集図**だよ。

　また，近年は，標高，地図画像，土地利用，道路などを電子化した**数値地図**や電子地図も刊行されていて，パソコンを使えばいろいろな地図表現ができ

るようになっているよ。現在は，**地理院地図**（国土地理院）という縮尺が自由に変えられ，加工もできる電子地図がインターネットで公開されているので，チャレンジしてみるといいね！

 よーし，地形図に対する苦手意識をなくして得意になってみせるよ！　ところで地形図に出てくる縮尺って，いったいなんのこと？

縮尺とは縮小率のことで，**大縮尺**（**分母が小さい**）とは大きめに縮小しているということ（つまり**あんまり縮めていない**ということ），**小縮尺**（**分母が大きい**）とは小さめに縮小しているということ（**いっぱい縮めている**ということ）だよ。つまり２万５千分の１と５万分の１を比べた場合，２万５千分の１のほうが，実寸により近いということで，５万分の１より大縮尺の地図であるということになるんだね。よく逆に考える人がいるので注意しておこう！

 ２万５千分の１地形図のほうが５万分の１地形図より**大縮尺**でくわしい情報を得ることができるんだね。
じゃあ，どちらのほうがより広い範囲を描くことができるのかなぁ？

図１のように**５万分の１地形図**のほうが広い範囲を描くことができるんだ。５万分の１地形図では，２万５千分の１地形図の距離を半分に縮めてあるわけだから，**２万５千分の１地形図の４枚分の範囲を描くことができる**んだよ。つまり，**２万５千分の１地形図**はよりくわしい情報を得たい場合に使用するし，**５万分の１地形図**はより広い範囲の情報を得たい場合に使用すればいいということになるよ。

図１　２万５千分の１と５万分の１地形図

●２万５千分の１地形図　　●５万分の１地形図

※ 緯度・経度はともに，1°＝60′（60分），1′＝60″（60秒）で示す。

☝ **国土地理院発行の地図**　地形図以外には，1：2,500と1：5,000の**国土基本図**，1：200,000の**地勢図**，1：500,000の**地方図**，1：1,000,000の**国際図**などがある。

☝ **地形図の図法**　国土地理院発行の地形図は，かつて多面体図法で作成されてきたが，現在は，**ユニバーサル横メルカトル（UTM）図法**で作成されている。

☝ **電子国土基本図**　国土地理院は，紙媒体の地形図だけでなく，これまでの2万5千分の1地形図にかわる基本図として，**デジタルデータ**をもとに**電子国土基本図**の整備を進めており，地図情報，オルソ画像（空中写真をひずみのない画像に変換したもの），地名情報からなる。また，**電子地形図25000**は，電子国土基本図をもとに作成された**デジタル地形図**で，インターネットで閲覧や購入が可能である。

> **ポイント** **地形図の種類**
>
> ❶　地形図は，等高線（とうこうせん）と地図記号を使用して，地形，水系，土地利用を表し，地域の特性を理解することに役立つ。
>
> ❷　地形図には2万5千分の1と5万分の1があり，前者はくわしい情報を，後者は広範囲の情報を獲得することができる。
>
> ❸　近年は，地理院地図などの電子地形図が普及しており，入試でも頻出なので要注意！

「地形図」がニガテという受験生が多いけど，ゼッタイにあきらめるなよ！　原理がわかれば，怖いことは何もないよ！

❷　等高線と地図記号

　等高線と地図記号は地形図の読図には欠かすことができないものなんだ。等高線とは海抜高度が等しい地点を結んだ線で，東京湾の平均海面を0mとして作成してあるよ。等高線には表1のような種類があるから，種類と数値については必ず頭にたたき込んでおこうね！

　最も重要な等高線は主曲線（細実線）で，2万5千分の1では10m間隔，5万分の1では20m間隔で描かれているよ。さらに主曲線5本に1本の割合で計曲線（太実線）が描かれているんだ。

　だから等高線が何m間隔で描かれているかで地形図の縮尺もわかってしまうよね。つまり主曲線が10m（計曲線が50m）間隔ならば，2万5千分の1だし，それぞれ20m（100m）間隔ならば5万分の1になるから，君たちは全員縮尺の問題は解けるということになるね（^_^）。

　それから主曲線と計曲線（実線）は必ず記入しなければならないんだけど，補助曲線（破線）は必要に応じて記入する等高線で，よりくわしく地形を表現したい場合に，必要な部分だけ使用するんだよ。

系統地理

大地形

小地形

地形図

気候要素と
気候因子

気候区分と
植生・土壌

陸水と海洋

自然災害と
防災

農業

林業・
水産業

エネルギー・
鉱産資源

工業

地域開発と
環境問題

人口

村落と都市

商業・
観光業

交通・通信

貿易と
資本の移動

国家・民族

表1　等高線の種類と数値

	2万5千分の1地形図	5万分の1地形図
実際の距離1km	4cm	2cm
実際の面積1km²	16cm²	4cm²
〈等高線の種類〉		
計曲線 ————	50m間隔	100m間隔
主曲線 ————	10m間隔	20m間隔
補助曲線 {— — —　·········	5m，*2.5m間隔	10m間隔 5mまたは*2.5m間隔

（*数値は必ず表示）

　等高線って難しいと思っていたけどそうでもないんだね。
　等高線にはどんなルールがあるの？

　じゃあ，等高線のルールについてまとめてみよう！
　〈ルール1〉　等高線は閉曲線になるよ。必ず閉じるんだ（ただし補助曲線は必要な部分だけ記入すればよいので，必ずしも閉曲線になる必要はない）。

　〈ルール2〉　閉曲線の内側は必ず外側より高いことを忘れないでね。よく生徒から「私には等高線の内側がへこんでいるように見えるんですけど」っていう質問を受けるんだ（^ ^;)。

確かにそういわれれば見えないこともないんだけど，君たちはそこで「絶対に内側は高いんだ！」って思ってね！

凹地を表したい場合には，等高線の中に矢印を入れたり，等高線の内側に小突起を入れたりしなければならないんだよ（カルスト地形などではこういう記号がたくさんみられるので注意しようね！）。図2を見てしっかり理解しておこうね。凹地記号が入っている場合は，図2のように外側の等高線と同じ高さになるという特別ルールがあるから十分に注意しよう！

〈ルール３〉 等高線は決して交わらないよ。ただし土崖 ┅┅┅ や岩崖 ∧∧∧ 記号がある場合には等高線が崖に吸い込まれているので，交わっているように見えるけどね。

図2 閉曲線と凹地記号の模式図（2万5千分の1）

●閉曲線

110m以上で，内側が高い

100

●小凹地

100m

100

100m未満

●凹 地

110m

110m未満

100

 でもね，実際に地形図を見ると，等高線に交わっている実線があるよ！ あれは何なんだろう？

そうだね。それは小河川か道路だな。等高線を追っていく際に，道路や川に入っていく人がいるもんね。図3を見て確認しておこう！

図3 等高線に交わっている道路や河川の模式図

道路

河川は谷を流れていることに注意！

河川

実際の地形図はカラーで，等高線は茶，道路は黒，河川は青で表現されているが，入試では白黒（モノクロ）なので，十分な学習が必要。

〈ルール４〉　等高線の間隔が広ければ**緩やかな傾斜**，狭ければ**急な傾斜**を表しているんだ。**図４**を見るとわかりやすいよ。

図４　緩傾斜と急傾斜の模式図

〈ルール５〉等高線が標高の**高いほうから低いほうへ出っ張っているところが尾根**，逆に**高いほうへくい込んでいるところが谷**を表しているよ。尾根すじ（**尾根線**）というのは，君たちが山を登ったり下ったりする際に，**進行方向に対し必ず両側が低くなっている**道すじを指すんだ（周りが見渡せるので景色がいいはずだね）。

　逆に谷すじ（**谷線**）は両側が高くなっている道すじのことで，両側に山の斜面が見えるところだね。これを等高線で表すと**図５**のようになるよ。共通テストでは頻出の事項なのでがんばって勉強しよう！

図５　尾根，谷，集水域の模式図

右の図は２万５千分の１で描かれた架空の地形の模式図である。A～P，B～P，C～Pは**尾根線**，Q～Pは**谷線**となることに注意しよう。

Qに河川があるとするとA～P～Bが**集水域（流域）**となる

峠といわれる部分で，尾根が向かい合っている部分は，尾根線上である

地形図では，**距離**，**面積**，平均勾配（こうばい）の計算問題が出題されているような気がするんだけど？

そうだね。頻出の計算問題だから，以下のことに注意しよう！

① **距離を求める場合**，1：25,000の地形図上での4cmは4cm×25,000で1km，1：50,000地形図上での4cmは4cm×50,000で2kmになる。

② **面積を求める場合**，1：50,000の地形図上で，2cm四方の水田の面積は，（2cm×50,000）×（2cm×50,000）＝1km²となる。

③ **平均勾配を求める場合**，A地点からB地点の平均勾配は，

$$\frac{\text{A〜B間の比高（ひこう）}}{\text{A〜B間の水平距離}}$$

となる。たとえば，A地点の標高（ひょうこう）が1,200m，B地点の標高が800mで，A〜B間の水平距離が5,000mであれば，$\frac{1,200-800}{5,000}=\frac{2}{25}$ となる。

 地形図を見てると，たまに等高線がほとんど入っていないものがあるよね。こんな場合どうすればいいの？

等高線が入っていないということは，傾斜（けいしゃ）があまりなく平坦（へいたん）な地形なんだろ

図6　地形図の記号（1：25,000）

うね。そういう場合は土地利用を見ることが必要だよ。たとえば，**河川が流れていたり，水田があったりすれば周囲より低い**と考えればいいし，**畑や集落が**あれば周囲よりちょっとだけ高い可能性があるからね。

👆 **三角点（△）と水準点（▣）** 地形図中での水準点，三角点，標高点の数値はすべて**海抜高度（標高）**を示しており，**水準点は東京湾の平均海面を0mとした海抜高度の基準点**，**三角点は位置（緯度や経度）の基準点**である。電子基準点（ ⬡̃ ）はGPS衛星を利用し，**地殻変動などによる位置・高度のずれを監視する**ために設置されている。

ポイント　等高線と地図記号

❶ 等高線は**閉曲線**となり，その**内側は外側より高い**ことを示す。
❷ **等高線は交わらない。**
❸ 等高線の**間隔**が**密**であれば**急傾斜地**，**疎**であれば**緩傾斜地**を表す。
❹ 等高線が**低いほうへ凸**である場合は**尾根**，**高いほうへ凸**である場合は**谷**を示す。

◎ 市 役 所	⛫ 博 物 館	⌒ 坑 口	
○ 町村役場	日 神 社	旧 ⚓ 重 要 港	
჻ 官 公 署	卍 寺 院	⚓ 地 方 港	
♤ 裁 判 所	⊖ 郵 便 局	新 ⚓ 港 湾	
◈ 税 務 署	⊡ 高 塔	⚓ 漁 港	
⊞ 病 院	⌓ 記 念 碑	‖ 田	
⊕ 保 健 所	⌂ 自然災害伝承碑*	∨ 畑	
廃 ⊤ 気 象 台	⌇ 煙 突	〇 果 樹 園	
Y 消 防 署	♂ 電 波 塔	廃 Y 桑 畑	
⊗ 警 察 署	♁ 風 車	∴ 茶 畑	
X 交 番	☼ 灯 台	廃 ◦ その他の樹木畑	
廃 ⊓ 自 衛 隊	⌂ 城 跡	⃠ 竹 林	
✕ 小・中学校	⊥ 墓 地	⍑ 笹 地	
⊗ 高 等 学 校	∴ 史跡名勝天然記念物	⊥ 荒 地	
廃 ✕ 森林管理署	⊡ 油井・ガス井	Q 広葉樹林	
⌂ 老人ホーム	⌇ 噴火口・噴気口	Λ 針葉樹林	
⌐⊓ 発電所等	♨ 温 泉	⊻ ハイマツ地	
廃 ✿ 工 場	✕ 採 鉱 地	T ヤシ科樹林	
⊞ 図 書 館	廃 ⚲ 採 石 地		

旧	新	平成25年の図式の改訂時に変更された記号
廃		平成25年の図式の改訂時に廃止された記号

＊令和元年の図式の改訂時に新設された記号

系統地理

大 地 形
小 地 形
地 形 図
気候要素と
気候因子
気候区分と
植生・土壌
陸水と海洋
自然災害と
防災
農　　業
林業・
水産業
エネルギー・
鉱産資源
工　　業
地域開発と
環境問題
人　　口
村落と都市
商業・
観光業
交通・通信
貿易と
資本の移動
国家・民族

3 地形図の読図

図7 扇状地の地形図

▲ 「海津（滋賀県）」1：25,000地形図

図8　氾濫原の地形図

アミがかかった部分（■■）は樹木に囲まれた居住地。

流水の方向

堤防（幅が広い堤防で自動車が通れる道路として利用）

郡市界

擁壁（護岸）

長戸呂

後背湿地

灰塚

自然堤防上に集落が立地

比高が5.8mであることを示す（周囲より堤防が5.8m高い）

堤防建設前の旧流路で河跡湖として残る

山飯野

平林

金渕乙　法柳新田

▲「水原（新潟県）」1：25,000地形図

現地を歩かなくても
これだけのことが
わかるんだから，すごい!!

大地形

小地形

地形図

気候要素と気候因子

気候区分と植生・土壌

陸水と海洋

自然災害と防災

農　業

林業・水産業

エネルギー・鉱産資源

工　業

地域開発と環境問題

人　口

村落と都市

商業・観光業

交通・通信

貿易と資本の移動

国家・民族

図9　台地の地形図

宮前

飯岡　宅地造成中　幡谷

非連続の堤防

大生

荒海川　沖積低地を流れる河川

沖積低地

成毛

東和泉

台地の崖形に成
立した古くから
の集落

西和泉

開析（侵食
されてできた）
沖積低地

総成ゴルフ場
台地上に建設されたゴルフ場

▲「成田（千葉県）」1：25,000地形図

水田の部分を青色に塗ってみよう！
色を塗ったところは，沖積低地，それ以外は台地であることが
わかる。

👆 **河川の右岸と左岸**　河川の**上流**から**下流**方向を見て，右が右岸，左が左岸と判断する。

👆 **天井川**　**河床**が周囲よりも高くなった河川のことで，土砂の運搬が活発な河川に，人工堤防を建設し，河道を固定すると土砂の堆積によって徐々に**河床が上昇**し，天井川になることがある。天井川を横切る道路や鉄道は**トンネル**を必要とすることと，**天井川を横切る等高線は下流側に凸となっている**ことに注意しよう！

👆 **自然堤防と後背湿地**　等高線の状態で判断することが困難であるため，**土地利用から判断する**。自然堤防は，河川沿岸に**集落や畑**が列状に分布しているところ，後背湿地は，自然堤防の外側の低地で**水田**に利用されているところが多い。

👆 **古い集落と新しい住宅地**　農村などの成立が古い集落は，地形図上で**道路幅が狭いこと**，**寺院があること**，樹木に囲まれた**居住地**（■■■■ 夏の陽射しや冬の寒冷な風を防ぐための屋敷林）があることで判断できるが，新興住宅地などは，自動車が一般家庭に普及した後に成立しているため，**道路幅が広く**，規則的な地割りがしてある場合が多いので注意しよう！

ポイント　地形図の読図

❶ **扇状地**は，緩やかに傾斜しているため，等高線がほぼ**等間隔の同心円状**をなす。

❷ **氾濫原**は，傾斜が少なく，河川の両側に**自然堤防**が，その外側に**後背湿地**が分布することを土地利用から判断する。

❸ **台地**は，乏水地であるため**台地上には畑や果樹園**，**侵食谷**では水田が分布し，古くからの集落は台地の崖下，新しい集落は台地上に立地する。

系統地理

大地形

小地形

地形図

気候要素と
気候因子

気候区分と
植生・土壌

陸水と海洋

自然災害と
防災

農業

林業・
水産業

エネルギー・
鉱産資源

工業

地域開発と
環境問題

人口

村落と都市

商業・
観光業

交通・通信

貿易と
資本の移動

国家・民族

地形図もそんなに
大変じゃないだろう？
等高線のルールを
しっかり理解してね！

1　次の図は，ある地域の2万5千分の1地形図（原寸，一部改変）を示したものである。図から読み取れることがらについて述べた文として下線部が最も適当なものを，下の①〜④のうちから一つ選べ。

図

①　河川アは，<u>地点aから地点kに向かって流れている。</u>

②　地点b付近には，<u>砂防ダムがある。</u>

③　地点cと地点dの間の長さは地図上で25mmであり，<u>地点c
から地点dまでの地表面上の距離は625mである。</u>

④　地点eから地点fの道路の勾配よりも，<u>地点gから地点hの
道路の勾配の方が緩やかである。</u>

2 次の図中のカ〜ケは，凹地上状の地形を示した2万5千分の1地形図（一部改変）であり，後の①〜④の文は**カ〜ケ**のいずれかにみられる凹地状の地形の成因を説明したものである。**キ**に該当するものを，後の①〜④のうちから一つ選べ。

系統地理

大 地 形

小 地 形

地 形 図

気候要素と
気候因子

気候区分と
植生・土壌

陸水と海洋

自然災害と
防災

農 業

林業・
水産業

エネルギー・
鉱産資源

工 業

地域開発と
環境問題

人 口

村落と都市

商業・
観光業

交通・通信

貿易と
資本の移動

国家・民族

カ

キ

ク

ケ

① 火山の噴火活動によって形成された。
② 石材の切り出しによって形成された。
③ 石灰岩の溶食によって形成された。
④ 氷河の侵食によって形成された。

解答・解説　**1**　④

① 「堰」の地図記号に注目すると易しい！　堰の記号は，破線側が上流を示しているので，河川アは「aからk」ではなく，「kからa」に向かって流れている。したがって，この文は誤り！　流水の方向を知りたい時は，等高線を数えたり，河岸の標高基準点（標高点，水準点，電子基準点など）の数値を利用しても良い。堰とは，河川の流水を制御するため建設された構造物で，取水用（水を貯留したり，用水路に流す），砂防用（上流からの土砂などをせき止める）などさまざまな機能がある。

② 「砂防ダム」（土砂災害を防止したり，軽減するためのダム）は，①の「堰」の地図記号であるが，b地点にはないので，この文も誤り！

③ c−d間は図上で25mm（つまり水平距離が25mm）とあるので，25mm×25,000＝625,000mm＝625mとなるが，あくまでもこれは実際の水平距離のことを示している。しかし，下線部では「地点cから地点dまでの地表面上の距離」とあるので，あたりまえだが平均勾配を求めて斜面の距離を算出しなければならず，地表面上の距離は水平距離より明らかに長くなるため誤り！

④ e−f間の方が，g−h間より等高線間隔が密（等高線の本数が多いということ）なので，g−hの方が勾配が緩やかである。したがって，この文が正しい。

2　④

① 火山の噴火によって形成されたのはクで，地形図中央部の1206mの標高点に西に噴気口の地図記号がみられ，周囲には噴火によってできた岩崖の地図記号が記されている。

② 石材の切り出しによって形成されたのはケで，石材を積んだような採石地の地図記号や石材を切り出した跡の土崖の地図記号もみられる。

③ 石灰岩の溶食によって形成されたのはカで，小凹地（閉曲線の中に→）や凹地（等高線に突起）記号が多数みられる。

④ 氷河の侵食によって形成されたのはキで，地形図の西側にU字状の谷がみられ，これがカールである。日本では，更新世の氷期に日本アルプス（飛驒山脈，木曽山脈，赤石山脈）や日高山脈（北海道）で山岳氷河が発達していたため，カールなどの氷河地形が残っていることに注意したい。

凹地記号に注意！

カ

カール

キ

溶岩が固定

ク

石材の切り出し

ケ

5 気候要素と気候因子
気候のメカニズムと大気大循環

1 気　温
気温の高低はどのようにして決定されるのだろう？

2 降　水
降水の原理をしっかり理解しよう！

3 風と大気の大循環
風の成因や風向を考えてみよう！

1 気　温

　気候も好ききらいがはっきり分かれる分野だけど，はっきり言って気候はとってもおもしろい！　ここでがんばれば，ますます地理が楽しくなって，農業，人口などいろんな分野が得意になるよ！　できれば，小中学校の理科をちょっとだけ思い出してくれるといいな。

　では，説明に入ろう。まず，気候って何なんだろう？

　気候とは，長期間の大気の平均状態を示したもので，たとえば「暑い」，「寒い」，「雨が多い」，「風が強い」といった日々の天候の総体なんだ。ある地域の気候は，**地形，動植物の分布，人々の衣食住，経済活動，人口分布**など多くの**地理的事象に影響を与える**んだよ。

　気候を構成する**気温，降水量，風**（風向速度），**気圧，日照時間，蒸発量**などの大気現象を**気候要素**というんだ。特に気温と降水量と風が重要で，これがわかれば共通テストでの高得点は間違いなしだよ！

　その気候要素の地理的な分布に影響を与えるものは**気候因子**と呼ばれ，**緯度，海抜高度（標高），隔海度**（海岸からの距離），**海流，地形**などがあるんだ［**→p.89 表1**］。気候因子の違いによって，世界の各地域に実にさまざまな気候の特色が表れるんだよ。

　じゃあ，今から，気候要素の一つ，気温についての話をしよう！

　気温は，**緯度**との関係が深く，**低緯度ほど気温は高くなり，高緯度ほど気温**

表1　気候因子

気候因子	気候要素に与える影響
緯度	低緯度は高温，高緯度は低温になる。
海抜高度	海抜高度が100m上がると，気温は約0.6℃低下する。 南米の低緯度には高山都市が発達。
隔海度	海に近いと，水蒸気の流入が増加し多雨， 海から離れると，水蒸気の流入が減少し少雨となる。
地形	山地の風上側は多雨，風下側は少雨となる。 偏西風に対してペニン山脈の風上側にあるイギリスのランカシャー地方（湿潤）とヨークシャー地方（やや乾燥）。同じく偏西風に対してアンデス山脈の風上側にあるチリ南部は多雨，風下側にあるアルゼンチン南部は少雨。
水陸分布	大陸は海洋より比熱が小さいため， 大陸内部は，気温の年較差や日較差が沿岸部より大きくなる。
海流	暖流の影響を受けると温暖湿潤（北西ヨーロッパ）， 寒流の影響を受けると冷涼乾燥になる（ペルーの海岸～チリ北部）。

は低くなることはわかるよね（つまり赤道に近づくほど暑くなり，極に近づくほど寒くなるということ）。

　図1を見てみよう！　低緯度ほど太陽高度が高いので，単位面積当たりの受熱量が大きいことがわかるはずだよ（放熱量は緯度による差が受熱量ほど大きくない）。ということは気温は，ほぼ緯度に対応するわけだから，これからいろいろな問題を解くときに，まずは緯度の高低を考えればいいね！

図1　緯度による太陽放射の入射量の違い（春分・秋分のとき）

太陽放射
単位面積当たりの受熱量は，A＞B＞Cとなる。

そうかぁ，だから気温の等しい地点を結んだ等温線は，緯度とほぼ平行に走るんだね。
等温線図を見るとどんなことがわかるのかなぁ？

系統地理

大地形
小地形
地形図
気候要素と気候因子
気候区分と植生・土壌
陸水と海洋
自然災害と防災
農業
林業・水産業
エネルギー・鉱産資源
工業
地域開発と環境問題
人口
村落と都市
商業・観光業
交通・通信
貿易と資本の移動
国家・民族

5　気候要素と気候因子｜89

等温線図はね，現地観測気温の数値をそのまま記入する場合と，海面更正気温（海抜高度0mの気温に修正した気温）の数値を使う場合があるよ。等温線図はとっても便利な**統計地図**で，**世界各地のおおよその気温を知ることができる**んだ。図2の等温線図を見てみよう。

図2 等温線図

※現地観測気温で作成。

今から説明することは，めちゃめちゃ重要だから絶対にチャレンジしてね！

図2のAとBでは，どちらが**1月の平均気温**を示す等温線図だと思う？　ちょっとだけ考えてみてくれないかなぁ……。Aが1月，Bが7月の等温線図だ！　判定できなかった人は，**図3**（Aの日本付近を拡大した図）[➡ p.91]を見てごらん！　同緯度の海洋部分aと大陸部分bを比べると一目瞭然！　**等温線は緯度に対して平行**になるはずなのに**大陸部分で低緯度側に曲ってい**

るよ。**海洋**は水でできていて，**比熱**（ひねつ）[➡ p.93] が大きいよね。これに対して**大陸**は大部分が岩石なので**比熱が小さい**んだ。つまり温度が低下しにくい海洋部分より温度が低下しやすい**大陸部分が低温**になっていることから，**図3**は**1月**（北半球の冬）の等温線図だということが読み取れるよ。反対に，**7月**（北半球の夏）なら等温線が大陸部分で，高緯度側に曲がるんだ [**図2のB** ➡ p.90]。

図3　日本付近の等温線図

−30℃
−20℃　b ・−25℃
−10℃
0℃
10℃
a　・−15℃
40°N

*40°Nの緯線と0℃の等温線を比べてみよう！

*aとbは，同緯度なので，本来は気温が同じはずなのに，aは−15℃，bは−25℃になっている。

　この考え方さえ身につければ，等温線を使用した問題で**季節**（1月と7月の判定）を間違えることはないってことだ（^_^）。

　特に等温線の問題では**等温線が曲がっているところがポイント**になるよ。たとえば，**海抜高度がとても高かったり**（海面更正していない場合），**寒流（かんりゅう）が流れていたりすると，周囲より低温になるため，低緯度側に向かって曲がっている**から注意しようね！

> **海抜高度（標高）が上昇**すると，気温は**低下**するんだよね？

　そうだよ。太陽からの熱は，地表の岩盤（がんばん）を暖め，その輻射熱（ふくしゃねつ）により大気を暖めるんだ。だから地表が最も高温になり，**海抜高度が100m上がるごとに気温は平均して約0.6℃ずつ下がる**んだよ（**気温の逓減率（ていげんりつ）**っていうんだ）。

　だから，**南アメリカの低緯度地方**では，快適な気候を求めて**高山都市（こうざん）**（コロンビアのボゴタ，エクアドルのキト，ボリビアのラパスなど）が発達しているし，**アフリカの低緯度地方でも標高が高いキリマンジャロ山（5,895m）やキリニャガ山（5,199m）の山頂付近では，氷雪（ひょうが）や氷河がみられる**んだ。

> **日本を通過している**等温線は何℃の等温線なの？

　いい質問だね！　世界の各地域の特色をみる際に，日本の数値を基準に考えるとわかりやすいよね。**1月の0℃，7月の20℃，そして年平均10℃の等温線が東北日本を通過している**よ。

系統地理

大地形

小地形

地形区分

気候要素と気候因子

気候区分と植生・土壌

降水と海流

自然災害と防災

農業

林業・水産業

エネルギー・鉱産資源

工業

地域開発と環境問題

人口

村落と都市

商業・観光業

交通・通信

貿易と資本の移動

国家・民族

ちなみに札幌の年平均気温が8.9℃，東京が15.4℃，那覇が23.1℃と南北でかなり違いがみられるね。等温線図を見れば，おおよそ君たちが住んでいる地域の気温もわかるだろう？　図3［➡ p.91］の等温線図を見て，君たちの居住地の気温を読み取ってごらん。

> 気温の日較差と年較差ってあるよね。日較差は1日の最高気温と最低気温の差，年較差は1年の最暖月と最寒月の平均気温の差だということはわかるんだけど，どんなところでこの差が大きくなったり，小さくなったりするのかな？

　これも大学入試では重要な要素だよね。
　気温の日較差は，**昼夜間の気温差**のことで，低緯度地方，特に**砂漠気候（BW）地域で大きくなる**よ。乾燥地形で説明したように［➡ p.65］，降水が少ないためほとんど水の影響を受けず，比熱が小さい岩石の影響をもろに受けるため，日中の気温は50℃になるところもあり，逆に夜は0℃近くになることもあるからね。
　世界の最高気温を記録したところは**アメリカ合衆国のデスヴァレー**にあるグリーンランドランチ（イラクのバスラ，リビアのアジージーヤなど諸説あるが）で，やっぱり砂漠気候なんだよ。**雨が多い熱帯地域より，低緯度の砂漠のほうが日中の気温が上がりやすい**ということだね。

　気温の年較差は，**夏冬の気温差**のことで，高緯度の大陸内部で大きくなるんだ。高緯度では夏と冬の受熱量の差がとても大きくなるし（**季節による太陽高度と日照時間の差が大きい**），さらに大陸の内部は海洋の影響が少ないから，年較差が非常に大きくなるんだよ（逆に**年較差が小さいのは低緯度の沿岸部**ということになるね）。ちなみに**シンガポール**（1°N）の年較差は1.8℃，**東京**（36°N）は21.3℃，東シベリアの**イルクーツク**（52°N）は36.0℃と大きく異なっているのがわかるよね。**気温の年較差は，高緯度で大，低緯度で小**ということを忘れないように！

　ついでに**大陸の東岸**と**西岸**でも気温に違いがみられるということを説明しておこう！　特に**北半球の中高緯度**の東岸と西岸では違いが顕著で，**冬季**に西岸は**暖流**と偏西風の影響を受けるため温暖（**海洋性気候**）だけど，東岸は大陸内部から**寒冷な季節風**が吹き出すため，低温になる（**大陸性気候**）ことも重要なポイントだよ。つまり中高緯度では**東岸のほうが西岸より気温の年較差が大**

きくなるということだね。

👆 **比熱（熱容量）** ある物質1gの温度を1℃変化させるための熱量を示す。**水は，** ガス体を除く自然界の物質では最も**比熱が大きい**ため，**ある一定の熱量に対する温度変化が小さい。** したがって，主に水からなる**海洋は温度が上昇しにくく，低下しにくい。** 一方，主に岩石からなる**大陸は，温度が上昇しやすく，低下もしやすい。**

👆 **気温の極値** 世界最高気温の記録としては，イラクのバスラ（58.8℃），リビアのアジージーヤ（58.0℃）など諸説あったが，2012年にWMO（世界気象機関）がアメリカ合衆国・カリフォルニア州の**デスヴァレー**にあるグリーンランドランチ（56.7℃）とした。上記の地域はすべて砂漠気候（BW）であるため，日中の気温が著しく上昇する。世界最低気温を記録したのは**南極**のヴォストーク基地（ロシア・−89.2℃）で，**北極** は大部分が海洋（北極海）であるが，南極は大陸であるため，より低温になる。人間の常住地域（**エクメーネ**）としてはシベリア北東部の**オイミャコン**（ロシア連邦内のサハ共和国）で，1926年1月26日に世界最低気温（−71.2℃）を記録し，「**北の寒極**」と呼ばれている。

系統地理

大地形

小地形

地形図

気候要素と気候因子

気候区分と植生・土壌

陸水と海洋

自然災害と防災

農業

林業・水産業

エネルギー・鉱産資源

工業

地域開発と環境問題

人口

村落と都市

商業・観光業

交通・通信

貿易と資本の移動

国家・民族

ポイント　気　温

❶　気温は，単位面積当たりの受熱量の違いによって，**低緯度ほど高温，高緯度ほど低温**になる。

❷　気温は，海抜高度が100m上昇するごとに，**約0.6℃ずつ低下する。**

❸　気温の年較差は，高緯度の大陸内部では大きく，低緯度の沿岸部では小さい。また同緯度の場合には，沿岸部より**大陸内部**が，湿潤地域より**乾燥地域のほうが大きくなる。**

「この地点は，なぜ気温が高いんだろっ？」とか「この地方は，なぜ雨が多いんだろう？」と考えることが大事だ！ 丸暗記だけでは，共通テストには対応できないよ。

❷ 降　水

　世界の年平均降水量は**約800mm**なんだけど，**日本は約1,700mm**でかなり雨が多いという話は聞いたことがあるよね。降水にはいろいろな原因があるんだけど，大原則として次のことはしっかりと理解しよう！

　まず，**水蒸気を含んだ空気が暖められて上昇**するとするね。すると空気は膨張し，温度が下がるんだ。**飽和水蒸気量は気温にほぼ比例する**ので，温度が低下すると空気に含まれていた水蒸気は水滴になるよ。これが**雲**となり，落下してきた水滴が**雨**になるわけだ。

　つまり降水のメカニズムは，**空気が上昇する（上昇気流）ところで雨が降りやすい**ということになるんだね。図4を見てみよう！

図4　気流と天気の関係

　空気が上昇するところは，一般に**低圧**になって雨が降りやすく，**空気が下降**するところは高圧になって晴天が多くなるんだ。天気予報で「低気圧の影響で雨が降ります」，「高気圧に覆われ晴天になります」っていうのを聞いたことあるよね。あれだよ！　次の❸（p.98～）で説明する世界の気圧帯や**季節による気圧帯の移動**も降水の有無に関係してくるので，しっかり勉強しておこうね。

表2　降水の成因別分類

降水の形式	上昇気流の成因	例
対流性降雨	強い日射で地表が急激に暖められ，激しい上昇気流が生じる。	積乱雲が発生。熱帯地域のスコール，夏の夕立。
低気圧(収束)性降雨	気圧の低いところに空気が吹き込み，上昇気流が生じる。	温帯低気圧や熱帯低気圧に伴う雨，赤道低圧帯(熱帯収束帯)の雨。
前線性降雨	暖かい空気と冷たい空気がぶつかり，暖かい空気が上昇する。	**梅雨前線**，**秋雨前線**など寒帯前線上の雨。
地形性降雨	貿易風，偏西風，季節風などの山地の風上斜面で上昇気流が生じる。	山地の風上側の雨(**ノルウェー西岸**，**チリ南部**，**インド南西岸**など)。

雨は**低圧部**で降りやすく，**高圧部**で降りにくいっていうのがやっとわかったよ！　ところで，**熱帯地域**では雨がすごくたくさん降るのに，**砂漠**ではほとんど降らないよね。これも**上昇気流**や**下降気流**と関係あるの？

系統地理

そうだよ！　**熱帯地域**が分布する赤道付近は，**受熱量がとっても大きいので上昇気流が発生しやすい**んだ。ここでは**赤道低圧帯**が形成され，その影響を強く受けるために雨が降りやすくなるんだね。

一方，**赤道付近で上昇して雨を降らせたあとの空気**が，**緯度20〜30度付近に降下していく**ため，**亜熱帯（中緯度）高圧帯**が形成され，この影響を強く受ける地域に**砂漠などの乾燥気候**は分布していることが多いね。原因・理由やその背景がわかると地理のおもしろさがきわだってくるだろ？

降水のラストは，砂漠の成因について説明しておこう！　砂漠は，**表3** [➡ p.97]にあるように，**成因によって大きく4種類に分けられる**んだ。最も一般的に広くみられる砂漠は，年中**亜熱帯高圧帯**の影響を受けてできる**中緯度砂漠**だね。ちょうど南北の**回帰線**（**緯度23度26分**）付近に広がるから**回帰線砂漠**とも呼んでいるよ。北アフリカの**サハラ砂漠**，アラビア半島の**ルブアルハリ砂漠**，**ネフド砂漠**，イランの**ルート砂漠**，**カヴィール砂漠**，インド・パキスタン間の**タール（大インド）砂漠**，アフリカ南部の**カラハリ砂漠**，オーストラリアの砂漠なんかが代表的な例だね。たぶん君の砂漠に対するイメージが最も強いのはこのあたりだろ？

瀬川先生！　地図帳を見るとおもしろいよ。先生が言ったとおり，**緯度20〜30度付近**を見ると本当に砂漠が多い!!!　でもね，モンゴルと中国の国境付近にある**ゴビ砂漠**や中国北西部にある**タクラマカン砂漠**は，回帰線付近じゃなくてもっと緯度が高いんだけど……

すごいところに気づいたね！　確かにこの2つの砂漠は，**北緯40˚−50度**付近に位置しているよね。ここじゃあ年中亜熱帯高圧帯の影響を受けるわけないしなぁ。せっかく地図を開けてるのだったら，もういちど**ゴビ砂漠**と**タクラマカン砂漠**を見てごらんよ。ねえ，降水のメカニズムって覚えてる？

大地形

小地形

地形図

**気候要素と
気候因子**

気候区分と
植生・土壌

陸水と海洋

自然災害と
防災

農業

林業・
水産業

エネルギー・
鉱産資源

工業

地域開発と
環境問題

人口

村落と都市

商業・
観光業

交通・通信

貿易と
資本の移動

国家・民族

……もちろん!!!　水蒸気を含む空気が上昇すれば雲ができて……。あっ，わかった！　**ゴビ砂漠**や**タクラマカン砂漠**は，水分の供給源の海からめちゃめちゃ離れてるからじゃない？

　そのとおり！　大陸内部のように隔海度（かくかいど）が大きいと，水蒸気が供給されにくくなって砂漠になってしまうこともあるんだよ。このような砂漠を**内陸砂漠**と呼ぶんだ。

　ところで，主な成因は４つあるって話したよね？　ということは，あと２つあるはず。今度は，南アメリカ南部のパタゴニアを見てみよう！　**アルゼンチンの南部**を見てごらん。パタゴニアは**南緯40〜60度付近**に位置しているから，中緯度砂漠じゃないし，海からすごく離れているわけじゃないから，内陸砂漠でもないよね。南緯40〜60度付近は偏西風（へんせいふう）がとっても発達していて，**太平洋から大量に水蒸気を運搬**してくるんだ。そして水蒸気を含んだ大気は，高峻（こうしゅん）なアンデス山脈にぶつかって**上昇気流**になるよね。すると風上側に当たる**チリ南部ではものすごく降水量が多くなる！**　気候は**西岸海洋性気候（Cfb）**で，世界的な多雨地域だよ。多量の雨を降らせた大気は，**乾燥大気となって風下側のアンデス山脈東側に吹き込む**とどうなる？　そうだよねえ，一年中乾燥大気が西側からアルゼンチン南部に吹き下りてくるので，上昇気流は起きにくいし，東側からの水蒸気も運ばれてこない。ということで，パタゴニアは**地形性（雨陰（あまかげ））砂漠**と呼ばれているよ。地形性砂漠は，パタゴニアさえわかれば大丈夫！

　最後の１つは，寒流（かんりゅう）の影響を受けて海岸部が砂漠になってしまう**海岸砂漠**だ。**中低緯度の温暖な地域の大陸西岸に優勢な寒流**が流れているとするよ。本来は受熱量も大きくて暖かい地域なんだよね。つまり暖められた大気は上昇するから雨が降りやすいはず。しかも海の近くだったら水蒸気も供給されるから最高の条件！　ところが，ところが……君が「えっ！」ってなるくらい雨が降らない。沿岸を流れる冷たい**寒流によって，地表近くの岩盤や大気が冷やされてしまって，大気下層が低温，上層が高温**という気温の逆転が起こってしまうんだ。普通は，地表付近の方が気温が高くて，上昇したほうが気温は低くなるよね。大気が逆転してしまうと，冷たい大気は低いところにじっとしてるから（**大気の安定**），上昇気流が起きなくなる。せっかく水蒸気は供給されるのに……。こうやってできる砂漠を**海岸砂漠**と呼んでいるんだ。特に，頻出なのがペルー海流の影響による**ペルー海岸部〜チリ北部のアタカマ砂漠**，ベンゲラ海流の影響による**アンゴラ海岸部〜ナミブ砂漠**だよ。

　表３[➡ p.97] で砂漠の成因についてまとめておこう！

図5　海岸砂漠形成のメカニズム

水蒸気

通常,
降水量は
a > b

大気が安定
(気温の逆転)

ただし, 中低緯度の大陸西岸で
優勢な寒流が流れていると,
大気が安定し,
降水量は
a < b となる。

表3　砂漠形成の主要因

成　因	特　徴	例
亜熱帯高圧帯の影響 (中緯度砂漠)	年中下降気流が卓越するため, 上昇気流が生じにくい。	サハラ砂漠 西アジアの砂漠 オーストラリアの砂漠
隔海度が大 (内陸砂漠)	海から離れているため, 水蒸気が流入しにくい。	ゴビ砂漠 タクラマカン砂漠 中央アジアの砂漠
卓越風の風下側 (地形性(雨陰)砂漠)	偏西風などの恒常風に対し, 山地の風上側で上昇気流が発生し降水がみられるが, 風下側では乾燥した空気が降下する。	パタゴニア地方
寒流の影響 (海岸砂漠)	中低緯度の大陸西岸では, 寒流によって下層の空気が冷却されるため, 大気が安定し(気温の逆転), 上昇気流が生じない。	ペルー沿岸～チリ北部のアタカマ砂漠(ペルー海流), ナミブ砂漠(ベンゲラ海流)

ポイント　降　水

❶　水蒸気を含んだ**空気が**上昇すると断熱膨張などによって水蒸気が凝結し, 雨が降る。

❷　赤道低圧帯の影響を受けると多雨になり, 亜熱帯高圧帯の影響を受けると少雨となり, 砂漠を形成するところもある。

❸　砂漠はさまざまな要因がからみ合って形成されるが, 亜熱帯高圧帯の影響, 隔海度, 山地の風下, 寒流の影響などが重要な因子となる。

系統地理

大地形
小地形
地形図
気候要素と
気候因子
気候区分と
植生・土壌
陸水と海洋
自然災害と
防災
農業
林業・
水産業
エネルギー・
鉱産資源
工業
地域開発と
環境問題
人口
村落と都市
商業・
観光業
交通・通信
貿易と
資本の移動
国家・民族

❸ 風と大気の大循環

気温と降水量については，これで理解できたよね。

次は風について説明していこう。風は空気の移動なんだけど，なぜ風が吹くかわかるかな？　**風は高圧部分から低圧部分への空気の移動**なんだ。図6を見ると一目瞭然だよ。

風の中で，年間を通じほぼ一定方向に吹くものを**恒常風（惑星風）**というんだ。これによって**低緯度と高緯度の熱交換**が行われ，**大気の大循環**を形成しているんだよ（もし恒常風が吹いていなかったら，赤道付近は今よりはるかに高温になり，極付近はとてつもなく低温になるはずだ。つまり中緯度の限られた温帯地域だけしか人間は居住できないかもしれないね）。

図7を見ながら，**恒常風や大気の大循環**を説明していこう。

まず，赤道付近を見てくれる？　赤道付近には，**赤道低圧帯（熱帯収束帯）**が形成され，**緯度20～30度**付近に**亜熱帯高圧帯（中緯度高圧帯）**が形成されるということは，降水のところで説明したね。風は，高圧部から低圧部に吹くため，**亜熱帯高圧帯から赤道低圧帯に向けて貿易風が吹き込む**ことになるよ。

本来なら貿易風は北半球では北風，南半球では南風になるはずなんだけど，**地球の自転の影響（転向力，コリオリの力という物理的法則）**を受けて，**風の進行方向に対して北半球では右（時計回り）に，南半球では左（反時計回り）に**

図6　気圧と風

下降気流　上昇気流

風

高気圧　　　低気圧
（高圧部）　（低圧部）

図7　大気の大循環

極東風　北極　極東風
極高圧帯
寒帯前線帯　60°
亜　寒　帯　低　圧　帯
偏西風
30°　高　亜熱帯高圧帯　高
北東貿易風
熱帯収束帯
0°
赤道低圧帯
南東貿易風
亜熱帯高圧帯　高
30°　高　偏西風
亜　寒　帯　低　圧　帯
寒帯前線帯　60°
極高圧帯
南極

曲がろうとするんだ。つまり**貿易風は，北半球では北東風，南半球では南東風**となるんだよ。あとで説明する偏西風や極東風も同じような動きをしているんだ。

　最も受熱量が大きく気圧が低いのが赤道付近だとすると，その逆は極付近となるね。極付近では受熱量が小さいため，空気は冷えて重くなるはず。そこで下降気流が生じ極高圧帯が形成されることになるんだ。**極高圧帯から低緯度側に吹き出す風を極東風（極偏東風）**というんだよ。

系統地理

大地形

小地形

地形図

気候要素と
気候因子

気候区分と
植生・土壌

陸水と海洋

自然災害と
防災

農業

林業・
水産業

エネルギー・
鉱産資源

工業

地域開発と
環境問題

人口

村落と都市

商業・
観光業

交通・通信

貿易と
資本の移動

国家・民族

表4　風のまとめ

風の種類	性質	例
恒常風	大気の大循環により，ほぼ一定方向に吹く。	貿易風（亜熱帯高圧帯➡赤道低圧帯） 偏西風（亜熱帯高圧帯➡亜寒帯低圧帯） 極東風（極高圧帯➡亜寒帯低圧帯）
季節風	海洋と大陸の比熱差により，季節によって風向を変える。	東・東南・南アジアで特に発達。 日本付近では夏に南東風，冬に北西風。 インド付近では夏に南西風，冬に北東風。
熱帯低気圧に伴う風	熱帯海域で発生し，高緯度側に移動する。暴風雨を伴う。	東アジアでは台風，南アジアではサイクロン，カリブ海周辺ではハリケーン。 高潮，高波，洪水などの気象災害。
地方風（局地風）	局地的に発生する風で，寒冷乾燥風や温暖湿潤風などさまざまな風がある。	フェーン（アルプス地方の高温乾燥風） やませ（東北地方・太平洋岸の冷涼湿潤風） ボラ（アドリア海沿岸の寒冷乾燥風） ミストラル（フランス・地中海沿岸の寒冷乾燥風） シロッコ（イタリア南部の高温湿潤風）

　世界の気圧帯がわかるようになると，**恒常風**も簡単に理解できるんだね。亜熱帯高圧帯と極高圧帯の間はどんなふうになっているのかなぁ？

図8を見てみよう！

　亜熱帯高圧帯から高緯度側に吹き出すのが偏西風なんだけど，ちょうど極高圧帯からの極東風と偏西風が衝突することになるよね。

　すると上昇気流が発生し，低圧帯が生じるわけだ。これを**亜寒帯（高緯度）低圧帯**というんだよ。ここは寒気団と暖気団の境界にあたるから

図8　亜寒帯低圧帯の形成

極東風　　　　　　　　　偏西風

極高圧帯	亜寒帯 低圧帯	亜熱帯 高圧帯
80〜90°N		20〜30°N

寒帯前線が形成され，雨も降りやすくなるんだ。

偏西風というのは学校の授業や過去問を解いてても頻繁に出てくるんだけど，**偏西風ってそんなに人間にとって大きなかかわりがあるの？**

　そうだねえ。確かに気候を勉強すると必ず**偏西風**の話が出てくるよね。どうしてだと思う？　それは，よーく**大気の大循環**の図 ［➡ p.98 **図7**］ を見ると答えが得られると思うよ。偏西風と他の恒常風とは何か違いがないかい？　そうだ！　偏西風だけ**低緯度から高緯度に向けて吹いている**よね。つまり偏西風は他の風と違って**低緯度側の熱を高緯度側に運んでいる**んだよ。だから偏西風の影響を受けると，**ヨーロッパ**のように高緯度のわりに温暖になるわけだ。

そうかぁ，納得だね。偏西風が気候や人間の生活に大きなかかわりがあるというのは理解できたけど，**偏西風は中高緯度地域ではどこでも吹いているはずだよね。**だけど，**ヨーロッパで偏西風の影響が大きい**ことは知っていても，日本で偏西風の話ってまず出てこないよ。どうしてなの？

　いいことに気づいたね！　では，**図9**を見てみよう！
　風は地表と接触することで摩擦を生じるんだ。特に海洋より陸地と接すると摩擦が大きいので風は弱くなってしまうんだ。図中の①～③のどの地点で偏西風は強いと思う？
　そう，①の**大陸西岸**だよね。偏西風

図9　偏西風の模式図

は中高緯度ではどの地域でも吹いているんだけど，日本など大陸東岸では弱くなってしまうんだ。特に**ユーラシア大陸は東西幅が大きい**からね。
　これに対して，ヨーロッパや北アメリカ西岸，ニュージーランド（南半球は**南緯40度～70度付近に大陸がほとんどない**ため，偏西風がすごーく発達しているよ）などでは偏西風が強いため，気候や植生に大きな影響を与えるんだ。**偏西風は温暖な空気を運ぶだけでなく，海洋から湿潤な空気も運んでくるから，年間を通じて温暖湿潤な気候をつくり出すことになるね**（**⑥**の「**西岸海洋性気候**」参照 ［➡ p.115］）。

　せっかくだから，ジェット気流の話もしておこう！　**偏西風が卓越している**

地域の高層では強い西風が吹いているんだ。これをジェット気流というんだよ。高層を吹くジェット気流は地表の影響をあんまり受けないから，大陸西岸〜内陸〜東岸のいずれの上空でも卓越するわけだ。これは**航空機**（ふくおか）で実際に移動してみるとよくわかるんだけど，福岡から東京（とうきょう）へ移動するより，東京から福岡まで移動するほうが所要時間が長くかかるんだよ。これはあきらかにジェット気流が航空機に対して追い風に

図10 北半球のジェット気流

なったり，向かい風になったりしている証拠なんだね。それから，この緯度帯（いど）では，**火山灰や大気汚染物質も東に運搬される**ことに注意しておこう！

> ところで，世界の風系や気圧帯は，季節による変化はないの？

　厳しいところをついてきたね（°〜°）！　そのとおり，**季節による太陽高度の変化**は，気候にものすごく大きな影響を与えているんだ。今から説明するので完璧に理解してね！

　最初に君たちに見せた大気の大循環の図［➡ p.98 図7］は，ちょうど**春分**（しゅんぶん）や**秋分**（しゅうぶん）のころ（赤道（せきどう）上に太陽光線が垂直に当たるとき，つまり赤道上で太陽高度が最も高いとき）の図なんだ。**夏至**（げし）（北回帰線（かいきせん）上で太陽高度が最も高いときで，**6月20日ごろ**）のころは**北半球の受熱量が大きい**ため，**赤道低圧帯や亜熱帯高圧帯**（ねったい）**が北上**し，**冬至**（とうじ）（南回帰線上で太陽高度が最も高いときで，**12月20日ごろ**）のころは，**南半球の受熱量が大きく，それぞれの気圧帯は南下する**んだ。その結果，**赤道低圧帯の影響下に入れば雨季**（うき）**になったり，亜熱帯高圧帯の影響を受ければ，乾季**（かんき）**が訪れたりする**だけでなく，**偏西風や貿易風が影響を及ぼす範囲も北上したり，南下したりする**ということになるね。図11を見て，得意になってほしいな（**⑥「ケッペンの気候区分」**［➡ p.108］を理解するのに

図11　季節による太陽高度の変化

大地形

小地形

地形図

気候要素と
気候因子

気候区分と
植生・土壌

陸水と海洋

自然災害と
防災

農業

林業・
水産業

エネルギー・
鉱産資源

工業

地域開発と
環境問題

人口

村落と都市

商業・
観光業

交通・通信

貿易と
資本の移動

国家・民族

絶対に必要なポイントになるよ）。**気圧帯は7月に北上，1月に南下!!**

　恒常風の話はこのへんにして，次に**季節風（モンスーン）**の説明をしよう！季節風は，恒常風と違って**季節によって風向を変える風**だよ。ここでまたまた比熱の話になるんだけど［➡ p.93 ］，夏季は比熱の小さい大陸部が高温になり，暖められた空気は膨張するため低圧部ができるのはいつものとおりだね。

　すると相対的に高圧な海洋から低圧な大陸に風が吹き込むことになるよね。これが，**夏季の季節風**だよ。

　冬季は逆に低温・高圧の大陸部から海洋に吹き出すことになるね。これが**冬季の季節風**だよ。つまり**夏季の季節風は海洋から吹くため，湿潤な空気を移動させて降水の原因となる**ことをしっかり理解しよう。

　季節風の顕著な地域は図12にある**東アジア，東南アジア，南アジア**で，これらの地域は季節風の影響が強いため，**モンスーンアジア**と呼ばれているんだ（一般に夏の降水が極めて多い）。

図12　モンスーンアジア

□ 125mm未満　■ 125〜250mm　□ 250〜500mm　■ 500〜1,000mm　■ 1,000〜2,000mm　■ 2,000mm以上

　次は**台風**に代表される**熱帯低気圧**の説明をしよう！　熱帯低気圧は，**熱帯地域の海洋上で発生する**よ。海水温が高くならないと発生しないから，たとえ**低緯度であっても南アメリカ大陸の西岸を北上するペルー海流のような寒流が流れていると発生しない**ことに注意しようね！　さらに，**赤道直下では自転による渦が生じない**ので，**赤道直下では発生せず**，主に緯度5度以上の地域で発生するんだよ［➡ p.103 **図13**］。

　熱帯低気圧は地域によっていろいろな呼び名があるけど，**太平洋上で発生して，日本や中国などを襲うものを台風**，ベンガル湾やインド洋で発生して**バングラデシュやインドを襲うものをサイクロン，カリブ海で発生してメキシコ湾**

岸^{がん}など北アメリカを襲うものを**ハリケーン**と呼ぶことは知ってるよね？

　これらの熱帯低気圧は**暴風雨**を伴^{ともな}うため，**洪水**や**高潮**^{たかしお}（低気圧が発生すると，空気が海面を押す力が弱くなるので，**海面が上昇**する）によって家屋の倒壊^{かおく とうかい}や人的被害を与えるんだ。その反面，農業など水の供給に貢献^{こうけん}していることも忘れちゃいけないけどね。

　さぁ，いよいよ風も次の地方風で最後だから，もうひとふんばりしようね！世界各地にはいろいろな特徴をもつその地域特有の風があり，これを**地方風（局地風）** [➡ p.99 表4] と呼んでるよ。

図13　熱帯低気圧の分布

熱帯低気圧の進路　　熱帯低気圧の多発地
寒　流　　　　　　　寒流の影響を受け発生しない海域

図14　日本への台風の進路

　最も代表的な地方風には**フェーン**があるね。この名前を聞いたことがない人はいないだろう？　もともとは春から夏にかけて地中^{ちちゅうかい}海から吹く風が，アルプス山脈を越える際に生じる**高温乾燥風**のことを指していたんだけど，現在は世界各地で生じる同様の気象現象を**フェーン現象**と呼ぶよ。

　フェーンの熱力学的なメカニズムについて説明してみよう。

　まず湿潤^{しつじゅん}な空気が山地の風上側で上昇気流となり雨を降らせるとするね。**飽和^{ほうわ}状態の空気は海抜高度が100m上昇すると0.5℃ずつ低下（湿潤断熱減率）**^{かいばつ}するのに対し，雨を降らせた後に山を越えた**乾燥状態の空気は100m降下すると1℃ずつ上昇（乾燥断熱減率）**し，高温乾燥風となるんだよ。果実などの熟成^{じゅくせい}には役立つけど，火事を発生させる恐れもあるんだね。

　一方，秋から冬にかけてフランスの地中海沿岸に吹く**ミストラル**やアドリア海に吹く**ボラ**は**寒冷乾燥風**で，日本の嵐^{おろし}や空っ風^{から}も同様の風だよ。

系統地理

大地形

小地形

地形図

気候要素と気候因子

気候区分と植生・土壌

降水と海洋

自然災害と防災

農業

林業・水産業

エネルギー・鉱産資源

工業

地域開発と環境問題

人口

村落と都市

商業・観光業

交通・通信

貿易と資本の移動

国家・民族

このほか日本ではやませ（山背）が有名な風だね。やませは梅雨期にオホーツク海高気圧が優勢な場合，日本に向けて吹く**北東風**で，冷涼湿潤な風だよ。寒流の千島海流の上を吹いてくるから，かなり冷やされてしまうんだ。**東北日本の太平洋岸地域で気温の低下や日照不足をもたらす**ため，しばしば冷害が生じることもあるんだ。

📊 **温帯低気圧**　中緯度地方で，温暖な空気塊と寒冷な空気塊の境界付近で発生し，寒冷前線や温暖前線を伴う。**偏西風により西から東へ移動**することが多いため，日本でも**西日本から東日本にかけて天候がくずれやすい**。

> ## ポイント 風と大気の大循環
>
> ❶ 風は高圧部から低圧部に吹く空気の移動である。
> ❷ 恒常風には，貿易風，偏西風，極東風があり，低緯度地方と高緯度地方の熱交換を行う。
> ❸ 季節風（モンスーン）は，**海陸の比熱差**によって生じ，夏季には海洋から，冬季には大陸から吹く風で，特に**夏季の季節風は多くの降水**をもたらす。
> ❹ 地方風はフェーン，やませなど，地域特有の性質をもつ風である。

チェック問題

1 図1は，緯度と標高が異なる4地点（赤道付近の標高約2,500mと約30m，北緯45度付近の標高約2,500mと約30m）における月平均気温の年変化を示している。このうち，赤道付近の標高約2,500m地点を示すものを，図1中の①～④のうちから一つ選べ。

「世界気候表」により作成。
図1

2 次の図2は，赤道付近から北極付近における大気大循環の模式図である。図2にかかわる内容について述べた文として最も適当なものを，次の①～④のうちから一つ選べ。

図2

① 北極付近と赤道付近は，いずれも高圧帯となっている。

② 高圧帯や低圧帯の南北移動は，降水量の季節変化の一因となっている。

③ 北緯30度付近から高緯度側へ向かう大気の流れは，極東風とよばれる。

④ 北緯30度付近では下降気流が卓越し，湿潤な気候をもたらしている。

3 図3には，仮想的な大陸と等高線および地点**ア**～**カ**が描かれている。これらの地点から2地点を選択して雨温図を比較するとき，海からの距離による影響の違いが強く現れ，それ以外の気候因子の影響ができるだけ現れない組合せとして最も適当なものを，下の①～④のうちから一つ選べ。

系統地理

大地形

小地形

地形図

気候要素と気候因子

気候区分と植生・土壌

陸水と海洋

自然災害と防災

農業

林業・水産業

エネルギー・鉱産資源

工業

地域開発と環境問題

人口

村落と都市

商業・観光業

交通・通信

貿易と資本の移動

国家・民族

図3

① アとイ　　② イとウ　　③ エとオ　　④ オとカ

解答・解説　　**１**　② 　　まず，赤道付近は気温の年較差が小さいことに着目する。つまり①と②が赤道付近である。さらに標高（海抜高度）が上昇すると気温は低下するのだから，赤道付近の標高30mが①，2,500mが②であるとわかる。同様に北緯45度付近の標高30mが③，2,500mが④である。

２　② 　　大気大循環の模式図である。赤道付近には赤道低圧帯，緯度20〜30度付近には亜熱帯高圧帯，緯度50〜60度付近には亜寒帯低圧帯，極付近には極高圧帯が分布していることを本文で確認しておこう！　基本的な問題なので全員正答したい。

　①　北極付近は高圧帯になっているが，赤道付近は受熱量が大きく大気が上昇していることから，低圧帯となっているため，「いずれも高圧帯」は誤り。

　②　季節による太陽高度の変化から，7・8月には気圧帯が北上，1・2月には気圧帯が南下するため，低圧帯の影響を受ければ降水量が増加，高圧帯の影響を受ければ降水量が減少する。したがって，この文が正しい。

　③　北緯30度付近の亜熱帯高圧帯から高緯度に吹き出す恒常風は，「極東風」ではなく偏西風である。したがって，この文は誤り。

　④　北緯30度付近では，下降気流が卓越するため，雲が生じにくく降水量が少なくなり，砂漠気候やステップ気候などの乾燥気候が分布している。世界の主な砂漠であるサハラ砂漠，アラビア半島のネフド砂漠，ルブアルハリ砂漠，

大インド砂漠，オーストラリアの砂漠などは，**亜熱帯高圧帯の影響**による**中緯度砂漠**であることに注意しよう。したがって，「湿潤な気候をもたらしている」が豪快な誤り！

3 ① 　**等高線が描かれた仮想的な大陸**の資料をもとに，**雨温図の特徴に影響を与える気候因子を考えさせる問題**である。5 行に渡る設問文の意図を読み取るのに，時間を要する。資料にある**図**の 2 地点を選択して雨温図を比較するとき，**海からの距離（隔海度）による影響の違い**が強く表れ，隔海度以外の気候因子の影響ができるだけ現れない組合せを選ぶのだが，まずは，気候因子についての十分な理解が必要になる。気候因子とは，気温，降水量などの**気候要素**の地理的分布に影響を与える緯度，隔海度，海抜高度，海流，水陸分布などのことである。

　次に，この問題を解くには，**隔海度がいかに気温や降水量に影響を与えるのか**を考えなければならない。

　隔海度が大きいと，**大陸性の気候**になり，**気温の年較差が大きくなる**。さらに，水蒸気の供給量も減少するため，**降水量も少なくなる**。隔海度以外の気候因子の影響ができるだけ現れないためには，**同緯度**で，**海抜高度もほぼ同じ**地点において，**隔海度だけ異なるもの**を選ぶ必要があることから，60°N 付近の沿岸に位置する**ア**と大陸内部に位置する**イ**を選択する。共通テストが目指すところの**知識や理論を活かし，複数の情報や資料から思考・判断させる問題**だが，受験生にとっては①設問文と資料の読解，②気候因子の内容理解，③隔海度が気候に与える影響の正確な理解が必要になるため，**本書で正確な知識と理論を構築し，設問に対する読解力とスピーディな思考力・判断力を身につける必要がある。**

大 地 形

小 地 形

地 形 図

**気候要素と
気候因子**

気候区分と
植生・土壌

陸水と海洋

自然災害と
防災

農　　業

林業・
水産業

エネルギー・
鉱産資源

工　　業

地域開発と
環境問題

人　　口

村落と都市

商業・
観光業

交通・通信

貿易と
資本の移動

国家・民族

6 気候区分と植生・土壌
ケッペンの気候区分と世界の植生・土壌

┌─────────────────────────────┐
│ **こ の 項 目 の テ ー マ** │
└─────────────────────────────┘

❶ ケッペンの気候区分
　気候区の定義をしっかりと理解しよう！
❷ 植　生（しょくせい）
　植生とケッペンの気候区との密接な関係に注意しよう！
❸ 土　壌（どじょう）
　土壌が理解できれば，農業もわかりやすい！

❶ ケッペンの気候区分

　世界にいろいろな気候環境が分布していることはわかってくれたと思うけど，世界の気候をわかりやすくするためには，似た気候をひとまとめにして**気候区**を設定すると学習しやすいよね。

　ここではケッペンの気候区分を取り上げてみよう！

　ケッペン［➡ p.119 ⬆］はドイツの気候学者で，植生（しょくせい）に着目し，気温の**年変化**と降水量の**季節的配分**を考慮して気候区分を行ったんだ。気候区分に植生の境界（限界）を使ったので，自然の景観（だから**景観写真**が出題されることが多いんだよ）にも対応し，**農牧業を基盤（きばん）とする人間の生活と密接に関係して**いるよ。だから地理的に離れた地点の気候を比較したりするのにも，とっても便利なんだ。ということはケッペンの気候区分をマスターすれば，**世界の農業や人口なんかについても理解しやすくなる**ね！　ここは一発，本気で取り組もう（⑤気候要素と気候因子［➡ p.88～］を復習しておけば得意になるよ！）。

　では，ケッペンの気候区分の説明を始めよう！

　まずケッペンは，世界の気候を樹木が生育するかしないかで，**樹林気候**（じゅりん）と**無樹林気候**（じゅりん）（む）に大別したんだ。**樹林気候**は熱帯（A），温帯（おんたい）（C），亜寒帯（D）からなり，**無樹林気候**は，乾燥が著しく樹木が生育しない**乾燥帯**（かんそうたい）（B），寒冷で樹木が生育しない**寒帯**（かんたい）（E）に区分したよ。

共通テストでは，ケッペンの気候区分に関する数値まで覚える必要はないよね？

いや〜，そんなことないよ。何となく暑いのが熱帯で，寒いのが亜寒帯という程度の知識では，共通テストは解けないよ！　むしろ共通テストだからこそ，**ケッペンの気候区分やそれらの数値については，正確に理解しておかなければならないんだ。**図1を見るとわかりやすくなるから，最低限度これの数値だけは覚えておこう！

系統地理

大地形
....
小地形
....
地形図
....
気候要素と気候因子
....
気候区分と植生・土壌
....
陸水と海洋
....
自然災害と防災
....
農　業
....
林業・水産業
....
エネルギー・鉱産資源
....
工　業
....
地域開発と環境問題
....
人　口
....
村落と都市
....
商業・観光業
....
交通・通信
....
貿易と資本の移動
....
国家・民族

図1　気候の判別法

● A・C・Dの判別法

A

最寒月平均気温18℃

C

最寒月平均気温−3℃

D

● A・C・DとEの判別法

A・C・D

最暖月平均気温10℃

E

＊気候記号は表1を参照。

表1は，君たちがよく見かけるケッペンの気候区分をまとめたものだよ。これにしたがって**気候区の特色**を説明していこう。丸暗記しようとしないで，今まで一緒にやってきた気候の理論を十分に活かして理解しながら先に進もう！

表1　ケッペンの気候区分

	気候記号	気候名	定　義	気　候　区
樹林気候	A	熱　帯	最寒月平均気温18℃以上	**Af**（熱帯雨林） **Am**（熱帯モンスーン） **Aw**（サバナ）
	C	温　帯	最寒月平均気温−3℃以上18℃未満	**Cs**（地中海性） **Cw**（温暖冬季少雨） **Cfa**（温暖湿潤） **Cfb**（西岸海洋性） **Cfc**（西岸海洋性）
	D	亜寒帯（冷　帯）	最寒月平均気温−3℃未満，最暖月平均気温10℃以上	**Df**（亜寒帯湿潤） **Dw**（亜寒帯冬季少雨）
無樹林気候	E	寒　帯	最暖月平均気温10℃未満	**ET**（ツンドラ） **EF**（氷雪）
	B	乾燥帯	年降水量が，乾燥限界値の2分の1以上ならBS，2分の1未満ならBW	**BS**（ステップ） **BW**（砂漠）

＊A. C. Dはすべて最暖月平均気温が10℃以上。

図2　A気候の判別法

A気候の区分

最少月降水量 (mm)	Af / Aw / Am グラフ

縦軸: 最少月降水量（mm）60, 40, 20, 0
横軸: 年降水量 1,000　1,500　2,000　2,500 mm

表2　B気候の判別法

降雨型	BS	BW
s（冬雨）	$R<20t$	$R<10t$
f	$R<20\,(t+7)$	$R<10\,(t+7)$
w（夏雨）	$R<20\,(t+14)$	$R<10\,(t+14)$

R……年降水量（mm）
t……年平均気温（℃）
➡ s・f・wの区別はC・D気候の場合も同じ。

表3　ケッペンの気候区分のまとめ

●熱　帯（A）……　最寒月でも月平均気温が18℃以上

　　熱帯雨林気候（Af）区 ➡ 年中多雨（最少月降水量が60mm以上）
　熱帯モンスーン気候（Am）区 ➡ 最少月降水量が60mm未満でも年降水量が多い
　　　サバナ気候（Aw）区 ➡ 明瞭な乾季がある
　　　　　　　　　　　　　　　最少月降水量が60mm未満

●乾燥帯（B）…… 降水量が蒸発量より少ない

　　ステップ気候（BS）区 ➡ 年降水量が250〜500mm程度
　　　砂漠気候（BW）区 ➡ 年降水量が250mm未満の場合が多い

●温　帯（C）…… 最寒月の平均気温が18℃未満で−3℃以上

　　地中海性気候（Cs）区 ➡ 夏に少雨（最少月降水量×3≦最多月降水量
　　　　　　　　　　　　　　かつ　最少月降水量が30mm未満）
　温暖冬季少雨気候（Cw）区 ➡ 冬に少雨（最少月降水量×10≦最多月降水量）
　　温暖湿潤気候（Cfa）区 ➡ 年中多雨。最暖月の平均気温が22℃以上
　　西岸海洋性気候区 ➡ 年中多雨。最暖月の平均気温が22℃未満
　　　　　　　　（Cfb）区 ➡ 月平均気温10℃以上の月が4か月以上
　　　　　　　　（Cfc）区 ➡ 月平均気温10℃以上の月が4か月未満

●亜寒帯［冷　帯］（D）‥最寒月の平均気温が−3℃未満で最暖月の平均気温が10℃以上

　　亜寒帯湿潤気候（Df）区 ➡ 年中湿潤
　　亜寒帯冬季少雨気候（Dw）区 ➡ 冬に少雨（最少月降水量×10≦最多月降水量）

●寒　帯（E）…… 最暖月の平均気温が10℃未満

　　ツンドラ気候（ET）区 ➡ 最暖月の平均気温が10℃未満0℃以上
　　　氷雪気候（EF）区 ➡ 最暖月でも平均気温が0℃未満

＊たいへんだろうけど，ケッペンの気候区分とその定義は，必ず覚えておいてね。

図3 ケッペンの気候区分による仮想大陸

※仮想大陸とは，世界の陸地を1つにまとめ，緯度ごとに西岸・内陸・東岸に留意しつつ気候区の面積比を示したものである。仮想大陸では，緯度と大陸の西岸，内陸，東岸における気候区の分布に注目しよう！

図4 雨温図とハイサーグラフの読み方（東京の例）

雨温図

ハイサーグラフ
※1〜12の数値は月を示す。

系統地理

大地形

小地形

地形図

気候要素と気候因子

気候区分と植生・土壌

陸水と海洋

自然災害と防災

職業

林業・水産業

エネルギー・鉱産資源

工業

地域開発と環境問題

人口

村落と都市

商業・観光業

交通・通信

貿易と資本の移動

国家・民族

 先生の言うように，**ケッペンの気候区分**の定義をしっかり勉強するよ！　ところで，熱帯っていうと暑くて雨が多いっていうイメージしかないんだけど，まずいかなぁ？

　それだけじゃあ，まずいよ（^^;）。では，まず熱帯気候から順に気候帯の特色を説明していこう！

　熱帯（A）は**年中高温**で，四季の変化もなく気温の**年較差が小さい**よ（**日較差＞年較差**）。乾季があるかどうかで**熱帯雨林気候**（Af・ケッペンの区分ではAmも含む）と**サバナ気候**（Aw）に大きく分けられるよ。

　熱帯雨林気候（Af）は，ほぼ**赤道直下**に分布し，**年間を通じて赤道低圧帯の影響を受ける**ので雨が降りやすいんだ。日中の強い日射により上昇流が生じて，積乱雲が発生し，毎日一定の時刻に**スコール**という突風を伴う**激しい雨が短時間に降る**んだね。熱帯地域の街を歩くと，いたるところに避難所になる長い軒先がみられるよ。また，常緑広葉樹の密林が形成されているのも特徴

図5 熱帯の分布

的だね。**雨季・乾季の区別はない**けれど，雨が多い時期というのはあるので，そのときには河川の水位も上昇し洪水を起こしたりするから，**高床式住居**も用いられているよ。**アマゾン盆地やコンゴ盆地**が代表的な分布地域だね。

　熱帯モンスーン気候（Am）は，**弱い乾季**があるか，乾季があっても年降水量がすごく多いから，常緑広葉樹と落葉広葉樹が混在する**熱帯季節風林（雨緑林）**を形成しているんだ。**インドシナ半島の西岸（ミャンマー）やインド半島西岸**にみられるよ。

　サバナ気候（Aw）は，**熱帯雨林気候の周辺**に分布していて，**アフリカ，南アメリカ，インドシナ半島**に広く分布しているんだ。**高日季（夏季）**には赤道

低圧帯の影響で雨季となるけど，低日季（冬季）には亜熱帯高圧帯の影響により明瞭な乾季を迎えることになるんだね。⑤［➡ p.97］で学習した季節による気圧帯の移動について確認しておこう！

　降水量も熱帯雨林気候より少ないため，樹木は点在し落葉広葉樹の疎林と長草草原が広がるけど，乾季には樹木は落葉し，草は枯死してしまうんだ。

やっとわかったよ。サバナ気候で雨季・乾季が生じるのには，季節による気圧帯の移動が関連しているんだね。熱帯は赤道付近に分布するけど，乾燥帯はどのあたりに分布するのかなぁ？

おおよそ南北の回帰線付近（ほぼ緯度25度）に分布しているよ。

では，乾燥帯の説明をしよう！

図6　乾燥帯の分布

系統地理

大地形

小地形

地形図

気候要素と
気候因子

気候区分と
植生・土壌

降水と海洋

自然災害と
防災

農業

林業・
水産業

エネルギー・
鉱産資源

工業

地域開発と
環境問題

人口

村落と都市

商業・
観光業

交通・通信

貿易と
資本の移動

国家・民族

乾燥帯（B）は，年間の蒸発量（蒸発量は気温に比例することに注意しようね！）が降水量より多い気候で，**気温の（日較差）が大きい**よ。昼間はすごく暑いのに夜間はかなり冷え込むんだ。**BWとBSをあわせた乾燥帯は，世界の約1/4の面積に分布している**のに，日本には全くないから驚きだね。

　砂漠気候（BW）は，ほとんどが**年降水量が250mm未満**の地域だ。オアシスを除くと**植生がない**（木も草も生えていない）から，人々はオアシスに集落を建設し，**ナツメヤシ**などの栽培を行う**オアシス農業**［➡ p.163］を営んでいるんだよ。日中はかなり気温が高くなるけど，夜は急に冷えこんで，**気温の日較差が大きい**ことにも注意しようね！　北アフリカや西アジアには広大な砂漠が広がっているよ。**気温の年較差も比較的大きくなる**から要注意！

　ステップ気候（BS）は，**年降水量が250〜500mm程度**（蒸発散量とほぼ同じ）の地域で，**短草草原**が広がるんだ。おおよそ**砂漠気候の周辺に分布**しているね。アジアやアフリカでは牧草を求めて家畜を移動させる**遊牧**が行われていることは知ってるよね？　アメリカ合衆国の**グレートプレーンズ**やアルゼンチンの**パンパ**などでは，やや降水量の多い地域になると，**灌漑**によって小麦の大規模栽培なども行われているよ。**BS地域では，自然環境が厳しいわりに，農牧業が盛んに行われている**から，**過耕作**や**過放牧**などによる砂漠化が深刻化しているところがあることにも注意しよう。

　では，いよいよ温帯に入ろう！

　温帯（C）は，**四季が明瞭**で，人間が最も生活しやすい気候環境にあるんだよ。つまり適度な気温と降水量に恵まれているんだね。およそ**緯度30〜45度**の**大陸西岸**には**地中海性気候**（Cs），その高緯度側に当たる**緯度45〜60度**に**西岸海洋性気候**（Cfb），**大陸東岸**には高緯度側に温暖湿潤気候（Cfa），その低緯度側に**温暖冬季少雨気候**（Cw）が分布しているんだ。

　地中海性気候（Cs）は，**夏に亜熱帯高圧帯の影響で乾燥し，冬は偏西風の影響を受けるため降水が多くなる**よ（小文字の"s"はドイツ語の「夏」の略称で，夏に乾燥することを意味している）。ヨーロッパの**地中海沿岸**が代表的だからこの名がついたんだ。大陸西岸の緯度30〜45度付近に分布してるよ。**西岸海洋性気候の低緯度側に分布している**から注意してね。**地中海沿岸地方**，アメリカ合衆国の**カリフォルニア**，**チリ中部**，**オーストラリア南西部**などが有名だけど，やっぱりヨーロッパの地中海地方だよね。

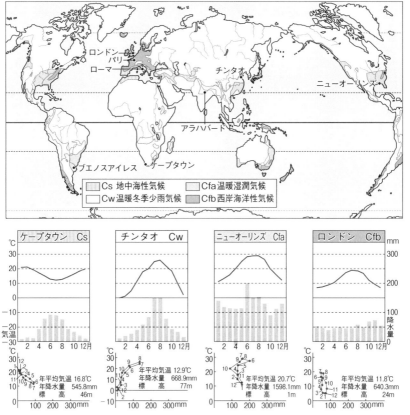

図7 温帯の分布

凡例:
- Cs 地中海性気候
- Cfa 温暖湿潤気候
- Cw 温暖冬季少雨気候
- Cfb 西岸海洋性気候

ケープタウン Cs　年平均気温 16.8℃　年降水量 545.8mm　標高 46m

チンタオ Cw　年平均気温 12.9℃　年降水量 668.9mm　標高 77m

ニューオーリンズ Cfa　年平均気温 20.7℃　年降水量 1598.1mm　標高 1m

ロンドン Cfb　年平均気温 11.8℃　年降水量 640.3mm　標高 24m

系統地理

大地形

小地形

地形図

気候要素と
気候因子

気候区分と
植生・土壌

陸水と海洋

自然災害と
防災

農業

林業・
水産業

エネルギー・
鉱産資源

工業

地域開発と
環境問題

人口

村落と都市

商業・
観光業

交通・通信

貿易と
資本の移動

国家・民族

温暖冬季少雨気候（Cw）は，**中国南部からインド北部**にかけて広く分布するけど，夏は熱帯なみに高温となり，**モンスーン**の影響で降水も集中するため，アジアの稲作には好条件となっているんだよ（小文字の“w”は同じくドイツ語の「冬」の略称で，**冬に乾燥**することを意味している）。**南アメリカやアフリカでも，Aw の高緯度側**に分布しているから注意しよう！

　Cs の高緯度側（緯度45〜60度付近）には，**年中偏西風の影響を受ける西岸海洋性気候（Cfb）**が分布しているんだ。**北西ヨーロッパ，アラスカ〜カナダの西岸，チリ南西岸，ニュージーランド**が代表的で，**緯度が高いわりに冬季は温暖で，年較差も比較的小さい**よ。**年間を通じて平均的な降水**がみられることに注意しよう。

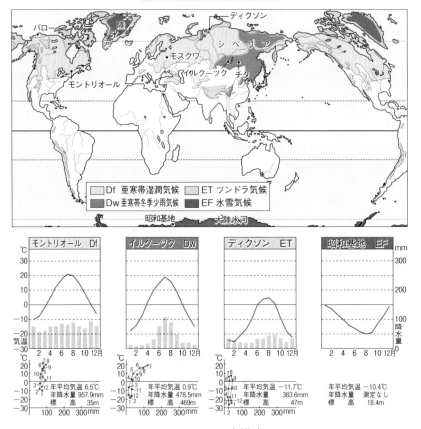

図8　亜寒帯・寒帯の分布

　北海道（Df）を除く日本の大部分は温暖湿潤気候（Cfa）で，**地中海性気候**とほぼ同緯度の**大陸東岸**に分布しているよ。たとえば中国の**華中**や**アメリカ合衆国東部**，アルゼンチンのパンパにも分布しているね。

　日本や中国など東アジアでは，夏季には比較的高温になり，**梅雨**や**台風**の影響で雨も多いんだ。**冬季**は，大陸から**寒冷なモンスーン**が吹き出して低温になるため，Cfb と比べると年較差も大きくなるよ。

　Cfa と Cfb の違いだけど，**最暖月平均気温が22℃以上なら Cfa，22℃未満なら Cfb** になるということを忘れないように！

　次は，**亜寒帯（冷帯）**について説明しようね。

　亜寒帯（D）は**気温の年較差がとても大きい大陸性の気候**だということに注

意しよう。まず最初に入試頻出のポイントをあげておくね。亜寒帯は，**北半球の高緯度地方に広がるけど，南半球には存在しない**んだ。なぜなら，南半球には本来亜寒帯が分布するはずの**南緯50〜70度付近に大陸がほとんどない**からなんだ。

　この気候帯では，**冬季はとても寒冷**だけど，夏季にはある程度気温が上がるから，**針葉樹林（タイガ）**が形成されているよ。でも，シベリアやカナダの地中には一年中凍結している**永久凍土**（主に凍結した土や岩）が残っているところがあって，雨が降っても地中に浸透しにくいので，**沼地や湿地が多く分布**しているんだ。近年は開発による**凍土の融解**（人工熱の伝導）や再凍結による**凍上現象**（いったん融解して生じた水分が，冬季に再び凍結する際に，地面が隆起），凍土の融解にともなって**温室効果ガスのメタンガス**が放出されるなどの問題も生じているよ。

　亜寒帯湿潤気候（Df）は**ユーラシアでも北アメリカでもみられる**けど，亜寒帯冬季少雨気候（Dw）は冬季に優勢な**シベリア高気圧の影響を受けるユーラシア大陸東部にしか分布していない**ことを忘れないで（北半球で最も寒いから，「北の寒極」と呼ばれているんだったよね）！

　最後は**寒帯（E）**だね。
　寒帯は，北極や南極のような**極圏**（66度33分より高緯度）などに分布する気候だよ（ただ低緯度だけど，海抜高度が非常に高い**チベット高原**や**アンデス地方**にも**ツンドラ気候（ET）**が分布しているから注意しよう！）。太陽高度が低いため，年間を通じて受熱量が小さく，年中寒さが厳しいところだね。
　寒帯でも**ツンドラ気候（ET）**は，**北極海沿岸に分布**していて，夏季には気温が0℃以上になるため，永久凍土の表層が融け，**コケ**や**小低木**が生育するんだ。でも，これでは農耕は不可能だよね！

　ツンドラ気候の分布地域には，人間は住んでいないということなの？

　そうじゃないよ。ユーラシアでは，**トナカイの遊牧**（コケや草をえさとする），北アメリカでは**狩猟**や**漁労**を営んでいる人々がいるんだ。スカンディナヴィア半島北部の**サーミ**，アラスカ〜カナダの**イヌイット**（エスキモー）など，アジア系の民族（モンゴロイド）が居住しているよ。
　氷雪気候（EF）は，年中雪や氷に覆われていて，草も木も生えていないこ

大地形

小地形

地形図

気候要素と
気候因子

気候区分と
植生・土壌

陸水と海洋

自然災害と
防災

農業

林業・
水産業

エネルギー・
鉱産資源

工業

地域開発と
環境問題

人口

村落と都市

商業・
観光業

交通・通信

貿易と
資本の移動

国家・民族

とは知っているよね。南極大陸とグリーンランド内陸部がこれに当たるんだけど，典型的なアネクメーネ（非居住地域）[➡ p.251]になってるよ。

　南極は多雪地帯だと思ってる人がいるけど，違うんだ。極高圧帯の影響で降雪は少ないんだけど，溶けないから大陸氷河が発達して地吹雪が舞うため，雪がたくさん降っているように感じるんだね。それから緯度66度33分より高緯度側の極圏では，夏に一日中太陽が沈まない白夜が，冬に一日中太陽が昇らない極夜が訪れるんだ。ちょっと信じられない!!

図9　高山気候の分布図

ラパス

H　高山気候

 高山気候（H）って聞いたことがあるんだけど，これっていったいなんのこと？

　高山気候（H）はケッペン自身が作った気候区じゃないんだけど，ケッペン

の弟子が改良型として作ったんだ。

　海抜高度が**中緯度で2,000m以上**，**低緯度で3,000m以上**の森林限界（樹木が生育する限界）より高い地域でみられるんだ。低緯度の高山気候では**気温の年較差が小さい**よ。空気が薄いから気圧も低く紫外線が強い（だから帽子をかぶりたくなる）ことと**気温の日較差はけっこう大きい**っていうのが特徴だね。地誌分野の**南アメリカ**で**高山都市**が出てくるから要注意！

系統地理

大地形
小地形
地形図
気候要素と気候因子
気候区分と植生・土壌
陸水と海洋
自然災害と防災
農業
林業・水産業
エネルギー・鉱産資源
工業
地域開発と環境問題
人口
村落と都市
商業・観光業
交通・通信
貿易と資本の移動
国家・民族

　ケッペン　ウラジミール・ペーター・ケッペン（1846〜1940年）は，ロシア生まれのドイツの気候学者であり植物学者。ケッペンの気候区分は，単に気候の特徴を示しているだけでなく，**農業などの産業や人々の生活と自然環境との関係を理解**するのに役立つため，地理を学ぶ者にとって極めて重要！

ポイント　ケッペンの気候区分

❶　ケッペンの気候区分は，植生（しょくせい）をもとに気温の年変化と降水量の季節的配分で決定する。

❷　A・C・Dは樹林（じゅりん）気候，B・Eは無樹林気候となる。

❸　気候帯は，赤道（せきどう）を中心にほぼA・B・C・D・Eの順に，ほぼ南北対称で分布している（Dは北半球のみ）。

たいへんだろうけど，
ケッペンの気候記号は
マスターしてほしいな！

❷ 植 生

　植生（**森林**や**草地**などの植物の集団）は**気温**や**降水量**に影響されるから，気候とのかかわりが大きいということはわかるよね。ここでは植生帯が気候帯とほぼ**対応**しているということをしっかり学習しよう！

　熱帯（A）地域は熱量，降水量ともに豊富だから，植物の生育が活発だよ。特に**熱帯雨林気候**（Af）では**多種類の常緑広葉樹**の密林が形成され，**アマゾン川流域ではセルバ**，**東南アジアやアフリカではジャングル**と呼ばれているよ（密林は，スペイン語・ポルトガル語で selva，英語で jungle）。君たちも，**マングローブ林** ［➡ p.121 ］って聞いたことがあるだろ？　大河川の河口付近や**沿岸部**に繁茂する森林で，ほかの樹木と異なり，**耐塩性が高く**海水と淡水が混じり合うようなところに生育するんだ。おもしろい植物だねえ（＾o＾）。

　熱帯モンスーン気候（Am）では，常緑広葉樹に落葉広葉樹が混じった**熱帯季節林**（雨緑林）がみられるんだったね。

　サバナ気候（Aw）では，強い**乾季**があり年降水量も Af よりやや少ないので，**疎林**（樹林密度が低い森林）と**長草草原が分布**しているんだ。このような熱帯草原を**サバナ**というんだけど，南米の**オリノコ川**流域では**リャノ**，ブラジル高原では**カンポ**，パラグアイからアルゼンチン北部では**グランチャコ**と呼ばれ

図10　植 生 図

熱帯雨林
熱帯季節林
サバナ
有刺灌木林
荒原（砂漠）
ステップ
プレーリー
硬葉樹林
常緑広葉樹林（照葉樹林）
落葉広葉樹林（夏緑林）・混合林
針葉樹林（タイガ）
ツンドラ
高山植生
氷雪地域

（出所：P.E.James ほかによる）

ているよ。

熱帯と亜寒帯（冷帯）は，森林がたくさんあるっていうイメージがあるんだけど，温帯は森林の生育に適していないのかなぁ？

　そんなことないよ。温帯（C）も気温と降水量に恵まれているから，森林形成には適しているんだけど，早くから開発が進んだため，伐採されて農地や草原に変わってしまったところが多いから，そんなふうに感じたんだろうね。じゃあ，温帯の植生について説明してみよう。

　温帯地域の低緯度側には常緑広葉樹（クス，カシ，シイなどが照葉樹林を形成），高緯度側には落葉広葉樹（ブナ，ナラ，カエデ）と針葉樹の混合林が分布しているよ。地中海沿岸はちょっと変わっていて，乾燥に強い常緑の硬葉樹（オリーブ，コルクがし，月桂樹）が生育しているんだ。

　亜寒帯（D）地域では，低温に耐える針葉樹（エゾマツ，カラマツ，トウヒ）が多く，タイガと呼ばれる針葉樹林が広がっているよ。さらに夏の気温が低いツンドラ気候（ET）地帯では，樹木は生育できなくなり（森林限界），地衣類（菌類・藻類）や蘚苔類（コケ類）が生えるツンドラになるんだね。

　乾燥帯（B）は植生に乏しいけど，ステップ気候（BS）では短い雨季があるため，ステップと呼ばれる短草草原が分布しているんだ。砂漠気候（BW）ではオアシスを除いてほとんど植生はみられないことに注意しようね。

📖　マングローブ林　東南アジア，インド沿岸など熱帯・亜熱帯の海岸の低湿地や河口付近に生育する樹木の総称で，耐塩性があるため，潮間帯付近でも生育が可能である。幹からは多くの支柱根が生えているのが特徴的である。近年は，薪炭用の伐採やエビの養殖池造成のための伐採が進み，自然の防波堤の役割が失われ，海岸侵食が進行している地域もある。

ポイント　植　生

❶　植生は，気温，降水量とのかかわりが深いため，植生帯は気候帯とほぼ対応する。

❷　森林の主な分布地域は，熱帯，温帯，亜寒帯である。

❸　サバナ気候やステップ気候地域には草原が分布している。

大地形

小地形

地形図

気候要素と気候因子

気候区分と植生・土壌

陸水と海洋

自然災害と防災

農業

林業・水産業

エネルギー・鉱産資源

工業

地域開発と環境問題

人口

村落と都市

商業・観光業

交通・通信

貿易と資本の移動

国家・民族

❸ 土　壌

さて，次は土壌についてマスターしてみよう。土壌って何なんだろうね？

土壌とは岩石が風化してできた砂や粘土のような，細かい粒子になったものに，有機物が適度に分解されてできた**腐植**［➡ p.123 ］などが含まれたもので，**湿潤地域では酸性，乾燥地域ではアルカリ性**を帯びることが多いよ（農作物をはじめとして，植物はあまり酸性やアルカリ性が強い土壌を好まないことも知っておこうね）。

> 土壌は成帯土壌と間帯土壌に大別されるよね？
> よくわかんないなぁ？

成帯土壌は気候や植生の影響を強く受けた土壌で，**気候帯，植生帯に沿って帯を成す**土壌なんだ。これに対して，**間帯土壌**は，土壌のもととなる**岩石**の影響を強く受けたもので，**気候帯，植生帯の帯の間に，局地的に分布**する土壌のことをいうんだよ。では，成帯土壌の話から始めよう！

熱帯では，激しいスコールにより，栄養塩類のように水に溶かされやすい物質が流され，**鉄やアルミニウム**などの金属が多く残った土壌になるよ。酸化した金属の色が反映されて，**赤色**のやせた**ラトソル**という土壌が分布するんだ（アルミニウムの原料となる**ボーキサイト**［酸化アルミニウムを含む岩石］の産地が，熱帯に多い理由の一つだね）。熱帯と温帯の境界付近には，ラトソルよりはややマシな**赤黄色土**が分布しているよ。

図11　土　壌　図

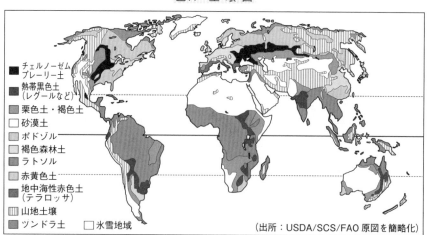

チェルノーゼム
プレーリー土
熱帯黒色土
（レグールなど）
栗色土・褐色土
砂漠土
ポドゾル
褐色森林土
ラトソル
赤黄色土
地中海性赤色土
（テラロッサ）
山地土壌
ツンドラ土　　氷雪地域

（出所：USDA/SCS/FAO 原図を簡略化）

温帯には，いろいろな土壌が分布しているよ。亜熱帯気候の地域では**赤黄色土**が分布しているけど，代表的なのはやっぱり**褐色森林土**だね。**温暖湿潤気候**や**西岸海洋性気候**地域では落葉の堆積によって，比較的厚い腐植層を含む褐色森林土が分布しているんだ（日本で普通にみられる茶色い土だよ）。

亜寒帯は，低温だから微生物があんまり活動しないので，有機物の分解が進まず，腐植や栄養塩が形成されにくい。さらに酸性が強いため，土中の金属成分が溶かされて下方に移動してしまって，酸に溶けにくい石英だけが地表付近に残され白っぽい土になってしまうんだね。この**灰白色**の**やせた土壌**をポドゾルというんだ。

寒帯のツンドラ気候地域には，コケなどの遺骸が，低温のために分解されないまま堆積して炭化した**泥炭**を含むやせた**ツンドラ土**が分布しているんだ。

半乾燥の**ステップ気候**では，一面の短草草原が乾季に枯れ，土中に腐植層を形成するよ。しかも降水による流失も少ないため，腐植層はどんどん厚くなり，とっても**肥沃な黒色土**が分布することになるんだね。**ウクライナ～ロシア**にかけての**チェルノーゼム**，やや降水が多いところでは**北アメリカのプレーリー土**，**アルゼンチンのパンパ土**がその典型だね。

間帯土壌については，**表4**にまとめてみたので読んでおいてね！

表4　間帯土壌のまとめ

土壌名	母岩の種類など	特徴とその利用	分布
テラロッサ	石灰岩	薄い腐植層を持ち，果樹栽培などに利用される赤色土壌。	地中海沿岸など石灰岩分布地域
テラローシャ	玄武岩・輝緑岩	肥沃でコーヒー栽培に好適な赤紫色土壌。	ブラジル高原南部
レグール	玄武岩	肥沃で綿花栽培に好適な黒色土壌。	デカン高原西部
レス（黄土）[➡ p.67]	砂漠起源または氷河堆積物起源	肥沃で小麦栽培に好適な黄色土壌。	黄河流域，ヨーロッパ（ドイツ中南部，ハンガリー），北米（ミシシッピ川流域の一部）

腐植　有機物が土中の微生物によって**適度に分解された微粒子**で，腐植に富む土壌は生産力が高く，腐植に乏しい土壌は生産力が低くなる。**落葉から生成された腐植は褐色，草から生成された腐植は黒色**になることに注意しよう。

系統地理

大地形

小地形

地形図

気候要素と気候因子

気候区分と植生・土壌

陸水と海洋

自然災害と防災

農業

林業・水産業

エネルギー・鉱産資源

工業

地域開発と環境問題

人口

村落と都市

商業・観光業

交通・通信

貿易と資本の移動

国家・民族

図12 気候帯・植生帯・土壌帯のまとめ

ポイント 土 壌

❶ 土壌は，気候帯と対応する**成帯土壌**と，局地的に分布する**間帯土壌**に大別される。

❷ 土壌には**肥沃度の高低**があって，植物の成長や農業の生産性に影響を与える。

1 次の図1中の**ア〜ウ**は，下の図2中の**A〜C**地点のいずれかにおける月平均気温と月降水量を示したものである。**A〜C**の地点と**ア〜ウ**のグラフの組合せとして正しいものを，あとの①〜⑥のうちから一つ選べ。

ア　　　　　　イ　　　　　　ウ

図1

「理科年表」により作成。

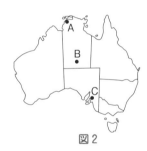

図2

	①	②	③	④	⑤	⑥
A	ア	ア	イ	イ	ウ	ウ
B	イ	ウ	ア	ウ	ア	イ
C	ウ	イ	ウ	ア	イ	ア

2 コハルさんたちは，ある地点**D**と**E**の二つの雨温図が描かれた次の図3を先生から渡されて，雨温図に示された気候の特徴とその原因となる大気大循環について話し合った。下の会話文中の空欄**サ**と**シ**に当てはまる語の正しい組合せを，下の①〜④のうちから一つ選べ。

図3　　　　　　　　　気象庁の資料により作成。

コハル　「地図帳で調べてみると，地点 D と E はどちらも沿岸にあり，地点 E は地点 D からほぼ真南に約800km 離れているようだね」

イズミ　「最暖月や最多雨月は，それぞれ両地点で現れる時期がほぼ同じだね」

ミツハ　「地点 D と E が位置する緯度帯では，降水量が多い時期の雨は，主に（　サ　）という気圧帯の影響を強く受けていることを授業で習ったよ」

コ　ウ　「月降水量30mm 以上の月が続く期間に注目すると，地点 E の方が地点 D よりも（　シ　）のは，この気圧帯の移動を反映していると考えられるね」

	①	②	③	④
サ	亜寒帯低圧帯 （高緯度低圧帯）	亜寒帯低圧帯 （高緯度低圧帯）	熱帯収束帯 （赤道低圧帯）	熱帯収束帯 （赤道低圧帯）
シ	長　い	短　い	長　い	短　い

3　次の図4を見て，赤道から北緯20度までの範囲にみられる土壌や植生の特徴を述べた文として**誤っているもの**を，次の①〜④のうちから一つ選べ。

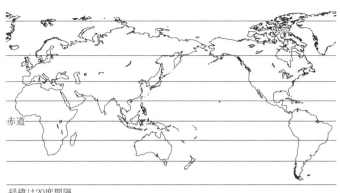

経緯は20度間隔。

図4

① アフリカには，栗色土がみられるステップ地域が分布する。
② 南アジアには，砂漠土がみられる無植生地域が分布する。
③ 東南アジアには，ラトソルがみられる熱帯雨林地域が分布する。
④ 南アメリカには，ラトソルがみられるサバナ地域が分布する。

系統地理

大地形

小地形

地形図

気候要素と
気候因子

気候区分と
植生・土壌

陸水と海洋

自然災害と
防災

農業

林業・
水産業

エネルギー・
鉱産資源

工業

地域開発と
環境問題

人口

村落と都市

商業・
観光業

交通・通信

貿易と
資本の移動

国家・民族

解答・解説　**1**　⑥　ア～ウの雨温図はすべて南半球のものなので，6～8月が冬で，12～2月が夏であることに注意したい。

　アはCs（地中海性気候），イはBS（ステップ気候），ウはAw（サバナ気候）となる。図中のAが最も低緯度で，気温も高く，降水量も多いことから熱帯のウ，Bはほぼ南回帰線付近に位置し，大陸内部にあって降水量が少ないため乾燥帯のイ，Cは南緯30～40度の沿岸部に位置するため温帯のアが該当する。

2　②　雨温図に示された気候の特徴とその原因となる大気大循環についての会話文から，降水の原因などを答えさせる問題である。資料中の地点Dについては雨温図が示されているが，地点Eについては意図的に示されていない。地点D（ポルトガルの首都リスボン）の雨温図は，Cs（地中海性気候）であることを読み取ることができる。会話文から地点DとEは，ともに沿岸部にあり，地点Eは地点Dから真南に約800km離れているとあるので，緯度1度が111kmとすると，緯度が7度ほど，Dより南に位置するモロッコのアガディール付近に当たる（解答の際には，地点まで判定する必要はないが，およそ地中海地方とほぼ同緯度であるという判断は必要）。「降水量が多い時期の雨」は，「亜寒帯低圧帯（偏西風，寒帯前線）」が南下してくる冬季で，より低緯度のE地点

では亜寒帯低圧帯の影響を受けている期間が「短い」と考える。

3 ②　世界地図を見ながら，土壌や植生の特徴について考えさせる問題である。選択肢の文を読むだけでなく，**地図の緯度を確認**しながら解かないと，誤答してしまうので気をつけよう！　入試当日，一見易しそうな問題であったとしても，地図やデータをきちんと見ないと失点してしまうので，日ごろから訓練をしておくべきだ。

①　設問文に「**赤道から北緯20度までの範囲**」という条件が述べられているので，アフリカにおけるその緯度帯では，**BW ～ BS の乾燥気候が分布**していることがわかる。BW には砂漠土，BW ～ BS の境界付近には栗色土が分布しているため，この文は正しい。

②　南アジアでは，**パキスタンなどに BW（大インド砂漠など）が分布**し，砂漠土がみられる無植生地域（木も草も生えていないところ）がみられるが，**赤道から北緯20度までの範囲には，インドやスリランカが含まれ，パキスタンは含まれない。**この緯度帯では大部分が A（熱帯気候）か BS（ステップ気候）となり，**BW（砂漠気候）が広がる無植生地域はみられない**ため，この文が誤りである。地図をしっかり見ないとミスをするので要注意！

③　東南アジアでは，**マレー半島，スマトラ島，カリマンタン島**などに Af（熱帯雨林気候）が広がっている。また Af，Aw などの熱帯気候下では，やせた赤色のラトソルが分布しているため，この文は正しい。

④　地図中の南アメリカ大陸の赤道から北緯20度までの範囲には，アマゾン川流域の Af（熱帯雨林気候）が分布し熱帯雨林の**セルバ**もみられるが，その北側には**熱帯草原のリャノ**が広がる Aw（サバナ気候）もみられるため，この文も正しい。南アメリカの低緯度地域は，すべてが Af であるわけではないので注意したい。

共通テストでは，意味なく図，表，グラフを載せることはないので，簡単な問題であっても，与えられた資料はしっかり分析しようね！

7 陸水と海洋
水収支と水の循環

系統地理

大地形

小地形

地形図

気候要素と
気候因子

気候区分と
植生・土壌

陸水と海洋

自然災害と
防災

農業

林業・
水産業

エネルギー・
鉱産資源

工業

地域開発と
環境問題

人口

村落と都市

商業・
観光業

交通・通信

貿易と
資本の移動

国家・民族

この項目のテーマ

1 水収支
水は，地球上をさまざまな形で循環（じゅんかん）していることを理解しよう！

2 陸水と海洋
水と人々の生活とのかかわりを考えよう！

1 水収支

　さぁ，今回のテーマは水だよ。日本は雨が多いところなので，水の恩恵に実感がわかないかもしれないけど，水が不足すれば，農業や商工業だけでなく，日常の生活さえやっていけなくなるよね。

　地球上には約**14億km³**の水があるんだ。でもその大部分は**海水（97.5%）**で，**陸水**はわずか**2.5%**しか存在しないよ。しかも**陸水のうち76.4%が氷河や氷雪**（せつ）なんだ。残る**陸水の22.8%は地下水**で，河川水，**湖沼水**（こしょう），土壌水（どじょう），水蒸気（すいじょうき）などの**地表水はわずか1%にも満たない**んだよ。地球上の水の総量からするとわずかに0.01%しかないんだから本当にびっくり！　いかに大切に水を使わなければならないかということが，この数値だけでも理解できるね。さらにこのわずかな河川の水が地表を侵食（しんしょく）して，さまざまな地形をつくり上げているんだから驚きだよね！

　図2［➡ p.130］のように水は循環することによって**地形，気候などの地球環境に大きな影響を与えている**んだね。

　特に，**海洋上では蒸発量**（じょうはつ）**が降水量を上回り，陸上では降水量が蒸発量を上回っている**こと，海洋上の水蒸気が陸上に移動し降水となり，陸地で余った水が河川水や地下水となって海に流れ込ん

図1　平均降水量と平均蒸発量

蒸発量・降水量（mm/年）
[W.D.Sellers 原図を改変]

でいることに注意しようね！

図2 水の循環

☝ **1人当たり水資源賦存量** 理論上人間が最大限利用可能な**水資源量**のことで，**降水量から蒸発散量を引いたものに面積を乗じてその国の人口で割って求めた値で**ある。日本の**1人当たり水資源賦存量**（m³/**人・年**）を海外と比較すると，世界平均の1/2以下で，その背景には，**地形が急峻で河川延長が短く**，降水は梅雨期や台風襲来期の**短期間に集中**するため，水資源のかなりの部分が洪水となり，水資源として利用されないまま**海に流出**してしまうなどがある。

ポイント 水 収 支

❶ 地球上の水のうち97.5%が海水，残る2.5%が陸水である。

❷ 水は，固体（氷河，氷雪），液体（雨水，河川水，地下水など），気体（水蒸気）と形を変えながら，地球上を循環している。

「地理」で扱うテーマって幅広いね～。今さらながら，そう思うよ～。

2 陸水と海洋

陸水のうち多くを占めているのは氷河や氷雪だったけど，ここでは人々の生活とかかわりが深い**地下水**と**地表水**の話をしていこう。**地下水**は**農業用水**，**工業用水**，**生活用水**としても人々の生活に役立っていることは知ってるよね。降水が地下に浸透し，**不透水層**（粘土層や岩盤）**上に滞留**したものを**地下水**というんだ。地表に近い不透水層上を流れるものを**自由地下水**，そのさらに下の不透水層上を流れるものを**被圧地下水**というんだ。流れるとはいっても河川のように速くはないんだけどね。

自由地下水は**地表から近いため**，**取水**しやすく，古くから世界中で利用されてきたんだけど，乾燥地域では気候の影響を受け，水量が乏しいことが多いんだ。

次は**被圧地下水**の話をしよう。**オーストラリアのグレートアーテジアン（大鑽井）盆地**での利用が有名だよ。ここの地下水は人間が飲んだり，灌漑に使ったりするには**塩分濃度が高い**ので，人間や農作物より塩分の許容限界が大きい**羊や牛の飲み水として使われる**ことになり，大規模な**牧畜**が行われているんだ。一般的に被圧地下水は水量が豊富で，**灌漑**などの**農業用水**や**工業用水**として利用されているんだけど，岩盤を掘り抜いて井戸（これを**掘り抜き井戸**，または**鑽井**と呼ぶんだ）をつくらなければならないので，技術や資本が必要になってくるんだね。

また，不透水層上に局地的にある地下水のことを**宙水**と呼び，水が得にくい台地上の集落にとって貴重な水資源になっていたんだ。

図3を見て，地下水についてしっかり学習しておこう！

図3 地下水の分布

地下水は豊富にあるから農業や工業でたくさん使われているんだね。**地下水を大量に汲み上げても問題はないのかなぁ**？

そうだね，**地下水の枯渇**以外にも大きな問題が生じているところがあるなぁ。特に**三角州**などの**地盤の軟弱な沖積平野**や**埋め立て地**では，**過剰揚水**によ

る地盤沈下が問題となっているよ。また，地盤沈下だけでなく，海水が地下水に混入してきて，地下水が塩水化し，農地などに塩害をもたらすこともあるから，利用には十分な注意が必要だね！

　次は地表水だ。まずは河川についての話をしよう。河川水は，**生活用水や農業・工業用水**として利用されるだけではなく，**水運**にも利用されているよ。

　河川の流量は安定しているほうが利用しやすいけど，これは**流域の地形や気候に大きく関係**しているんだ。たとえば，**ヨーロッパ**は低地が広がるので，**河川勾配が小さく**，気候的にも**西岸海洋性気候（Cfb）**の地域では**降水が年間を通じて一定**だから，**内陸水路が発達**しているんだよ。これは重要なポイントだ。

　これに対して，**日本の河川は勾配が急で河況係数（河川のある地点における最大流量と最小流量の比）も大きい**のが特徴だからね。

　図4を見ながら，いくつかの地域について河川流量の変化を説明していこう！

　①の**メコン川**はインドシナ半島を流れる河川で，流域は**Aw**が広がり，**夏のモンスーンによる多量の降水**の影響で，7～9月の流量が増加しているのがわかるね。②の**レナ川**はシベリア

図4　河川流量の変化

①メコン川　②レナ川　③ライン川

東部を北極海に向かって流れる河川で，流域には**Dw**が広がっているんだ。6月に流量のピークを迎えるけど，これは**初夏の融雪**による流量の増加だね。頻出だから要注意！　③の**ライン川**はアルプス山脈から北海に向かって流れる河川だ。流域の大部分が**Cfb**で，**年中平均した降水があるため，流量変化も少ない**ことが読み取れるよ。

　次は，湖についての話だ。

　湖沼水は河川と同じように用水としても利用されてるけど，それ以外にも**沿岸の気候をやわらげたり**（高緯度にある五大湖やシベリアのバイカル湖の沿岸に都市が発達しているのなんかはその例だね），**洪水の調節（遊水池）**，**水産業**，**観光**などに役立ったりしているんだ。

　湖は，次のページの表1のようにさまざまな原因で形成されていて，たとえ

ば**氷河の侵食**による凹地や**地溝**に水がたまったもの，**火山活動**によるものなどいろんな湖があるから注意しよう。

　また，日本のように湿潤気候の湖は淡水だけど，砂漠などの**乾燥地域の湖**は，塩分濃度が高い**塩湖**になっている場合もあるよ（イスラエルとヨルダンの間にある**死海**は，海水よりも塩分濃度が高い！）。また**チベットやアンデスのようにプレートの衝突によって海水が持ち上げられて塩湖になる場合もある**からね。

系統地理

大地形
………
小地形
………
地形図
………
気候要素と
気候因子
………
気候区分と
植生・土壌
………
陸水と海洋
………
自然災害と
防災
………
農　業
………
林業・
水産業
………
エネルギー・
鉱産資源
………
工　業
………
地域開発と
環境問題
………
人　口
………
村落と都市
………
商業・
観光業
………
交通・通信
………
貿易と
資本の移動
………
国家・民族
………

表1　湖の成因別分類

	成因	例
氷河湖	氷河の侵食作用による凹地に湛水，または**堆積作用**によるせき止めで形成	五大湖，北欧，ヨーロッパロシア，カナダの湖
断層湖（地溝湖）	地溝や断層運動によってできた凹地に形成	東アフリカのリフトヴァレー沿いの湖（タンガニーカ湖，マラウイ湖など），バイカル湖，琵琶湖（滋賀），諏訪湖（長野）
カルデラ湖	火山活動によって生じたカルデラ内に形成	洞爺湖，支笏湖（以上，北海道），十和田湖（青森〜秋田），田沢湖（秋田）
海跡湖	かつて海洋であったところが地殻変動などにより閉ざされて形成	カスピ海，アラル海，霞ヶ浦（茨城）

　世界にはたくさんの湖があるけど，**五大湖**のように生活用水や農業・工業用水の流入によって，汚染が進んだり，**富栄養化** [➡ p.237] しているところもあるんだ。先進国ではかなり改善されてるけどね。

　河川水や湖沼水など陸水の話はわかってくれたかな？　じゃあ，最後に海洋の説明をしよう。

　海洋は，**太平洋**，**大西洋**，**インド洋**の**三大洋**とヨーロッパ地中海や日本海などの**付属海**に大別できるよ。海洋には**潮流**や**海流**という海水の移動があることは知ってるよね？

　潮流は太陽や月の引力によって生じる海面の昇降運動だよ。**海流**は，ほぼ一定方向に移動する海水の流れで，**低緯度の熱を高緯度に運んで熱交換をしている**んだね。

　世界地図を見るとたくさんの海流があるみたいだけど，海流ってどうして流れるんだろう？

図5 世界の海流

いろんな原因が考えられるけど，ここでは**恒常風**（こうじょうふう）との関係に注目したいな〔➡ p.98 図6〕。

貿易風（ぼうえきふう）や**偏西風**（へんせいふう）が吹くと，海との間で摩擦（まさつ）が生じるよね。これが表層の海水を動かす原動力となっているんだ。**図5**を見てみよう！（地表付近の卓越風（たくえつふう）の影響を強く受けて流れる海流を**吹送流**（すいそうりゅう）と呼んでいるよ）

主な**海流**は，北半球では**時計回り**，南半球では**反時計回り**になってるだろ？

ヨーロッパを見てごらん！ **北大西洋海流**（たいせいよう）は明らかに**偏西風**（へんせいふう）に引っ張られて，高緯度まで流れてるのがわかるよね？

もう一つ，いっしょに考えてみよう！
暖流（だんりゅう）と**寒流**（かんりゅう）に，なんだか規則的なものを感じないかなぁ？

そう，**低緯度（いど）から高緯度に向かうものが暖流で，高緯度から低緯度に向かうものが寒流なんだ。**

図6 赤道付近の東西断面でみた
　　エルニーニョ現象と
　　ラニーニャ現象

［日本の気候Ⅰ(2002)ほか］

これがわかっていると，気候や人間の生活にどんな影響を与えているかを地理的に考えることができるよね。

最近，よく話題になる**エルニーニョ現象とラニーニャ現象**についても，図6，図7と［➡ p.135 🖐］でしっかりと学習しておこう！

図7　エルニーニョ現象時の海面水温と平均海面水温との差

[エルニーニョ・ラニーニャ現象(2010)]

系統地理

大地形
……………
小地形
……………
地形図
……………
気候要素と
気候因子
……………
気候区分と
植生・土壌
……………
陸水と海洋
……………
自然災害と
防災
……………
農　業
……………
林業・
水産業
……………
エネルギー・
鉱産資源
……………
工　業
……………
地域開発と
環境問題
……………
人　口
……………
村落と都市
……………
商業・
観光業
……………
交通・通信
……………
貿易と
資本の移動
……………
国家・民族

🖐 **自由地下水と被圧地下水**　自由地下水は，浅い不透水層上にある地下水で，ほぼ大気と同じ圧力しか受けていないが，**被圧地下水は上下を不透水層にはさまれ，大気より大きな圧力を受けている地下水**で，**自噴**することもある。

🖐 **地中海と沿海**　海洋は大洋と付属海に大別され，付属海は地中海と沿（縁）海からなる。**地中海とは大陸に囲まれた海のこと**で，北極海，ヨーロッパ地中海，アメリカ地中海（メキシコ湾，カリブ海）などが代表的な地中海である。**沿海は半島や島によって限られた海**で，日本海，オホーツク海，北海などのように大陸に沿って分布している。

🖐 **エルニーニョ現象**　エルニーニョ現象とは，平年に比べ**東太平洋の赤道付近で海面温度が高くなる**現象のことで，貿易風が弱まることによって生じる。20世紀の末には大規模なエルニーニョ現象が起こり，砂漠が広がるペルー沿岸やチリ北部（アタカマ砂漠）での**集中豪雨や洪水**，インドネシアの**干ばつ**や**森林火災**，日本の**暖冬**や梅雨末期の集中豪雨，カリフォルニアでの冬季の降水量増加など世界中の異常気象の原因ではないかと考えられている。一方，**ラニーニャ現象**は，エルニーニョ現象の反対で，貿易風が強まることにより東太平洋の**海水温が平年より低下する**状態を指す。ラニーニャ現象が発生すると，日本では猛暑になったり，東南アジアではより多雨になったりする。

🖐 **海流**　大部分は**卓越風**によって生じる**表層流**で，気候因子の一つとして低緯度と高緯度の温度差を少なくする働きを行う。各大洋の低緯度から中緯度にかけては，輪のように流れる**環流（亜熱帯循環）**がある。

👆 **深層流** 深海底にまで達する海洋深層の流れで，グリーンランド近海では暖流が冷やされ，海氷ができる冬季には海水の塩分濃度が高くなるため，海中に沈み込み，その流れが**北大西洋海流**を生む駆動力になる。さらに深海底まで達した深層流は大西洋を南下し，インド洋や北太平洋で**湧昇流**として表層に戻る。

ポイント　陸水と海洋

❶　**地下水**には，地表に近いところにある**自由地下水**とその下の不透水層上にある**被圧地下水**がある。

❷　**河川の流量**は，**流域の地形や気候**とのかかわりが大きい。

❸　**海流**は，**恒常風**（こうじょうふう）との関係が深く，**北半球では時計回り，南半球では反時計回り**に流れる。

チェック問題　

1　次の表は，いくつかの国における1人当たり水資源賦存量*（ふぞん）と，国外水資源賦存量**の割合を示したものであり，①〜④はエジプト，中国，チリ，バングラデシュのいずれかである。エジプトに該当するものを，表中の①〜④のうちから一つ選べ。

　*理論上，人間が最大限利用可能な水の量を指す。国内水資源賦存量と国外水資源賦存量の合計。

　**隣接国から流入する河川水・地下水および国境をなす河川水の量。

	①	②	③	④
1人当たり水資源賦存量(m³)	722	2,017	7,932	52,849
国外水資源賦存量の割合(%)	97	1	91	4

　　統計年次は2008年〜2012年のいずれか。　　AQUASTAT により作成。

2　湖沼は，様々な自然要因によって形成される。次ページの表1は，いくつかの湖の特徴を示したものであり，表1中の**ア〜ウ**は図1中の死海，パトス湖，レマン湖のいずれかである。湖名と**ア〜ウ**との正しい組合せを，次の①〜⑥のうちから一つ選べ。

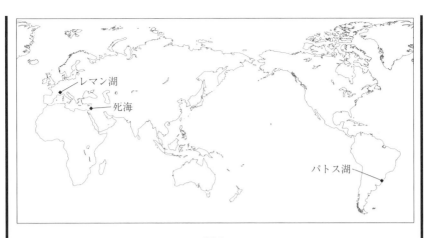

図1

	湖面標高（m）	最大水深（m）	主な成因
ア	372	310	氷食谷を流れる河川が堰き止められた。
イ	1	5	入江が砂州によって閉じられた。
ウ	−400	426	地殻変動によって地溝帯が形成された。

『理科年表』などにより作成。

表1

	①	②	③	④	⑤	⑥
死海	ア	ア	イ	イ	ウ	ウ
パトス湖	イ	ウ	ア	ウ	ア	イ
レマン湖	ウ	イ	ウ	ア	イ	ア

解答・解説　　**1**　①　　1人当たり水資源賦存量という指標は，耳慣れない
ためやや難しく感じるだろうが，*にあるように「**人間が最大限利用可能な水の**
量」とあり，表中の**単位**（m³）から，**年降水量×国土面積÷人口**によって算
出されることが読み取れる。**エジプト**は，国土のほぼ全域がBWで，極めて降
水量が少なく，人口規模も**約1億人**と多いことから，1人当たり水資源賦存量
は少なくなるはずである。これに対し，**チリは南部での降水量が極めて多く**（偏
西風の風上に当たり，世界的な多雨地域），しかも人口が1,949万人と表中の4

系統地理

大地形

小地形

地形図

気候要素と
気候因子

気候区分と
植生・土壌

陸水と海洋

自然災害と
防災

農業

林業・
水産業

エネルギー・
鉱産資源

工業

地域開発と
環境問題

人口

村落と都市

商業・
観光業

交通・通信

貿易と
資本の移動

国家・民族

か国で最も少ないことから，１人当たり水資源賦存量はかなり大きくなると考えられる。したがって，①が**エジプト**，④が**チリ**である。さらに表中の**国外水資源賦存量の割合**とは，*から**自国内で利用する水のうち，国外から流入する河川水や地下水の量**と考えて良い。したがって，赤道直下から流出する外来河川のナイル川による取水量が多いエジプトでは，国外水資源賦存量の割合が97%と利用可能な水資源量の大半を占めていることを読み取ることができる。残る②と③が中国かバングラデシュである。**中国は，東部が湿潤気候**だが，**西部は乾燥気候**が広がっている。一方，バングラデシュは大半が Aw で，**夏季の南西モンスーン**と**熱帯低気圧のサイクロン**の影響を受けるため，年降水量が多い。しかし，国土面積と人口は圧倒的に中国が大きいため，②か③かの判定はやや難しい。中国は，**長江，黄河**など大半の河川が**国内のチベット・ヒマラヤ山系**を水源としているのに対し，バングラデシュに流入する**ガンジス川は国外のチベット・ヒマラヤ山系**を水源とするため，国外水資源賦存量の割合が91%と高い③が**バングラデシュ**，残る②が**中国**である。本問は難問ではないが，正答に至るまでの時間を要するため，時間をかけすぎると，たとえ正解していたとしても以後の解答に影響が出てくるので注意したい。

2 ⑥　アは，**スイスとフランスの国境付近**に位置するレマン湖で，**湖面標高が高い**ことと氷食谷を流れる河川が氷河堆積物などによって堰き止められた氷河湖であることから判定できる。イは，ブラジルの大西洋岸に位置する**パトス湖**である。ブラジル南東部のリオグランデ・ド・スル州にあるラテンアメリカで２番目に大きい**ラグーン（潟湖）**であるが，地名を覚える必要はない。図中から，海岸沿いに位置することと主な成因の説明から「**砂州によって閉じられた**」と判定できるが，消去法でもよい。ウは，アラビア半島北西部に位置する**死海**で，西岸は**イスラエル**，東岸は**ヨルダン**に接している。**スエズ湾～死海～紅海**は，グレートリフトヴァレー（**アフリカ大地溝帯**）の延長上に当たり，**プレートの「広がる境界」**付近に位置する。湖面標高は表にあるように，－400m 以上と**世界の陸地で最も低い**ところだといわれている。また，塩分濃度が極めて高い**塩湖**としても知られている。

8 自然災害と防災
さまざまな地形災害, 気象災害と防災への取り組み

```
┌─────────────────────────────────┐
      この 項 目 の テ ー マ
```

❶ 日本の地形環境

日本列島は, 4枚のプレートがひしめき合うプレートの「せばまる境界」に位置している変動帯!

❷ 日本の気候環境

日本の国土は南北に長く, 気候の地域差が大きいことに注意!

❸ 日本の自然災害と防災への取り組み

日本に多い地震・火山被害、気象災害への対応を理解しよう!

❶ 日本の地形環境

　②**大地形**で学んだ**プレートテクトニクス**（Plate tectonics）っておぼえてるかなー？　現在の大陸や海洋などの分布を説明している理論だったよね。**日本列島**は, なんとなんと**4枚のプレート**の境界付近に位置しているんだ。2枚のプレート境界だって, 地殻変動が生じやすいのに……。**図1**のように, 大陸プレートの**ユーラシアプレート**と**北アメリカプレート**の下に, 海洋プレートの**太平洋プレート**と**フィリピン海プレート**が沈み込んでいて, プレートの「**せばまる境界**」に位置する変動帯に当たるんだよ。太平洋プレートが北西方向に移動しているので, 日本列島に加わった圧縮で, 多くの山地や山脈が形成されているんだ。**日本の国土の約70％が山地**（山地約60％, 丘陵約10％）なのもあたりまえだね。

図1　日本付近のプレート境界

じゃあ，次はもうちょっと詳しく日本の国土を見ていこう！　日本の国土は，**フォッサマグナ（大地溝帯）**と**中央構造線**によって，**東北日本**，**西南日本内帯**，**西南日本外帯**の３つに大きく分けられることは知ってるかな（**図２**）。

　フォッサマグナ（Fossa magna）は，**北アメリカプレートとユーラシアプレートの境界**に当たる大断層帯（構造線）で，ちょうど伊豆半島をはさむように南北に走っているんだ。フォッサマグナの東縁は不明瞭なんだけど，**西縁は糸魚川・静岡構造線**という大断層線だ。地図帳で，北に新潟県，南に静岡県が記載されているページを開いてみよう。新潟県の西側にある「糸魚川市」から姫川沿いに南下し，松本盆地を通り，**諏訪湖**から南下して釜無川，安倍川（静岡県）付近に達するのが「糸魚川・静岡構造線」だ。**フォッサマグナ周辺は起伏量が大きく，西には日本アルプス**，南端付近には火山の**富士山**があるよ。地図帳を見ると，糸魚川・静岡構造線より西側に焦げ茶色の列が三本あるのがわかるかなぁ？　これこそ「日本の屋根」と呼ばれる日本アルプスだよ。北から**飛驒山脈，木曽山脈，赤石山脈**をマーカーでなぞっておこう！

瀬川先生，そういえばフォッサマグナによって，東日本と西日本にわけられるんじゃなかったかなー？

お!!!　よく知ってるね。その通り。フォッサマグナによって，**東北日本（東日本）**と**西南日本（西日本）**に分けられるんだ。フォッサマグナは，北アメリカプレートとユーラシアプレートの境界に当たるってことも忘れないでね。

フォッサマグナが得意になったところで，**中央構造線**っていうのはおぼえているかな？　小学校や中学校でも習ったと思うけど（笑）。

うううう……，忘れてるかも。

中央構造線は，**西南日本を南北に分ける大規模な構造線**で，北は**西南日本内帯**，南は**西南日本外帯**と呼んでいるよ。太平洋プレートが北西方向に移動することに伴う圧縮で，ユーラシアプレートにでっかいヒビが入ってしまったんだね。**内帯は低くなだらかな地形，外帯は高く険しい地形**が広がっていることに注意！

図2　日本のおもな活火山の分布

次は，**海底の地形**についても勉強しておこう！　まず，地図帳を開いて，日本列島とその周辺の海域が掲載されているページを見てみよう。日本列島周辺の**大陸棚**（海が白っぽく着色されているところ，**水深が200m未満の浅海底**）はあまり広くなくて，プレート境界に沿って，**海溝**や**トラフ**が分布しているの

系統地理

大地形

小地形

地形図

気候要素と
気候因子

気候区分と
植生・土壌

陸水と海洋

自然災害と
防災

農業

林業・
水産業

エネルギー・
鉱産資源

工業

地域開発と
環境問題

人口

村落と都市

商業・
観光業

交通・通信

貿易と
資本の移動

国家・民族

がわかるよね。

> 日本はプレート境界に位置している変動帯で，国土がとっても山がちだということはわかったよ。でもぼくたちが生活しているのは平野だよね。

そうだね，日本には安定陸塊周辺にみられるような侵食平野はないけど，山地から運搬されてきた土砂が堆積して形成された，さまざまな**沖積平野**や**台地**（低地が隆起してできた台地状の平野）が沿岸部を中心に発達しているので，われわれの大部分が，このとってもせまい平野に住んでいるんだね。

千島・カムチャツカ海溝　太平洋プレートが北アメリカプレートに沈み込むところに形成され，カムチャツカ半島南部から千島列島に沿う海溝で，最大深度は9,500mを超える。

日本海溝　太平洋プレートが北アメリカプレートに沈み込むところに形成され，東日本に沿う太平洋沖に分布する海溝で，最大深度は8,000mを超える。付近を震源に，**東北地方太平洋沖地震**（2011年）などの海溝型地震が頻発。

相模トラフ　フィリピン海プレートが北アメリカプレートの沈み込むところに形成されたトラフで，関東地方の南方沖に位置し，**関東地震**（1923年，関東大震災）などの大地震を発生させた。

伊豆・小笠原海溝　太平洋プレートがフィリピン海プレートに沈み込むところに形成される海溝で，最大深度9,800m以上と極めて深く，マリアナ海溝へ連なる。

南海トラフ　フィリピン海プレートがユーラシアプレートに沈み込むところに形成されたトラフで，四国の南方沖に位置し，近い将来における巨大南海トラフ地震の発生が危惧されている。

琉球（南西諸島）海溝　フィリピン海プレートがユーラシアプレートに沈み込むところに形成された海溝で，南西諸島の東方沖に位置。

トラフ　水深が6,000m未満の海底盆地で，日本周辺のトラフは海溝と成因がほぼ同じ。**海溝は水深6,000m以上の溝状の谷。**

ポイント 日本の地形環境

❶ **日本列島**は，大陸プレートの**北アメリカプレート**，**ユーラシア
プレート**と海洋プレートの**太平洋プレート**，**フィリピン海プレ
ート**という4枚のプレートがひしめき合うプレート境界に当たる**変動
帯**に位置している。

❷ **北アメリカプレート**と**ユーラシアプレート**の境界には**フォッサ
マグナ**が位置し，日本列島を東北日本と西南日本に分けている。フォ
ッサマグナの西縁は，**糸魚川・静岡構造線**で，その西側には**日本ア
ルプス**が位置している。

❸ 西南日本は，中央構造線という大断層線によって**西南日本内帯**と
西南日本外帯に分けられ，内帯は低くなだらかだが，外帯は高く険
しい。

❷ 日本の気候環境

　日本の国土は，**南北に細長い**よね。最も高緯度に位置する**北海道**は，冬季寒冷な Df（**亜寒帯湿潤気候**）だけど，北海道を除くほとんどの地域が Cfa（**温暖湿潤気候**）だ。**夏季**は南東季節風により，温暖で湿潤な**小笠原気団**（熱帯気団）の影響を受け，**冬季**は北西季節風により，寒冷で乾燥した**シベリア気団**（寒帯気団）の影響を受けるから，ヨーロッパや北アメリカの同緯度西岸の地域に比べて，かなり**気温の年較差が大きく**なるよ。日本における気温の年較差（1年の最暖月気温と最寒月気温の差）は，だいたい**20℃前後**かな。

　日本は，地形的に4つのプレートの境界に当たるだけでなく，気候的にも**さまざまな気団の境界**となるから，**低気圧**や**前線**の影響を受けやすく，**気温だけでなく降水量の季節的変化もかなり大きい**のが特徴だよ。㉘日本でも触れるけど，ここでもちょっとだけ日本の四季の特徴に触れておこう！　世界にもまれに見る素敵な四季だけど，その分変化もすごい!!!

　春は，本州付近をたびたび低気圧が通過するので，3日ほど寒い日が続くと，4日ほど暖かい日が続くというように，寒暖が繰り返される「**三寒四温**」がみられ，だんだんと暖かくなっていくよ。

　夏は，小笠原気団の北上によって，日本付近に発達するオホーツク海気団との間にできた**停滞前線**（梅雨前線）が北上し，**南西諸島では5月，九州，四国，本州では6月に梅雨入り**だ。7月下旬にはほとんどの地域で**梅雨明け**し，その後は太平洋高気圧におおわれるから，真夏の厳しい暑さの到来だ！

　秋は，小笠原気団の南下により，**シベリア気団**が優勢になると，9月〜10月には2つの気団の境界で**停滞前線**（秋雨前線）が発達し，雨をもたらすよ。さらに，**台風**もたびたび襲ってくるから，豪雨になることもあるよ。

　冬は，ユーラシア大陸上の**シベリア気団**が優勢になるから，シベリア気団に伴う強烈な**シベリア高気圧**から吹き出す寒冷で乾燥した**北西季節風**が日本に吹きつけるんだ。本来，北西季節風は大陸から吹き出す**寒冷乾燥風**なんだけど，**日本海上で暖流の対馬海流から大量の水蒸気を供給され，雪雲が発生する**ため，**北陸，山陰**などの日本海側では多量の降雪に見舞われるんだ。でも，**太平洋側**には，雪を降らせた後の乾燥した季節風が吹き下ろすから，晴天の多い日が続くよ。**冬季は，日本海側と太平洋側で大きく降水量が違う**から注意しようね！

ポイント 日本の気候環境

❶ 日本列島は，**南北に細長い**形状で，北海道は**亜寒帯湿潤気候**
（Df），その他は大部分が**温暖湿潤気候（Cfa）**となり，気候的な地
域差が大きい。

❷ 四季が明瞭で，夏季には小笠原気団（太平洋高気圧）の影響で
熱帯並の暑さ，冬季にはシベリア気団（シベリア高気圧）の影響
で寒冷になるため，**気温の年較差が大きい**。

❸ 降水量の季節変化も大きく，**太平洋岸は夏季に，日本海岸は冬季**
に降水が多い。

系統
地理

大地形

小地形

地形図

気候要素と
気候因子

気候区分と
植生・土壌

陸水と海洋

自然災害と
防災

農業

林業・
水産業

エネルギー・
鉱産資源

工業

地域開発と
環境問題

人口

村落と都市

商業・
観光業

交通・通信

貿易と
資本の移動

国家・民族

3 日本の自然災害と防災への取り組み

そうかぁ，地形的にも気候的にも日本は変化に富む分，**自然災害が生じやすいところ**なんだなぁ。災害と一口で言ってもいろんな種類があるよね。

そうなんだよ！ 変化に富む自然環境は，たくさんの恵みも与えてくれるけど，さまざまな**自然災害**ももたらすんだ。まずは，地震による災害について学んでみよう！

地震は，世界中どこでも発生する可能性はあるよね。でもぜんぜん地震が起きないところもあれば，日本のようにこれでもかってくらい地震が発生するところもあるよ。**日本のようにプレート境界付近に位置している国・地域**では，地震などの**地殻変動**が生じやすいということを学んできたよね。プレートが動くことで，プレート境界やプレート内部にひずみがたまり，そのパワーが**地殻**を破壊するよ。そのとき岩石がずれる**断層運動**が起こり，岩石が破壊されたり，ずれたりする際の震動が地震なんだ。

地震にもいろいろなタイプがあるんじゃなかったかな？

よく知ってるなぁ。地理的見方や考え方が身についてきている証拠だ！（笑）

まずは，**海溝型地震**の話をしよう。**プレート境界**付近では，**海溝型地震**とよばれる**震源が深い**地震が発生するんだ。海底で生じるので，**津波**もしばしば発生するよ。2011年，日本海溝付近で発生した**東北地方太平洋沖地震**（**M9.0**）では，東北地方を中心に北海道から関東地方にかけて津波が到達し，壊滅的な被害をもたらした。これが，**東日本大震災**だ。**津波**は，震動によって大量の海水が陸地に押し寄せてくるので，「津波の高さは1m」であったとしても，10m近く遡上してきたり，海岸から数km離れていても到達することがあるので，できるだけ早く高台などの安全なところに避難しなければならないよ。

津波の恐ろしさはいろんな人たちから聞くけど，本当に危険な災害なんだね。人は手をこまねいてるしかないのかなぁ。

もちろん，国や地方自治体をはじめとして，防災，減災の努力は行われているよ。気象庁が発表する**津波警報**により，できるだけ早く安全な場所へ避難す

るように指示を出すことに加え，**防潮堤**（津波から陸地を守るためにつくられた堤防），**防波堤**（通常は波から，津波発生時には津波から港を守る堤防），**水門**（津波が河川をさかのぼるのを防ぐ）などの**津波防災施設**の建設に努めているんだ。

海溝型の地震はよく耳にするよ。でもほかにも違うタイプの地震があったような……。確か，**兵庫県南部地震**とか**四川大地震**とかは違った気がする。

そうだね，地震は，プレート境界だけじゃなくって，プレート内の**活断層**の動きでも発生するよ。陸側のプレート内で発生する地震のことを，**内陸直下型地震**と呼んでるから，聞いたことがあるんじゃないかな？海溝型地震に比べると，比較的震源が浅いことが多いので，**マグニチュード**（地震発生時のエネルギー）の割に，**震度**（実際の地表での揺れ）が大きく，被害が大きくなりやすいよ。君が言ったように，1995年，神戸市付近を中心に発生した**兵庫県南部地震**はこのタイプで，建物，高速道路の倒壊や**ライフライン**などを切断してしまうなどそうとう大きな被害だったんだ。これが，**阪神・淡路大震災**だ。

液状化についても教えて欲しいんだけど。

地震にともなう災害には，液状化も忘れてはならないよね。**液状化**とは，地震による震動で，**地盤が液体状になってしまう現象**だ。水を含んだ砂質の地盤が，まるで液体みたいになってしまうんだよ。すると，**地盤沈下**や変形によって**建築物が倒壊**したり，地下のマンホールや水道管などが浮き上がってしまうんだ。特に，**埋め立て地や三角州などは，地盤が軟弱なため液状化が起きやすい**ので，十分に注意しないとね。

入試でもときどき出題されている「**自然災害伝承碑**」ってなんだったっけ？　忘れてしまった……。

日本は，自然から多くの恵みを得てきたけど，有史以来なんどもなんども自然の猛威によって，考えられないくらいの被害やつらい思いをしてきたんだ。これを乗り越えてきた日本ってすごい国!!!　これまでの**自然災害による被害を日本中の人々が後世に渡って心にとどめておくため**，津波の高さなどを示す石碑などが日本各地に残されていて，**自然災害伝承碑**（🔖）と呼ばれ，国土地理院の地形図にも記されているよ。

大地形

小地形

地形図

気候要素と
気候因子

気候区分と
植生・土壌

陸水と海洋

自然災害と
防災

農業

林業・
水産業

エネルギー・
鉱産資源

工業

地域開発と
環境問題

人口

村落と都市

商業・
観光業

交通・通信

貿易と
資本の移動

国家・民族

図3 日本の主な震源と活断層の分布

表1 日本の主な地震災害

	地震の名称 （震災の名称）	年	M	死者・行方 不明者数		地震の名称 （震災の名称）	年	M	死者・行方 不明者数
プレート境界地震	関東地震 （関東大震災）	1923	7.9	約105,000	プレート内地震	北丹後地震	1927	7.3	2,925
	東南海地震	1944	7.9	1,251		三陸沖地震	1933	8.1	3,064
	南海地震	1946	8.0	1,443		三河地震	1945	6.8	2,306
	十勝沖地震	1952	8.2	33		福井地震	1948	7.1	1,769
	十勝沖地震	1968	7.9	52		新潟地震	1964	7.5	26
	宮城県沖地震	1978	7.4	28		北海道南西沖地震	1993	7.8	230
	東北地方 太平洋沖地震 （東日本大震災）	2011	9.0	22,252		兵庫県南部地震 （阪神・淡路大震災）	1995	7.3	6,437
						新潟県中越地震	2004	6.8	68
						岩手・宮城内陸地震	2008	7.2	23
						熊本地震	2016	7.3	273
						北海道胆振東部地震	2018	6.7	42

地震については，かなりくわしくなったので，次は**火山災害**について説明して欲しくなってきたなー。お願いしまーす！

よーし，わかった！　じゃあ，火山についてやってみよう！

　日本は，**世界でも有数の火山国**だ！活動が活発な火山，つまり**活火山**（かっかざん）とは，「概ね過去１万年以内に噴火した火山及び現在活発な奮気活動のある火山（火山噴火予知連絡会）」のことで，現在は１１１の活火山があるみたいだね。火山災害には十分な対策が必要だけど，火山の恵みには感謝しなくちゃいけないよ。

日本はインドネシアなどと並んで，世界有数の火山国だけど，火山の分布に規則性はあるのかなぁ？

　日本では，**東日本火山前線**沿い，**西日本火山前線**沿い，そしてフォッサマグナ周辺から**伊豆小笠原諸島**にかけてたくさんの火山が分布してるよ。**図２**の東日本火山前線と西日本火山前線を見てごらん。それぞれ**海溝にほぼ並行して火山が噴出している**のがわかるだろ？　それから，**火山前線から海溝側には火山が分布していない**ことにも注意しよう！　たとえば，西日本火山前線を例にとると，**紀伊半島や四国には活動が活発な火山がない**とかね。

　火山噴火には，さまざまな規模があるので，その規模によって被害の大きさが違ってくるよ。近年は，**噴火警報・予報**（気象庁が噴火災害軽減のために発表）の発令や**ハザードマップ**を利用した噴火に対する**避難訓練**などによって，なんとか火山と共存しようという努力を重ねているんだ。火山噴火の大小だけじゃなく，火山災害にもいろいろな種類があるので，次にまとめておくからよく読んでおいてね！

表２　火山災害の種類

火山灰	降灰による農地の被害や家屋の倒壊，火山灰の浮遊で太陽光が遮（さえぎ）られることによる**異常気象**。
溶岩流	高温の溶岩が流下し，建造物や農地を破壊。
火砕流（かさい）	高温のガスを含む火山噴出物が高速で流下し，周囲を焼き尽くす。発生から短時間で広範囲に被害が及ぶので，十分な警戒が必要。
火山泥流（でい）	山地に堆積した火山灰や火山岩などが，降雨によって土石流となって流下し，家屋や建造物を破壊。
山体崩壊	火山体の一部が大規模に崩壊し，山麓（さんろく）に向かって岩なだれ（岩屑（いわくず）なだれ）が発生。

大地形

小地形

地形図

気候要素と
気候因子

気候区分と
植生・土壌

陸水と海洋

**自然災害と
防災**

農業

林業・
水産業

エネルギー・
鉱産資源

工業

地域開発と
環境問題

人口

村落と都市

商業・
観光業

交通・通信

貿易と
資本の移動

国家・民族

図4 日本の主な火山

国土交通省関東地方整備局

地震などの自然災害に比べると，**気象災害**ってちょっとだけわかりにくいんだけど……。

　大丈夫！ 日本の気候の特色を学んだ君なら，きっちり理解できるはず。日本列島は，いつでも，どんなところでも**気象災害**に見舞われる可能性があるよ。

　冬季には，ユーラシア大陸で発達した**シベリア高気圧**から日本列島に向けて**北西季節風**が吹き出すと，日本海上で水蒸気を供給し，**雪雲**を発生させるので，**日本海側を中心に大量の雪**が降るんだったよね。この大雪は，**交通障害**，**落雪**，**家屋や送電塔の倒壊**，**雪崩**（なだれ）などを引き起こし，暴風雪になると雪によって視界が真っ白になって，周囲の状況が全くつかめなくなってしまう**ホワイトアウト**まで発生させるんだ。だから，**北海道**，**東北**，**北陸**，**山陰**などの多雪地域では，落雪の被害を防ぐため，家の軒（のき）を長くしたり，**地吹雪（じふぶき）よけの防雪柵（ぼうせつさく）**，**路肩（ろかた）を示す標識**（積雪により，どこまでが道路か分からなくなるのを防ぐ），**消雪パイプ**（路面へ地下水を散布し除雪，融雪）などさまざまな工夫を行って，被害の軽減に努力をしているんだよ。

　夏季だって，油断は禁物！ **温暖化**に伴う猛暑（もうしょ）と冷夏（れいか）だ！ 猛暑は，熱中症や野菜などの不作原因になるし，冷夏は一見過ごしやすそうだけど，米の凶作などを引き起こすこともあるしねえ。**冷夏**は，小笠原気団があまり発達せず，

オホーツク海気団が優勢なまま夏を迎えると生じることが多いね。こんな時は、**冷涼湿潤**なやませが日本列島に吹き込み、**東日本の太平洋岸では冷害**が発生し、農作物の生産に大打撃を与えてしまうこともあるんだよ。

梅雨期には、**梅雨**が長いのもうっとうしいし、でも**空梅雨（からつゆ）**だと、**水不足（渇水）**が起こったりするので、困るしね！

次は、**台風**にともなう気象災害の話をしよう。最近は、温暖化の影響もあって、台風などの熱帯低気圧の規模が拡大しているという話題もあるね。ほとんどの台風は、**夏から秋にかけて発生し**、特に**日本への接近数、上陸数は8〜9月に多い**のが特徴だ！　**台風の進行方向に対して右側**は、台風の渦に偏西風の力が加わるため、**風速がすごく速くなり暴風による被害**を受けやすくなるので注意が必要だよ。台風による自然災害としては、**高潮**がすごーく危険！高潮は、**気圧の低下による吸い上げと強風による海水の吹き寄せ**で、**海面が上昇する現象**で、陸地に大量の海水が浸入することによって、大規模な浸水被害をもたらすんだ（**図6**）。

> 台風や梅雨などによる**大雨**や**集中豪雨**は、河川などの**氾濫**を引き起こすよね。

河川の氾濫には、外水氾濫と内水氾濫があるんだけど、聞いたことあるかな？　**外水氾濫（がいすいはんらん）**とは、大雨や融雪によって、**大量の水が一気に河川に流れ込む**と、**越流（えつりゅう）**（河道から水があふれること）や**破堤（ていぼう）**（堤防が壊れ、水が堤内に流れ込むこと）が生じ、**河川の水が堤内地に流入する氾濫**のことだよ。**堤内地**とは、堤防で守られていて、住宅などが建設されている側の土地、つまり河川から見て、堤防の外側のことで、堤防から河川側のことを**堤外地（ていがいち）**というんだ。かなり紛らわしいので、「堤内は、住宅がある方」、「堤外は河川がある方」と考えよう！

河道が急に曲がるところ、川幅が急に狭くなるところ、河川の合流点などは越流や破堤を起こしやすいので注意が必要だね。大洪水が生じるのを防ぐために、**不連続堤（図5）**や**遊水池（ゆうすいち）**（河川からいったん水をあふれさせ、帯水させるための池）を設けて、洪水の被害を最小限に

図5　不連続堤のしくみ

通常時

洪水時

洪水後

系統地理

大地形

小地形

地形図

気候要素と
気候因子

気候区分と
植生・土壌

陸水と海洋

**自然災害と
防災**

農業

林業・
水産業

エネルギー・
鉱産資源

工業

地域開発と
環境問題

人口

村落と都市

商業・
観光業

交通・通信

貿易と
資本の移動

国家・民族

食い止める努力がなされてきたんだ。

次は、**内水氾濫**（ないすいはんらん）の説明をしようかな。内水氾濫は、住宅地などが立地している**堤内**（ていない）**に降った雨が、河川に排出されず、家屋などが浸水する氾濫**のことだ。**短時間の集中豪雨に排水が追いつかない場合**と河川水位が高くなりすぎて、河川に排出されない場合があるんだけど、どっちにしろ**低地ほど内水氾濫をおこしやすい**ということを忘れないでね。

図6　高潮発生のメカニズム

台風

強い風　　　　　低い気圧

強い風による
吹き寄せ

低い気圧による
吸い上げ

平常の潮位

最近は、都市型水害っていう用語をよく耳にするんだけど、これってどんな水害なの？

第二次世界大戦後、日本などの先進国ではどんどん都市化が進んだよね。道路は舗装され、ビルが建ち並ぶようになると、都市特有の災害に見舞われるようになったんだ。都市部では、地表のほとんどが**アスファルト**、**コンクリート**、高層ビルや戸建て住宅などの**建築物に覆われている**よね。すると降った雨は、地下に浸透しないで、あっという間に**排水路や小河川に流入**し、排水が追いつかない場合には、そこから**低地に流れ込んで内水氾濫**が起きてしまうんだ。さらに都市部には、**地下街**、**地下鉄**、**アンダーパス**（掘り下げ式の立体交差）など雨水が流れ込みやすいところがいっぱいあるから、危ない！！！

もちろん、ただ手をこまねいているわけではないよ！　都市型水害を防止したり、被害を軽減するため、**公園や運動場を洪水調整池**（もし想定外の大洪水が起きたら、いったん水をここに貯める）としたり、地下に大規模な空間を設ける**地下調整池**や**地下河川**の建設などもおこなわれているんだ。きっと君たちの居住地付近にも、いろいろな防災施設がつくられているはずだよ。調べてみるのもおもしろいかも。

自然災害のテーマのラストは、防災・減災と復旧・復興について説明しておこうね。**自助**（じじょ）・**共助**（きょうじょ）・**公助**（こうじょ）という用語を聞いたことがあるんじゃないかな。自らが対応し、自らが自分の身を守るのが「**自助**」、近隣の人々や共同体で助け合うのが「**共助**」、消防、警察、自衛隊などの公的支援が「**公助**」だ。

公助と呼ばれる国や地方公共団体の判断や支援はとっても強力だけど、公的

な機関自体が被災してしまった場合には全く機能しなくなることがあるので，**自助・共助**，つまり，自らが動き，家族，友人や隣人などの地域住民どうしの助け合いによる救助，避難誘導，避難所運営などを行うことも強い味方になるよ。そのためには，日頃から人間関係を構築したり，社会とつながりを持っていなくちゃね。自分が困ったときだけ助けてくれっていったってね。

 復旧と復興って，そっくりだからよくわからない……。

　君の気持ちはよーくわかるよ（笑）。**復旧**とは，電気，ガス，水道，道路などの**ライフラインを，被災前の機能に戻すこと**で，**復興**は，**被災者の生活再建，生活環境の向上，産業の振興，再び災害に見舞われた時の備えとして災害防御力の強化などを行うこと**なんだ。復旧と復興には，とにかく**多額の資金と多くの人的支援が必要**になるし，しかもかなり長い期間を要するから，話題になっているときだけ，注目するんじゃなくて，本当に復旧，復興していってるのかを見守っていく必要があるね。

津波　地震発生による海底の隆起・沈降により，周辺の**海水が局地的に上昇する現象**。**東北地方太平洋沖地震**では，40m 以上の高さまで遡上した地域がみられた。**リアス海岸**の湾奥（わんおう）では，海面が著しく上昇するため，極めて危険。

不連続堤と連続堤　**不連続堤**は，河川から水を徐々に流出させるため，**切れ目を入れた堤防**で，**霞堤**（かすみてい）ともよばれる。**連続堤**は，**切れ目がない堤防**で，常時氾濫を防ぐのに適しているが，想定外の増水による越流・破堤の際には河道から溢れ出た水が，長期間滞留するため被害が大きくなる。

大地形

小地形

地形図

気候要素と
気候因子

気候区分と
植生・土壌

陸水と海洋

自然災害と
防災

農業

林業・
水産業

エネルギー・
鉱産資源

工業

地域開発と
環境問題

人口

村落と都市

商業・
観光業

交通・通信

貿易と
資本の移動

国家・民族

❶ **地震**が発生すると，震動による家屋の倒壊や人命の損失だけでなく，**軟弱な埋め立て地や三角州などの沖積低地**では**液状化**による被害，沿岸部では**津波**による被害，山地や丘陵などでは**斜面崩壊**による土砂災害も生じるため，十分に注意が必要。

❷ **日本は，世界有数の火山国**で，**火山噴火**による災害も引き起こすが，**雄壮な火山地形や温泉**などの**観光資源**，**地熱発電**に利用される**地熱資源**，豊富な**地下水**などの**水資源**，**銅鉱**，**銀鉱**などの有用な**金属資源**などの恵みももたらす。

❸ 日本の四季は，世界に誇れる貴重な財産だが，四季折々に各地で**気象災害**が生じる。

❹ 国や地方公共団体が主導する**公助**だけでなく，近隣の住民や知人・友人との**共助**，自らが自らを守る**自助**もとても重要である。

チェック問題

標準 **4**分

1 自然災害の予測には，過去の絵図が参考になることがある。次の図は，ある地域の地形の概要と江戸時代の絵図であり，おおまかに同じ範囲を示している。この地域の地形と自然災害の要因となる自然現象との関係について述べた文として下線部が適当でないものを下の①〜④のうちから一つ選べ。

地形の概要

| | 低地 |
| 台地 |
| 砂州・砂丘 |
| 水域 |
— 主要道路

絵　図

『常陸国絵図』などにより作成。

図

① ナは台地なので，低地と比べて<u>地震の時に揺れが大きくなり</u>にくい。
② 二は水域を広く埋め立てた場所なので，<u>地震の時に液状化が起きやすい。</u>
③ かつて川だったヌは，<u>洪水の被害を受けやすい。</u>
④ 昔から陸地だったネは，<u>洪水の被害を受けにくい。</u>

2 自然災害の種類は，地域や季節によって大きく異なる。次の図は，日本における土砂災害*と雪崩による被害の発生状況を時期ごとに示したものであり，マ〜ムは，3〜5月，6〜8月，9〜11月のいずれかである。時期とマ〜ムとの正しい組合せを，後の①〜⑥の

うちから一つ選べ。
　*崖崩れ，地すべり，土石流。

該当する災害が1回以上発生した5kmメッシュの代表点の分布。
統計年次は2006～2009年。国土交通省の資料により作成。

図

	①	②	③	④	⑤	⑥
3～5月	マ	マ	ミ	ミ	ム	ム
6～8月	ミ	ム	マ	ム	マ	ミ
9～11月	ム	ミ	ム	マ	ミ	マ

1 ④ 地形と自然災害の要因となる自然現象との関係に関する問題である。

① 台地（ナ）は，**沖積低地に比べて，地盤が安定している**ので，地震の際の震動は大きくなりにくい。侵食平野や台地は，沖積低地（**氾濫原，三角州**など）に比べると，古い時代に形成されているため，長期間の圧縮で，構成物質間の間隙が小さくなり，水分も排出されているため，**地盤が強固である**ことが多い。したがって，下線部は正しい。

② 埋め立て地（ニ）は，三角州以上に**軟弱で多量の水分を含む**ため，地震の際には**液状化が生じやすい**。したがって，下線部は正しい。

③ 旧河道（ヌ）は，ほぼ現在の河川と同じ標高であるため，**洪水の被害を受けやすい**。したがって，下線部は正しい。

④ 低地（ネ）は，標高が低いため，当たり前だが**洪水の被害を受けやすい**。したがって，この文は明らかに誤り！

2 ⑤ 日本における土砂災害（崖崩れ，地すべり，土石流）と雪崩による被害の発生状況の時期（3〜5月，6〜8月，9〜11月）を判定させる問題である。土砂災害は，大雨，地震などによって生ずることが多いが，ここでは**季節変化**について問われているので，大雨について考える。また，雪崩については図中の12−2月に示されているように，**冬季に東日本の山岳地帯で最も多く発生している**ことが読み取れることに注意したい。すると，マは西日本における**土砂災害が多く**みられるため，**6〜8月**である。この時期は，梅雨前線の活動や台風の襲来によって，西日本では**集中豪雨や大雨に見舞われることが多い**。ミとムの判定は，雪崩による被害に注目する。ムでは，**東日本の各地で雪崩による被害**がみられるが，ミでは，**北海道以外みられない**。9〜11月では，北海道の一部を除いては積雪はあまりみられないが，**3〜5月ならば融雪期に当たり雪崩がしばしば起こる**。したがって，**ムが3〜5月，ミが9〜11月**と判定できる。

系統地理

大地形
小地形
地形図
気候要素と
気候因子
気候区分と
植生・土壌
陸水と海洋
自然災害と
防災
農業
林業・
水産業
エネルギー・
鉱産資源
工業
地域開発と
環境問題
人口
村落と都市
商業・
観光業
交通・通信
貿易と
資本の移動
国家・民族

9 農　業
農業の立地と農業地域区分

この項目のテーマ

1 農耕文化と農業の成立条件
農業が成立するための自然的条件と社会的条件を理解しよう！

2 農業地域区分
自然環境を考えれば，農業地域区分は簡単だ！

3 農作物
原産地，栽培条件，主産地に気をつけよう！

1 農耕文化と農業の成立条件

　人間は古くから狩猟・採集によって食料を手に入れてきたことは知ってるよね？　でも農耕を始めたのは最終氷期後の約1万年前からなんだ。東南アジアではタロイモやヤムイモなどの根菜類を栽培する根栽農耕文化が，西アフリカでは夏作の雑穀を栽培するサバナ農耕文化が，西アジアから地中海沿岸では冬作の小麦や大麦を栽培する地中海農耕文化が，中南アメリカではトウモロコシやジャガイモを栽培する新大陸農耕文化が生まれ，世界各地に伝播していったんだよ。

　そうかぁ，世界中で栽培されている多くの農作物も，長い時間をかけて，さまざまな経路をたどって伝わっていったんだね。
ところで，農業は他の産業以上に自然とのかかわりが深いよね。
どんな自然的条件に左右されるのかなぁ？

　農作物の栽培が可能かどうかを決定するのが自然的条件で，中でも特に気温は重要だね。
　農業を行うには最暖月平均気温が10℃以上は必要なんだ。ケッペンの気候区分でいくと，寒帯（E）では熱量不足で農業はできないということになるね。あとはそれぞれ農作物によって高温を好むもの（カカオ豆，天然ゴムなど）もあれば，低温に強いもの（テンサイ，ジャガイモなど）もあるから，農作物の栽培条件には注意しようね！

さらに降水量も重要になってくるよ。一般に，**年降水量250mm 未満では農牧業を営むのは難しくなる**よなぁ。だって250mm 未満ということは，植生がみられない**砂漠気候（BW）**だものね。**年降水量250～500mm はステップ気候（BS）**で，**短草草原（ステップ）**が生育しているということは，**家畜の牧草**があるということになるので，**牧畜**が行われるようになるね。**年降水量500mm 以上**の地域では**畑作が可能**になり，**年降水量1,000mm 以上**になると**水田稲作**ができるようになるんだ。気温，降水量ともに注意しよう！

 ということは，**ステップ気候（BS）**や**砂漠気候（BW）**地域では，農作物の栽培はできないと考えていいの？

うーん，確かに**降水だけに依存するのは難しい**よね。でもある方法を使えば，農業は可能になるよ。それは**灌漑**だよ！　**灌漑とは河川水，地下水などを人工的に給水して農地をうるおすこと**で，**乾燥地域では灌漑を行わないと農業はできない**んだ。たとえば**エジプト**などは国土の大部分が年降水量100mm 未満の**BW**なんだけど，米や小麦，綿花の栽培が可能なのは，**外来河川のナイル川**の水を**灌漑用水**として利用している

からだね。だから国土の大半が砂漠なのに**人口が1億人を超えている**んだ。

また，乾燥地域では**灌漑用水の蒸発を防ぐ**ため，**図1**のような自由地下水を利用した**地下水路**が古くから建設されてきたんだ。**イラン**では**カナート**，北アフリカでは

図1　地下水路

元井戸（母井戸）／水路工事用の穴／地下水路／地下水の出口／集落や耕地など／水路／基盤岩／帯水層／扇状地などの砂礫

フォガラ，アフガニスタンやパキスタンでは**カレーズ**，中国では**カンアルチン**と呼ばれているんだ。

気温と降水量は農業にとって最も重要な要案だけど，**地形や土壌**も忘れてはいけないよ。地形的には**平坦**なところが適しているけど，島国のように平地が少ない場合には**棚田**や**段々畑**のような**階段耕作**をしないとしかたがないよね。また，**⑥**の**❸**［**➡ p.122**］でやったように，**肥沃な土壌**は生産力が高いけど，**やせた土壌では生産力が低い**から，多くの**肥料**を施すことが必要となってくるんだ。必ず**土壌を復習**しておこう！

系統地理

大地形
小地形
地形図
気候要素と気候因子
気候区分と植生・土壌
陸水と海洋
自然災害と防災
農業
林業・水産業
エネルギー・鉱産資源
工業
地域開発と環境問題
人口
村落と都市
商業・観光業
交通・通信
貿易と資本の移動
国家・民族

表1　自然的条件のまとめ

気　温	最暖月平均気温10℃以上は必要。
降水量	牧畜は年降水量250mm以上，畑作は500mm以上，水田稲作は1,000mm以上が必要。250mm未満では農業は困難。
地　形	平地を好むが，傾斜地では階段耕作を実施。
土　壌	腐植に富むチェルノーゼム，プレーリー土などは農耕に適するが，生産力が低いラトソルやポドゾルは適さない。

 農業にとって**自然的条件**はすごく重要なんだねぇ！でも，経済の発展段階など**社会的条件**も関係あるんだよね？

　そのとおり！　社会的条件も重要だよ。工業や商業が発展し，大きな**市場**ができると，その市場に出荷するための農業が成立するようになるからね。また**交通網**が整備され，大量にそして迅速に輸送できるようになると，市場から離れていても農業の発達が可能になるしね。

　冷蔵・冷凍設備の発達も大きかったんだ。特に**19世紀後半の冷凍船の就航**が新大陸での牧畜を飛躍的に発展させたという話はかなり有名だよ。だってそれまでは，**オーストラリアやアルゼンチン**など南半球の国からヨーロッパへ，羊毛や牛皮，干し肉は輸送できても生肉はできなかったんだ（赤道付近を通過する際に腐ってしまうからだよ）。

　また，**資本や技術**があれば，**灌漑設備**の建設も可能になるし，**品種改良，肥料生産，農業機械**の開発もできるようになるよね。

表2　社会的条件のまとめ

市場・交通	市場や交通の発達
資本・技術	灌漑設備，土壌改良，品種改良，肥料・農薬・農業機械の開発，輸送技術（冷蔵・冷凍）
経営・土地制度	自作農と小作農，大土地所有制，土地改革

 自然的条件と**社会的条件**の違いによって，さまざまな農業が発達しているんだね。農業で「生産性」という語句が使われてるんだけど，これはどういう意味なの？

　「**土地生産性**」とか「**労働生産性**」ってやつだろ？　**農業の生産性とは，どれだけ効率よく農産物の生産ができるのかということ**なんだ［➡ p.161 表3］。

系統地理

大地形

小地形

地形図

気候要素と
気候因子

気候区分と
植生・土壌

降水と海洋

自然災害と
防災

農　業

林業・
水産業

エネルギー・
鉱産資源

工　業

地域開発と
環境問題

人　口

村落と都市

商業・
観光業

交通・通信

貿易と
資本の移動

国家・民族

　つまり，簡単に説明すると，**土地生産性は 1 ha 当たりの収穫量の大小**を，**労働生産性は農業従事者 1 人当たりの収穫量の大小**を意味しているんだね。土地生産性が高いということは，**狭い土地でたくさんの農作物が収穫できる**ということ，労働生産性が高いということは，**少ない人数でたくさんの農作物が収穫できる**って考えたらいいよ。

やっと**生産性**の意味がわかったよー！
じゃあ，どんなところが**生産性の高い地域**なのかな？

　一般に**生産性は先進地域で高く，発展途上地域で低い**傾向にあるね。土地生産性を高めるためには，多くの労働力を投下したり，灌漑設備を建設したり，化学肥料や農薬を使用したり，農業機械や品種改良による高収量品種の導入をする必要があるんだ。つまり**多くの労働力や資本を投下できる地域**では，**土地生産性が高い**ということになるよ。

　たとえば**日本**，**韓国**，**中国**など東アジア諸国は人口のわりに農地が狭いため，多くの労働力や資本を投下したから，**土地生産性が高い**んだ。

　だけど，新大陸の**アメリカ合衆国**や**オーストラリア**では農地が広大なため，**大型機械**を使用して**大規模な農業経営**を行っているんだ。ということは，資本の投下が大きく，労働力をあまり必要としないため，**労働生産性が高く**なるんだよ。

図 2　生産額でみる農業の特徴

縦軸は労働生産性，横軸は土地生産性を示す。

図 3　地域別の農業人口の割合

[2021 年，ILOSTAT ほか]

表 3　土地生産性と労働生産性

生産性	解　　説	要　　因	生産性が高い地域
土地生産性	単位面積(1 ha)当たりの収穫(生産)量	農地に対する労働力・資本の投下量大	東アジア・ヨーロッパ
労働生産性	労働者 1 人または 1 時間当たりの収穫(生産)量	大規模機械化	アメリカ・カナダ・オーストラリア・ヨーロッパ

👆 **灌漑**　作物栽培を行うために雨水の利用以外の方法によって**農地に水を供給す**ること。河川水，地下水，ため池などの水を利用し，水路を用いて水源から離れた農地に灌漑用水を導くこともある。水田稲作が盛んな**アジアは灌漑率が高い**。また**乾燥地域では灌漑を行わないと作物栽培が困難**である。

👆 **栽培限界**　作物栽培が可能な範囲の限界で，**寒冷限界，乾燥限界，高距限界**などがあるが，品種改良や栽培技術の進歩により栽培限界も変化する。

ポイント 農耕文化と農業の成立条件

❶ 農業の成立には，気温，降水量，地形，土壌などの自然的条件と市場，交通，資本，技術などの社会的条件が重要になる。

❷ 東アジア諸国（モンスーンアジア）では，農地に多くの労働力を投下するため，**土地生産性**が高い。

❸ アメリカ合衆国やカナダなど新大陸諸国では，農地に多くの資本（大型農業機械，高収量品種，化学肥料など）を投下するため，**労働生産性**が高い。

---

❷ 農業地域区分

世界の諸地域ではさまざまな形態の農業が発達しているんだ。このことを理解するために，**自給的農業，商業的農業，企業的農業**，そして社会主義国で行われていた**集団制農業**に区分して考えていこう！

では，まず**自給的農業**から始めようね。**農家が自家消費をするために古くから行われてきたタイプの農業**で，商工業が十分に発達していない**発展途上地域**で行われている場合が多いよ。

最初は，遊牧（ゆうぼく）の説明から入ろう。

遊牧は，最も伝統的なタイプの**牧畜**（ぼくちく）だね。砂漠（さばく）周辺の降水量が少ない**ステップ気候（BS）地域**や寒冷（かんれい）な**ツンドラ気候（ET）地域**では，**飼料など農作物の栽培（さいばい）が難しいため，自然の牧草や水を求めて家畜（かちく）とともに移動しながらテント式**など移動式の住居生活を営（いとな）んでいるんだ。特にユーラシア大陸では，現在でもかなりの遊牧民がいるよ。かれらは，**羊**（ひつじ），**山羊**（やぎ）を中心に，**ラクダ（中央・西アジア〜北アフリカ），馬（モンゴル），ヤク（チベット〜ヒマラヤ）**など地域の特性に合った家畜を飼育しているんだね。でも，最近は国境を越えた移動が難しくなったこともあって**定住化が進んでいるよ**。

次は，**オアシス農業**にいこう！

降水量が少ない砂漠では，草も生えず遊牧でさえ困難になるよね。このような**砂漠気候（BW）地域**でも，**外来河川の沿岸（えんがん）や山麓（さんろく）の湧水地（ゆうすい）**など局地的に水が得られる**オアシス**では，**灌漑（かんがい）によりオアシス農業が営まれているんだ。小麦，大麦，ナツメヤシ，綿花（めんか），ブドウ**などが栽培されているよ。また蒸発（じょうはつ）を防ぐため，古くから**地下水路**も建設されてきたんだね［➡ p.159 **図 1**］。

乾燥地域で灌漑をやりすぎると塩害（えんがい）が生じるって聞いたことがあるんだけど，塩害ってなんなの？

乾燥地域（かじょう）で過剰（どじょう）な灌漑を行うと，確かに**塩害（土壌の塩類化）**が生じやすいよ。乾燥地域の土壌（どじょう）には，塩分が多く含まれているから灌漑用水の散布によって，土壌中の塩分が溶（と）け出し，蒸発する際に**塩分が表層に集められて**，水分だけが蒸発してしまうんだよ［➡ p.164 **図 4**］。そうすると表層の土壌が**塩性土壌**になってしまい，**農耕が不可能になってしまう塩害**が生じてしまうんだ。

塩害を防ぐためには塩分を流し出すための排水路（はいすいろ）などを建設しなければなら

ず，資金や手間がかかるためな
かなか進んでいないんだ。

図4　土壌塩類化のしくみ

次は，熱帯地域で行われてい
る焼畑農業について説明しよう。
熱帯の発展途上地域では，森
林や草原を焼き払い，そこで得られる**草木灰**（カリウムや石灰分を含む）**を肥
料**として耕作を行う焼畑農業が行われているんだ。Af では**キャッサバ，ヤム
イモ，タロイモ，バナナ**などを，Aw では**モロコシ**などの**雑穀**を栽培するんだ
けど，すぐに地力が衰えてしまうため（もともと熱帯はラトソルのようにやせた土壌が多いからね），**移動して新たな土地で焼畑を行う**んだね。交通路の
発達などによって徐々に定住化も進んでいるよ。

 そんなに森林や草原を焼いてしまって，**環境破壊**につながらない
の？　心配だなぁ。

以前は，焼畑人口もそれほど多くなかったから，森林や草原が再生するまで
待って焼畑が行われていたんだ。ところが，近年は**人口の急増によって焼畑面
積が拡大**したり，周辺地域の開発によって森林が減少してしまったため，**焼畑
の周期を短縮**したりと，**自然の回復力の限界を超えた耕作**が行われ始めたんだ。
このことは環境破壊につながるため，各国は定着農業への転換を徐々に進めて
いるんだけどね。**伝統的な焼畑は環境に優しい**んだけど，過度な開発は地球を
痛めつけてしまうんだ。

続いて，アジアの伝統的農業の話をしようね。
アジアは**気温，降水量，土壌**などの自然条件に恵まれていたため，古くから
農業が発達していたんだ。その結果，多くの人を養えるようになり人口も増え
たため，多くの労働力を投下する**労働集約的農業**が発達していったんだね。
特に，**モンスーン**（季節風）の影響を受け，**夏の降水**に恵まれる**東アジア，
東南アジア，南アジア**では大河川の沖積平野を中心に**稲作農業**が行われてい
るよ（集約的稲作農業と呼ばれ，**年降水量1,000mm 以上**の地域を中心に分布）。
中国の**長江**流域，ベトナムの**メコン川**流域，タイの**チャオプラヤ川**流域，イン
ドやバングラデシュの**ガンジス川**流域なんかが代表的な稲作地域だね。
これに対し，中国の**東北・華北**やインドの内陸の**デカン高原**など，やや降水
量が少なかったり，水はけのよい台地などでは，**小麦，トウモロコシ，綿花**な

どの畑作地帯が広がっているんだ（集約的畑作農業と呼ばれ，**年降水量 1,000mm 未満**の地域に分布）。ただ集約的畑作農業は，集約的稲作農業地域に比べると干ばつの被害も受けやすく，収穫も不安定で生産性が低かったんだ。だから現在は灌漑（かんがい）の整備を進めているよ。

> アジアの農業経営って規模があんまり大きくないんだよね？

　農地面積のわりに農業人口が多いからね。**表4**を見てごらん！

　アジアの国々ってびっくりするくらい**経営規模が小さい**だろ？　つまり狭い農地にたくさんの人が働いているということなんだ。だからアメリカ合衆国やヨーロッパ諸国に比べ，1人当たりの収穫量である**労働生産性が低い**んだね。

　ただし，同じアジアでも**日本，韓国（かんこく），中国**など東アジア諸国では，**灌漑設備**が整備されていたり，多くの**肥料**が使用されるなど農地への資本も投下されているから，**土地生産性が非常に高い**んだよ。

表4　世界の農業経営規模

国・地域	農業従事者1人当たりの農地面積（ha）
インド	0.9
韓　国	1.1
インドネシア	1.6
日　本	2.0
中　国	2.9
アジア平均	2.9
アフリカ平均	5.0
オランダ	9.6
イタリア	14.3
フランス	44.3
イギリス	50.2
ヨーロッパ平均	25.5
アメリカ合衆国	150.6
オーストラリア	1011.2

※統計年次は2020年

図5　自給的農業の分布

＊アメリカ合衆国の地理学者，ダウエント・ホイットルセー（1890-1956）などによる農業地域区分。現在の日本の農業は自給的農業ではないが，当時は自給的農業に分類された。

表5　自給的農業のまとめ

農業形態	特　色	分　布
遊　牧	自然の牧草や水を求めて，家畜とともに移動する。	アジア，アフリカの乾燥地域（BS〜BW），北極海沿岸地域（ET）
オアシス農業	砂漠中のオアシスで，灌漑によって小麦，ナツメヤシなどの農作物を栽培する。	アジア，アフリカの乾燥地域（BW）
焼畑農業	森林や草原を焼き，草木灰を肥料にイモ類や雑穀を栽培する。	アジア，アフリカ，南米，オセアニアの熱帯地域（Af〜Aw）
アジアの伝統的農業	年降水量1,000mm以上では集約的稲作，1,000mm未満では集約的畑作を行う。労働集約的な農業。	モンスーン気候下のアジア（東アジア，東南アジア，南アジア）

ここからは，商業的農業の説明に入るよ！

　ヨーロッパでは，**商工業の発展とともに都市が発達**するようになると，農家から都市へ**農産物を販売**することを目的とした**商業的農業**が発達していったんだ。農家はそれぞれの地域に適した農作物を栽培するようになり，農業地域が分化していくことになったんだ。

> ヨーロッパの農業は混合農業から発展していったんだよね？　言葉は知ってるんだけど，いまひとつよくわかんない……。混合農業っていったいどんな農業なのかなあ？

　混合農業は中世ヨーロッパの三圃式農業〔➡ p.172〕から発展したもので，**小麦やライ麦**などの**食用穀物**とエン麦，大麦，**カブ**，**テンサイ**，牧草（**クローバー**）などの**飼料作物を輪作**し，牛や豚などの**家畜**を飼育する農業だ。

　重要なポイントは，ヨーロッパでは古くから**輪作**（同一耕作で，同じ作物を栽培せず，異なった種類の作物を栽培）と**休閑**が必要だったことだ。**フランスやドイツなど北西ヨーロッパ**は，温暖湿潤気候（Cfa）に比べて気温がやや低く，偏西風のために過ごしやすい気温で，降水量も少ないので，小麦などの穀物栽培には適した**西岸海洋性気候（Cfb）**なんだけど，小麦栽培などの**畑作は地力をすごく低下させる**ので，**輪作をすることによって地力の低下を防ぎ**，**休閑によって地力を回復させる**必要があったんだ（温暖湿潤気候で，夏は暑く，降水量の多い，主に東南アジアなどの水田稲作では**連作**〈同一耕地で，連続して同じ種類の作物を栽培〉も可能だったのに比べると，条件が厳しいよね）。

　そしてもっとたくさんの収穫を得るために，**休閑地を廃止して**，**飼料を栽培し**，**畜舎で家畜を飼育し**，**その排泄物を肥料として利用**したんだ。さらに家畜からは**肉や乳製品が得られる**ので一石二鳥だよ。当初は，穀物栽培を主

とする自給的混合農業だったけど，現在は**家畜飼育に重点が移り**，市場への商品供給主体の**商業的混合農業**が一般的になっていることに注意が必要だね。それから最近の傾向として，牛や豚などの**家畜飼育に専門化**する農家やトウモロコシ・大豆などの**飼料栽培に専門化**する農家が増加しているよ。

　混合農業から分化した農業の一つに酪農があるよ。酪農は**飼料作物**を栽培しながら，**乳牛**を飼育し，生乳やバター・チーズなどの**乳製品**を出荷する農業だよ。やや**冷涼な気候**で，**やせた土壌**が広がる地域（たとえば，**かつて大陸氷河に覆われていた北海〜バルト海沿岸や五大湖沿岸**，アルプスの山岳地帯など）に多いよ。ヨーロッパでもやや高緯度に位置する**デンマークやオランダ**で酪農が発達しているのもこういう背景があるからだとわかるよね？　また，生乳は腐りやすいから，消費量が多い**大都市周辺**にも立地しているんだ。

　園芸農業も酪農と同じように混合農業から発展していったんだ。**野菜，果実，花卉**を都市へ出荷するために成立したんだよ。新鮮な作物を供給するために，都市近郊で発達することが多いんだけど，都市近郊は地価が高いだろ？　だから狭い耕地に多くの資本を投下し，高い技術を駆使して，多くの利益を得ようとする**集約的農業**なんだ。

　現在は，**輸送機関**も発達しているので，都市から離れていても，**気候や土壌の特性を活かした栽培**（促成栽培，抑制栽培），**大規模な経営**も可能になっているよ。都市近郊に立地する近郊農業に対して，これを輸送園芸（トラックファーミング）と呼んでいるんだ。**園芸農業は比較的新しい農業なので**，肥料を購入できるから**家畜との結びつきがない**のも特徴だよね。

大地形

小地形

地形図

気候要素と気候因子

気候区分と植生・土壌

陸水と海洋

自然災害と防災

農　業

林業・水産業

エネルギー・鉱産資源

工　業

地域開発と環境問題

人　口

村落と都市

余暇・観光業

交通・通信

貿易と資本の移動

国家・民族

図6　商業的農業の分布

図7 ヨーロッパの農業の発達

表6 商業的農業のまとめ

農業形態	特　色	分　布
混合農業	小麦などの食用穀物と飼料作物を輪作しながら，牛，豚を飼育。	フランス，ドイツなど北西ヨーロッパ，アメリカ合衆国のコーンベルト，アルゼンチンのパンパ
酪　農	乳牛を飼育し，乳製品を出荷。	やや冷涼なやせ地（氷食）。北海・バルト海沿岸，五大湖沿岸，アルプス地方
園芸農業	野菜，果実，花卉を出荷。近郊農業と輸送園芸。	大都市近郊（アメリカンメガロポリス），オランダ
地中海式農業	耐乾性樹木作物栽培（オリーブなど），冬季には小麦栽培。羊・山羊を飼育。	地中海沿岸，アメリカ合衆国カリフォルニアなどCs地域

ヨーロッパにもいろんな農業形態があるんだねえ。でも地中海沿岸での農業ってまだやってないよね？

　地中海沿岸は，今まで説明してきたヨーロッパの農業地域（大部分がCfb）と違って，**夏に高温乾燥となる地中海性気候（Cs）** の分布地域だ。つまり夏に農業がやりにくい地域だよね。そこで，**冬の温暖湿潤な気候**を利用して，**小麦**を栽培し，家畜は乾燥に強い**羊**や**山羊**の飼育が行われてきたんだよ。夏には，穀物栽培が難しい（北西ヨーロッパ地域に比べるとかなり不利だよね）ので，灌漑設備を整えることによって**夏の高温と乾燥に耐えうるオリーブやコルクがし，オレンジ類などの樹木作物を栽培**し，市場に出荷するようになったんだ。これが**地中海式農業**だね。地中海式農業は，**灌漑が整備されていないと厳しい**ということを忘れないように！　最近は，**野菜**の栽培や**牛**，**豚**などの飼育も増えてるし，収益性が高い農業も行われてるよ。

地中海沿岸やアルプス地方では，移牧（いぼく）っていう家畜飼育の形態があるみたいなんだけど，どんなものなの？

　これは，受験生からの質問がとっても多い用語だね。特に移牧と遊牧を混同する人が多いみたいだから，きっちりと理解しよう！

　遊牧は，ゲル（モンゴル），パオ（中国）などと呼ばれるテント式の住居を使用し，自然の牧草を求めて移動するんだったよね？　移牧は定住しているんだけど，季節によって牧草の得やすい地域へ垂直的な移動をする場合が多いよ。スイスのアルプス地方の場合には，夏季には谷底の平野などで作物栽培を行い，家畜はアルプと呼ばれる高原の牧場で放牧をしているんだ（自然の草地もあるけど，大部分は古くから農家が家畜に適する牧草を植えてきた）。冬季には低地で舎飼（しゃが）いを行っているんだ。スペイン中央部のメセタの場合には，夏季には乾燥によって牧草が枯れてしまうので，やや海抜高度が高い高原上で放牧をし（気温が下がれば蒸発量（じょうはつ）が低下するので，土壌中に水分が残っている），冬季は低地に下ろすという移牧（ぼくちく）形態の牧畜が行われているんだよ。人間が上手に自然環境を利用している例だね。わかってくれたかな？

　ヨーロッパ起源の商業的農業はかなりボリュームもあってハードだったねぇ？　でも，ただ丸暗記するときついことでも，きちんと背景を理解して，いつも地理的な理論や考え方に立てば簡単になるよ！

図8　スイスの移牧

　じゃあ，次は，企業的農業の話をしようね。

　企業的農業は，商業的農業がいっそう発展し大規模になったもので，大きな資本と最新の技術が利用されているよ。もともとはヨーロッパ市場を背景に新大陸で成立したから，輸出指向が強いよ。現在は，世界の農産物の需給（じゅきゅう）に大きな影響力をもっているよ。

　企業的農業のうち，企業的穀物農業は，年降水量500mm前後の黒色土地（こくしょくど）帯で発達し，小麦などの穀物栽培をコンバインハーベスター（大型収穫機）などの大型機械を用いて，大規模に行っているんだ。映画やテレビに出てくる一

大地形

小地形

地形図

気候要素と
気候因子

気候区分と
植生・土壌

陸水と海洋

自然災害と
防災

農　業

林業・
水産業

エネルギー・
鉱産資源

工　業

地域開発と
環境問題

人　口

村落と都市

商業・
観光業

交通・通信

貿易と
資本の移動

国家・民族

図9　企業的農業の分布

表7　企業的農業のまとめ

農業形態	特　色	分　布
企業的穀物農業	大型の農業機械を用いて小麦の**大規模栽培**。	年降水量500mm前後の**黒色土地帯**。アメリカ合衆国〜カナダのプレーリー，アルゼンチンの湿潤パンパ東部，ウクライナ〜ロシアのチェルノーゼム地帯，オーストラリア南東部
企業的牧畜	大規模に肉牛や羊を放牧。	Aw，BS 地域。アメリカ合衆国のグレートプレーンズ，アルゼンチンの乾燥パンパ西部，オーストラリア，ニュージーランド
プランテーション農業	主として欧米など先進国向けに熱帯性作物を栽培。	**熱帯・亜熱帯地域の沿岸部**が多い。

面の小麦畑の風景，あれだよ。**アメリカ合衆国からカナダにかけてのプレーリー，アルゼンチンのパンパ東部，オーストラリアのマリーダーリング盆地**などで成立したよ。このタイプの農業は**労働生産性がとても高い**から，農作物の**国際競争力が強い**んだ（つまり販売する農作物の価格が安いということだね）。

　ただし，**大規模機械化農業**では，収穫後に広い農地が裸地となるため，雨水や風による**土壌侵食**や**土壌流出**が深刻で，**等高線耕作**［➡ p.172 ⛰］の利用や防風林の設置などによる防止策も実施されているよ。

アメリカ合衆国の小麦地帯やグレートプレーンズでは，センターピボットと呼ばれる大規模な灌漑が行われてるって聞いたんだけど，ほんと？

そうだね。アメリカ合衆国中西部から西部のやや降水量が少ない地域では，地下水をポンプで汲み上げ，360度回転するパイプから散水する**センターピボット**（center pivot）灌漑方式が行われているところがあるよ。

パイプの長さは半径数百メートルもあるんだからすごいよね。きれいな**円形**の農場ができあがるんだ。最近は灌漑のやりすぎで**地下水の枯渇**［➡ p.172 〓］や，**塩害**（土壌の塩類化）が問題になってるから注意しておいてね！

同じ新大陸で発達した農業でも**企業的牧畜**は，降水量が少ないなど**企業的穀物農業にはやや向かないステップ気候**（主として羊）や**サバナ気候**（主として牛）で発達したんだ。豊富な牧草を利用して，**牛や羊などの家畜を大牧場で大量飼育**しているんだよ。ただし，小麦と違って肉類の輸送には冷凍・冷蔵設備が必要だったから，**19世紀後半の冷凍船就航**以降，急速に発展したんだ。**アメリカ合衆国のグレートプレーンズ，アルゼンチンのパンパ西部，オーストラリアのグレートアーテジアン**（大鑽井）**盆地**などで発達しているよ。

企業的農業の最後は，プランテーション農業だ。**東南アジア，アフリカ，ラテンアメリカ**などの**熱帯・亜熱帯地域**では，先進国の資本・技術によって**プランテーションと呼ばれる大農園**が開発されてきたんだ。

プランテーションでは，**ヨーロッパ人が資本を投下し，現地人や移民の安い労働力**を利用して，主に欧米先進国向けの**熱帯性作物**を栽培したんだよ。

その地域の気候や土壌に適したものだけを栽培する**モノカルチャー**（単一耕作）形式で行われてきたことにも注意しておこうね［➡ p.172 〓］。

だから分布地域は，**熱帯でしかも沿岸部や島が多い**だろう？

それは**輸出**に便利なところが選ばれたからなんだ。現在は**多角化**が進むとともに，プランテーションの農地を**国有化**したり，**現地人の経営に移行**したりと**形態は変化**しているけど，先進国の市場の動向に左右されたり，流通分野に関してもまだまだ**先進国の影響力が大きい**んだ。

大地形

小地形

地形図

気候要素と気候因子

気候区分と植生・土壌

降水と海洋

自然災害と防災

農業

林業・水産業

エネルギー・鉱産資源

工業

地域開発と環境問題

人口

村落と都市

商業・観光業

交通・通信

貿易と資本の移動

国家・民族

かつてのソ連や中国では農場やその経営が国などの管理下に置かれる集団農業が行われていたんだよね。**集団制農業**っていうのは現在でも行われているのかなあ？

集団農業は，一部の国を除いてはもうほとんど行われていないよ。

ソ連では集団農場の**コルホーズ**や国営農場の**ソフホーズ**で，中国では**人民公社**［→ p.173 ］で行われていたけど，市場での自由な販売ができなかったため，生産意欲が低下し，衰退していったんだ。

中国では，**1980年代前半に人民公社が解体**し，現在は**生産責任制**［→ p.173 ］という戸別請負耕作制に移行しているよ。**生産責任制導入後は，農家の生産意欲が増大し，農業生産の伸びも著しいよ**（自由に生産し，販売できるから，みんなのやる気が満々になったということだね）。

 三圃式農業　中世ヨーロッパで行われていた農業で，地力低下を防ぐため，耕地を３分割して輪作をした。それぞれ**冬作物栽培，夏作物栽培，休閑地**とし，毎年これを交代させた。なお，**地中海沿岸地方**では，冬作物栽培と休閑地を組み合わせた**二圃式農業**が行われていた。

 放牧と舎飼い　家畜を飼育する際，牧場や牧草地で**放牧**する飼育法と畜舎で**舎飼い**する飼育法がある。放牧では**牧草**を，舎飼いでは**トウモロコシや大豆**などの**飼料**をエサとする。放牧では飼料コストの軽減，管理の省力化が可能になるが，舎飼いは飼料の量・質の管理が可能で土地生産性が高まる。

 等高線耕作　**土壌侵食**を防ぐため，**等高線に沿って耕作**をする。アメリカ合衆国で発達したが，大型機械の導入が難しいため，等高線耕作を放棄する地域も出ている。日本でも行われている棚田や段々畑などの階段耕作も等高線耕作の一種。

 オガララ帯水層　氷期に形成されたグレートプレーンズ付近の大規模な地下水層で，現在はほとんど涵養されないため**化石水**と呼ばれている。水資源量は豊富だが，近年の**過剰取水により地下水の枯渇**が懸念されている。

 階段耕作　山地で農業を行う場合，斜面を等高線に沿って階段状に耕作することがあり，これを階段耕作という。日本，インドネシア，フィリピン，中国の南部など**山がちな地域**では古くから行われており，特に水田の場合には**棚田**と呼んでいる。機械化が困難なため，日本では**高齢化・過疎化が深刻な中山間地域**で，**耕作放棄地の増加**などが問題となっている。

 モノカルチャー（単一耕作）　ある特定の作物を栽培する農業経営のことで，景

気の動向により価格変動を受けやすいため，経営の多角化が図られている。

🏭 **人民公社と生産責任制**　中国では1949年の中華人民共和国成立後，かつての地主制度は廃止され，農民は人民公社によって決められた農作業の一部を分担し報酬を得るという，**農業の集団化**が実施された。しかし，集団化に伴う弊害が生じたため（個人の収益にならないため増産意欲が減退したり，労働時間内の労働の質を問われないため不公平感が生じたりした），**1980年代に入ると人民公社は解体**され，かわって**生産責任制が導入**された。生産責任制とは，それぞれの農家が国家から耕地経営を任され，税金や農産物の拠出分を政府へ納めれば，残りは**自由に販売ができる**という制度である。**個人経営を認められた農家の生産意欲は増大し，中国の農業生産は著しく増加**した。

系統地理

大　地　形

小　地　形

地　形　図

気候要素と
気候因子

気候区分と
植生・土壌

陸水と海洋

自然災害と
防災

農　　業

林業・
水産業

エネルギー・
鉱産資源

工　　業

地域開発と
環境問題

人　　口

村落と都市

商業・
観光業

交通・通信

貿易と
資本の移動

国家・民族

ポイント　農業地域区分

❶　発展途上地域では**自給的農業**が，先進地域では**商業的農業**が行われている。

❷　アジアの伝統的農業は労働集約的で，特に，東アジアは**土地生産性**が高い。

❸　**北西ヨーロッパ（Cfb）**では**三圃式農業**から**混合農業，酪農，園芸農業**が，**地中海沿岸（Cs）**では**二圃式農業**から**地中海式農業**が発展した。

❹　**企業的穀物農業，企業的牧畜，プランテーション農業**などの企業的農業は，ヨーロッパ市場を目的として発達したため，輸出指向が強い。

「農業」って，地形と気候がわかってくるとおもしろいだろう？
おもしろくなったら，君たちに敵はないよ！

❸ 農 作 物

　世界の諸地域では，自然環境に適した**農作物**が栽培されているんだ。今まで一緒に勉強してきた**地形**や**気候・土壌**などの自然環境を思い出しながら，**農作物の特徴**をとらえていこうね。

　共通テストで特に注意してもらいたいのは，細かい順位や生産量を丸暗記することではなく，**農作物の原産地**（もともと自生していたところ），**栽培条件**（どのような地形，気候，土壌を好むか？），**主産地**（現在，どのような地域で主に栽培されているか？）をしっかり理解し，人々の生活の多様性を認識することだ！　最初に主食として最も重要な**米，小麦，トウモロコシ**の三大穀物について説明してみよう。

　まず，**表8**を見てごらん！

　米は，**中国南部からインドにかけてが原産地**で，夏の高温多雨（**年降水量1,000mm以上**）を好む作物なんだ。

　表8の生産上位国を見ると，**中国，インド，インドネシア，バングラデシュ**などアジアの人口大国が並んでいることに気づくよね。しかもアジア以外の国は**ブラジル**（日系移民の影響）と**アメリカ合衆国**，ナイジェリアしか表には載っていないね。

　このことから，**米はアジアでの生産量が多く**（世界の90%以上！），しかも**自給的**な性格が強いこともわかるよ（つまりたくさん食べる地域でたくさん作るということ）。表8（**米**），表9［➡ p.175］（**小麦**），

表8　米の上位生産国（モミ量）

国　名	生産量 （万トン）	輸出量 （万トン）
中　国	21,284	241
インド	19,543	2,104
バングラデシュ	5,695	…
インドネシア	5,442	…
ベトナム	4,385	464
タ　イ	3,358	607
ミャンマー	2,491	160
フィリピン	1,996	…
パキスタン	1,398	393
ブラジル	1,166	77
カンボジア	1,141	64
日　本	1,053	…
アメリカ合衆国	870	284
ナイジェリア	834	…
ネパール	562	…
世界計	78,729	5,066

※統計年次は2021年。
　単位未満（千トン以下）は四捨五入。
　…　極小。

表10［➡ p.176］（**トウモロコシ**）を比較してみると，トウモロコシはだいぶん多いけど，米と小麦はおもしろいことに**生産量**がほぼ一緒だよね（**8億トン弱**）。でも**輸出量**が全然違うだろ？　特に**米は小麦，トウモロコシと比べると輸出量がかなり少ない**よね。

　ほかには何がわかるかなぁ？　**インドは人口が多くても輸出余力がある**ということ，**インドネシアやバングラデシュは輸出余力がない**ことも読み取ることができるよ。さらに**タイやベトナムでは輸出用の稲作**も行われていて，**ナイジ**

ェリアはエジプトと並びアフリカ最大の生産国で，近年政府が米の生産に力を入れてきた結果，（NERICA [➡ p.181 📖]）生産量が増加していて，国内でもけっこう消費されているということがわかってしまうよ。本当にデータの読み取りはおもしろいよね（このことを本当に実感してほしいな）。

表9 小麦の上位生産国

国　名	生産量 （万トン）	輸出量 （万トン）
中　　国	13,695	…
インド	10,959	609
ロシア	7,606	2,737
アメリカ合衆国	4,479	2,401
フランス	3,656	1,609
ウクライナ	3,218	1,940
オーストラリア	3,192	2,557
パキスタン	2,746	…
カナダ	2,230	2,155
ドイツ	2,146	710
トルコ	1,765	…
アルゼンチン	1,764	949
イギリス	1,399	…
ポーランド	1,189	359
カザフスタン	1,181	382
世界計	77,088	19,814

※統計年次は2021年。
　単位未満（千トン以下）は四捨五入。
　…　極小。

図10 小麦カレンダー

国＼月	1	2	3	4	5	6	7	8	9	10	11	12
アルゼンチン	■										■	■
オーストラリア											■	■
インド			■	■								
メキシコ				■	■							
中　国					■	■						
日　本						■	■					
カ ナ ダ							■	■	■			
アメリカ						■	■	■				
ロ シ ア							■	■	■			
イギリス								■	■			
南ア共和国										■	■	

■ ＝収穫期

続いて**表9**を見てくれる？

　小麦は，**西アジアが原産地**で**年降水量500mm**前後の**黒色土**(こくしょくど)地域を好む穀物だよ。パンやパスタなどの麺類(めんるい)に加工され**主食**となってるよ。米に比べると生産地域に広がりがあるのが特徴的だね。統計資料を見ると，**中国**，**インド**が上位にくるのは，やはり米と同様に人口が多いためで（ともに人口が約14億人），**国内消費が多い**と考えられるよ。これに対して，**アメリカ合衆国**は，**生産量の2分の1以上を輸出**に回していることがわかるよね。これなんかは明らかに**輸出指向が強くて**，前項で説明した**企業的穀物農業地域**で大規模に栽培(さいばい)されていると考えられるよ。**ロシア**も人口が多くて（約1.45億人）市場経済へ転換後は，生産が伸びてるなあ。

　フランス（約6,700万人），**カナダ**（約3,800万人），**オーストラリア**（約2,600万人）も人口のわりに生産量が多いのは，輸出用としても小麦を栽培しているからなんだね。**表9**から，**小麦は米より広い範囲で栽培**され，多くの地域で主食として利用されているため，国際商品としての価値が高く，**輸出量が多い**ということも理解できるんだ。

大地形

小地形

地形図

気候要素と気候因子

気候区分と植生・土壌

降水と海洋

自然災害と防災

農　業

林業・水産業

エネルギー・鉱産資源

工　業

地域開発と環境問題

人　口

村落と都市

商業・観光業

交通・通信

貿易と資本の移動

国家・民族

小麦には冬小麦と春小麦があるよね？
どんなふうに違うのかなぁ？

　秋に種を播き，冬に発芽し，翌年の夏に収穫する［➡ p.175 図10］のが冬小麦で，冬に寒冷になる気候では成長できないから，**温暖な地域**で栽培されるんだ。**世界で栽培されている小麦の大部分は冬小麦**だよ。

　春小麦は，品種改良によって生まれた小麦で，**春に種を播くとすぐに発芽**し，秋に収穫する［図10］から，冬に低温になる**寒冷な地域**でも栽培が可能なのがわかるよね（冬になる前に収穫してしまえる）。たとえば，**表9**［➡ p.175］中の**インドやフランスは温暖なため冬小麦，カナダは寒冷なため春小麦，中国やアメリカ合衆国は高緯度の寒冷な地域では春小麦，低緯度の温暖な地域では冬小麦を栽培してる**んだよ。同様に寒冷な地域では**ライ麦（ドイツ，ポーランド，ロシア）**や**大麦（フランス，ドイツ，ウクライナ，ロシア）**も栽培されているよ。特に**大麦は，寒さに強いから最も高緯度でも栽培が可能な穀物**なんだ！

　トウモロコシは，**中南米が原産地（メキシコ高原付近）**の穀物で，温暖湿潤な気候を好むよ。表10からも温暖な気候の国が多いことがわかるね。古くから**先住民（インディオ）の主食**として利用されてきたんだ。

　米，小麦と違う点は，生産されたトウモロコシは，**飼料用，工業用**としての用途が多いことと，**アメリカ合衆国，ブラジル，アルゼンチンなど南北アメリカの世界総輸出量に占める割合がとても大きい**ことだ。

　かつては，アメリカ合衆国の生産量と輸出量が圧倒的に多かったんだ。**アメリカ合衆国の世界の畜産業に対する影響力がいかに大きいか**がわかるよね。近年は，**アルゼンチンやブラジルの輸出量が増加**していて，アメリカ合衆国と首位を競う年度もあるから，注意してね！

　最近，トウモロコシの生産が増加しているというのは，知っているよね？　米，小麦をはるかに上回る**約12億t**だ‼これはスゴイ‼

　理由の一つは，発展途上国の経済発展

表10　トウモロコシの上位生産国

国　名	生産量 （万トン）	輸出量 （万トン）
アメリカ合衆国	38,394	7,004
中　国	27,255	…
ブラジル	8,846	2,043
アルゼンチン	6,053	3,691
ウクライナ	4,211	2,454
インド	3,165	362
メキシコ	2,750	…
インドネシア	2,001	…
南アフリカ共和国	1,687	333
フランス	1,536	430
⋮	⋮	⋮
世界計	121,024	19,608

※統計年次は2021年。
　単位未満（千トン以下）は四捨五入。

に伴って**肉類消費量が増加**し，**飼料用トウモロコシの需要が急速に伸びてい**るからなんだ。

もう一つは，**温暖化対策**になるバイオエタノールなどのバイオ燃料の原料としての利用が拡大しているからなんだね。これも重要なポイントだよ。

表11　主な穀物

農作物名	原産地	特　　徴
米	モンスーンアジア	夏の高温多雨（**年降水量1,000mm以上**）を好む。**アジアが世界総生産量の90％以上を占める**。
小　麦	西アジア	**年降水量500mm前後**の**黒色土**を好む。熱帯を除き広範囲で栽培。温暖な地域では**冬小麦**，寒冷な地域では**春小麦**。
トウモロコシ	メキシコ高原	**年降水量1,000mm前後**の温暖気候を好む。先進地域では**飼料としての重要性が高い**が，発展途上地域では重要な食料となる。近年はバイオエタノールの原料としても重要。
ライ麦	西アジア	**耐寒性が強く，やせ地でも栽培が可**。黒パンやウイスキーの原料。
エン麦	西アジア	冷涼湿潤な気候を好む。飼料，オートミール。
大　麦	西アジア	小麦栽培が不可能な寒冷地域でも栽培が可能。**乾燥にも強く最も広範囲で栽培が可能な穀物**。飼料，ビールの原料。

大地形

小地形

地形図

気候要素と
気候因子

気候区分と
植生・土壌

陸水と海洋

自然災害と
防災

農　業

林業・
水産業

エネルギー・
鉱産資源

工　業

地域開発と
環境問題

人　口

村落と都市

商業・
観光業

交通・通信

貿易と
資本の移動

国家・民族

米や小麦，トウモロコシが主食として利用されていることはわかったけど，**アフリカやラテンアメリカ**の**熱帯地域ではイモ類が主食**になってるんだよね？

よく知ってるね。

確かに**熱帯雨林気候（Af）地域**などでは焼畑による**イモ類の栽培**が盛んで，**キャッサバ，ヤム・イモ，タロイモ**などが**主食**となっているんだ。

イモ類はやせた土壌でも栽培が可能で，栽培方法も簡単なところがいいね。でも穀物に比べると**重くて保存がしにくいことが欠点**かな。

図11　コーヒー豆，カカオ豆，茶の地域別生産量

じゃあ、次は**嗜好作物**（味覚や嗅覚などを楽しむための作物）として世界中の人々から愛されているコーヒー、カカオ、茶について説明しよう！

p.177の図11のA〜Cは**コーヒー豆、カカオ豆、茶の地域別生産量**を示したグラフだ。それぞれどの嗜好作物を示しているかわかるかな？

コーヒーは東アフリカが原産地で、Aw〜Cwのような高温多雨で**雨季・乾季が明瞭な気候**を好むんだ。しかも原産地の**エチオピア高原**のように水はけがよい高原が栽培適地になっているよ。

コーヒー

でも主産地はヨーロッパ人が移植したラテンアメリカで、**ブラジル（30.2%）**、**コロンビア（5.7%）**、**メキシコ（1.7%）**などが主要生産国になっていたんだけど、最近は、**ベトナム（18.6%）**や**インドネシア（7.7%）**などのアジア諸国もがんばってるなぁ（以後データは2021年）。

一方、チョコレートの原料となる**カカオは、熱帯アメリカ原産**で、Af〜Amのように**高温多雨で乾季がない低地**を好むんだね。

カカオ

カカオは、コーヒーと逆でアメリカ大陸が原産地なのに、主産地はアフリカの**ギニア湾岸低地のコートジボワール（39.4%）**、**ガーナ（14.7%）**、**カメルーン（5.2%）**、**ナイジェリア（5.0%）**などなんだ。

ねぇ、ここで**原産地と主産地の気候が似ている**ことに気づかない？　つまり主産地は原産地の気候特性をもっていて、しかもほかにも有利な条件（労働力が豊富であったり、輸送の便がよかったり、土壌が肥沃であったり）に恵まれたところと考えていいよ。

茶は中国南部からインドの北部が原産地で、**温暖多雨で排水良好な山麓、丘陵、台地**を好むんだよ（日本だったら静岡県の牧ノ原台地とか）。コーヒーやカカオと異なるのは、**原産地のアジアが主産地でもある**ということだね。**中国（48.8%）**、**インド（19.4%）**、**ケニア（8.3%）**、**トルコ（5.1%）**、**スリランカ（4.6%）**、

茶

ベトナム（3.8%）での生産が多いよ。イギリス人は茶が大好きだから、**旧イギリス領植民地**だった**インド、ケニア、スリランカ**に多くのプランテーションを開いたってことも重要だね。

つまり，**図11**［➡ p.177］のアジアでの生産量が多い**A**が茶，南アメリカの生産量が多い**B**がコーヒー豆，アフリカの生産量が多い**C**がカカオ豆の生産量だ。

共通テストでは**統計資料やグラフの読み取りは頻出**なので，できるだけ背景を考えながら学習すると，より効果的だよ！

表12　主な嗜好作物

農作物名	原産地	特　徴	主要生産国
コーヒー	エチオピア高原	成長期に高温多雨，収穫期に乾燥を必要とする。Aw～Cw の高原・高地を好む。ラテンアメリカでの生産量が多い。	ブラジル，ベトナム，コロンビア，インドネシア，インド，**エチオピア**
カカオ	熱帯アメリカ	年中高温多雨な Af～Am の低地を好む。ギニア湾岸などアフリカでの生産量が多い。	コートジボワール，ガーナ，インドネシア，ブラジル，カメルーン，ナイジェリア
茶	中国南部～インド・アッサム地方	温暖多雨で排水良好な高原，丘陵，台地を好む。アジアでの生産量が多い。ロシアとイギリスの輸入量が大きい。	中国，インド，ケニア，スリランカ，ベトナム，トルコ

農作物の統計資料もおもしろいんだねぇ。数値からいろいろなことがわかるのが不思議だけど（^^;)。ところで，「ヤシ」の仲間に油ヤシ，ココヤシ，ナツメヤシってあるよね？　出てくるたびに混乱してしまうんだよね！

これも受験生が多く質問にくる事柄だね。見た目での判断はなかなか難しいけど，栽培適地や用途には違いがあるよ。

油 ヤ シ

ココヤシ

ナツメヤシ

油ヤシとココヤシは熱帯の多雨地域を好むんだ。油ヤシから採取される**パーム油はインドネシア（59.0%）やマレーシア（25.2%）**，ココヤシから採取される**コプラはフィリピンやインドネシア**での生産が多いよ。両方とも**洗剤や食用**

油などの油脂原料として重要だよね。油ヤシからとれる油は**パーム油**，ココヤシからとれる油は**コプラ油（ヤシ油）**と呼ばれているんだ。

　ナツメヤシは高温乾燥に強く，**砂漠のオアシスなどで栽培されている**んだ。だから**西アジア（イラン，**サウジアラビア）や**北アフリカ（エジプト，**アルジェリア）の国々で生産が多いよ。用途はさまざまだけど，実は栄養価が高くて重要な食料となるんだ。

　もうこれで不安はなくなっただろう？　この他にもたくさんの重要な**農作物**や**家畜**を表13にまとめておいたから，それぞれの特徴をマスターしておいてね！

表13　その他の農作物と家畜

農作物名	原産地	特　徴	主要生産国
大　豆	東アジア	夏の高温を好む。油脂原料，飼料として重要。アメリカ合衆国の生産・輸出が極めて多かったが，近年はブラジルとアルゼンチンの輸出が急増。	ブラジル（36.3%），アメリカ合衆国（32.5%），アルゼンチン（12.4%），中国（東北地方），インド
サトウキビ	熱帯アジア	Aw〜Cwを好む。砂糖原料の大部分を占める。寒冷な地域ではてんさいが砂糖原料。	ブラジル（38.5%），インド（21.8%）の2か国で世界の約60%を生産。
綿　花	種類によって原産地が異なる	乾燥には強いが，寒さに弱い。綿工業の原料。	インド（25.3%），中国（24.4%），アメリカ（13.1%），ブラジル（11.4%），パキスタン（5.0%）
ジャガイモ	アンデス地方	冷涼な気候を好む。食料，飼料として利用。アジアとヨーロッパでの生産が多い。	中国（25.1%），インド（14.4%），ウクライナ（5.7%），アメリカ（4.9%），ロシア（4.9%）
天然ゴム	アマゾン地方	高温多雨のAfを好む。自動車産業の発展により需要が増大。	タイ（33.1%），インドネシア（22.3%），ベトナム（9.1%），マレーシア（3.3%）など東南アジアに集中。

家畜名	特　徴	飼育頭数上位国
羊	乾燥地域でも飼育が可能なため，旧大陸では遊牧，新大陸では企業的牧畜。かつては，オーストラリアの頭数が最大であったが，近年は中国とインドが増加。	中国（14.5%），インド（5.8%），オーストラリア（5.3%），ナイジェリア（3.8%），イラン（3.5%）
牛	肉牛は混合農業地域や企業的牧畜地域で，乳牛は酪農地域で飼育。牛肉の生産量は，アメリカ合衆国が最大。	ブラジル（14.7%），インド（12.6%），アメリカ（6.1%），エチオピア（4.3%），中国（3.9%）
豚	混合農業との結びつきが強い。北アフリカや西アジアなどイスラーム圏では宗教上の理由から飼育されていない。	中国（46.1%），アメリカ合衆国（7.6%），ブラジル（4.4%），スペイン，ロシア

※統計年次は2021年。

👆 NERICA　New Rice for Africa の略で，ネリカ米とも呼ばれる。**アフリカの食糧事情を改善するために開発された稲**の品種で，生産性が高いアジアイネと乾燥や病虫害に強いアフリカイネを交配させた。近年は，ナイジェリアなど**西アフリカ**を中心に普及している。

👆 **家畜と宗教**　ヒンドゥー教では，**牛は神聖**な家畜であると考えられているため，インドの牛の飼育頭数は多いが**食用とせず**，**乳製品を多く摂取**している。一方，**イスラーム（イスラム教）では豚を不浄**と考えるため，飼育せず豚肉も食べない。またインドのヒンドゥー教徒の中には，輪廻思想にもとづく不殺生主義を唱える人々もいて，**菜食主義者が多い**。キリスト教では，イスラーム教ほど厳格な**食物禁忌**はないが，キリストが十字架にかけられたとされる金曜日には，肉でなく魚を食べる人々もいる。

👆 **遺伝子組み換え作物**（GMO：Genetically Modified Organism）　バイオテクノロジーの発達で，除草剤への耐性を持つ作物，害虫に強い作物，高収量が可能な作物などの遺伝子組み換え作物が開発された。日本では，食の安全性や生態系への悪影響が心配され，**遺伝子組み換え作物か否かの表示が義務づけられている**。

> **ポイント** ▶ **農作物**
> ❶ **三大穀物（米，小麦，トウモロコシ）**のうち，米はアジアで大部分が生産・消費され，自給的な性格が強いが，**小麦，トウモロコシはアメリカ合衆国の輸出に占める割合が高い。**
> ❷ **コーヒーはアフリカ原産，カカオは中南アメリカ原産，茶はアジア原産の嗜好作物**である。
> ❸ アフリカ，南米の**熱帯地域ではイモ類も重要な主食**となっている。

チェック問題　　易 2分

１　小麦，米，トウモロコシ，大豆の世界全体の生産量と輸出量を調べた結果を，表にまとめて話し合った。そのとき用いられた次ページの図は，大豆の輸入上位5か国の輸入量とその世界全体に占める割合を示している。次ページの会話文中の空欄**ア**と**イ**に当てはまる語句の正しい組合せを，次ページの①〜④のうちから一つ選べ。

作物名	生産量	輸出量
小　麦	711,142	162,798
米	738,064	37,127
トウモロコシ	1,017,537	124,222
大　豆	278,093	106,169

統計年次は2013年。『世界国勢図会』により作成。(単位：千t)

太　郎　「生産量で一番多いのは，トウモロコシだね」

桜　子　「逆に，大豆の生産量が一番少ないね」

次　郎　「輸出量を見ると，小麦が一番多いことがわかるね」

桃　子　「米は輸出量が少ないだけでなく，生産量に占める輸出量の
　　　　割合も小さいから，（　ア　）に生産している国や地域が多
　　　　そう」

三　郎　「逆に，大豆は生産量が少ないにもかかわらず，生産量に占
　　　　める輸出量の割合が大きくなっているよ。図にみられるよ
　　　　うに，それは世界の大豆輸入における中国の輸入量が拡大
　　　　したことが，生産量に占める輸出量の割合を押し上げたみ
　　　　たいだね」

太　郎　「なぜ，中国の輸入量が急激に増加したのだろう？」

桜　子　「それは，中国では経済発展にともなって食生活が変化して，
　　　　（　イ　）の大豆の需要が急激に高まったからでしょうね」

中国は台湾を含む。『世界国勢図会』により作成。

	ア	イ
①	自 給 的	食 料 用
②	自 給 的	飼 料 用
③	商 業 的	食 料 用
④	商 業 的	飼 料 用

2 次の図は，いくつかの国における農地1ha当たりの農業生産額と農業人口1人当たりの農業生産額を示したものであり，①～④は，アメリカ合衆国，イギリス，オランダ，マレーシアのいずれかである。オランダに該当するものを，図中の①～④のうちから一つ選べ。

統計年次は2011年。FAOSTATにより作成。

3 次の表は，小麦の主要輸出国について，小麦の生産量，小麦の1ha当たり収量，国土面積に占める耕地の割合を示したものであり，A～Cは，アメリカ合衆国，フランス，ロシアのいずれかである。また，下の文ア～ウは，表中のA～Cのいずれかにおける小麦生産の特徴と背景について述べたものである。A～Cとア～ウとの組合せとして最も適当なものを，下の①～⑥のうちから一つ選べ。

	小麦の生産量 （百万トン）		小麦の1ha 当たり収量 （トン）	国土面積に 占める耕地 の割合（%）
	1997年	2021年		
A	67.5	44.8	2.98	17.5
B	44.3	76.1	2.72	7.5
C	33.8	36.6	6.93	34.6

統計年次は，小麦の1ha当たり収量が2021年，国土面積に占める耕地
の割合が2020年。FAOSTATにより作成。

ア　生産活動の自由化が進められ，大規模な農業企業が増加した。

イ　農村振興のために，補助金を支払う政策が推進された。

ウ　バイオ燃料や植物油の原料となる他の穀物との競合が生じた。

	①	②	③	④	⑤	⑥
A	ア	ア	イ	イ	ウ	ウ
B	イ	ウ	ア	ウ	ア	イ
C	ウ	イ	ウ	ア	イ	ア

解答・解説　　**1**　②　　小麦，米，トウモロコシ，大豆の生産量と輸出量の
データをもとにした会話文である。**表中で最も生産量が多いのは，トウモロコ
シ**である。**米と小麦の用途は，おもに主食**である。したがって，**人口増加率に
対応して生産量は漸増**している。これに対して，トウモロコシは飼料としての
需要が高く，続いて工業用（バイオエタノール，コーンスターチなどのデンプ
ン生産），食料の順となる。近年の新興国をはじめとする世界的な経済発展の影
響を受け，食肉需要が増加し，これをうけて**飼料の需要が増加**している。さら
に**温暖化対策**としての**カーボンニュートラル**（現存する植物を燃焼させて排出
された二酸化炭素は，植物の生長段階で二酸化炭素を吸収しているため，排出
されなかったものとみなす）の考え方から，**トウモロコシなどを原料とするバ
イオエタノールの需要も増加**している。

　このような背景から，トウモロコシの生産量が米，小麦より増加しているこ
とに注意したい。三大穀物と呼ばれる米，小麦，トウモロコシのうち，**輸出量
が最も少ないのが米，最も多いのが小麦**である。米は，**モンスーンアジアで90
％以上生産**され，大半がモンスーンアジアで消費される。したがって，（ア　自
給的）な性格が強い。一方，**小麦は米に比べて気候条件の制約が小さい**ことも
あって（でも，熱帯はキライだということは忘れないように！），世界中で栽培

され主食となっていることから，米に比べると**広範囲に流通しており**，輸出量も多い。**大豆**は，三大穀物に比べると生産量が少ない。近年は**油脂原料**や**飼料**としての需要が増加しており，特に経済発展が著しい**中国**では**大豆**の需要が急増し，不足分を大量に**ブラジル**などから輸入している。したがって，（**イ　飼料用**）が正解。

2　④　国ごとの**労働生産性**と**土地生産性**をデータから読み取る問題である。データの分析問題は実力差がつきやすいので，注意しよう。**図**中の縦軸で示されている**農業人口１人当たりの農業生産額**は，各国の労働生産性と考え，横軸の農地１ha当たりの農業生産額は土地生産性と考えればよい。**労働生産性は，資本や技術力に富む先進地域で高い**ことから，①②④が先進国のアメリカ合衆国，イギリス，オランダのいずれか，③は発展途上国の**マレーシア**である。**アメリカ合衆国**は，新大陸型の**大規模機械化農業**が行われているため，労働生産性が極めて高いことから①と判定する。②と④の判定はやや難しいが，イギリスやフランスはヨーロッパでも経営規模が大きいが，**オランダは国土面積が狭い**ため，より土地生産性を上げる必要に迫られ，さらに高付加価値な**花卉**や野菜などを栽培する園芸農業のような集約的農業が発達していることから，土地生産性が極めて高い④がオランダである。残る②が**イギリス**である。近年の試験では，農産物の生産量だけでなく，農業生産額を判定の指標として出題されることが増えている。大きな違いはないが，農業生産額だと小麦，米などの穀物より，**高付加価値な畜産物，花卉，野菜，果実などを生産している国の農業人口１人当たりにしても，農地１ha当たりにしても，その値が大きくなる**ことに注意しよう！

3　⑤　小麦の主要輸出国である**アメリカ合衆国，フランス，ロシア**について，**小麦の生産量，小麦の1ha当たり収量，国土面積に占める耕地の割合**を示し，それぞれの国の小麦生産の特徴と背景を問う問題である。従来のセンター試験では，統計資料から国名を判定させるものが多かったが，**共通テスト**では，国別の統計資料を示しながらも，**直接的には国名を問わず**，その資料から国名を類推させつつ，**特徴や背景を問う**出題が散見される。

まずは**表**の分析をする。表中の小麦生産量について，**小麦生産量**は中国，インド，ロシア，アメリカ合衆国，フランスなどが上位に来るため（2021年），最も生産量が多い**B**を**ロシア**と判定しても良いが，ここでは1997年と2021年を比較し，かつては３か国中生産が最大であったが，現在は生産量が減少傾向にあ

大 地 形

小 地 形

地 形 図

気候要素と
気候因子

気候区分と
植生・土壌

陸水と海洋

自然災害と
防災

農　　業

林業・
水産業

エネルギー・
鉱産資源

工　　業

地域開発と
環境問題

人　　口

村落と都市

商業・
観光業

交通・通信

貿易と
資本の移動

国家・民族

るAを**アメリカ合衆国**，近年生産が増加している B を**ロシア**，生産量があまり大きく変化していないCを**フランス**と判定する。**小麦の1ha当たり収量**は，**土地生産性**を示しているので，最も高い C はヨーロッパのフランスである。**東アジアとヨーロッパは，土地生産性が高い**ことに注意したい。**国土面積に占める耕地**（畑，水田，樹園地）の割合は，**平野と気温・降水量に恵まれる国・地域で高い**ため，最も高い C がフランス，最も低い B がロシア，残る A がアメリカ合衆国である。フランスは国土の大半が**安定地域**（安定陸塊，古期造山帯）の**構造平野**で**温帯**が広がるため，耕地率が高い。一方ロシアは，寒冷な Df，Dw，ET が国土の大半を占めるため耕地率が低い。

　小麦生産の特徴と背景については，**ア**「生産活動の自由化が進められ，大規模な農業企業が増加した」とあるため，**B（ロシア）**である。ロシアでは，**1991年のソ連解体**以降，かつての**コルホーズ**（集団農場），**ソフホーズ**（国営農場）**が株式会社**などに**法人化**され，大規模機械化された小麦生産が進行している。野菜，果実などは**ダーチャ**（都市郊外の家屋付き菜園地）などにおける個人農の生産が多いが，**穀物は大規模な農業企業での生産が多い**ことに注意したい。

　イ「農村振興のために，補助金を支払う政策が推進された」から，**C（フランス）**である。フランスを含む EU 諸国では，**共通農業政策**が実施され，**域内のおける農産物の自給**，農村地域の振興を目指している。**ウ**「バイオ燃料や植物油の原料となる他の穀物との競合が生じた」とあることから，**A（アメリカ合衆国）**である。アメリカ合衆国にとって，重要な小麦輸出先であったアジア，ヨーロッパからの**輸入が減少**（アジアでは，東南アジア，南アジアでの緑の革命の進行，中国での**生産責任制導入**，ヨーロッパでは共通農業政策の実施による生産拡大）したこと，新興国などの経済発展に伴う食肉消費の増加によって飼料としての**トウモロコシの需要が増加**したこと，地球温暖化対策としての**カーボンニュートラル**からトウモロコシを燃料とする**バイオエタノール**の需要が増加したことなどにより，小麦からトウモロコシの栽培へと傾斜したことが，近年の小麦生産量減少の一因になっている。

　農作物の原産地，栽培条件，主産地をノートにまとめておこう！　できれば部屋にでも貼っておこうね！

10 林業・水産業
持続可能な林業・水産業への取り組み

この項目のテーマ

❶ 森林資源と林業
森林の役割と林産資源としての重要性を理解しよう！

❷ 水産資源と水産業
水産業の成立条件と世界や日本の水産業の現況を把握しておこう！

❶ 森林資源と林業

図1　国土に占める森林面積の割合（2020年）

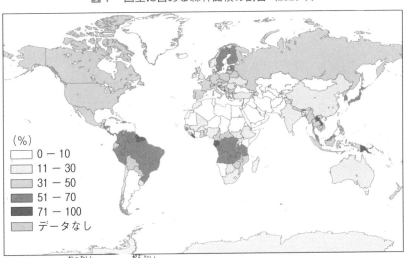

```
(%)
　　0 － 10
　　11 － 30
　　31 － 50
　　51 － 70
　　71 － 100
　　データなし
```

　森林はね，熱帯（**A**），温帯（**C**），亜寒帯（**D**）で形成されるということを気候の分野で学習したのを覚えてる？［➡ p.108］森林は世界のある限られた地域にだけ分布しているんだよ。森林は，**陸地の約30％を占めているけど，その95％は天然林で，植林による人工林の割合は少ないんだ。林産資源としては**もちろん，洪水の防止，水源涵養［➡ p.192 ］，土壌侵食の防止，防風林としての飛砂の防止，海への栄養分の供給，温暖化防止などに加えて**レクリエーションや休養の場**としても重要なんだよ。

大地形

小地形

地形図

気候要素と気候因子

気候区分と植生・土壌

陸水と海洋

自然災害と防災

農業

林業・水産業

エネルギー・鉱産資源

工業

地域開発と環境問題

人口

村落と都市

商業・観光業

交通・通信

貿易と資本の移動

国家・民族

森林と洪水って結びつかないよ！　どんな関係があるの？

ピンとこないかもしれないね。森林が少なくなると，**雨水が地中に長くとどまらず，いっぺんに川に流れ込むため洪水が起きやすくなる**んだ。ヒマラヤから流れるガンジス川やチベットから流れるブラマプトラ川の下流域の**バングラデシュやインドなどで洪水が頻発**しているのは，上流の森林伐採が進んだためだよ。

そうなんだぁ。人間の経済活動が思わぬ自然災害を引き起こすことにもなるんだね。**林産資源としてはどんなものに利用されているの？**

古くから人間は**薪を燃料として利用**してきたことは知ってるよね？　つまり薪炭材としての利用だ。ただし，現在は**発展途上地域**での利用が多いね。逆に工業が発達している**先進地域**では製紙・パルプ，合板，建築，家具など工業原料としての**用材**（産業用材）利用が多いんだ。

表1を分析してみよう！

まず，先進国と発展途上国で林産資源の用途に大きな違いがみられるだろう？　つまり**先進国のアメリカ合衆国，カナダ，スウェーデン，日本では用材として**の伐採が多いよね。ところが**発展途上**

表1　主な国の木材生産量

国　名	木材伐採高（千m³）	用　材（千m³）	薪炭材（千m³）	うち針葉樹の割合(%)
アメリカ合衆国	454,066	382,956	71,111	74.9
インド	349,576	49,517	300,059	4.3
中　国	335,969	180,237	155,732	27.0
ブラジル	266,288	142,989	123,299	16.9
ロシア	217,000	201,891	15,109	79.2
カナダ	142,452	141,068	1,384	81.5
インドネシア	125,453	88,576	36,878	―
エチオピア	118,575	2,935	115,640	6.8
コンゴ民主共和国	93,541	4,611	88,930	―
ドイツ	82,411	59,187	23,224	78.3
ナイジェリア	77,262	10,022	67,240	―
スウェーデン	74,400	69,000	5,400	87.7
日　本*	33,059	23,709	9,350	65.0
世界計	3,966,686	2,018,502	1,948,185	35.6

※＊は生産上位国ではない。統計年次は2021年。『世界国勢図会 2023/24』による。

国のインド，中国，ブラジル，エチオピアなどではかなりたくさんの薪炭材が伐採されているよ。それから**広葉樹と針葉樹**の割合にも注目しよう！　**高緯度に位置する冷温帯地域の国では，針葉樹の割合が大きく**なっているよ。

発展途上国は**熱帯地域**に位置する国が多いから，**広葉樹の割合が高い**のも当たり前だね。ただし，熱帯でも**インドネシアやマレーシアはラワン材**［➡ p.192 ］など有用材の伐採が盛んで，薪炭の利用が少ないので要注意だ！

あとは，国土面積（国土が広いと**森林面積も広い**ため，木材伐採量が多くなる），位置（**緯度が高いと針葉樹の割合が高くなる**）などを考えながら統計資料を読むと，国名を隠されていても判断できるよ！

系統地理

では，もう一つ森林に関する**表2**を分析しておこう！

まず世界における**森林面積**と**森林率は南アメリカとヨーロッパで大きい**ことがわかるね。南アメリカは**アマゾン川流域のセルバ**が，ヨーロッパには**ロシア**が含まれていて，針葉樹林の**タイガ**が広がっているため，この数値に表れているんだ。**アフリカとアジアの森林率**を見てごらん！　思ったより低くないかな？

アフリカというと，すぐに赤道直下の熱帯雨林を想像するから，もっと森林率が高いと感じる人が多いと思うけど，地図でアフリカを確認してごらん！　今の君たちなら一発で理解できるよ。

アフリカは赤道付近の東西幅が狭いので，熱帯の割合があまり高くないんだ（むしろ**緯度20〜30度の乾燥帯の幅が広い**）。

アジアは内陸の乾燥地域や山岳地帯（高い山は海抜高度が上がると，かなり低温になるから樹木がどんどん減っていって草地に変わる）も広く，さらに**平野部は伐採され，耕地化**されているところが多いよ。

表2　地域別森林面積

地 域	森林面積 （100万ha）	森林率 （％）
ヨーロッパ	1,017.5	43.4
南アメリカ	844.2	47.4
北中アメリカ	752.7	32.9
アフリカ	636.6	21.0
アジア	622.7	19.5
オセアニア	185.2	21.6
世界計	4,058.9	30.1

※『世界国勢図会 2023/24』による。統計年次は2020年。

図2　森林面積の推移

『データブック　オブ・ザ・ワールド 2024』による。

最後に**図2**の森林面積の推移を見てみよう。

今回の最重要ポイントだよ。**アフリカ，南アメリカの減少が大きく**，逆に**ヨーロッパ，アジアは増加**の傾向があるよね。これはどう考えればいいのかな？

大地形
小地形
地形図
気候要素と気候因子
気候区分と植生・土壌
陸水と海洋
自然災害と防災
農　業
林業・水産業
エネルギー・鉱産資源
工　業
地域開発と環境問題
人　口
村落と都市
商業・観光業
交通・通信
貿易と資本の移動
国家・民族

表3　世界の森林のまとめ

森林の種類	特　徴	主な木材・樹種
熱帯林	蓄積量が大きい。常緑広葉樹林の硬木が多い。多様な樹種。	ラワン材（合板） チーク材（家具・船舶材）
温帯林	低緯度では，常緑広葉樹林，高緯度では混合林や落葉広葉樹林。	常緑広葉樹（かし，しい） 落葉広葉樹（ぶな，なら） 針葉樹（すぎ，ひのき）
冷帯林	針葉樹林（タイガ）。加工しやすい軟木が多い。単一樹種からなる純林を形成。	針葉樹（とうひ，もみ，えぞまつ，からまつ）

　そうだね，**発展途上地域では減少している**けど，ヨーロッパのような**先進地域ではあまり減少していない**ということだよ！

　熱帯の発展途上地域では人口の急増によって，薪炭材を中心に過剰な伐採が行われているけれど，**ヨーロッパなどの先進地域では植林をしながら計画的に伐採しているため森林が増加している**んだ。

　植林には資本や技術の投下が必要で，特に**熱帯地域は森林の再生能力が低い**ため（もともとあまり土壌が肥沃でないうえに，激しい**スコール**によって土壌が流出したり，**ラテライト化**といって強い日射で土壌がレンガのように固化してしまうんだ），植林への努力は行われているけど，なかなか進んでいないよ。じゃあ，発展途上国が多いアジアはどうして増加しているのかな？　アジアはかつて，かなり森林の減少が著しかったんだけど，**中国の植林や東南アジア諸国の原木輸出規制**などの効果が表れているみたいだね。

　日本は国土面積の約70%が森林で，世界の国々の中でも**森林率が高い**らしいけど，ほかにはどんな国で森林率が高いの？　それからさぁ，日本はどうして森林率がそんなに高いのかなぁ？

　よーし，じゃあまず**森林率の大小**について，またまた君たちの大好きなデータを分析してみよう（・∀・）！　**表4**［➡ p.191］は，**森林率が50%以上の主な国々**だよ。

　コンゴ民主共和国，ブラジル，マレーシアはほぼ赤道直下にあって，熱帯雨林が広がる国々だね。**フィンランド，スウェーデンはヨーロッパでも高緯度に位置する**から，**針葉樹林のタイガ**が広がっているよ（寒冷で，森林を伐採しても農地に転用するのが難しいから，むしろ林産資源として活用しようとしたんだ）。

系統地理

大地形

小地形

地形図

気候要素と
気候因子

気候区分と
植生・土壌

陸水と海洋

自然災害と
防災

農　業

林業・
水産業

エネルギー・
鉱産資源

工　業

地域開発と
環境問題

人　口

村落と都市

商業・
観光業

交通・通信

貿易と
資本の移動

国家・民族

日本は熱帯雨林でもタイガでもないよね。ヨーロッパなど温帯の先進地域では，人口増加による**農地や宅地の拡大**で，森林伐採が進んでいる国が多いんだ。だけど**日本は国土の約60％が山地**（丘陵を除く）で，伐採しても農地や宅地に転用しにくかったので，多くの森林が残っているんだよ。

表4　国土面積に占める森林の割合が50％以上の主な国々

国　名	森林率（％）
フィンランド	66.2
日　本	66.0
コンゴ民主共和国	53.8
スウェーデン	52.9
ブラジル	58.3
マレーシア	57.9

※統計年次は 2020 年。
『世界国勢図会 2023/24』による。

日本は森林資源が豊富だから，自給率も高いのかな？

ところが，違うんだ。日本は，**世界的な木材の消費国**で，国産材だけではまかなえないんだよ。さらに**輸入木材が安価**であること，そしてその安い木材と対抗するためには国産材の価格も下げなければ競争にならないから，なかなか利益が出せないため林業じたいが低迷しているんだね（もちろん，ほかにも大部分が**山地林で伐採や搬出のコストが高いこと**，**高齢化による後継者不足が深刻なこと**，**零細な私有林が多いこと**，など多くの原因はあるんだけどね）。

日本の木材自給率は，1960年には約90％だったのに，現在は**40.7％**（2022年）に低下しているよ。でも，実は2010年には18.9％まで低下したんだけど，**その後はずっと上昇している**んだ。この理由は，戦後に植林された若木が**成木になって供給が可能**になったことに加えて，バイオマス発電所で使われる**燃料材の国内生産量の増加**や住宅用の建築に国産材の使用が増えているからだよ。

それから，戦後の**輸入相手先**はかなり移り変わりが激しいから注意してね。図3を見てくれるかな？

以前は，**アメリカ合衆国と東南アジア**（東南アジア・南アジアなどからの木材を総称して南洋材と呼ぶ）からの輸入割合が高かったよね。

ところが，現在は，東南アジアからの輸入割合がぐっと低下して，**先進国のカナダ，アメリカ合衆国**（以上，北米

図3　日本の木材輸入相手国の変化

	アメリカ合衆国	カナダ	旧ソ連／ロシア	東南アジア（マレーシア／インドネシア／フィリピン ほか）			その他
1970年 42,366（千m³）	24.2%	5.3	16.7	14.8	14.0	18.7	6.3
1980年 43,083	27.5	7.0	14.6	19.9	21.0	3.2	6.8
1990年 38,081	34.5	11.1	ロシア 13.5	28.9	1.2		10.8
2000年 43,290	17.1	21.3	23.5	9.8	8.0	1.7	18.6
2022年 5,479	18.2	22.8	10.3	11.6	10.8	4.5 3.5	11.8

インドネシア2.1　オーストリア　ドイツ2.2
スウェーデン　フィンランド　中国　チリ2.2

材）や北欧，ロシア（北洋材）からの輸入割合が増加する傾向にあるのはどうしてかな。

　当初日本が木材を大量に輸入していた**フィリピン**で熱帯林が著しく減少したため，原木の輸出規制（丸太のままでは輸出をせず，合板や家具などの加工品のみ輸出を認めること）を始めたからなんだ。**森林の保護と国内産業の育成を行い**，雇用を増やすことを目的としたんだ。

　さらに**インドネシア**も同様に規制を実施し，現在は**マレーシア**も実施し始めたため，**東南アジアの割合が急速に低下**していったんだね。これは，かなり重要なポイント！

　図3［➡ p.191］の2022年の輸入総量（左端の数値5,019（千m³））を見ればわかるように**近年輸入量が減少**しているのは，**円安や不況によって輸入木材需要が低下**していることや**国産材の供給が増加**しているのも背景にあるよ。

👉 **水源涵養**　降水を森林土壌がいったん貯留することによって，**地下水を形成**したり，河川へ流れ込む水の量を平準化させることによって**洪水を防止**する機能。

👉 **ラワン材**　ラワンはフタバガキ科の樹木の総称で，**東南アジア**などに分布する。一般に，熱帯の樹木は**硬木**が多く加工しにくいが，ラワン材は加工しやすく合板に適している。

表5　木材（丸太＋製材）の貿易

2021		万m³	%
輸出	ロシア	4,783	15.4
	カナダ	3,449	11.1
	ニュージーランド	2,478	7.9
	ドイツ	2,280	7.4
	チェコ	2,189	7.1
	世界計	31,016	100.0
輸入	中　国	9,582	32.2
	アメリカ合衆国	2,858	9.6
	オーストリア	1,314	4.4
	ベルギー	1,251	4.2
	ドイツ	1,202	4.0
	世界計	29,747	100.0

表6　日本の木材輸入先

2022	億円	%
カナダ	1,251	22.8
アメリカ合衆国	999	18.2
スウェーデン	637	11.6
フィンランド	591	10.8
ロシア	562	10.3
オーストリア	249	4.5
中　国	192	3.5
ドイツ	121	2.2
チ　リ	121	2.2
インドネシア	113	2.1
合計(その他共)	5,479	100.0

> **ポイント** ▶ **森林資源と林業**
>
> ❶　森林は，林産資源としてだけでなく，洪水防止など国土の保全に役立っている。
>
> ❷　木材の用途には，**薪炭材**と**用材**があり，前者は**発展途上国**で，後者は**先進国**での消費が多い。
>
> ❸　**日本の木材輸入相手国**は，アメリカ合衆国，カナダ，ロシアの割合が**増加**し，東南アジア諸国が**低下**している。

❷ 水産資源と水産業

　水産業が成立するためには，好漁場がないといけないことはわかるよね。では，好漁場の条件って何だろう？

　まず，**栄養分**（**栄養塩類**）➡植物性プランクトン➡動物性プランクトン➡**魚類**という**食物連鎖**を考えるといいよ。つまり植物性プランクトンが必要とする栄養分と，光合成をするための日光が両方ともあるところが好漁場になるんだ。栄養分は河川などが運搬してくることが多く，重いので海底に沈んでいくよね。その栄養分が上昇して，日光が届くところがいいんだ。そのためには**湧昇流**（中深層の海水が表層に上がってくる流れ）が生じたほうがいいから，**大陸棚上のバンク**（浅堆と呼ばれる浅い海底部分）や，**寒流と暖流が出合う潮目**（渦流が生じて下層の栄養分が上昇してくる）などが好漁場になるんだね。

系統地理

大地形

小地形

地形図

気候要素と
気候因子

気候区分と
植生・土壌

陸水と海洋

自然災害と
防災

農業

林業・
水産業

エネルギー・
鉱産資源

工業

地域開発と
環境問題

人口

村落と都市

商業・
観光業

交通・通信

貿易と
資本の移動

国家・民族

図4　世界の水域別漁獲量

表7　世界の主要漁場

漁　場	中心海域	立地条件	特　色
北西太平洋	オホーツク海，日本海，東シナ海	日本海流と千島海流	魚種も豊富で，世界最大の漁場
南東太平洋	ペルー～チリ沖	ペルー海流（湧昇流を発生）	アンチョビー漁
北東大西洋	北海周辺	北大西洋海流と東グリーンランド海流　ドッガーバンク	タラ・ニシン・サケ漁
北東太平洋	アラスカ～カナダの太平洋岸	カリフォルニア海流とアラスカ海流	サケ・マス・カニ漁
北西大西洋	ニューファンドランド島近海	メキシコ湾流とラブラドル海流　グランドバンク	タラ・ニシン漁

どんな国で水産業が発達しているの？

水産業の発達には**資本**と**技術**が必要だから，最初は先進国が漁獲量の上位を占めていたんだけど，現在は，発展途上国の経済発展や200海里の経済水域（EEZ）の設定などにより，**先進国では全般的に不振**で，**発展途上国の漁獲量が増えている**ね。中国，**インドネシア**，**インド**なんかががんばってるなあ。発展途上国では，漁獲量だけでなく，安価で豊富な労働力をいかした**養殖生産量**が増加していることにも注意しよう！

図5は**世界の漁獲量上位国の推移**を示したグラフだよ。**1990年代**から中国の伸びがすごいだろう？　今や，**世界最大の漁獲高**だもんね。日本などへの**輸出**が増加したことと，中国の経済発展によって食生活の水準が向上したので，**国内需要が増加**したからなんだ。

ペルーは浮き沈みが激しいね。かつてペルーではほとんど商業用の漁獲は行われていな

表8　主な国の漁獲量

国　名	漁獲量 （万トン）	％
中　国	1,314	14.2
インドネシア	721	7.8
ペルー	658	7.1
ロシア	517	5.6
インド	502	5.4
アメリカ合衆国	428	4.6
ベトナム	354	3.8
ノルウェー	256	2.8
バングラデシュ	198	2.1
フィリピン	184	2.0
⋮	⋮	⋮
世界計	9,234	100.0

※統計年次は2021年。

図5　主な国の漁獲量の推移

かったんだ。でも1960年代に世界的な飼料不足が起こり，**アンチョビー**（カタクチイワシ科）を**フィッシュミール**（魚粉）に加工して**飼料**や肥料として輸出を始めたから，**1960年代は漁獲量が世界最大**になったんだね。その後の落ち込みは，**乱獲**と**エルニーニョ現象**〔➡ p.135 ⬛〕による不漁が原因だよ。

 日本の水産業が低迷しているのは，やっぱり昔の人より，僕たちが魚を食べなくなったからなのかなぁ？

それは，違うね！　確かに，昔は魚，今は肉というイメージがあるかもしれ

ないけど，水産物といったって**マグロやタイのような魚だけではなく，エビ，カニ，イカなども**ぜーんぶ含まれるんだよ。逆に**水産物の消費量は1960年代より増加**し，以前より**多様化，高級化**しているんだ。

 では，なぜ日本の漁獲量は減少しているの？

図6を見てごらん！**日本の水産業は養殖を除いてすべて漁獲量が減少している**のがわかるよね？

特に**遠洋漁業**は，**1973年をピークに激減**しているのが見てとれるだろ？

これは，**石油危機による燃料費の高騰**と，このころに世界

図6　日本の漁業種別漁獲量の推移

各国が**200海里経済水域（EEZ）**を設定し始めたから，操業可能な漁場が縮小してしまったんだ。**1980年代後半**からは，**沖合漁業**も各種の国際的な規制，マイワシの不漁や国民の嗜好が高級魚に転換したこともあって低迷しているんだ。

消費量が増加しているのに，漁獲量が減少しているということは？　そう，**輸入量が増加**しているんだ。アメリカ合衆国，中国に次ぐ世界的な**輸入国**になっているよ。**輸入相手国はチリ，アメリカ合衆国，ロシア，中国，ノルウェー**などで，品目別では**東南・南アジア（ベトナム，インド，インドネシア）**などからの**エビ，チリ，ノルウェーからのサケ・マス，台湾，中国，韓国からのマグロの輸入が多い**ね。1970年代前半までは，水産物の自給率が100％だったのに，その後は急速に低下し，現在は**水産物の50％以上を輸入**しているんだ。

ポイント　水産資源と水産業

❶ 好漁場の条件には大陸棚上のバンクや潮目などが重要。
❷ 日本の水産業は衰退傾向にあり，水産物の輸入は世界最大級。
❸ 水産資源保護のため，水産養殖や栽培漁業が注目。

系統地理

大地形

小地形

地形図

気候要素と気候因子

気候区分と植生・土壌

降水と海洋

自然災害と防災

農業

林業・水産業

エネルギー・鉱産資源

工業

地域開発と環境問題

人口

村落と都市

商業・観光業

交通・通信

貿易と資本の移動

国家・民族

👆 **寒海魚と暖海魚**　比較的海水温が低い海域を好む寒海魚には，**サケ，マス，タラ，ニシン，サンマ**，海水温が高い海域を好む暖海魚には**イワシ，サバ，カツオ，マグロ**などがある。

👆 **捕鯨**　国際捕鯨委員会（IWC）の協定により，1988年から**商業捕鯨は禁止**されているが，先住民による伝統的な捕鯨（生存捕鯨）や**調査捕鯨は認められている**。日本は2018年に IWC を脱退し，**EEZ内での商業捕鯨を再開**した。

👆 **内水面漁業と水産養殖業**　漁業には，**海で操業する海面漁業と湖や河川で操業する内水面漁業**があり，**中国では内水面漁業が発達している**。また**水産養殖業**とは，**稚魚などを人工的に育て成魚として出荷すること**で，**栽培漁業**とは，**人工孵化させた稚魚を放流して再び成魚を漁獲すること**である。

👆 **サケ・マスの養殖**　国連海洋法会議で，サケ・マスなどの**遡河性魚類**（河川に戻り，産卵する魚）に対して「**母川国主義**」がとられるようになったため，公海上でも操業が困難になった。これをうけて，**チリ，ノルウェー**などでは穏やかな内湾である**フィヨルド**を利用した**サケ養殖業が発展**した。

チェック問題　標準 2分

次の図中の**ア**と**イ**は，2000年と2017年のいずれかについて，漁獲量*と養殖業生産量の合計の上位8か国を示したものであり，凡例**A**と**B**は，漁獲量と養殖業生産量のいずれかである。2017年の図と養殖業生産量の凡例との正しい組合せを，下の①〜④のうちから一つ選べ。

* 養殖業生産量を含まない。

中国の数値には台湾，ホンコン，マカオを含まない。FAOSTAT により作成。

	①	②	③	④
2017年 養殖業生産量	ア A	ア B	イ A	イ B

解答・解説　③　漁獲量と養殖業生産量の合計の上位8か国（2000年と2017年）の図形表現図から，2017年の図と養殖業生産量を判定させる問題である。まずは，図形表現図を判定する。アに比べてイは，中国，インドネシア，インドなど途上国での生産量が増加していることから，アが2000年，イが2017年である。水産業は，当初資本や技術に恵まれる先進国で発展し，漁獲高の上位国は先進国が占めていたが，近年は200海里排他的経済水域の設定などもあり，新興国を中心に発展途上国での生産量が増加している。2021年の漁獲量と養殖業生産量の合計の上位国は，中国，インドネシア，インド，ベトナム，ペルー，ロシア，アメリカ合衆国，バングラデシュ，ノルウェー，フィリピンである。近年は，海洋水産資源の枯渇に伴って，卵や稚魚から成魚までを人工的に飼育する養殖業が拡大を遂げ，漁獲量を上回るようになった。養殖業には，資本や技術が必要であるとともに，労働集約的な側面があり，豊富な低賃金労働力が得られる発展途上国での伸びが著しい。図からも読み取れるように，中国，インドネシア，インド，ベトナムなどの発展途上国で割合の高い A が養殖業生産量，日本やアメリカ合衆国などの先進国で割合が高い B が漁獲量である。

最近は，輸入木材で建てられた家も増えている。世の中の動きにも目を向けると，地理の学習に役立つぞ！

系統地理

大地形
小地形
地形図
気候要素と気候因子
気候区分と植生・土壌
陸水と海洋
自然災害と防災
農業
林業・水産業
エネルギー・鉱産資源
工業
地域開発と環境問題
人口
村落と都市
商業・観光業
交通・通信
貿易と資本の移動
国家・民族

11 エネルギー・鉱産資源
世界のエネルギー需要とエネルギー・資源問題

1 エネルギーの変遷と消費

　人類によるエネルギー利用の歴史は，人力，畜力，薪炭の利用，水車（水力）や風車（風力）の使用から始まったんだね。長い年月をかけてこれらのエネルギーを利用して，少しずつ生活を豊かにしていったんだろうなぁ。

　ところが，**18世紀後半にイギリスで産業革命**［➡ p.220👆］が起こり，石炭を使用する**蒸気機関**が発明されると，飛躍的にエネルギー消費が増え，**19世紀末には石油を使用した内燃機関や電力**をつくり出す発電機が登場することになるんだ。石油が石炭に代わって主役に躍り出るのは1960年代で，この時期に石油の消費量が急激に伸びるんだよ。この大変革のことを「**エネルギー革命**」と呼んでいるんだ。特に資源に乏しい日本などでは急速に石油へ移行することになるんだけど，1970年代に世界を驚嘆させた大事件があるよね？　そう，**石油危機（オイルショック**［➡ p.202👆］）だよ。

　1973年（第1次），1979年（第2次）の産油国による**原油価格の大幅な値上げ**は，**石油危機**と呼ばれる経済危機を招き，消費国はものすごく大きなダメージを受けたんだ。そこで，先進国を中心とする消費国側は，**原子力発電や天然ガス利用の拡大，石炭の見直し**など石油に代わるエネルギー（**石油代替エネルギー**）の開発や研究，エネルギー効率の改善による**省エネルギー政策**をとることになったんだね。そして現在は，できるだけ環境負荷が小さい**再生可能エネルギー**への転換が急がれていて，**カーボンニュートラル**［➡ p.202👆］とされる**バイオマスエネルギー**（木くず，作物のしぼりかす，トウモロコシやサトウ

キビから抽出したバイオエタノールなど）にも力を入れているんだ。また，**自然エネルギー**（**太陽光，太陽熱，地熱，風力，潮力**など）の実用化と低コスト化にも取り組んでいるよ。

1960年代のエネルギー革命で，石油が主役となったんだね。でもなぜ，1960年代にエネルギー革命が起こったのかなぁ？

先進国で，良質な**石炭**が枯渇し始めたことも背景の一つだよ（ただし，すべての地域で石炭が枯渇したわけじゃなく，現在でも，世界全体における**石炭埋蔵量は石油をはるかに上回っている**んだからね！）。

でももっと重要な理由は，**第二次世界大戦後**に西アジアやアフリカなどの発展途上地域で**大規模油田**の開発が続いたから供給量が増加し，さらに大型タンカーやパイプラインの利用によって輸送コストが低下し，原油を非常に安い価格で流通できるようになったからなんだ。それに石油のほうが石炭より**発熱量も大きい**し，**化学工業原料としても利用しやすい**なども一因だけどね。

まとめると，1960年代にエネルギー革命が起こった背景理由は，①多くの油田開発により，安価で安定した供給が可能になった。②パイプラインの敷設や大型タンカーの就航によって，輸送コストが低下した。③石油のほうが石炭より熱効率が高かった。④自動車など内燃機関が普及した。⑤化学工業原料として有用だった。

エネルギー革命がわかったところで，表1の**世界のエネルギー生産の推移**を見てみよう！

表1　世界のエネルギー生産の推移

エネルギーの種類	1960	1971	1980	1990	2000	2010	2020	
固体燃料	1,362	1,436	1,800	2,225	2,279	3,546	3,827	27.0%
液体燃料	901	2,552	3,173	3,241	3,703	4,077	4,234	29.8
ガス体燃料	408	903	1,240	1,688	2,060	2,715	3,353	23.6
バ イ オ*	－	617	741	905	1,024	1,286	1,345	9.5
電　　力**	59	137	347	747	961	1,127	1,430	10.1
計	2,730	5,644	7,302	8,809	10,029	12,808	14,189	100

単位は百万トン（石油換算）。＊バイオ燃料・廃棄物など。＊＊水力，原子力，地熱，太陽光，潮力，波力，風力など。

この統計資料（データ）からどんなことがわかるかなぁ？　データを読むときは，まず指標や項目をしっかり見ることが大切だよ！

固体燃料は石炭，液体燃料は石油，ガス体燃料は天然ガスと考えていいよ。そしてこの場合の**電力**は火力発電（石炭，石油，天然ガスを燃焼させて発電する）を除く電力，つまり**水力発電**や**原子力発電**などと考えよう！　それから，

小地形
地形図
気候要素と気候因子
気候区分と植生・土壌
陸水と海洋
自然災害と防災
農業
林業・水産業
エネルギー・鉱産資源
工業
地域開発と環境問題
人口
村落と都市
商業・観光業
交通・通信
貿易と資本の移動
国家・民族

推移を見る場合は，いつごろからいつごろまでの統計資料なのかを確認することが大切だよ。**表1**の**1960年はエネルギー革命が進行しつつあるころ**だね。じゃあ，分析に入ろう！

世界のエネルギー生産（生産と消費はほぼ同じ量なので**消費**と考えていいよ）は，1960年から2020年までの約60年間で，**5倍以上**になっていることが読みとれるよ。すごいね！　それだけ経済活動が活発になっているんだ。今度は1960年と1970年のデータを比較しよう。

エネルギー革命の進行が目に見えてわかるよね。**石炭と石油の生産量が逆転**してるし，石油の伸びがとにかくすごい！

次は**石炭の推移**を追ってみよう！　石炭もほぼ一貫して生産が伸びているよ。これはとっても重要なポイントだ。**石油**の生産や消費が増加しているということはだれでもわかってるんだけど，エネルギー革命後，石炭は減少していると思ってる人が意外にいるね。

でも違うんだ！　**石炭は今でも重要なエネルギー源**（特に**火力発電**）だし，石油危機後は石炭の**効率的な活用が見直されている**よ（⑫**工業**の ❷ ［➡ p.221 ～］でやるけど，**鉄鋼業**にとっても，重要な原料なんだ）。

次は，1980年と1990年の**電力**を比較してみよう！

家電製品の普及や，**原子力発電**などの積極的な利用が図られるようになったため，急増していることがわかるね。環境負荷が小さい**天然ガスの伸びが大きい**のもポイントだ。このへんでやめとくけど（＾o＾），とにかく統計資料から得られるものは大きいよ。

> 最近，地理がおもしろくって（＾o＾）。**統計資料を読む**のも世界が広がって楽しいよ。
> 話を戻すけど，**エネルギー消費**はやっぱり経済活動が活発な**先進地域**で多いんだよね？

そうだね。**先進地域**では，商工業などの産業や人々の生活に大量のエネルギーを消費しているからね。**表2**［➡ p.201］の統計を見てみよう！

エネルギー消費量が多い国には，日本などの**先進国**が入っているね。ただし，生活水準が高い北欧の国などが入っていないのは，人口が少ないので，産業や生活で使用するエネルギーの総量が少ないからなんだよ。だから上位にくるのは**経済活動が活発な先進国で，しかも人口規模が大きい国**だね！

でも，**中国，インド**が気にかかるよなぁ。中国とインドは**発展途上地域**なんだけど，人口がそれぞれ14億人以上でとても多いので，エネルギー消費量は大

きくなってしまう
んだよ。

次に，表2で，
1人当たりエネル
ギー消費量をチェ
ックしてみよう！

今度は，**カナダ
とアメリカ合衆国**
が群を抜いて大き
な数値だなぁ。逆
に**中国**や**インド**は
一気に小さくなる
よね。つまり**発展**

**表2　主要国のエネルギー消費量と1人当たりの
エネルギー消費量（石油換算）**

国　名	1次エネルギー 消費量(百万トン)	1人当たりエネルギー 消費量（トン）	1人当たり GNI（ドル）
中　国	3,463	2.41	11,930
アメリカ合衆国	2,090	6.31	70,900
イ ン ド	761	0.55	2,150
ロ シ ア	674	4.62	11,820
日　本	405	3.20	43,450
カ ナ ダ	324	8.58	48,720
ド イ ツ	288	3.44	51,660
韓　国	281	5.48	35,110
ブ ラ ジ ル	286	1.35	7,900
イ ラ ン	286	3.40	3,530

※統計年次は2018年。BP統計「Statistical Review of the World 2021」などによる。
千万トンで四捨五入。1人当たりGNIは2021年。

途上国は1人当たりのエネルギー消費量が少なく，先進国では多くなるということがわかったね。

カナダとアメリカ合衆国がドイツや日本よりはるかに数値が大きいのは，国土面積が広くて，人やモノの輸送距離が長いし，エネルギー資源も豊富にあるためついつい使ってしまうからだ（時間がいっぱいあればむだ遣いしてしまうし，財布にお金が入っていると使ってしまうのと同じだねぇ）。これで，エネルギー消費の各国別特徴がわかったね？

もう一つ，国別の**エネルギー消費割合**を考えてみよう！
[図1]

これは**エネルギー資源を生産できるかどうか**が大きなポイントになるけど，**先進国は石油への依存度が高い**傾向にあるよ。

図1　国別1次エネルギー消費割合

＊水力，地熱，薪炭，廃棄物，バイオ燃料などを含む。
※統計年次は2020年。BP統計による。

系統地理

大地形

小地形

地形図

気候要素と
気候因子

気候区分と
植生・土壌

陸水と海洋

自然災害と
防災

農　業

林業・
水産業

**エネルギー・
鉱産資源**

工　業

地域開発と
環境問題

人　口

村落と都市

商業・
観光業

交通・通信

貿易と
資本の移動

国家・民族

一般に，石油がたくさん採れる国は石油を使うし，**石炭が採れる国**（**中国，インド，ポーランド，南アフリカ共和国**）は石炭を，**天然ガスが採れる国**（**ロシア，オランダ，イギリス**）は天然ガスを使うんだ。

　だけど石油は偏在性が大きく（**中東に埋蔵量の約50%**），どこにでもあるわけではないから，産油国から輸入しなければならないよね。輸入するには外貨が必要になるので，資金力が豊富な**先進国**（特に資源が乏しい**日本や韓国**）などで石油の消費割合が高くなるんだ。

　ちょっとおもしろいのは，**フランス**だね。石油，石炭，天然ガスのどれよりも**原子力発電による電力消費の割合が高い**んだ。フランスは化石燃料に乏しいことや旧フランス領でウランが産出されたことなどから**原子力発電を積極的に進めた**んだね。このように，エネルギー消費一つとっても国ごとにいろいろな事情があるんだよ。

石油危機（オイルショック）　産油国が行った**原油価格の大幅値上げ**による経済危機のことで，1973年の**第1次石油危機**（**第4次中東戦争**が契機），1979年の**第2次石油危機**（**イラン革命**の影響）は，石油消費国には大きな経済的ダメージを与え，石油輸出国には多額の**石油収入**（**オイルマネー**）をもたらした。

カーボンニュートラル　農作物などの植物は生長過程で大気中のCO_2を吸収するため，その植物を燃焼させたり，**植物から抽出した燃料を燃焼させた際にCO_2を排出しても大気中のCO_2総量に影響を与えない**とされる考え方のことである。

> ## ポイント▶ エネルギーの変遷と消費
>
> ❶　**産業革命後，石炭がエネルギー消費の中心**になるが，1960年代にエネルギー革命が進行し，**石油がエネルギー消費の中心**となる。
> ❷　**1970年代の石油危機後，代替エネルギーの開発**と**省エネルギー化**が進展した。
> ❸　**1人当たりのエネルギー消費は，先進国で多く，発展途上国で少ない。**

細かい知識をがむしゃらに詰め込むのではなくて，地理的な観察力と思考力を駆使して，データを分析しよう！必ず読めるようになるからね！

❷　エネルギー資源と分布

> エネルギーの話はいままであんまり好きじゃなかったけど，かなりおもしろい！　まだまだ知りたいことがたくさんあるので聞いていいかな？　石炭，石油，天然ガスはどんな国で産出するの？

　石炭，石油，天然ガスは化石燃料と呼ばれ，古い地質時代に動植物が化石化して形成されたんだ。石炭は，大昔の陸生植物が炭化してできたもので，**古期造山帯**に良質な炭田が分布多く分布しているけど，**偏在性が低い**から（新期造山帯にだって分布），一般に面積が大きい国では産出量が多くなるね。

　表3の**石炭生産**の統計資料を見てみよう！　生産順位の丸暗記をする必要がないことは前にも言ったね。ただ，**中国だけで世界の半分以上を生産**するので注意しておこう！

表3　主要な石炭生産国

国　　名	生産量 （百万トン）	割合 （%）
中　　国	4,560	51.8
インド	911	10.3
インドネシア	687	7.8
アメリカ合衆国	539	6.1
オーストラリア	443	5.0
ロシア	439	4.9
南アフリカ共和国	226	2.6
カザフスタン	118	1.3
ポーランド	107	1.2
コロンビア	58	0.7
⋮	⋮	⋮
世界計	8,803	100.0

※統計年次は2022年。『世界国勢図会 2023/24』
　による。

表4　主要な石炭輸出国

国　　名	輸出量 （百万トン）	割合 （%）
インドネシア	359	29.6
オーストラリア	358	29.5
ロシア	187	15.4
コロンビア	69	5.7
南アフリカ共和国	59	4.9
⋮	⋮	⋮
世界計	1,211	100.0

※統計年次は2020年。『世界国勢図会 2023/24』
　による。

　石炭生産上位国について説明をしておこう。

　中国は世界最大の石炭生産国で，なんと世界の石炭生産量の50%以上を生産していて，エネルギー消費の60%近くを石炭に依存しているよ。だから**石炭の輸入も世界最大**なんだ。

　アメリカ合衆国は，東部に古期造山帯の**アパラチア炭田**があって，**良質の石炭が生産される**んだ。アメリカ合衆国は資源が豊富なんだけど，国内消費が多いからどの資源も輸出余力はあまり大きくないよ。

大地形

小地形

地形図

気候要素と
気候因子

気候区分と
植生・土壌

陸水と海洋

自然災害と
防災

農　　業

林業・
水産業

エネルギー・
鉱産資源

工　　業

地域開発と
環境問題

人　　口

村落と都市

商業・
観光業

交通・通信

貿易と
資本の移動

国家・民族

オーストラリアは東部に古期造山帯のグレートディヴァイディング山脈が連なり，山麓（さんろく）には大きな炭田が多数あるよ。国内消費が少ないので（人口が少ないからね），表4［➡ p.203］のようにインドネシアと並ぶ**世界最大級の石炭輸出国**だ。

石炭の輸出といえば，これまでず〜っと「オーストラリア」がダントツだったけど，近年は**インドネシア**で産出する**火力発電用の安価な石炭**が人気で，2014年，ついに**オーストラリア**を抜いて，**世界最大の輸出国になった**んだ。その後は，毎年この2か国が首位争いをしているよ。

表5　世界の主要炭田

主要生産国	主な炭田
中　　国	フーシュン炭田（東北），カイロワン炭田，タートン炭田（以上華北），ピンシャン炭田（華中）
アメリカ合衆国	アパラチア炭田，イリノイ炭田，ミズーリ炭田，ロッキー炭田
イ ン ド	ダモダル炭田（北東部）
オーストラリア	モウラ炭田，シドニー炭田（以上グレートディヴァイディング山麓（さんろく））
南アフリカ共和国	トランスヴァール炭田（ドラケンスバーグ山麓）
ロ シ ア	クズネック炭田（西シベリア），ウラル炭田
ポーランド	シロンスク炭田（スデーティ山脈北麓）
カザフスタン	カラガンダ炭田
ウクライナ	ドネツ炭田
ド イ ツ	ルール炭田*（ルール地方），ザール炭田，ザクセン炭田
イ ギ リ ス	ランカシャー炭田，ヨークシャー炭田，ミッドランド炭田

＊先進国では，ルール炭田（2018年閉山）のように既に閉鎖された歴史的鉱山も含む。

さあ，次は**石油**の話をしようかな。石油は，石炭に比べて**偏在性（へんざい）が著（いちじる）しく高い**ということは前にも話したよね？　**中東（ちゅうとう）**（西アジアから北アフリカにかけて）に**埋蔵量（まいぞう）の約50％**が集中しているんだ。

ここで簡単に**石油の開発・生産・消費の歴史**を振り返ってみよう。

石油の埋蔵を調査し，採掘（さいくつ）・精製（せいせい）・流通・販売するには**巨額（きょがく）な資本**と**高度な技術**が必要なんだ。だからいくら石油を埋蔵していても発展途上国の力では生産できなかったんだよ。そこで登場するのが**国際石油資本（オイルメジャー）**と呼ばれるアメリカ合衆国やイギリスなど先進国の**多国籍企業（たこくせき）**で，かれらが**石油産業を独占（どくせん）**してしまったんだね。

これに対して，発展途上の産油国側では「自分の国の資源なのに，先進国ばかり利益を得て，自分たちは豊かにならないじゃないか！」という不満が起こり，「**資源ナショナリズム**」（**自国の資源を自国の発展のために利用しようという考え方**）が台頭してくることになるんだ。単独ではオイルメジャーと交渉こうしょうする力が弱いので，1960年に OPEC（石油輸出国機構），1968年に OAPEC（アラブ石油輸出国機構）を設立するんだね。そして1973年には価格の大幅な値上げを実施するんだ。これが**第1次石油危機**（オイルショック）だよ。

系統地理

図2　原油価格の推移

ドバイ原油…アラブ首長国連邦のドバイで産出される原油。アジアの原油相場の指標銘柄である。

続いて1979年には**第2次石油危機**が起こり，これ以降産油国側では**石油産業の国有化**が進むんだよ。支配力を強めた OPEC に対抗して，**先進国を中心とする消費国側は石油代替エネルギーの開発や省エネルギー政策を推し進めて**いったんだ。さらに原油価格の高騰で，それまで生産コストが高くて開発が進まなかった国でも「よ〜し，俺も原油生産に力を入れるぞ！」ってなったため，

表6　主要な原油生産国

国　名	生産量 （百万 kL）	割合 （%）
アメリカ合衆国	1,031	18.9
サウジアラビア*	704	12.9
ロシア	650	11.9
カナダ	324	5.9
イラク*	266	4.8
中　国	238	4.3
アラブ首長国連邦*	233	4.2
イラン*	222	4.0
ブラジル	180	3.3
クウェート*	176	3.2
⋮	⋮	⋮
世界計	5,446	100.0

※統計年次は2022年。『世界国勢図会 2023/24』による。
＊は OPEC 加盟国。

表7　主要な原油輸出国

国　名	輸出量 （百万トン）	割合 （%）
サウジアラビア*	335	16.3
ロシア	239	11.6
イラク*	169	8.2
アメリカ合衆国	158	7.7
カナダ	156	7.6
アラブ首長国連邦*	121	5.9
クウェート*	96	4.7
ノルウェー	75	3.7
ナイジェリア*	71	3.4
ブラジル	70	3.4
⋮	⋮	⋮
世界計	2,057	100.0

※統計年次は2020年。
＊は OPEC 加盟国。

大地形

小地形

地形図

気候要素と気候因子

気候区分と植生・土壌

陸水と海洋

自然災害と防災

農業

林業・水産業

エネルギー・鉱産資源

工業

地域開発と環境問題

人口

村落と都市

商業・観光業

交通・通信

貿易と資本の移動

国家・民族

非OPEC産油国（ソ連，イギリス，ノルウェー，メキシコ）の増産が盛んになり，1980年代後半からは，逆オイルショックといわれる石油価格の下落が起こったんだ。1990年代の後半以降，中国，インドなど新興国の経済発展によって，石油の需要が増加しているから，石油価格が高騰しているよ。

> 石油に関しては，なんだか頭の中でぐちゃぐちゃしてたんだけど，かなりすっきりしたなぁ。じゃあ，産油国についても説明してよ。

ではさっそく，**表6**［➡ p.205］を見ていこう！

ロシアは，**ソ連の解体**（1991年）による経済的な混乱から徐々に復興を遂げ，石油生産が回復し，現在は，**サウジアラビアと並ぶ世界的な生産・輸出国**になっているよ。

ペルシャ湾岸に面する**サウジアラビア**は世界最大級の埋蔵量を誇り，**OPEC**（石油輸出国機構）のリーダー的な存在だよ。**生産・輸出ともに世界最大級**だね。

ところが2018年以降，この2か国を追い抜いた**アメリカ合衆国**はちょっと状況が違っているんだよ。**メキシコ湾岸**や**アラスカ**などに多くの油田があるんだけど，以前説明したように，**消費量が世界最大**なので，国内生産だけでは間に合わず，**世界最大の輸入国だ**ったんだ。近年は中国が最大の輸入国になってるけどね［**表8**］。ほとんど石油を産出しない**日本（世界第5位の輸入国）**より輸入量が多いんだから，その消費量は並はずれてる！

表8　主要な原油輸入国

国　名	輸入量 （百万トン）	割合 （％）
中国	542	25.4
アメリカ合衆国	291	13.6
インド	196	9.2
韓国	132	6.2
日本	115	5.4
ドイツ	83	3.9
スペイン	55	2.6
イタリア	50	2.4
オランダ	49	2.3
シンガポール	45	2.1
⋮	⋮	⋮
世界計	2,138	100.0

※統計年次は2020年。

図3　OPECとOAPECの加盟国

2024年。　＊2016年に再加盟。　＊＊2019年にOPECを脱退。
※インドネシアは2015年12月にOPECに復帰したが，2016年に再び脱退。エクアドルは2020年1月に，アンゴラは2024年1月にOPECを脱退。

中国は，東北地方や西部に油田があって産油量が増えてはいるんだけど，**経済発展によって国内での消費量が産油量以上に増えている**から，近年は**世界最大の輸入国**になっていて，自給率は**33.7%**しかないんだ（2020年）。

メキシコは，**OPECに加盟していない**ことに注意しよう。OPEC設立前に石油産業の国有化（1938年）に成功していたので，加盟する必要がなかったんだね。

ノルウェーは**イギリス**と同様に北海油田での生産だよ。石油危機後に生産量が増加したんだ。

系統地理

表9　世界の主要油田

主要生産国	主な油田（または油田分布地域）
ロ シ ア	チュメニ油田（西シベリア），ヴォルガ＝ウラル油田
サウジアラビア	ガワール油田
アメリカ合衆国	内陸油田（テキサス），メキシコ湾岸油田，ノーススロープ油田（アラスカ），カリフォルニア油田
中 国	ターチン油田（東北），ションリー油田，ターカン油田（以上華北），ユイメン油田
メ キ シ コ	タンピコ油田，ポサリカ油田，レフォルマ油田（以上メキシコ湾岸）
イ ラ ン	アガジャリー油田，ガチサラーン油田
ノルウェー	北海油田（エコフィスク）
ベネズエラ	マラカイボ油田
イ ラ ク	キルクーク油田
イ ギ リ ス	北海油田（フォーティーズ）
ナイジェリア	ニジェールデルタ
インドネシア	ミナス油田（スマトラ島）

図3［➡ p.206］には，OPECと**OÁPĚC**（アラブ石油輸出国機構・**アラブ諸国**の産油国だけが加盟）の加盟国をまとめておいたよ。特に，**OPEC加盟国の位置については，地図帳で必ずチェック**しよう！

天然ガスは，最近，かなり需要が伸びているんだよね？

そうだね。**天然ガス**は石炭，石油に比べ**汚染物質**や**CO_2の排出量が少ない**ことから，先進国では，かなり需要が伸びているよ。特にLNG（**液化天然ガス**）は**クリーンエネルギー**なので，これからは重要なエネルギー源だね。天然

ガスの分布も偏りが大きく，アメリカ合衆国とロシアで世界の約40％を生産しているんだ。輸送にはパイプライン（陸上や大陸棚上）やLNG専用タンカー（海上）が使用されているよ。輸送コストがちょっと高いのが難点だなあ。最近は非在来型化石燃料の天然ガスといわれるシェールガスの開発もアメリカ合衆国やカナダで進められているから，天然ガスの生産が増加しているよ。シェールガスというのは，地中の深いところにある頁岩と呼ばれる堅い岩盤に閉じ込められた天然ガスのことで，従来は採取が困難だったんだよ。アメリカ合衆国はシェールガスの増産を進めるとともに，非在来型化石燃料のシェールオイルという原油の開発や生産にも力を入れているから，世界の原油と天然ガスの生産量が増加する傾向にあるんだ。このような動きは，世界の原油や天然ガスの需給に大きな影響を与えているので，シェール革命と呼ばれているよ。

日本は，石炭，石油，天然ガスともに需要のほとんどを輸入に依存しているよね。どこから輸入をしているのかな？

石炭はオーストラリア（65.4％），インドネシア（14.1%）から，石油はサウジアラビア（39.4%），アラブ首長国連邦（UAE）（37.8%），カタールなど西アジアから［図4］，天然ガスはオーストラリア，マレーシアやカタール，ロシア，アメリカ合衆国などからの輸入が多いよ（2022年）。

図4　主な国の輸入原油の中東依存度（2022年）

日本	93.9％
韓国	68.1
イタリア	20.1
オランダ	17.2
スペイン	15.6
フランス	13.6
アメリカ合衆国	11.8
ドイツ	5.0
イギリス	0.3

＊日本は，おどろくほど中東依存度が高い！

　これで，化石燃料については，かなりくわしくなったよね。では，君たちが毎日使っている電力について説明していこう。

　電力は君たちにとってもすごく扱いやすいエネルギーだよね。だって，部屋で毎日，石炭を使ってテレビを見たり，天然ガスを利用して携帯電話を使いたくはないだろう（＾_＾;）。

でも電力は石炭・石油・天然ガスのように自然の状態（1次エネルギー）で地中に埋まっているわけではなく，人間が加工（2次エネルギー）してつくっているんだよね？　どうやって発電するの？

電力をつくり出すためには，別のエネルギーを利用して発電機を動かすんだ。代表的な発電方法が**水力発電**，**火力発電**，**原子力発電**だね。最近は，地球環境に優しい**自然エネルギー**を利用した**地熱**（火山が多い**新期造山帯地域**），**太陽光・太陽熱**，**風力**（ヨーロッパなど**偏西風の卓越地域**）などの再生可能エネルギーを利用した発電にも力が注がれているよ［➡ p.211 ］。

［➡ p.211 ］

電力が産業や僕たちの生活を支えている重要なエネルギーであることはわかったけど，弱点はないの？

う～ん，痛いところをつかれたなぁ。電力は取り扱いがやさしいけど，**貯蔵しにくい**んだ。たとえば，夏の電力需要がピークになったときに，春の**余剰電力**を使うということができないんだね。**送電ロスが莫大**なので長距離輸送にも適していないなぁ。

表10　主な発電形式

	水　力	火　力	原子力
電　源	流水	石炭・石油・天然ガス	ウラン
立　地	有効落差が得られる山間部	大消費地付近	地方の**臨海部**
経　費	ダム建設費・送電費が高いが,燃料費は無料。	設備費・送電費が安いが，燃料費は高い。	設備費・補償費が高いが，燃料費は安い。
問題点	森林等の水没など自然環境破壊ダムの堆砂	大気汚染・酸性雨・地球温暖化	事故の際の放射能汚染・放射性廃棄物の処理問題
依存度が高い国	ノルウェー・カナダ・ブラジル	アメリカ合衆国・日本など先進工業国の大部分	フランス（総発電量の約70％）

日本はノルウェーと同じように山がちで降水量が多いよね。ということはやっぱり**水力発電**が中心なのかなぁ？

今は違うよ。

第二次世界大戦後，多くの**ダム**（**水力発電所**）が建設されたため，**1950年代は水力中心**だったんだけど，**1960年代**（もちろん**エネルギー革命**だよね）以降，安い石油が手に入るようになると，火力発電所が多数建設され，**火力発電が主で，水力発電が従**になったんだ。

1970年代の**石油危機**以後，脱石油化を目指し，火力発電の燃料を石炭やLNGに移行させながら，原子力発電所の建設を進めたため，**日本の電力構成**

比は，火力（66.7%），原子力（24.9%），水力（7.8%）の順になっていたんだよ（2010年）。ところが，2011年3月に東北・関東を襲った大地震（**東北地方太平洋沖地震**）による、**福島第一原子力発電所の事故**は、その後の日本や世界のエネルギー政策に大きな影響を与えたんだ［➡ p.211 図7］。その結果，日本の電力構成は，火力（64.8%），水力（7.2%），原子力（5.0%），再生可能エネルギー（14.7%）になっているよ（2022年）。今まで以上に，俺たちもエネルギー問題について真剣に考えていかなくちゃね！

> 最近はさぁ，再生可能エネルギーっていう用語をよく耳にするんだけど，これって何のこと？

　おっ！　さすがだね。よく知ってるなぁ。今まで，発電は化石燃料や原子力発電に大きく依存してきたよね。でも火力発電の燃料として使用される**化石燃料の燃焼は二酸化炭素や大気汚染物質を排出**するし，**原子力発電**の燃料の**ウラン**だっていずれは枯渇する可能性があるよね。**事故による放射能汚染**だってこわいしなぁ。そこで**再生可能エネルギー**が注目されるようになったんだ。再生可能エネルギーというのは枯渇の心配がないエネルギーのことで，中でも地球環境に優しい**風力発電**，**太陽光発電**，**地熱発電**などの**自然エネルギー**や**カーボンニュートラル**としての**バイオマスエネルギー**の利用が進んでいるよ。**トウモロコシ**，**サトウキビ**などからとれる，**バイオエタノール**やヒマワリ，油ヤシなどからとれる**バイオディーゼル**が有名だね。**風力発電**は，エネルギー変換効率が高いので**新エネルギーの中では最も発電量が多い**よ。太陽光発電は日射量が多い地域が有利で，小規模な設備で可能なところがいいね。家庭用のソーラーパネルなんかがいい例だ。**地熱発電**［➡ p.211 📖］は，**火山国**が有利だよ。

図5　日本の発電源別発電電力量

表11　日本の火力発電の燃料消費量

	1980	1990	2000	2010	2020	2021
石炭（千t）……	9,776	27,238	57,785	72,153	105,882	108,868
重油（千kL）……	35,689	23,806	11,750	6,318	3,119	4,696
原油（千kL）……	13,432	21,859	7,510	4,759	305	230
LNG（千t）……	12,987	27,624	38,663	41,743	47,067	41,852

系統地理

大地形

小地形

地形図

気候要素と
気候因子

気候区分と
植生・土壌

陸水と海洋

自然災害と
防災

農業

林業・
水産業

エネルギー・
鉱産資源

工業

地域開発と
環境問題

人口

村落と都市

商業・
観光業

交通・通信

貿易と
資本の移動

国家・民族

図6　日本の家庭用エネルギー
消費の内訳

図7　日本の総発電量の推移
（会計年度）

👆 **OPECとOAPEC**　OPEC（Organization of the Petroleum Exporting Countries）は，**国際石油資本（メジャー）に対抗して設立**されたが，OAPEC（Organization of Arab Petroleum Exporting Countries）は，**アラブ諸国**の利益を守るため，**イスラエルに対する石油戦略**の性格を持って設立された。共に加盟国の利益を守り，石油産業の発展を目指す**資源カルテル**（価格協定）である。

👆 **新エネルギーによる発電**　従来から行われてきた火力発電，水力発電，原子力発電に対し，主に**地熱，太陽光，太陽熱，風力，バイオマス**などの**自然エネルギー**を利用した発電が，近年は注目されている。**風力発電**（設備容量ベース，2022年）は，**中国，アメリカ合衆国，ドイツ，インド**，ブラジル，**イギリス，太陽光発電**（設備容量ベース，2022年）は，**中国，アメリカ合衆国，日本，インド，ドイツ，イタリア**，**地熱発電**（2018年）は，**アメリカ合衆国，フィリピン，インドネシア，ニュージーランド，トルコ，メキシコ，イタリア**などで盛んに行われている。

ポイント　エネルギー資源と分布

❶ 化石燃料中，石炭は**埋蔵量**が最大，石油は**消費量**が最大，天然ガスは**熱量**が最大で，天然ガスは**クリーンエネルギー**である。

❷ 石油は**偏在性が大きく**，埋蔵量の約50％が中東に分布している。

❸ 世界各国の**電力構成比**は，石炭，石油，天然ガスなどの**動力資源**と水力資源の有無によって決定される。

❸ 鉱産資源と分布

　産業革命以降，工業化が進むと鉱産資源の需要が高まり，特に鉄鉱石は当時の基幹産業であった鉄鋼業を支える最も重要な金属資源になったんだ。生産量や消費量も他の金属資源よりはるかに多いのが特徴だね。上位生産国はオーストラリア（37.1%），ブラジル，中国，インド，ロシアなんだけど，どの国も安定陸塊が広く分布している国だって気づくよね！［➡②の❸ p.46～］

図8　鉄鉱石の生産統計

インド┐┌ロシア

鉄鉱石 15.2億t	オーストラリア 37.1%	ブラジル 16.2	中国 14.8	8.4	4.6	その他 18.9

※統計年次は2020年。

　銅鉱も金属資源として重要だよ。電気伝導性が高いため，機械工業の発達や電線の普及とともに急速に需要が増えたんだ。火山が多い新期造山帯地域［➡②の❸ p.48］に多いんだよね。上位生産国はチリ（28.4%），ペルー，中国，アメリカ合衆国（もちろん新期造山帯が分布する西部に多いよ）だけど，安定陸塊のアフリカでもカッパーベルト（プレートの広がる境界に当たるリフトヴァレー付近のコンゴ民主共和国～ザンビアにかけて）では銅鉱が産出するんだよ。

図9　銅鉱の生産統計

コンゴ民主共和国┐┌アメリカ合衆国

銅鉱 2,040万t	チリ 28.4%	ペルー 12.0	中国 8.3	6.3	6.2	その他 38.8

※統計年次は2019年。

　ボーキサイトはアルミニウムの原鉱で，熱帯地域に多く分布するんだったよね［➡⑥の❸ p.122～］。熱帯地域では多量の雨（激しいスコール）により土中の成分が流出するんだけど，土中の酸化アルミニウムは溶かされず，残留・集積するため，これがボーキサイトとなって採掘されるんだ。だから生産上位国は，オーストラリア（26.7%，もちろん熱帯が分布する北部），中国，ギニア，ブラジル，インドネシア，インド，ジャマイカなど主に熱帯から亜熱帯に位置する国になるんだね。

図10　ボーキサイトの生産統計

	オーストラリア	中国	ギニア	ブラジル	インドネシア	その他
ボーキサイト 3.91億t	26.7%	23.7	22.0	7.9	5.3	14.4

※統計年次は2020年。

　ほかにも多くの資源があるけど，近年，**先端技術産業の発展とともに**脚 光（きゃっこう）を浴びているのが，**マンガン，クロム，コバルト，チタン，タングステン**，レアアースなどの**レアメタルと呼ばれる希 少（きしょう）金属**だ。理系に進む人は必ず将来どこかで出合う金属だろうね。これらの資源は**アフリカやオーストラリア，中国などに偏在（へんざい）している**ことにも注意しよう！

図11　その他の鉱産資源の生産統計

すず鉱 26.4万t	中国 31.8%	インドネシア 20.1	ミャンマー 11.0	ペルー 7.8	6.6	その他 22.7		
金鉱 3,090t	中国 10.6%	ロシア 10.3	オーストラリア 10.2	7.2	アメリカ合衆国 6.1	コンゴ民主共和国 その他 55.6		
銀鉱 2.37万t	メキシコ 23.4%	中国 14.3	カナダ ペルー 11.7	チリ 6.6	ロシア 5.8	その他 38.2		
ダイヤモンド 1.07億カラット*	ロシア 29.1%	ボツワナ 15.8	カナダ 12.2	コンゴ民主共和国 11.9	オーストラリア 10.2	南アフリカ共和国 7.9	7.2	アンゴラ 5.7
ウラン鉱 47,472t	カザフスタン 45.9%	ナミビア 12.1	カナダ 9.8	オーストラリア 8.0	7.4	その他 16.8		
ニッケル鉱 261万t	インドネシア 32.7%	フィリピン 12.4	ロシア 10.7	(ニューカレドニア) 8.0	カナダ 7.0	ウズベキスタン その他 29.2		
タングステン鉱 8.38万t	中国 82.3%				ベトナム 5.4	その他 12.3		

＊1カラットは0.2g。

※統計年次は2020年（ニッケル鉱とタングステン鉱は2019年，金鉱とウラン鉱は2021年）。

ポイント　鉱産資源と分布

❶ **鉄鉱石は安定陸塊に**，**銅鉱は新期造山帯に**，**ボーキサイトは熱帯に多く分布している。**

❷ **先端技術産業で利用されるレアメタルは**，アフリカ南部やオーストラリア，中国などに偏在している。

大地形
小地形
地形図
気候要素と気候因子
気候区分と植生・土壌
降水と海洋
自然災害と防災
農　業
林業・水産業
エネルギー・鉱産資源
工　業
地域開発と環境問題
人　口
村落と都市
商業・観光業
交通・通信
貿易と資本の移動
国家・民族

チェック問題

1 次の図中の凡例**ア**と**イ**は炭田と油田のいずれかであり，文**A**と**B**は石炭と石油のいずれかを説明したものである。油田に該当する凡例と石油に該当する文との正しい組合せを，後の①〜④のうちから一つ選べ。

□ ア
△ イ

Eneygy Statistics Yearbook などにより作成。

A　この資源は，生産量上位10か国の世界に占める割合が9割を超えており，世界最大の生産国と消費国が同一である。

B　この資源は，世界のエネルギー供給量の約3分の1を占めており，確認されている埋蔵量の約半分が特定の地域に偏っている。

	①	②	③	④
凡　例	ア	ア	イ	イ
文	A	B	A	B

2 次の表中の**ア**〜**ウ**は，水力，地熱，バイオマスのいずれかの発電量上位5か国を示したものである。**ア**〜**ウ**と再生可能エネルギー名との正しい組合せを，次ページの①〜⑥のうちから一つ選べ。

	1位	2位	3位	4位	5位
ア	アメリカ合衆国	フィリピン	インドネシア	ニュージーランド	メキシコ
イ	アメリカ合衆国	中　国	ドイツ	ブラジル	日　本
ウ	中　国	ブラジル	カナダ	アメリカ合衆国	ロシア

中国には，台湾，ホンコン，マカオを含まない。統計年次は，水力とバイオマスが2016年，地熱が2014年。『自然エネルギー世界白書2017』などにより作成。

	①	②	③	④	⑤	⑥
ア	水　力	水　力	地　熱	地　熱	バイオマス	バイオマス
イ	地　熱	バイオマス	水　力	バイオマス	水　力	地　熱
ウ	バイオマス	地　熱	バイオマス	水　力	地　熱	水　力

解答・解説　**1**　④　炭田，油田の分布と石炭，石油の説明文を判定させる問題である。

　図中のア□は，**ヨーロッパ**（ドイツのルール炭田，ポーランドのシロンスク炭田，ウクライナのドネツ炭田），**アメリカ合衆国**（アパラチア炭田，イリノイ炭田，ロッキー炭田），**オーストラリア**（東部のグレートディヴァイディング山脈付近），**南アフリカ共和国**などに分布していることから**炭田**に該当する。**イ△**は，**西アジアのペルシャ湾岸，北アフリカ，カスピ海沿岸，東南アジアのインドネシア，アメリカ合衆国のメキシコ湾岸，アラスカ**などに分布していることから**油田**に該当する。

　説明文の**A**に該当するのは**石炭**で，「**世界最大の生産国と消費国**」はともに**中国**のことである。生産量上位10か国は，**中国**（51.7%），**インド**（10.3%），**インドネシア，アメリカ合衆国，オーストラリア，ロシア，南アフリカ共和国，ドイツ，カザフスタン，ポーランド**で，**世界生産の92.7%**（2022年）を占めている。

　Bに該当するのは**石油**で，世界のエネルギー供給量で最も多くの割合を占めていること，「**埋蔵量の約半分が特定の地域（西アジア）**」であることから判定できる。原油埋蔵量は，**サウジアラビア，イラン，イラク，クウェート，アラブ首長国連邦**だけで46.2%を占めている（2020年）。

2　④　表中の**水力，地熱，バイオマス**による発電量上位国から，**再生可能エネルギー名を判定**する問題である。近年は，地球温暖化対策もあって，地球環境に優しい**再生可能エネルギー**の利用が進められている。再生可能エネルギーを利用した発電のうち最も発電量が大きいのは，古くから開発が進められてきた**水力発電**で，風力発電，太陽光発電，地熱発電と続く。表中の**ウ**は，**包蔵水力**（開発可能な水力）に恵まれる**中国，ブラジル，カナダ，アメリカ合衆国，ロシア**が上位にあることから**水力**である。これらの国々は**国土面積も広く，中**国は**長江，黄河**，ブラジルは**パラナ川，アマゾン川**，カナダは**セントローレン**

大地形

小地形

地形図

気候要素と
気候因子

気候区分と
植生・土壌

陸水と海洋

自然災害と
防災

農　業

林業・
水産業

エネルギー・
鉱産資源

工　業

地域開発と
環境問題

人　口

村落と都市

商業・
観光業

交通・通信

貿易と
資本の移動

国家・民族

ス川や多数の氷河湖，アメリカ合衆国はテネシー川，コロンビア川，コロラド川，ロシアはヴォルガ川，エニセイ川などの水資源に恵まれている。アは，新期造山帯に位置し火山活動が活発なアメリカ合衆国（西部），フィリピン，インドネシア，ニュージーランド，メキシコが上位を占めるため，地熱である。残るイがバイオマスである。バイオマスには固体バイオ燃料である薪炭や廃材，液体バイオ燃料であるバイオエタノールやバイオディーゼルなどがある。アメリカ合衆国ではトウモロコシ，ブラジルではサトウキビを原料とするバイオエタノールの生産が盛んで，発電にも利用されていることに注意したい。

12 工　業
工業の立地とグローバル化による工業の変化

この項目のテーマ

❶ 工業の発達と工業立地
工業の発達における歴史的変遷と工業立地を理解しよう！

❷ 各種の工業
さまざまな工業の立地条件と特徴をしっかりつかもう！

❶　工業の発達と工業立地

さぁ，いよいよ工業（Industry）だよ。今，われわれは必要に応じて，さまざまな製品を手に入れることができるよね。ところが，かつては熟練した職人が少量の製品しか製造できなかったし，交通機関も発達していなかったから，一部の人しか買えなかったんだ。

世界の工業は家内制手工業から始まり，工場制手工業（manufacture）を経て，18世紀後半，イギリスで紡績機械（綿花を綿糸にする機械）や蒸気機関の発明などの技術革新による産業革命［➡ p.220 📖］が起こると，工場制機械工業に移行し，**大量生産**，**大量輸送**が可能になったんだ。当初は**綿工業**などの**軽工業**が中心で，徐々に製鉄業や機械工業などの**重工業**が発達したんだ。

第二次世界大戦後は，アメリカ合衆国，ドイツ，日本などの先進国を中心に**鉄鋼・造船・石油化学**など**資源多消費型工業**（資源やエネルギーを大量に消費するタイプ）が発展したけど，1970年代の**石油危機**以降は，先進工業国での重工業生産が停滞し，**エレクトロニクス産業**など**知識集約型工業**（高度な技術や知識を必要とするタイプ）に転換していったんだ。現在は，ICT（情報通信技術）の進歩により工業も大きく変わろうとしているよ。

先進国では産業革命後，工業がめざましい発展を遂げたんだよね。じゃあ，発展途上国では工業は発達していないの？

第二次世界大戦後，発展途上国の一部では工業化が進み，**韓国**，**シンガポール**，**台湾**，**ブラジル**，**メキシコ**などは NIEs（**新興工業経済地域**：Newly Industrializing Economies）と呼ばれ，先進国に追いつこうとしているよ。

最近は BRICs（Brazil，Russia，India，China）［➡ p.220 🔲］と呼ばれる国々も注目されているね。

ここで，一般的な**発展途上国の工業化**について学習してみよう！

発展途上国が工業を発展させる最初の段階は，それまで**輸入に頼っていた製品を国産化して，国内で販売**することなんだ。比較的簡単に作れる衣類や食料品など日用品がその例だよ。これを**輸入代替型工業**と呼んでいるんだ。ただし，発展途上国は**国内市場が狭い**（国内で，たくさんの製品は売れない）ので，工業生産や販売にも限界があるよね。そこで，次の段階は広い市場をもつ（購買力がある）先進国をターゲットにしようとするんだ。でも発展途上国の工業製品を先進国で売るためには，製品が優秀でなおかつ安くなければいけないということはわかるだろ？　そこで，**発展途上国は先進国の企業を国内に誘致（外資導入）**するんだ（輸出加工区 ［➡ p.220 🔲］の設置が好例）。

つまり，**先進工業国の資本（企業）**を積極的に受け入れて，**技術を学び，自国の安い労働力**で，安くて優秀な**輸出用製品を製造**できるようにするんだね。これを**輸出指向型工業**と呼び，**韓国**や**シンガポール**などがその成功例だ。

現在は，**マレーシア，タイ**など**ASEAN**（東南アジア諸国連合）諸国や中国でも工業化が進んでいて，繊維，家電などの**労働集約的な工業**（多くの労働力を必要とする工業）では世界的に大きなシェアを占めているよ。特に，**近年の中国は「世界の工場」**と呼ばれるまでに成長しているんだ。

工業が成立するためにはいろんな**条件**が必要になるんだよね。

そうだね。工業を立地させる場合（**工業立地**）には，なるべくコスト（生産費）を安くしようとするんだ。特に，**輸送費**と**労働費**を節約しようとするんだよ。このような立地に関する法則性を最初に考えたのが，ドイツの**ウェーバー**（Alfred Weber，1868－1958）という経済学者だったんだ。

たとえば，**鉄鋼業**など**金属工業**のように原料となる**資源**をたくさん使う場合，**原料より製品のほうが軽くなる**よね。こういう場合は資源の産地（**原料産地**）に工場を建設すれば，重い資源をなるべく輸送しないで，軽くなった製品を市場に輸送するだけで済むんだ（原料指向型）。これだと輸送費が安くて済むので，たくさんの利益を得ることができるから有利なんだよ。

ところが，**ビール工業**や**清涼飲料水工業**の場合には，原料の中で最も重いのが水（どこでも得られると考えた場合）で，しかも瓶や缶に詰めると重量が大きくなるので，**より多く販売できる大都市に立地させたほうが有利**になるん

だ（**市場指向型**）。こんなふうに工業の種類によって求められる立地条件の傾向（立地指向）が異なるから，いろいろな**工業立地のタイプ**があるんだね。

そうかぁ，じゃあこれから**工業の立地**を考えるときは，原料から製品への過程をよく考えて，どこに立地したらなるべく安く製品ができるかを考えればいいよね？　でも，工業立地って変化しないの？

工業立地は，その時代とともに変化していくから，工場はよりいっそう**有利な場所に移動**していくんだ。

　産業革命後は，**蒸気機関**（石炭を燃料）が利用されていたので，**石炭産地**が工業立地には有利だったんだけど，第二次世界大戦後，**原燃料の輸入や製品の輸送に便利な臨海地域**に多くの工場が立地したんだ。

　それから，国内だけでなく**国際的な立地の移動（企業の海外進出）**も増えていることに注意しよう。たとえば，テレビなどの家電製品を生産する工場もかつてはほとんど**欧米**に立地していたのに，やがて**日本**が中心となり，今は，**より労働力の安いアジアNIEsやASEAN**，そして中国へ立地が移動していったんだ。

　表1に工業立地のタイプをまとめてるので，**どんな業種が，どんな立地を好む**かよく読んでおいてね！　また，近年は多くの部品を生産し組み立てる**加工組立工業**の発展によって，一つの企業内で各地の工場が部品の生産，完成品の組み立てなど役割を分担する**企業内地域間分業**も進んでいるよ。

表1　工業立地のタイプ

タイプ	特徴	例
原料指向型	多くの資源を使用することから，原料の重量が大きくなり，輸送費を節約するため原料産地に立地する。	鉄鋼，セメント，ガラス，製紙・パルプ
労働力指向型	安価な労働力，または高度な技術を持つ労働力への依存度が大きいため，それらの労働力が豊富にあるところに立地する。	繊維，電気機器・自動車などの組立工業
市場指向型	製品の重量が大きくなったり，豊富な情報に依存するため，大市場付近に立地する。	ビール，清涼飲料水，印刷・出版，高級服飾品
臨海指向型	輸入原料に依存するため，海上輸送に有利な臨海部に立地する。	石油化学，鉄鋼，造船
臨空港指向型	軽量・小型で高付加価値な製品は，生産費に占める輸送費の割合が小さいため，労働力や土地が得やすい地方空港周辺に立地する。	ICなどのエレクトロニクス製品

大地形

小地形

地形図

気候要素と気候因子

気候区分と植生・土壌

陸水と海洋

自然災害と防災

農業

林業・水産業

エネルギー・鉱産資源

工業

地域開発と環境問題

人口

村落と都市

商業・観光業

交通・通信

貿易と資本の移動

国家・民族

👆 **産業革命** 　18世紀後半に**イギリス**で始まった，道具から機械の使用への技術革新をいう。動力源が従来の人力から水力や**蒸気機関**に変わり，**工場制機械工業**のもとで**大量生産が可能**になった。さらには，蒸気船，蒸気機関車の普及（19世紀半ば）により，**大量かつ広範囲に物資を運搬すること**ができるようになったため，飛躍的な経済発展をもたらした。

👆 **フォードシステム** 　**アメリカ合衆国**の自動車王と呼ばれたヘンリー・フォードが生み出した**大量生産方式**で，世界の工業立地や加工組立工業の発展に大きな影響を与えた。製造作業を分業化し，組み立てラインでの**流れ作業**で組み立てることにより，**少種品大量生産を可能にした**。

👆 **輸出加工区** 　先進国を中心とする**外国企業を誘致**（外資導入）するため，各種の**税金を免除**するなど**優遇措置**をとる地域で，たとえば，輸出を前提として製品をつくる場合，原燃料や部品を輸入する際の関税を免除する。中国の経済特区（シェンチェン，チューハイ，アモイ，スワトウ，ハイナン島）もほぼこれに該当する。

👆 **工業の集積と分散** 　工場は有利な立地条件を備えた特定地域に集積し，工業地域を形成する。ここでは港湾，道路，上下水道などの**インフラストラクチャー**（産業基盤）**を共同使用**することが可能で，**関連産業**や**下請企業**との連携も容易になる（**集積の利益**）。しかし，過集積により，地価の高騰など立地条件が悪化すると分散しようとする。

👆 BRICs 　近年，経済成長がめざましい**ブラジル**（Brazil），**ロシア**（Russia），**インド**（India），**中国**（China）の頭文字を用いた新語。いずれも**人口・資源大国**で，将来の経済規模は先進国に匹敵すると予想されている。最近では**南アフリカ共和国**（South Africa）を加え，BRICS と表記する。2024年からアルゼンチン，エジプト，エチオピア，イラン，サウジアラビア，アラブ首長国連邦が BRICS 会議参加国として正式加盟するとしたが，アルゼンチンは加盟を撤回，サウジアラビアは加盟を検討中とした。

ポイント ▶ 工業の発達と工業立地

❶ **18世紀後半のイギリスにおける産業革命後**，**大量生産**が可能になり，**先進国では飛躍的に工業が発展**した。
❷ **第二次世界大戦後**，NIEs，ASEAN，**中国**など発展途上国の一部では**工業化が進んでいる**。
❸ **工業**は，より有利なところに立地（**工業立地**）しようとするが，時代とともに変化する。

❷ 各種の工業

工業立地をマスターしたところで，次は**各種工業の特徴**をつかんでいこう！

まずは，われわれの日常に欠かせない衣類などを生産する**繊維工業**（衣服製造業）から説明していこうね。繊維工業の中でも**綿工業**の占める割合は，**化学繊維工業**に次いで大きいよ。特に**産業革命期には中心的な工業**となり，今でも**発展途上国の工業化の初期段階では重要な工業**なんだ。比較的簡単にできるし，綿製品は世界中どこでも季節を問わずたくさん売れるからね。

綿工業は，**安価で豊富な労働力**を必要とするのが特徴だよ。戦前は欧米先進国が，戦後は日本が中心的な役割を果たしていたけど，**表2**のように現在は**中国，インド，パキスタン**の生産が圧倒的に多いんだ。

<table>
<tr><td colspan="2">表2　綿織物の生産
世界計　1,723万トン</td></tr>
<tr><th>国　名</th><th>生産量に占める
割合（%）</th></tr>
<tr><td>中　　国</td><td>32.5</td></tr>
<tr><td>イ ン ド</td><td>29.3</td></tr>
<tr><td>パキスタン</td><td>18.9</td></tr>
<tr><td>インドネシア</td><td>4.5</td></tr>
<tr><td>ブ ラ ジ ル</td><td>3.7</td></tr>
</table>

表2　綿織物の生産 世界計 1,723万トン	
国　名	生産量に占める割合（%）
中　　国	32.5
イ ン ド	29.3
パキスタン	18.9
インドネシア	4.5
ブ ラ ジ ル	3.7

表3　化学繊維の生産 世界計 6,358万トン	
国　名	生産量に占める割合（%）
中　　国	81.7
イ ン ド	8.6
（台　湾）	2.6
韓　　国	2.2
日　　本	0.9

※統計年次は綿織物が2014年，化学繊維が2018年。

繊維生産に占める**中国**の割合って**綿織物**，化学繊維などとほとんど全部**世界最大**なんだねえ。確かに日本で販売されている衣類も中国製が多いもんなぁ。ちょっと気になることがあるんだけど，**オーストラリアは羊毛の生産が世界最大級**だよね。毛織物の生産上位国には入らないの？

確かに，そうだよね。ただ繊維の場合は軽いから，輸送費がそんなにかからないんだ。**オーストラリアは羊毛の生産が多い**んだけど（**中国に次いで2位**，2021年），繊維工業にとって重要な「**安価で豊富な労働力**」が不足しているから，国内で毛織物製品に加工するより，羊毛のまま輸出をするほうが有利なんだね（人口は約**2,600万人**と少ないことに注意！）。**羊毛の輸出は，世界最大**だよ（2019年）。それから，大丈夫だとは思うけど1つ確認しておくね。羊毛生産は，羊の毛を刈りいれた羊毛の量，毛織物生産は君が秋冬に着るニット（セーター），ジャケット，マフラーなどの毛織物製品の生産量のことだから，混同しないでくれよ！

大 地 形

小 地 形

地 形 図

気候要素と気候因子

気候区分と植生・土壌

陸水と海洋

自然災害と防災

農　　業

林業・水産業

エネルギー・鉱産資源

工　　業

地域開発と環境問題

人　　口

村落と都市

商業・観光業

交通・通信

貿易と資本の移動

国家・民族

次は，**金属工業の代表である鉄鋼業**の話をしよう！　鉄は，機械，船舶，自動車，建築物などの素材として，現在の社会にとって必要不可欠のものだ。**近代工業の基幹産業であった鉄鋼業**には，**鉄鉱石**と**石炭**が必要なことは知ってるよね？　鉄鉱石の中から金属の鉄を取り出す（鉄鉱石中の酸化鉄を還元する）ためには炭素が必要なので，溶鉱炉に鉄鉱石と石炭から作られた**コークス**（石炭を乾留した炭素物質）を入れなければならないんだ。難しく考えないで，**溶鉱炉に鉄鉱石と石炭を入れて高温で処理すると，鉄が取り出せる**と考えたらいいよ。

　取り出した鉄は**銑鉄**（iron）といい，炭素などの不純物が多いためもろく，不純物を除去すると**鋼鉄**（steel）というしなやかで強い金属になるんだ。鋼鉄は圧延（加工）されて鋼板や鋼管などの**鋼材**になるけど，現在は，鉄鉱石・石炭➡銑鉄➡鋼鉄➡圧延までを連続して行える**銑鋼一貫工場**が主流になっているよ［図1］。

図1　鋼鉄生産の過程

①原料処理	②製銑	③製鋼	④造塊・分塊	⑤圧延	⑥製品
鉄鉱石（酸化鉄），コークス（石炭を乾留したもの），石灰石を使用する。先進国では高品位の輸入鉱石への依存度が増している。	鉄鉱石，コークスなどを高炉の上から投入。鉄鉱石は還元されて高温の銑鉄として流れ出るが，銑鉄は炭素分が多くもろい。不純物はスラグとしてたまる。	銑鉄(iron)をくず鉄とともに投入し，炭素分や不純物を除いて鋼(steel)にする。鋼は銑鉄に比べ粘り強い。酸素を吹き込むLD転炉が主流。電気炉も特殊鋼などに用いられる。	かつては溶鋼から造塊を行い，分塊して圧延にまわした。現在はこの工程を省略した連続鋳造が主流で，熱効率と生産性を高めた。	鋼片を熱間・冷間の圧延機にかけて板，管，線材，形鋼などの製品をつくる。ストリップミルは高速で連続的に均質の鋼板を生産できる。

鉄鋼業はどんなところに立地するの？

　20世紀の初めは1トンの鉄を作るのに約4トンの石炭と約2トンの鉄鉱石が必要だったんだ。ということは，原料の中で最も重量が大きい石炭の産出地に

立地すると，輸送費が節約できていいよね。だから**ピッツバーグ（アパラチア炭田）やエッセン（ルール炭田）など古くからの鉄鋼業地は炭田立地が多い**んだね。現在は技術革新が進み，約0.5トンのコークス（石炭だと約0.8〜1.0トン）と約1.5〜1.7トンの鉄鉱石で，1トンの鉄ができるので，**鉄鉱石産地（鉄山立地）**か，**鉄鉱石の輸入や製品の輸送に便利な臨海地域に立地（臨海立地）**することになるんだ。ただ，**先進国では国内の鉄鉱石が枯渇**している国が多いので，比較的**新しくできた製鉄所は臨海立地**が多いよ。

系統地理

大地形
小地形
地形図
気候要素と気候因子
気候区分と植生・土壌
陸水と海洋
自然災害と防災
職業
林業・水産業
エネルギー・鉱産資源
工業
地域開発と環境問題
人口
村落と都市
商業・観光業
交通・通信
貿易と資本の移動
国家・民族

表4　鉄鋼業の立地型

立地型	例
炭田立地	ピッツバーグ（アパラチア炭田），エッセン（ルール炭田）
鉄山立地	アンシャン（アンシャン鉄山），メス，ナンシー（ロレーヌ鉄山）
炭田・鉄山共存立地	バーミンガム（イギリス），バーミンガム（アメリカ合衆国）
臨海立地	ダンケルク，フォス（以上フランス），タラント（イタリア），ブレーメン（ドイツ），フィラデルフィア，スパローズポイント（以上アメリカ合衆国），パオシャン（中国），ポハン（韓国），日本の製鉄所

鉄鋼業の立地はバッチリだよ！　じゃあ，**鉄鋼（steel）**の生産はどんな国で行われているの？

　鉄鋼業には，広い敷地や大規模な装置のための**巨額**な資本と技術が必要なんだ（**資本集約型**）。だから，古くから鉄鋼業が発達していた国は，やっぱり**アメリカ合衆国やドイツ，フランス，イギリス，日本**などの**先進国**だったんだね。でも石油危機以後は，**韓国，ブラジル**などの**NIEs**や，資源が豊富で労働力や土地が安い**中国**の伸びが**著**しいんだよ［**図2**］。

　最後にひと言！　受験生の中には，**原料の鉄鉱石と製品の鉄鋼**を，入試当日まで混同したまま臨む人がいるけれど，「原料」は「鉄鉱石」で，そこから「製

図2　主要国の粗鋼生産推移

億t

10.0
9.0
8.0
4.0
3.0
2.0
1.0

中国
旧ソ連
日本
アメリカ合衆国
韓国　ロシア　インド

1984年　90　95　2000　05　10　15　20 22

品」である「鉄鋼」が作られるので，「別物」なんだよ。君たちは絶対に間違えないでね！　それから図2 [➡ p.223] のような「**粗鋼（crude steel）**」っていうのは「steel の塊」のことで，鋼板などの**鋼材**とは違うからね。

じゃあ，次は**アルミニウム工業**の説明をしようね。**アルミニウム**は軽くてさびにくいので，航空機，自動車などいろんな用途に利用されているよ。アルミニウム 1 トン

表5　アルミニウムの生産上位国

国　　　名	生産量 (万トン)	割合 (%)
中　　　　　国	3,708	56.8
ロ　　シ　　ア	364	5.5
イ　　ン　　ド	356	5.4
カ　　ナ　　ダ	312	4.7
Ｕ　Ａ　Ｅ	252	3.8
オーストラリア	159	2.4
バ　ー　レ　ー　ン	155	2.3
ノ　ル　ウ　ェ　ー	133	2.0
アメリカ合衆国	101	1.5
アイスランド	86	1.3
マ　レ　ー　シ　ア	76	1.1
世界計	6,520	100.0

※統計年次は2020年。

を生産するのに，原材料の**ボーキサイト**が約 4 トン必要だから，原料産地に立地しそうだけど，精錬の過程で**大量に電力を使用**するので，電力費が安いところに立地（電力指向型）するんだ。**電力費が安い地域とは，化石燃料などのエネルギー資源が豊富な国や水力発電が盛んな国**だね。

表5 のアルミニウム生産の上位国を見るとそれがはっきりわかるよ！　**中国，ロシア，アメリカ合衆国，オーストラリア**（ボーキサイトも採れるけどね）などは化石燃料の豊富な国々，**カナダ，ノルウェー，アイスランド**，ブラジル（14位）は**水力発電**が盛んな国々だよ。

鉄鋼業では日本も上位生産国に入ってたけど，アルミニウム生産では出てこなかったね。日本ではやってないの？

そうだね，今は大部分をアルミニウム地金や合金として，**UAE，ロシア，中国，オーストラリア，アメリカ合衆国などから輸入している**よ。高度成長期には，鉄鋼とともに日本の代表的な工業だったけれど，2 度の**石油危機後，電力費が高騰**して国内では採算がとれなくなってしまったんだ [**図 4 ➡** p.225]。だから今はまったく生産せず，**すべて輸入に頼っている**んだよ。

図3　アルミニウムの生産工程

次は，機械工業の話に移ろう！　**加工組立型工業**の代表だね。機械工業にも
いろんな種類があって，**工作機械**（機械や部品などを製造するための産業用機
械で，**最先端の技術が必要**だよ）に代表される**一般機械**，テレビなど家電を中
心とする**電気機械**，自動車を中心とする**輸送用機械**，**精密機械**，コンピュータ
などの**エレクトロニクス産業**などがあるんだ。ここでは，電気機械と輸送用機
械，そしてエレクトロニクス産業を例に説明していこう！

　家電などの電気機械工業では，**研究・開発部門は先進国**がリードしているけ
れど，**量産部門は安価で豊富な労働力をもつ発展途上国**の伸びがすごいよ。**韓
国などの NIEs，マレーシアなどの ASEAN**，そしてテレビなどの家電製品の
最大の生産国である中国がこれに当たるね［**表6**，**表7**］。

図4　主要国のアルミニウム生産推移

表7　主な電子機器の生産上位国（2015年）

パーソナルコンピュータ（PC）※

国　名	生産台数(万台)	割合(%)
中　　　国	27,039	98.2
日　　　本	371	1.3
韓　　　国	130	0.5
世界計	27,544	100.0

※ノートパソコンを含む。

ハードディスクドライブ（2014年）

国　名	生産台数(万台)	割合(%)
タ　　　イ	22,034	39.5
中　　　国	19,863	35.6
マ レ ー シ ア	7,474	13.4
世界計	55,756	100.0

表6　工作機械の生産と輸出入

国　名	生産	輸出	輸入
中　　国	22,900	3,200	8,600
ドイツ	12,450	8,792	2,731
日　　本	12,175	7,351	555
アメリカ	5,913	2,342	1,407

※単位百万ドル。統計年次は生産が2016年，輸出入が
　2015年。日本の輸出入のみ2020年。

携帯電話※

国　名	生産台数(万台)	割合(%)
中　　　国	139,569	78.6
ベ ト ナ ム	19,075	10.7
韓　　　国	6,415	3.6
世界計	177,487	100.0

※スマートフォンを含む。

家電製品の生産が発展途上国ですごく伸びているというのは知ってたよ。でも**自動車**は，まだまだ先進国での生産が多いと思うんだけど？

図5 主要国の自動車の生産推移

表8 自動車の生産　（千台）

国名＼年次	1990	2022 乗用車	2022 商用車	2022 合計	2022 ％
中　　　国	470	23,836	3,185	27,021	31.7
ア メ リ カ	9,785	1,752	8,309	10,060	11.8
日　　　本	13,487	6,566	1,269	7,836	9.2
イ ン ド	364	4,439	1,018	5,457	6.4
韓　　　国	1,322	3,438	319	3,757	4.4
ド イ ツ	4,977	3,480	197	3,678	4.3
メ キ シ コ	−	658	2,851	3,509	4.1
ブ ラ ジ ル	914	1,825	545	2,370	2.7
ス ペ イ ン	2,053	1,785	434	2,219	2.6
タ　　　イ	305	594	1,289	1,884	2.2
インドネシア	271	1,214	256	1,470	1.7
ト ル コ	209	811	542	1,353	1.6
カ ナ ダ	1,947	289	939	1,229	1.4
⋮	⋮	⋮	⋮	⋮	⋮
世 界 計	48,554	61,599	23,418	85,017	100.0

『世界国勢図会 2023/2024』による

そのとおりだね。自動車工業はものすごくたくさんの部品（なんと2万点以上！）からなる**総合組立工業**の一つで，**巨額な資本と高度な技術が必要**なんだ。鉄鋼，ガラス，ゴム，電子機器なども発達していなければ部品が調達できないし，それを組み立てる**熟練労働力**も必要になるから，かなりハイレベルな工業なんだよ。また，**組立工場**の周辺には，**下請工場**や関連企業も必要になるし（**集積指向型**），先進国から発展途上国へ簡単に技術移転はしにくいからね。だから**図5**［➡ p.226］のように，先進国が上位を占めていたんだ。

自動車はヨーロッパで発明されたんだけど，実際に**モータリゼーション**（自動車が人々の生活必需品として大衆化すること）が最初に進んだのは**アメリカ合衆国**だったんだよ。だからアメリカ合衆国の自動車産業は常に世界のトップクラスにいるんだ。日本も**石油危機以降**，品質の高い**低燃費の小型車**に注目が集まり，**1980年代から急成長し日本の基幹産業になった**んだ。

最近，成長が著しいのは**中国**，**韓国**，**インド**，**メキシコ**，**ブラジル**，**タイ**，**カナダ**，トルコだね［**表8** ➡ p.226］。特に，カナダ，メキシコ，スペインは外国企業の進出によるものが大きいよ。**カナダとメキシコはアメリカ合衆国の資本**，**タイは ASEAN 諸国や日本の資本**が多いんだ。ただ2008年末からの世界的な不況の影響を受けて，アメリカ合衆国や日本の自動車産業もかなり深刻なダメージを受けたよなぁ。だけど，例外的に躍進したのは中国だ！ **2009年からは，ついに中国が日本**，**アメリカ合衆国を抜き世界最大の生産国になっている**よ。**国内市場が中心**で，経済発展によって購買力がある消費者が急増しているんだね［➡ p.226 **図5**，**表8**］。でも近年は，EV（電気自動車）などの輸出が増加していて存在感を高めているよ。

次は**エレクトロニクス産業**の話をしようね！
近年は，新しい分野の技術革新が進み，**集積回路**（IC）や**コンピュータ**など電子部品や機器の需要が増えてるよね。これらの**先端技術産業**は新製品の開発による企業間の競争が激しく，**研究開発部門が重要**になるんだ（今，本書を読んでいる君たちの中からも多くの研究者が出るんだろうなぁ。楽しみです！）。

表9　自動車の輸出推移

国　　名	1990年(万台)	2022年(万台)
日　　　　本	583	495
ド　イ　ツ	210	409
中　　　　国	…	329
ア メ リ カ	95	277
ス ペ イ ン	132	230
メ キ シ コ	…	179
フ ラ ン ス	277	178
韓　　　　国	35	207

※1990年のドイツは西ドイツの統計。スペインは 2018年，韓国は2021年。

系統地理

大地形

小地形

地形図

気候要素と気候因子

気候区分と植生・土壌

陸水と海洋

自然災害と防災

農業

林業・水産業

エネルギー・鉱産資源

工業

地域開発と環境問題

人口

村落と都市

商業・観光業

交通・通信

貿易と資本の移動

国家・民族

研究開発に必要な資本と高度な技術（ハイテク）をもっているアメリカ合衆国や日本などの先進国がリードをしているんだけど，量産部門では，安価で良質な労働力があるNIEsやASEAN，中国，インドなど発展途上国にも工場が多く進出していることに注意しようね！　パーソナルコンピュータの生産台数は中国が世界最大（世界総生産のなんと約98%！［表7 ➡ p.225］）だもんなぁ。

　また，最近は情報化の進展に伴うICT（情報通信技術：Information and Communication Technology）の進歩によって，携帯電話やスマートフォンなどの通信機器やインターネット用コンピュータなど，ICT関連の製品開発が進んでいることも忘れないでね。

> 僕も大学に入ったら，パソコンを買って，自由自在に使いこなせるようになるんだ o(^_^)o。ところで，アメリカ合衆国にはサンフランシスコ周辺にシリコンヴァレーと呼ばれるエレクトロニクス産業の集積地があったよね？　日本ではどこで発達しているの？

　研究開発部門は，施設が整い，高学歴労働力も得やすい首都圏に集中しているね。

　ここで重要なポイントは，エレクトロニクス製品は軽量で高付加価値だから，生産費に占める輸送費の割合が小さいということだよ。つまり輸送費がたいしてかからないので，多少遠距離であっても，空港や高速道路を利用することができるから，IC生産などの量産部門は，土地や労働力が安く，空港が整備されている九州（シリコンアイランド）や高速道路が整備されている東北（シリコンロード）に工場が多く進出しているんだよ。

図6　世界の造船竣工量
（100総トン以上の鋼船）

IHS Global Limited "IHS Maritime & Trade,
World Fleet Statistics" による。

図7　主な国のGDPに占める
研究開発費の割合

[OECD "OECD.Stat（2021）"] による。

表10　その他の工業のまとめ

業　種	特　徴
石油化学工業	石油産出地や輸入港付近に立地。広大な敷地と大規模な装置が必要（資本集約型の装置工業）。アメリカ合衆国，日本，中国，韓国などで発達。
造船工業	韓国と日本の生産が多かったが，近年は中国が急増し，現在は，この3か国で世界生産の90％以上。石油危機後，先進国では不況業種となる。日本は高性能・高付加価値製品，中国と韓国は安価な製品が中心。
航空機工業	軍需産業と結びついて発展したため，アメリカ合衆国の生産が多いが，EU諸国（フランス，ドイツなど）は共同開発で対抗。
製　紙・パルプ工業	木材からパルプ（繊維）を抽出し，紙に加工。原料立地（森林資源）と，大量に処理用水を必要とする用水立地もある。パルプ生産はアメリカ合衆国，ブラジル，中国，カナダ，輸出はブラジル，カナダ。ブラジルが急増し首位。古紙の利用も進み，東京など大消費地にも立地。古紙回収率は，日本などの先進国で高い。
セメント工業	石灰岩を主原料とする。中国（56.8％，2020年）での生産が多いが，日本でも石灰岩が産出するため，石灰岩産地に立地。

系統地理

ポイント　各種の工業

❶ 綿工業などの繊維工業は，豊富で安価な労働力に依存するため，中国，インドなどの発展途上国での生産が多い。

❷ 鉄鋼業は，かつて先進国での基幹産業であったが，近年は国内資源の枯渇や生産費の高騰で，中国の成長が著しい。

❸ エレクトロニクスなどの先端技術産業は，巨額な資本とハイテクを持つ先進国がリードしているが，近年は発展途上国でも量産部門の生産が増加している。

じつは，ここにも出てきているけど，共通テストでは日本の地理が頻出なんだ。あと回しにしがちなところだけど，本書の「地誌分野」では手厚く書いているので，しっかりおさえておこうね！

チェック問題

標準 2分

1 工場は，原料や製品の輸送費が小さくなる地点に理論上は立地するとされている。次の図は，原料産地から工場までの原料の輸送費と，市場で販売する製品の輸送費を示した仮想の地域であり，下の条件を満たす。また，図中の①〜④の地点は，工場の建設候補地を示したものである。総輸送費が最小となる地点を，図中の①〜④のうちから一つ選べ。

条 件

・使用する原料は1種類であり，原料産地から工場まで原料を輸送し，工場で生産した製品を市場まで輸送する。

・総輸送費は，製品1単位当たりの原料の輸送費と製品の輸送費の合計である。

・輸送費は距離に比例して増加し，距離当たり輸送費について，原料は製品の2倍の費用がかかる。

・市場や原料産地にも工場を建設できる。

2 工業の立地には原料や製品の輸送費が影響し，主な原料が同じであっても製品の性質によって工場の立地パターンが異なる場合がある。次の文ア〜ウは，飲用牛乳，バター，アイスクリーム*のいずれかの輸送費について述べたものであり，下の表中のA〜Cは，東日本に立地する工場数をそれぞれ地域別に示したものである。イ〜ウとA〜Cとの正しい組合せを，下の①〜⑥のうちから一つ選べ。

*乳脂肪分8％以上のもので，原料は生乳のほかクリーム，バター，脱脂粉乳など。

ア　製品に比べて原料の輸送費が多くかかる。
イ　原料と製品の輸送費はほとんど変化しない。
ウ　原料に比べて製品の輸送費が多くかかる。

	A	B	C
北海道	51	29	4
東　北	50	6	17
関　東	60	11	26

年間生産量5万リットル未満のアイスクリーム工場は含まない。
統計年次は2018年。『牛乳乳製品統計調査』により作成。

	①	②	③	④	⑤	⑥
ア	A	A	B	B	C	C
イ	B	C	A	C	A	B
ウ	C	B	C	A	B	A

解答・解説　　**1**　④　　原料産地から工場までの原料の輸送費と市場で販売する製品の輸送費を示した仮想の地域から，総輸送費が最小となる地点を選ばせる問題である。輸送費に注目した工業立地についての問題で，問われていることは難しくないが，仮想の地域における**等値線の読み取り**と，下の条件を示す文をしっかり読まないと何を問われているのか理解できず，解答時間だけ要することになるので注意したい。条件の3番目にある「**輸送費は距離に比例して増加し，距離当たり輸送費について，原料は製品の2倍の費用がかかる**」とあるので，鉄鋼業やセメント工業のような**重量減損原料**（原料重量が製品重量を大きく上回るような原料）を使用する業種の工場だと考える。さらに図の等値線を見れば，④が原料の輸送費がほとんどかからず，製品の輸送費も2万円以内で，**輸送費が最小となる地点**であることを読み取ることができる。

2 ③　飲用牛乳，バター，アイスクリームの輸送費と東日本に立地する工場の組合せを判定させる問題である。設問文にあるように，輸送費の影響で，主な原料が同じであっても製品の性質によって**工場の立地パターンが異なる**ことに注目する。まずは，**輸送費**に関する説明文を見てみよう。アは，製品に比べて原料の輸送費が多くかかることから，**バター**である。バターは，生乳から生クリームを分離し，さらに脂肪分を凝固させて生産するため，**重量は原料＞製品**となり，原料の輸送費のほうが高い。イは，**原料と製品の輸送費はほとんど変化しない**ことから，**生乳**である。生乳は，乳牛などから得られる生乳を原料にし，成分を調整していないため，原料重量と製品重量はほとんど変わらない（原料≒製品）。ウは，**原料に比べて製品の輸送費が多くかかる**ことから，**アイスクリーム**である。アイスクリームは，生乳から分離した乳脂肪分，無脂乳固形分，糖分，各種添加物を加えるため，**重量は原料＜製品**となり，さらに**低温・定温輸送**が必要で，温度管理が難しいこともあって輸送費が高くなる。

　次に**表**を見る。仮にア～ウの説明文と製品名の判定ができなくても，説明文から表の判定は可能である（製品名がわかったほうがイメージはしやすいが）。Aは，**乳牛の飼育頭数が多い北海道**でも，**大消費地の関東**でも工場数が大きくは変わらないことから，原料と製品の輸送費がほとんど変化しないイ（**牛乳**）である。Bは，**原料産地の北海道における工場数が最も多い**ことから，原料の方が輸送費がかかるア（**バター**）である。Cは，**原料の生産が多い北海道**より，**大消費地の関東のほうが工場数が多い**ことから，原料に比べて製品の輸送費が多くかかるウ（**アイスクリーム**）である。

13 地域開発と環境問題
地球規模の環境問題と持続可能な開発

この項目のテーマ

1 地域開発
　地域開発は，人間の生活や自然環境にどんな影響を与えたのだろう？

2 環境問題
　環境問題の原因・影響を理解し，環境問題に対する取り組みについて考えてみよう！

---

1 地域開発

　人間は，古くから**自然環境の制約**を受けながら生活を 営 んできたんだ。人間の都合のよいように，地形や気候ができているわけではないので，そのときどきで工夫をしたり，自然の小規模な改変をしたりしながら，うまくつきあってきたわけだね。

　ところが，**産業革命後**，工業化が進展し，資本の蓄積や技術革新が進むと，国家による**大規模な地域開発**が行われるようになったんだ。地域開発は**地域の産業の振興に貢献**し，人々の暮らしを豊かにしてきたんだけど，**環境破壊**というマイナスの側面もあることに注意しながら，学習を進めていこうね。

　人間は古代よりずっと河川の恩恵を受けながら生活してきたんだよね。もっともっと河川の持つ力を引き出そうとして，河川の総合開発が行われるようになったと思うんだけど，最初の本格的な河川総合開発はどこで行われたの？

　第二次世界大戦前，**アメリカ合衆国**では世界 恐 慌 による景気・失業対策として，大規模な公共事業を実施したんだ。このとき，開発の対象になったのが**テネシー川**だったんだ。最初の本格的な**河川総合開発**で，その後の河川総合開発のモデルになったんだよ。

　開発の対象となる河川はそのほとんどが**洪水**を多発する荒れ川で，テネシー川もその一つだったんだ。そこで多くの**多目的ダム**を建設し，**洪水防止**，**発電**，**灌漑**，**工業用水の確保**，**水運の安定**などを目指したんだよ。これによって農村

の近代化が進み，農地も拡大し，さらにはアルミニウム工業や原子力工業な[けんしりょく]
ども立地するなど，**地域の活性化**に大きく貢献したんだ。[こうけん]

　表1に世界の河川総合開発をまとめておくので，図1〔➡ p.235〕で**河川の位置**と，何のために行われた地域開発なのかを確認しておこう！

表1　世界の河川総合開発の例

地域開発	国　名	特　色
テネシー川	アメリカ合衆国	世界恐慌に伴う景気・失業対策（ニューディール政策）と地域経済活性化のため，TVA（テネシー川流域開発公社）を設立し，多数の**多目的ダム**を建設。**農地拡大と工業化**（オークリッジの原子力工業，アルコアのアルミニウム工業など）が進展。
コロラド川	アメリカ合衆国	多目的ダムを建設し，ロサンゼルスへの**電力・用水**の供給。インペリアルヴァレーの**灌漑**による**耕地化**。
コロンビア川	アメリカ合衆国	多目的ダムを建設し，**コロンビア盆地の灌漑による小麦**地域の拡大。シアトル，ポートランドに**電力**供給。
ダモダル川	インド	多目的ダムを建設し，その電力を利用して，**石炭，鉄鉱石**を開発。インド有数の**重工業地帯**（ジャムシェドプル，アサンソル）を形成。
黄　河	中　国	サンメンシヤダムなど多数の多目的ダムを建設。洪水の防止や耕地拡大。
長　江	中　国	サンシヤダムの建設により周辺地域への電力，用水供給。
ナイル川	エジプト	アスワンハイダムの建設により**洪水の防止，発電，灌漑**による耕地の拡大。
ヴォルタ川	ガーナ	アコソンボダムを建設し，耕地の灌漑と**アルミニウム工**場へ電力供給。
ザンベジ川	ザンビア〜ジンバブエ	カリバダムを建設し，カッパーベルトの**銅鉱**を精錬するため工場へ電力供給。

河川総合開発には，マイナスの側面もあるって，さっき言ってたけど，いったいどんなことが起こるの？　想像ができないなぁ？

　わかったよ。では，**ナイル川**を例にとって説明していこう！
　ナイル川は古代エジプトの時代から，洪水による**飢饉**と豊作をもたらしてき[ききん]たことは知ってるだろう？　国土の大半が**BW（砂漠気候）**で，とんでもなく年降水量が少ない**エジプト**だけど，**赤道付近**から流れて来る**外来河川のナイル川**のおかげで**穀物栽培**など食料生産が可能だったんだね。反面，毎年**洪水**に見舞われることから被害もスゴイ！　そこで，1971年にエジプトは**アスワンハイダム**を完成させたんだ。**洪水の防止**だけでなく，年間を通じての**灌漑**を可能にし，**耕地面積は拡大**したよ。さらに**水力発電**による電力供給によりアルミニ[きょうきゅう]ウム工業などを成立させたんだ。
　これだけ聞くといいことばっかりなんだけど，そうもいかなかったんだ。洪

水の際に今まで上流から供給されていた肥沃（ひよく）な土が減少し，耕地の肥沃度（えんがい）が低下してしまったんだよ。洪水が起きなくなったから，灌漑耕地での塩害（えんがい）も深刻化してるしねえ（洪水時に塩を洗い流していた）。さらに，ナイル川の河口付近は好漁場だったんだけど，上流からの土などに含まれている栄養分が供給されなくなったために沿岸漁業が衰退（すいたい）したんだ。

　そしてついには，地形まで改変してしまったんだ！　ナイル川は，河口に大規模な三角州（さんかくす）を形成しているんだけど，**ダムの建設で土砂（どしゃ）の供給が減ったため，海岸線が侵食（しんしょく）され，三角州も縮小している**んだ。

　このように**地域開発**は，思いもよらない環境問題をも招いてしまう可能性があるので，実施には十分な注意が必要なんだよ。

系統地理

大地形

小地形

地形図

気候要素と
気候因子

気候区分と
植生・土壌

陸水と海洋

自然災害と
防災

農業

林業・
水産業

エネルギー・
鉱産資源

工業

地域開発と
環境問題

人口

村落と都市

商業・
観光業

交通・通信

貿易と
資本の移動

国家・民族

図1　世界の主な地域開発

コロンビア川
流域開発
グランドクーリー
ダムによるコロン
ビア盆地の灌漑と
発電による工業化。

デルタ計画
ライン川とマース川
河口の開発。ポルダ
ーの保全強化が目的。

ヴォルガ・ドン川
流域開発
ダム建設による発電灌漑。
ヴォルガ・ドン運河（1952
年完成）の建設による輸送
力の増大。

黄河治水と開発
治水，発電，灌漑が目的。
流出土砂が多く，ダムの効
率はあまり良好ではない。

長江流域開発サンシャダム
（1994年着工）
1919年孫文により提唱され
たが，是非がくり返し論じら
れ，ようやく着工。世界最大
の水力発電所がほぼ完成した。

コロラド川
流域開発

テネシー川流域
開発（TVA）
1929年の世界恐慌に対する不
況対策として1933年より実施。
約30の多目的ダムを建設。

ヴォルタ川
総合開発
アコソンボダムに
よる発電，灌漑と
水運の改善。電力
はアルミニウム工
場に利用。

ダモダル
川総合開発
多目的ダムに
よる総合開発。
重工業地帯が
形成された。

アマゾン川流域開発
アマゾン横断道路（1974年完成）
の建設。
農業開発拠点の設置。
鉱山資源の開発。

ナイル川流域開発
アスワンダム，アスワンハイ
ダムの建設による洪水調整，
灌漑。農地の塩性化等の問題
発生。

カラクーム運河
カラクーム砂漠の緑化，
水運，都市用水の確保。
アラル海縮小など環境
問題発生。

アサハン川流域
日本の資金援助による
水力発電とアルミニウ
ム精錬。1983年第一期
工事終了。

パラナ川流域開発
ブラジル，パラグアイ共同に
よるイタイプ発電所（1982年
完成）の建設。両国の電力供給
が目的。

開発の行われた時期
□　第二次世界大戦前
■　第二次世界大戦後

ザンベジ川流域開発
カリバダム（1957年完成）
の建設。電力はおもにザンビアの
銅精錬に利用。

スノーウィー
マウンテンズ計画
オーストラリアアルプス
山脈の融雪水をマリー川
に導く，灌漑と電力開発。

ポイント　地域開発

❶　**河川総合開発**は，**多目的ダム**の建設により，**電力**や**用水**の供給を可能にしたため，地域の農業や工業の発展に貢献した。

❷　大規模な開発は，環境の**破壊**や**災害**の一因となっている。

❷ 環境問題

　人間はより生活を豊かにするためにさまざまな経済活動を行ってきたよね。その代償として地球環境に大きな負担をかけてきたんだ。これこそ，今われわれが直面している**環境問題**だよ。

　世界の環境問題には，比較的狭い地域で発生する**公害**もあるけど，**砂漠化**や**酸性雨**のように数か国の国境をまたぐような広い地域にみられるものもあるね。さらには**地球温暖化**のように地球全体に影響を与えるグローバルなものまで多様な環境問題が存在するんだ。では，現実に起こっている世界の環境問題を真正面からとらえていこう。

> 環境問題は自分たちのこととして真剣に考えていかなければいけない問題だね。**環境問題って先進国と発展途上国の状況は同じな**の？

　うーん，なかなかいい質問だね。

　確かに，**先進国の高度な経済活動による環境問題と発展途上国の人口急増と貧困から生じる環境問題**は分けて考えてみる必要があるね。

　じゃあ，まず**先進国の環境問題**について話をしよう。

　先進国では，原料やエネルギー資源を大量に消費することにより，経済的な豊かさを実現してきたよね。でも産業活動に伴ってさまざまな環境問題が生じてきたんだ。その典型が公害と呼ばれる局地的な汚染だ。

　日本でも，**高度成長期に四大公害**［**表2**］が大きな社会問題となり，公害対策（**1967年に公害対策基本法**を制定，現在は**環境基本法**）が本格的に実施されるようになったんだ。その後，日本をはじめとする先進国では，企業の責任が追及され，**公害防止設備の義務化や環境基準の引き上げによる各種規制強化によって公害を減少**させてきたんだよ。

表2　日本の四大公害のまとめ

公害病	原　因	主な汚染地域
水俣病	化学工場が排出した有機水銀	熊本県水俣湾沿岸
新潟水俣病	化学工場が排出した有機水銀	新潟県阿賀野川流域
イタイイタイ病	亜鉛精錬時に排出されたカドミウム	富山県神通川流域
四日市ぜんそく	石油化学コンビナートから排出された亜硫酸ガス	三重県四日市市周辺

　このようにして，産業公害は沈静化していったんだけど，生活の物質的な豊

かさによる環境破壊が生じているんだ。たとえば，生活排水による湖沼や内湾の**富栄養化**（窒素やリンが養分となり，水中の藻やプランクトンを増殖させ，**赤潮**などの原因となるよ）や**ゴミ処理問題**などのことだ。

　また，道路・ダム建設や干潟の埋め立ては，一時的な地域の活性化には有効だけど，環境への負担を考えると十分な配慮が必要になるよ。

> そうかぁ，先進国では，公害は沈静化しているんだね。酸性雨やオゾン層の破壊も先進国の経済活動によるところが大きいんじゃないの？

　確かにそうだね。じゃあ，まず酸性雨からやってみよう！　雨はもともと大気中の二酸化炭素を含んでいるから，やや酸性なんだ。その雨が，工場や自動車の排ガスに含まれる**硫黄酸化物**（SOx）や**窒素酸化物**（NOx）と反応して，**硫酸**や**硝酸**となって降り注ぐんだ。このようにして生じた**pH（水素イオン濃度）5.6以下の雨を酸性雨**と定義しているんだよ。ヨーロッパでは早くから問題となり，**湖沼の生物の死滅**，**森林の枯死**，**石造建造物の溶解**などの被害が報告されてきたんだ。

　図2を見てごらん！　酸性度が高いのはどのあたりだろう？　**スカンディナヴィア半島南部，ドイツ，チェコ，ポーランド**などが高いよね。これは，**偏西風**により**西から東へ汚染物質が運搬**されるということと関係があるよ。特に北欧は人口規模も小さいため，原因物質をさほど多く排出してないんだけど，イギリスやフランス，ドイツなどの工業地域から汚染物質をもらってしまってるんだ（**越境汚染**っていうんだ）。また，旧社会主義国のチェコやポーランドは**旧式の工場**が多いことや**環境対策や防止設備が不十分**であること，そしてエネルギー消費の**石炭への依存度が高い**ため，硫黄酸化物をたくさん排出していることが原因になっているよ。ヨーロッパでは**石灰の散布**や汚染物質の**排出規制**の強化，そして国際的な取り決め（**長距離越境大気汚染に関するジュネーヴ条約**）などによって**酸性雨の防止**に取り組んでいるんだ。

図2　酸性雨の等値線図

雨の酸性度（pH）－1989年平均値－
□ 5.0以上　□ 4.8～5.0　□ 4.6～4.8　□ 4.5～4.6　□ 4.4～4.5　■ 4.4未満
（数値が小さいほど酸性度が高い）

系統地理

大地形

小地形

地形図

気候要素と気候因子

気候区分と植生・土壌

陸水と海洋

自然災害と防災

農業

林業・水産業

エネルギー・鉱産資源

工業

地域開発と環境問題

人口

村落と都市

商業・観光業

交通・通信

貿易と資本の移動

国家・民族

もう一つ聞いてくれるかな？

　先進国ではないけれども，**中国**も酸性雨に苦しんでいるんだ。**石炭を大量消費するため硫黄酸化物の排出が多い**だけでなく，環境対策が不十分なため森林の枯死などの被害が深刻で，さらには**冬の季節風や偏西風などで日本にまで汚染物質が飛来**しているんだよ。そこで東アジアでも日本の気象庁を中心に，酸性雨の観測などを行う組織が設立されているんだ。

 硫黄酸化物と窒素酸化物が雨に溶けて酸性雨になるんだよね。汚染物質を排出しないようにはできないのかなあ？

　日本をはじめ先進国の企業や大学は一生懸命に研究を続けているよ。

　硫黄酸化物は脱硫排煙装置の開発・導入によってかなり**減少**させることができるようになったんだけど，自動車の排ガスに含まれる**窒素酸化物は低コストでの除去が難しいため，硫黄酸化物ほど削減できていない**のが現状だね［**表3**］。

表3　主な国の硫黄酸化物と窒素酸化物の排出量

国　名	硫黄酸化物（千トン）		窒素酸化物（千トン）	
	1990年	2021年	1990年	2021年
アメリカ合衆国	20,935	1,689	23,161	6,880
ロシア	4,671	765	3,600	1,859
カナダ	3,202	641	2,369	1,321
フランス	1,283	89	1,969	756
イタリア	1,784	79	2,063	611
ドイツ	5,486	254	2,889	969

※SOx に比べ NOx の減少率が低いことに注意！

図3　酸性雨が発生するしくみ

質の悪い石炭

工場などから脱硫されていない排煙が排出される

酸性物質が雨などに取り込まれ地上に降る（酸性雨）

風にのって運ばれる

湖や森林などに被害が広がる

　続いて**オゾン層の破壊**について説明しよう。

　原因物質の**フロン**は直接人体に害がないといわれてきたため**クーラーの冷媒，スプレーの噴射剤，半導体の洗浄剤**として広く利用されてきたんだけど，**成層圏でオゾン層を破壊**することがわかったんだ。

　オゾン層っていうのは，日射中の**紫外線**を吸収してくれるから，有害な紫外線を減少させ，人間をはじめ地球上の生物を守ってくれているんだ。ところが！　分解されにくいフロンは，成層圏をただよいながら連鎖的にオゾン層を

破壊し始めたんだね。
ついには、フロンに
より破壊されたオゾ
ン層には、**オゾンホ
ール**（1982年に南
極で観測、2011年
には北半球でも）が
できるようになって、
地表に達した紫外線
の影響で、**人体への**

図4　オゾンホールの変化

| 1979年10月 | 2023年9月 |

90° 60° 30° 0° 180° 昭和基地

■ 370Du 以上
▨ 220〜370
□ 220Du 未満（オゾンのきわめて少ないところ）

〔気象庁資料〕

健康被害だけでなく、**農作物の成長不良やプランクトンを死滅させ魚類を減少**
させるなどの問題が生じてしまったんだよ！　現在は、国際的な取り決め（**モ**
ントリオール議定書）で原則として**製造と輸出の禁止**（先進国では廃止、発展
途上国では段階的な廃止）が決められているんだ。その効果もあって、**21世紀**
に入ってからは、オゾンホールの縮小も確認されているよ。やっぱり努力する
と結果に表れるんだね。

> 人間にとってすごく益をもたらすと思って開発されたものが、じ
> つは強烈な害を与えるってことがあるんだなぁ。自然環境を破壊
> してしまってからでは遅いから、十分に検討してから導入しなく
> てはいけないということだね。**発展途上国**では、環境問題はどう
> いう状況なの？

　発展途上国では、**人口増加に伴う急激な開発や急速な工業化・都市化**に伴
う環境破壊が進んでいるんだ。たとえば、先進国では沈静化している**大気汚染**
などの**公害も深刻**で、特に**バンコクやメキシコシティ**など首都の大気汚染はか
なり進んでいるよ。

　次は**熱帯林の破壊**の話だよ。これは、複数の原因が絡み合っているんだけど、
人口増加に伴う**焼畑の拡大や薪炭の過伐採**だけでなく、東南アジアなどでは輸
出用の**用材伐採**が深刻な問題となっているんだね〔**➡ p.190**〕。
　熱帯林は多種類の樹木が混在していて、必要とする有用材の伐採のために、
周囲の木も排除してしまうから、破壊される面積が大きいんだ。
　農地の開発も熱帯林の破壊を進行させているよ。**東南アジア**では、**インドネ**
シアやマレーシアなどの熱帯雨林で農民が**油ヤシなどのプランテーション**を

図5 各国の森林面積の純変化 (2005−2010年)

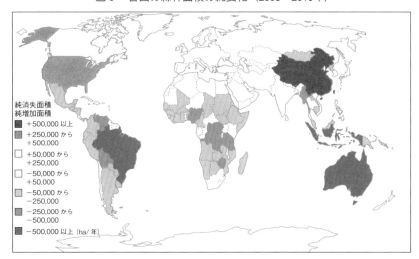

純消失面積
純増加面積
■ +500,000 以上
■ +250,000 から
　+500,000
□ +50,000 から
　+250,000
□ −50,000 から
　+50,000
■ −50,000 から
　−250,000
■ −250,000 から
　−500,000
■ −500,000 以上 (ha/ 年)

次々と開いているし，沿岸部では日本などに向けての**エビ養殖池**を造成するため，**マングローブ林**の伐採も進んでいるんだね。また，ブラジルのアマゾン地方では，**大規模な鉱山・道路開発や外国企業などの牧場経営**が森林破壊を招いているんだ［図5］。

熱帯林の破壊は，地球温暖化や砂漠化にも影響を与えるんだよね。でも，砂漠化っていったいどういうことなの？

砂漠化というのは，単に気候が BW（砂漠気候）になってしまうという意味ではなく，砂漠のような不毛の地になってしまうということだよ。

もちろん，地域的な**降水量の減少**など**気候変動**による**自然的な要因**もあるんだけど，われわれが考えたいのは**人為的要因**だね。

特に発展途上地域では，**人口増加**によって半乾燥地域（**BS** など）で**過放牧**が行われると，えさが不足して家畜は牧草を根こそぎ食べてしまうんだ。植生がまったくなくなると，土地は乾燥し，まるでレンガのように固くなってしまって

図6 国別にみた森林面積の減少

ブラジル	−150
コンゴ民主	−110
インドネシア	−75
アンゴラ	−55
タンザニア	−42
パラグアイ	−35
ミャンマー	−29
カンボジア	−25
ボリビア	−23
モザンビーク	−22

万 ha / 年

　　0　−100　−200　−300

(2010〜20 年)［FAO 世界森林資源評価 2020］

二度と植物が生えなくなってしまうんだね。**サハラ砂漠南縁地域**のサヘル地方<ruby>沙漠南縁<rt>さばくなんえん</rt></ruby>はこれが原因の一つとなって，**砂漠化がかなり深刻な状況**にあるんだ［**図7**］。飲み水や食料を求めて**環境難民**も発生しているよ。もちろん原因は，過放牧だけではなくて，**過剰な灌漑**による<ruby>土壌<rt>どじょう</rt></ruby>の<ruby>塩類化<rt>えんるいか</rt></ruby>（<ruby>塩害<rt>えんがい</rt></ruby>）［➡ p.164 **図4**］によって耕地が放棄されることも一因だ。

➡ p.164 **図4**

< 砂漠化は発展途上国のみで，先進国では起きていないんだよね？

　うーん，それは違うんだなぁ。先進国でも**アメリカ合衆国**や**オーストラリア**など乾燥地域が広がる国では，大規模な**灌漑農業**が行われているため，<ruby>塩害<rt>えんがい</rt></ruby>が発生し，砂漠化につながっているところもあるよ。

　特にアメリカ合衆国では，<ruby>収穫後<rt>しゅうかくご</rt></ruby>の広大な<ruby>裸地<rt>らち</rt></ruby>が激しい**土壌侵食**<rt>しんしょく</rt>に見舞われ，これが**砂漠化の一因**となっているんだ。君たちに注意してもらいたいのは，**砂漠化は半乾燥地域（BS）で人間が自然に負担をかけすぎると起こる**んだということだね！

図7　世界の砂漠化

アラル海　ゴビ砂漠　グレートプレーンズ　大西洋　太平洋　カリブ海　赤道　サハラ砂漠　チャド湖　サヘル　ルブアルハリ砂漠　インド洋　カラハリ砂漠　大西洋

砂漠化が進んでいる地域　●土壌塩性化

< そうかぁ。地球の人口は増えているのに，砂漠化が進んで生活できない地域が拡大しているって深刻な問題だねぇ。最後に地球温暖化について説明してほしいなぁ？

　よし，わかった！　環境問題は**先進国**と**発展途上国**の両方に大きな責任と影響がある**地球温暖化**の話で締めくくるとしよう！

系統地理

大地形

小地形

地形図

気候要素と気候因子

気候区分と植生・土壌

陸水と海洋

自然災害と防災

農業

林業・水産業

エネルギー・鉱産資源

工業

地域開発と環境問題

人口

村落と都市

商業・観光業

交通・通信

貿易と資本の移動

国家・民族

地球温暖化の要因となるのは温室効果ガスの増加だね。温室効果ガスには二酸化炭素，メタン〔➡ p.245 〕，フロン，一酸化窒素，水蒸気などがあるけど，これらは地表からの熱放射を吸収し，大気を温める効果があるんだ（温室効果ガスがなかったら地表の温度は−20℃くらいになり，みんな生きていけないんだよ）。

現在，最もその増加が心配されているのは二酸化炭素だよ（メタンやフロンよりはるかに大気中での量が多いからね）。産業革命以降，石炭，石油，天然ガスな

図8 二酸化炭素排出量の推移

国別排出割合（2020年）
インドネシア 1.7
その他 34.3
中国 32.1%
アメリカ合衆国 13.6
インド 6.6
ロシア 4.9
日本 3.2
ドイツ 1.9
韓国 1.7

京都議定書の基準年（CO₂換算）
361.1（2014年）
総排出量
224.3
178.3（2009年）
附属書B国 142.7
132.2（2009年）
その他の国 77.4

附属書B国：京都議定書の附属書Bに記載された，排出削減を数値目標に掲げて約束している国。

※国別排出割合は JCCCA 資料による。

どの化石燃料を大量に消費するようになったため，急速に二酸化炭素の濃度が高まっているんだ。このままのペースで大気中の二酸化炭素が増加していくと，気温が上昇し，氷河や氷雪が融けて，海に流れ込むようになり，さらには海水温の上昇による熱膨張も加わって，海面が上昇してしまうよね。すると海面とほぼ同じ高さのサンゴ礁島（キリバスやモルディブなど）や三角州（ガンジスデルタなど）などの低地は水没の危険性が出てくるし，将来的には海岸侵食も強まり，砂浜海岸などは消滅してしまう恐れもあるんだ。また，本来熱帯地域にしか分布していなかった感染症が高緯度側に拡大したり，動物の活動範囲や植生が変化してしまったり，異常気象が生じたりと，思いもよらなかった劇的な変化が生じつつあるんだよ。だから日本には関係ないことだなんて言ってられないことがわかるだろう？

それから最近よく耳にするのが，北極海の海氷が減少して，白くまの生息域

表4　地域別二酸化炭素排出量

地域	二酸化炭素排出量（千万 t）				1人当たりCO₂排出量(t)
	固体燃料	液体燃料	気体燃料	合計	
アジア	1,145	421	276	1,851	4.02
アフリカ	38	49	27	114	0.84
ヨーロッパ	114	157	179	463	6.21
北アメリカ	95	224	202	523	8.98
南アメリカ	11	51	22	85	1.97
オセアニア	17	15	8	40	12.97
世界計	1,422	1,013	715	3,174	4.06

※統計年次は2020年。

図9　世界の年平均気温平年差の推移

※1891〜2020年の平均値との差。

が危ないって話だね。**北極海**でも温暖化の影響をうけて**海氷の減少**が深刻化しているんだ。海氷が減少すると、**海面が日射で温められるから温暖化がますます進んでしまう**んだよ。白くまだけじゃなくて人類も危ない！　それから北極海の海氷が融けると海面が上昇するって勘違いする人が多いので要注意！　海面は変わらないよー！

系統地理

大地形
小地形
地形図
気候要素と
気候因子
気候区分と
植生・土壌
陸水と海洋
自然災害と
防災
農業
林業・
水産業
エネルギー・
鉱産資源
工業
地域開発と
環境問題
人口
村落と都市
商業・
観光業
交通・通信
貿易と
資本の移動
国家・民族

> 環境問題を勉強していると、本当に人間と地球の将来は、僕たちにかかっているんだなあって実感したよ。現在、地球温暖化などに対する取り組みはどんなことが行われているの？

　大学入試で高得点をとってほしいのはもちろんだけど、地理を勉強しながら人間と地球のあり方を君たちが考えてくれてると思うとうれしいな。

　環境問題に対する取り組みの中で一番問題になるのは、先進国と発展途上国の立場の違いからくる意見の対立だよ。**先進国は、発展途上国を含めた全地球的な地球環境の保全をしよう**と主張しているんだ。

　一方、発展途上国には、これまでに温室効果ガスや汚染物質などを多く排出し、経済的に豊かになったのは先進国なんだから、**先進国は積極的に削減・抑制すべきだ、発展途上国にはまだまだ経済発展をする権利がある**んだという主張があるんだ。どちらの言い分も理解できるけど、このままにしておけないよ。

　そこで、国別に**温室効果ガス削減目標値**を定めた**京都議定書**［➡ p.245 ✋］が1997年に採択（**2005年に発効**）されたんだ。ここでは、**先進国のみの削減目標値**が示されたんだね。

　だけど、**アメリカ合衆国が京都議定書から離脱**したことでもわかるように、先進国も足並みがそろっているわけではないし、発展途上国といってもさまざまな国や意見があるので、よりいっそうしっかりとした**国際的な取り組み**が必要となってきたんだ［➡ p.245 表6］。そこで採択されたのが気候変動枠組み条約の**全締約国が削減義務を負うことに合意したパリ協定（2015年）**だったんだよ。

✋ **光化学スモッグ**　自動車の排ガスに含まれる**窒素酸化物**、炭化水素が紫外線で光化学反応を起こし、**オキシダント**となって人体に被害を与える。**ロサンゼルス**や東京周辺で発生してきたが、近年は、**中国からの汚染物質流入**により西日本でも発生。

🏭 **アグロフォレストリー**
（agroforestry）　農業と林業の複合経営で，森林の減少を防ぐことが目的である。**森林を伐採したのち，植林を行い，木が生長するまでは農作物を間作**する。東南アジアなどの**熱帯地域**で行われている。

図10　アグロフォレストリー

[文部科学省資源調査所資料]

表5　主な環境問題のまとめ

	主要因	環境破壊例または懸念される事項	被害が深刻であるか，深刻な被害が予想される地域	対　策
地球温暖化	化石燃料の大量消費による温室効果ガス（CO_2，メタン，フロン）の増加。	海水の膨張，氷河・氷雪の融解による海水面の上昇。	三角州，干拓地，サンゴ礁島など低平な地域。	京都議定書による二酸化炭素の排出規制。パリ協定による新しい取り組み。
酸性雨	工場や自動車から排出される硫黄酸化物・窒素酸化物の増加。	土壌汚染による森林の枯死，湖沼の生物の死滅，歴史的建造物の崩壊。	北ヨーロッパ，東ヨーロッパ，カナダ北東部，中国。	各種排ガス規制，長距離越境大気汚染に関するジュネーヴ条約。
森林破壊	人口爆発による薪炭材の過剰な伐採，原木輸出，焼畑面積の拡大，道路・ダム建設，放牧地の開発なども原因。	植生の破壊による土壌流出・洪水多発，砂漠化にも関連。	アフリカ，ラテンアメリカ，東南アジア。	東南アジアでは原木の輸出規制（フィリピン・インドネシア・マレーシアなど）。アグロフォレストリーの実施。
オゾン層破壊	クーラー，冷蔵庫，スプレーなどに使用されていたフロンガスが成層圏に達すると，紫外線を吸収するオゾンを破壊。	人体への健康被害（皮膚ガンの増加など），農作物の成長障害，浅海のプランクトン死滅による漁獲量減少。	地球的規模でオゾン層の破壊が報告されているが，特に南極上空では顕著（オゾンホール）。	モントリオール議定書にもとづき，特定フロンの全廃，代替フロンの漸次撤廃に合意。冷蔵庫などからのフロン回収。
砂漠化	自然的要因（気候変動による降水量減少）と人為的要因。後者は人口増加に伴う家畜の過放牧，薪炭の過伐採，過耕作，過剰な灌漑に伴う土壌の塩性化。	耕地は乾燥してレンガ状になり，植生の再生が不可能。かつての耕地や居住地域が不毛地化。	砂漠周辺のBS（ステップ）気候地域。特に，サハラ砂漠南縁のサヘル地方，中央アジア，中国内陸部では深刻。アメリカ合衆国西部やオーストラリア内陸部でも進行。	UNEP（国連環境計画）やFAO（国連食糧農業機関）による砂漠化防止プロジェクト。NGOによる植林活動。砂漠化防止条約。

表6　国際的な取り組みのまとめ

環境会議	開催年・開催地	内　容
国連人間環境会議	1972年 ストックホルム	「かけがえのない地球」（Only One Earth），UNEP（国連環境計画）設立
地球サミット	1992年 リオデジャネイロ	「持続可能な開発」（Sustainable Development）にもとづく。気候変動枠組条約，生物多様性条約，森林原則声明
環境・開発サミット	2002年 ヨハネスブルグ	ヨハネスブルグ宣言
国連持続可能な開発会議(リオ＋20)	2012年 リオデジャネイロ	持続可能な開発と貧困の撲滅のために「グリーン経済」への移行を提唱。

図11　温暖化による各地域への影響

[環境省資料ほか]

メタン　**湿地**，**水田**，**家畜の糞**などから排出される。近年，シベリアやカナダでは温暖化や開発に伴い，**永久凍土層の融解**によるメタンガスの発生が問題視されている。

京都議定書　1992年にリオデジャネイロでの「地球サミット」で採択された気候変動枠組条約を受けて，**1997年**に京都で**温暖化防止会議**（COP3）が開かれた。ここでは先進国の温室効果ガス削減目標値（2008〜2012年までの間に**先進国全体で1990年の5％以上を削減**）が設定されるなど，温暖化防止への具体的取り組みが検討され，京都議定書が採択された。京都議定書では，温室効果ガス削減の円滑化を図るため京都メカニズムを採用し，排出量取引などを認めた。**アメリカ合衆国**は，自国経済への悪影響や発展途上国に削減義務がないことを理由に反対し，**京都議定書から離脱**したが，ロシアの批准などもあり，議定書は**2005年に発効**した。しかし，アメリカ合衆国の離脱や中国，インドなど途上国の排出量増加により京都議定書の実効性が失われていった。これを受け，**2015年**の**国連気候変動枠組条約第21回締約国会議**（COP21）では2020年以降の温室効果ガス排出削減の新しい枠組みを定めた「パリ協定」が採決され，**2大排出国の中国とアメリカ合衆国を含むすべての国**に，自主的削減目標の策定と国内対策の実施を義務づけた。

系統地理

大地形

小地形

地形図

気候要素と気候因子

気候区分と植生・土壌

陸水と海洋

自然災害と防災

農業

林業・水産業

エネルギー・鉱産資源

工業

地域開発と環境問題

人口

村落と都市

商業・観光業

交通・通信

貿易と資本の移動

国家・民族

❶ 環境破壊は，**局地的な公害**，砂漠化（さばく）のような**大陸規模の環境問**
題，温暖化のような**地球的規模の環境問題**を引き起こしている。
❷ 酸性雨（さんせいう）の原因物質は，排ガス中の硫黄酸化物と窒素酸化物である。
❸ 砂漠化（じんい）の人為的要因は，**家畜の過放牧**（ほうぼく）や**薪炭の過伐採**などである。
❹ 温室効果ガスの増加による地球温暖化は，**海面の上昇**による低
地の水没（すいぼつ）が懸念（けねん）されている。

チェック問題　　　　標準 4分

1　下のア～ウの文は，次の図中の**A～C**のいずれかの地域で起こ
ってきた人為的原因による環境問題について述べたものである。ア
～ウと**A～C**との正しい組合せを，あとの①～⑥のうちから一つ選
べ。

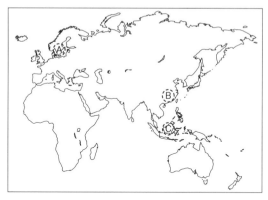

ア　国境を越えてきた大気汚染物質がもたらす酸性雨により，こ
　　の地域の河川や湖沼では水質が酸性化し，水棲生物（すいせい）が死滅する
　　被害があった。
イ　この地域では，商業伐採や農園造成がすすんだことにより，
　　多くの樹種を特徴とする森林が減少し，そこに生息する希少生
　　物が絶滅の危機にある。
ウ　この地域を流れる河川には，世界最大規模の水力発電ダムが

建設されており，流域の生態系への影響が懸念されている。

	①	②	③	④	⑤	⑥
ア	A	A	B	B	C	C
イ	B	C	A	C	A	B
ウ	C	B	C	A	B	A

2 循環型社会に向けた持続可能な資源利用の課題と取組みについて資料にまとめた。各国でみられる取組みのうち，循環型社会に寄与するものとして**適当でないもの**を，資料中の①～④のうちから一つ選べ。

循環型社会に向けた持続可能な資源利用へ

人口の増加 ⟷ 資源利用の増加

1次エネルギー消費の増加
二酸化炭素排出の増加
森林・水資源の問題

循環型社会を目指すには？

・資源を有効活用する
・資源の消費量を減らす } 使用済み資源や再生可能な資源の利用

事例：各国でみられる取組み

① インド：農業で家畜の糞尿を肥料にして耕作を行う

② マレーシア：沿岸部のマングローブ林をエビの養殖池に転換する

③ 日本：電子機器に使われていたレアメタルを都市鉱山として活用する

④ アメリカ合衆国：ペットボトルを返却すると一部返金される制度を導入する

系統地理

大 地 形

小 地 形

地 形 図

気候要素と気候因子

気候区分と植生・土壌

陸水と海洋

自然災害と防災

農 業

林業・水産業

エネルギー・鉱産資源

工 業

地域開発と環境問題

人 口

村落と都市

商業・観光業

交通・通信

貿易と資本の移動

国家・民族

解答・解説 **1** ② 　図中の**A**は**スウェーデン**，**B**は**中国の華中から華南**にかけての地域，**C**は**カリマンタン島**（南部はインドネシア，北部はマレーシア，

ブルネイ）を示している。

アは，ドイツやイギリスなどの工業地域から酸性雨の原因物質である硫黄酸化物や窒素酸化物が運搬されてくる越境汚染の説明で，スウェーデンやフィンランドなど北欧諸国では深刻な被害が生じた（A）。

イは，熱帯雨林の破壊に関する説明で，カリマンタン島では輸出用の木材伐採，焼畑や油ヤシのプランテーションの拡大などが要因となっている（C）。

ウは，長江に建設されているサンシヤダムとその影響に関する説明で，周辺地域の水没や流域の生態系への影響が危惧されている（B）。

2 ② 循環型社会に向けた持続可能な資源利用の課題と取り組みに関する問題である。循環型社会を目指すための各国（インド，マレーシア，日本，アメリカ合衆国）における取り組みの正誤である。

① インドでは，家畜の糞尿を肥料にして耕作を行っているため，正しい。インドだけでなく，途上国では広く利用されている。

② マレーシアに限らず，マングローブ林を伐採し，エビの養殖池に転換するのは，使用済み資源や再生可能な資源の利用には結びつかない。マレーシアでは，マレー半島西岸，ボルネオ（カリマンタン）島のサラワク州，サバ州などにマングローブ林がみられるが，養殖池の造成，埋め立て，海洋汚染，違法伐採などによって減少の危機にさらされている。マングローブ林は，豊かな生態系をはぐくみ，台風や津波の被害を軽減するなど自然災害を緩和する役割を持っている。伐採ではなく，植林をすることによって，マングローブ林の減少を防ぐことが必要である。したがって，適当ではない！

③ 日本では，循環型社会形成推進基本法に基づき，希少で偏在性が高いレアメタルを，電子機器などから回収し，再資源化する努力が行われており，これを urban mine（都市鉱山）と呼んでいる。したがって，正しい。

④ アメリカ合衆国では，ペットボトルを返却すると一部返金される制度（リサイクルデポジット制度）を導入している州もあるため，正しい。ただ，日本のペットボトル回収率96.7%，リサイクル率88.5%（ともに世界最高水準）に比べると，26.6%，18.0%とまだまだ低い（2020年）。

14 人　口
世界の人口分布と人口動態

╔═══════════════════════════╗
この項目のテーマ

1 人口分布
　人口の分布が均一でないのはどうしてだろう？

2 人口増減と人口転換
　経済発展に伴う人口増減のタイプと人口転換を理解しよう！

3 人口構成と人口問題
　発展途上国と先進国の人口問題について考えてみよう！
╚═══════════════════════════╝

大地形

小地形

地形図

気候要素と
気候因子

気候区分と
植生・土壌

陸水と海洋

自然災害と
防災

農　業

林業・
水産業

エネルギー・
鉱産資源

工　業

地域開発と
環境問題

人　口

村落と都市

商業・
観光業

交通・通信

貿易と
資本の移動

国家・民族

1 人口分布

　現在，世界にはどれくらいの人々が居住しているかは知ってるよね？　なんと約80億人（2022年）もいるんだ。**日本は約1億2,500万人**（2022年）だから，いかに世界の人口が多いかわかるよね。しかも世界の人口はまだまだ増えると予測されているんだけど，地球っていったいどれくらいの人口までなら養っていけるのかなあ。

　図1を見てごらん！　これは**世界の人口分布**を人口密度で表したものだよ。

図1　世界の人口分布状況

1km² 当たり人口
- 100人以上
- 50〜100
- 1〜50
- 1人未満

『世界人口年鑑』などによる。

この図を見ると人口の分布が不均等で、人口密度が高い地域と低い地域がどこにあるかはっきりとわかるだろう？

　じゃあ、ここで**図1**［➡ p.249］を見ながら君たちに考えてもらおう！　どんなところで人口密度が高いかなぁ？　……そうだね、**西ヨーロッパ、モンスーンアジア、アメリカ合衆国北東部の3か所で特に人口密度が高い**ね。

　人口密度が高いということは、多くの人々を養っていくだけの「何か」がある地域と考えていいよ。つまり、**西ヨーロッパは早くから産業が発展**し、**農業、工業、商業などが高度に発達**している地域だよね。

　モンスーンアジアは恵まれた地形、気候、土壌を利用して稲作（連作が可能で生産性が高く、米は熱量も大きいから**人口支持力が高い**）が発達した地域だったよね。

　そして**アメリカ合衆国北東部は世界的な商工業地域**（**アメリカンメガロポリス**）なんだ。それぞれ特色は異なっていても、共通しているのは多くの人間を支えていける**産業が発達している**ということが背景にあることがわかるね。

> 世界にはたくさんの国々があるけど、人口密度には大きな違いがみられるよね？　高い国と低い国は、ただ覚えるしかないのかなぁ？

　共通テストでは細かな数値や地名を丸暗記する必要はないよ（ただ、**国名や位置はある程度わからないとまずい**からね！）。

　じゃあ、どういうところに注意をして勉強していったらいいのかを**表1**を見ながら確認してみよう!!

表1　国別人口密度

人口密度が高い主な国		人口密度が低い主な国	
バングラデシュ	1,153	モンゴル	2
韓　国	516	オーストラリア	3
インド	431	アイスランド	4
オランダ	423	カナダ	4
日　本	335	リビア	4

※単位は人/km²。統計年次は2022年。

　モナコ（18,235人/km²）や**シンガポール**（8,202人/km²）などの都市国家を除くと、**モンスーンアジアの国々がかなり高い数値を示している**のがわかるよ。

　じゃあ、人口密度が低い国はどんな国かな？

　モンゴル、オーストラリア、リビアなどの乾燥地域を含む国やアイスランド、カナダなど高緯度の寒冷な国で人口密度が低いことがわかっただろう？　**農業生産に不利な気候環境**だからだよ。これは共通テストで、かなり重要なポイント

になるから注意しようね！

じゃあ，ついでに**国別の人口規模**も確認していこう！

表2を見て，何か気づくことはないかなぁ？　そうだ！　**アジアの国が7か国もある**（ベトナムを除く）よ。世界には190以上の国があるのに，世界の総人口の半分近くがこの7か国に住んでいるんだから，いかにアジアの人口が多いかがわかるよね！

このように人口規模をある程度知っていると，**いろいろな統計を読む際に役に立つんだよ！**　今日中に，**人口1億人以上の国はマスター**しておこう!!

系統
地理

大地形

小地形

地形図

気候要素と
気候因子

気候区分と
植生・土壌

陸水と海洋

自然災害と
防災

農業

林業・
水産業

エネルギー・
鉱産資源

工業

地域開発と
環境問題

人口

村落と都市

商業・
観光業

交通・通信

貿易と
資本の移動

国家・民族

表2　人口1億人以上の国々

国　　名	人口（億人）
インド	14.29
中国	14.26
アメリカ合衆国	3.40
インドネシア	2.78
パキスタン	2.40
ナイジェリア	2.24
ブラジル	2.16
バングラデシュ	1.73
ロシア	1.44
メキシコ	1.28
エチオピア	1.27
日本	1.23
フィリピン	1.17
エジプト	1.13
コンゴ民主共和国	1.02
*ベトナム	0.99

＊データによっては，1億人を超えている場合がある。
『世界人口白書2023』(UNFPA) などにより作成。

エクメーネとアネクメーネ　人間が日常的に居住・活動している地域をエクメーネ，居住していない地域をアネクメーネという。現在は，**陸地の約90％がエクメーネ**になっている。

ポイント　人口分布

❶ **世界の総人口は約80億人**だが，その分布は不均等である（2022年）。

❷ 西ヨーロッパ，モンスーンアジア，アメリカ合衆国北東部は，人口支持力が大きいため，**人口密度が高い**。

❸ **乾燥地域や寒冷地域は人口密度が低い**。

人口分布を理解するには，今まで勉強してきた自然環境と産業の発達を考えればいいんだね！

❷ 人口増減と人口転換

　世界の総人口は1650年ごろには約5億人で，現在の日本の総人口の約4倍しかなかったんだ。ところが，300年後の1987年には50億人を超え，現在は約80億人（2022年）だよ。特に**第二次世界大戦後の発展途上地域**における「**人口爆発**」の影響は大きいね。

図2　世界人口の推移

※『世界人口予測1950〜2050』などによる。

表3を使って，世界の人口推移を確認してみよう！

表3　地域別人口推移

地　域	1750	1800	1900	1950	1970	1980	1990	2000	2010	2021
ア ジ ア	479	602	937	1,405	2,142	2,650	3,226	3,741	4,210	4,695
ヨーロッパ	140	187	401	549	657	694	721	726	736	745
ア フ リ カ	95	90	120	228	363	476	630	811	1,039	1,394
北アメリカ	6	16	106	173	231	361	280	312	343	375
南アメリカ	6	9	38	169	287	254	443	522	591	656
オセアニア	2	2	6	13	20	23	27	31	37	44
世 界 計	728	906	1,608	2,536	3,700	4,458	5,327	6,143	6,957	7,909

※単位は百万人。2024年では，総人口が80億人を超えている。

　まず，**2021年の地域別人口分布**を見てみよう！　アジア，アフリカ，ヨーロッパの人口が多いことに気づくんじゃないかな？　特にアジアには世界の約60％の人々が居住していることになるよね。

　次に**地域別人口の推移**はどうかな？　**1950年と2021年**を比較してみるとおもしろいね。1950年は第二次世界大戦の直後で，このあたりから発展途上地域で

は「人口爆発」が顕著になるんだ。特にアフリカの人口増加率が一番高いのがわかるね。70年間で約6倍になってるからすごい！

今度はヨーロッパを見てみよう！　2倍にもなっていないね。つまり**人口増加率は，経済発展が遅れている地域では高く，経済発展が進んでいる地域では低い**傾向にあることが読み取れたね！

人口増加率というのが，ちょっとわかりにくいな。説明してよ。

わかったよ（＾o＾）！

人口増加には**自然増加**と**社会増加**があるんだ。自然増加率は出生率から死亡率を引いたもので，**（出生数－死亡数）÷人口**となり，社会増加率は移入率から移出率を引いたもので，**（移入数－移出数）÷人口**　になるんだよ。

人口増加は，自然増加と社会増加を足し合わせたものなんだ。世界の年平均人口増加率（2010〜2015年）は11.8‰なんだけど，これを上回っているのは，発展途上国が多いアフリカで，逆に大きく下回っているのが先進国が多いヨーロッパ，アングロアメリカだね。

今度は，表4を見てみよう！

表4　世界の地域別出生率・死亡率・自然増加率（将来予測を含む）

地　域	出生率（‰）			死亡率（‰）			自然増加率（‰）		
	1950〜1955	2010〜2015	2045〜2050	1950〜1955	2010〜2015	2045〜2050	1950〜1955	2010〜2015	2045〜2050
世界平均	36.9	19.5	14.6	19.1	7.7	9.4	17.8	11.8	5.3
アジア	42.0	17.6	11.8	22.6	6.9	10.1	19.4	10.7	1.7
アフリカ	47.9	35.9	24.1	26.7	9.3	6.5	21.3	26.5	17.6
ヨーロッパ	21.5	10.9	9.6	11.2	10.9	13.3	10.3	-0.1	-3.7
アングロアメリカ	24.4	12.4	10.8	9.5	8.1	10.6	14.9	4.3	0.2
ラテンアメリカ	42.5	17.7	11.2	15.5	6.0	8.8	27.0	11.7	2.4
オセアニア	27.8	17.4	13.7	13.3	6.9	8.4	14.6	10.6	5.3

※数値は年平均値を示す。‰は千分率のこと。

では，2010〜2015年のデータを分析していこう！

まず，**出生率**を見てごらん！　発展途上地域が多いアフリカ，ラテンアメリカ，アジアで高いのがわかるよね。最も経済発展が遅れているアフリカが最も**出生率が高い**んだ。

出生率に関して，アジアがアフリカより低いのは，先進国の日本や経済発展が進みつつある国（NIEs や ASEAN など）や，一人っ子政策（1979〜2015年）を実施してきた**中国**があるからだね。

先進地域でも**オセアニアとアングロアメリカは出生率が高め**になっているけど，これは移民の流入（近年の**難民**を含む）が関係しているんだ。アングロアメリカやオセアニアなどの新大陸諸国は，**移民によって建国された**から，今でも移民の受け入れに積極的なんだよ。**移民は比較的若い世代が多いので，結婚する機会が増えるからそのぶん出生率が高まる**んだよ。これはかなり重要なポイントなのでしっかり理解しておこう！

　次は，**死亡率**の項目を見てみよう！
　死亡率はアフリカとヨーロッパで高いことが読み取れるよね。これはどうしてだろう？　ちょっと考えてみて！　……経済発展が遅れているアフリカで**乳児死亡率が高い**のはわかるだろう？　医療の普及が遅れていたり，衛生状態や栄養状態が悪かったりすると，乳児死亡率が高くなってしまうんだ。
　ヨーロッパは高齢化が進行しているので，高齢者死亡率が高いんだ。逆に**ラテンアメリカが低いのは，乳児死亡率が低下しているけど，高齢化はあまり進んでいないので，死亡率が低くなっている**からだね。これも要注意だよ。
　最後に自然増加率をまとめておこう！　やはり**ヨーロッパ，アングロアメリカの先進地域で自然増加率が低く，アフリカ，ラテンアメリカ，アジアの発展途上地域で高い**ということがわかるね（オセアニアは，オーストラリア，ニュージーランド以外は発展途上国で，総人口がきわめて少ないため，死亡率の低下や移民の流入により大幅に増加率が上昇しやすいので，ここでは分析からはずした）。

　そうなんだぁ。**経済の発展レベル**によって，人口増加の傾向が変わってくるんだね。人口増加のタイプをまとめてくれないかな？

　じゃあ，君たちがわかりやすいように，**人口増加を3つのタイプ**にまとめてみよう！
　近代以前（産業革命前）は，どの国も死亡率（特に**乳児死亡率**）が高く，それを上回るだけの出生率でないと国家存亡の危機に陥るよね。だから，出生率も高く，**多産多死（人口漸増）型**と呼ばれる人口増減のタイプだったんだ。
　ところが，**衛生状態や栄養状態が改善**され，**医療も進歩**するようになると，**出生率は高いまま，死亡率だけが低下する**ので「人口爆発」と呼ばれる人口急増現象が起きるよ。このタイプが**多産少死（人口急増）型**で，現在の**発展途上国の大部分**がこれになるよ。日本も第二次世界大戦前までは，このタイプだったんだ。

さらに工業化が進展し，人々の**生活水準が向上してくる**と，出生率が低下し始めたんだね。都市化が進むと**子どもに高等教育を受けさせる必要性が出てき**たり，**女性の高学歴化や社会進出による晩婚化（ばんこんか）**や非婚化が生じたり，**家族計画**も普及するなどして，**出生率が低下していく**んだ。これが**少産少死（しょうさんしょうし）**（人口微増）型で，**先進国の大部分**がこのタイプになるんだね。このように，経済の発展とともに人口増減の傾向が**多産多死➡多産少死➡少産少死**に移行していくことを「**人口転換（てんかん）**」（人口革命）というんだよ。

 自然増加率がマイナスになって，人口が減少するってことはないの？

確かに出生率がいっそう低下して，高齢者の割合が大きくなると死亡率が上昇するから，**人口が減少**する国も出てくるよね。

たとえば，**ドイツ，イタリア，日本**など先進国の一部，**ロシア，ウクライナ**や**バルト三国**など旧ソ連諸国，**ブルガリア，ルーマニア，ハンガリー**など**東欧（とうおう）諸国の一部**では自然増加率がマイナスになってるもんね。

ドイツやイタリアは，急激な**女性の社会進出**に社会制度が追いついていないためだ（**日本も2008年をピークに，2010年代から人口減少に突入してしまった**……）。

バルト三国やロシア，ウクライナ，ベラルーシなどの旧ソ連諸国や**ブルガリア，ルーマニア，セルビア，クロアチア**などの東欧諸国の一部で人口が減少しているのは，**1990年前後の東欧革命やソ連の解体**による社会の大幅な変革（**計画経済から市場経済への急激な転換**）と，それによる**社会不安や経済停滞（ていたい）**が一因となっているんだ。

ポイント ▶ 人口増減と人口転換

❶ **世界の総人口**は，第二次世界大戦後の発展途上国の「**人口爆発**」によって急増している。

❷ **自然増加率**は，**発展途上地域で高く，先進地域で低い**。

❸ 同じ人口減少国でも，**日本，ドイツ，イタリア**などの先進国と旧ソ連・東欧諸国は**背景が異なる**ので注意！

❸ 人口構成と人口問題

次は世界の国々の人口構成について説明をしていこう！

経済の発展レベルによって，年齢別・性別人口構成や産業別人口構成も異なってくるんだよね？

そうなんだ。じゃあ，最初に**年齢別・性別人口構成**の説明をしていこう。

図3を見てごらん！

この図は**人口ピラミッド**と呼ばれるグラフで，左右が男女比，上下が年齢比を表しているよ。これを見れば，その国（地域）の**経済発展や人口転換の段階，過去に起こった社会現象を知ることができるだけでなく，将来の人口構成の予測をすることもできる**便利なものなんだ。単純にエチオピアを見て「富士山型だ！」とかアメリカ合衆国を

図3　人口ピラミッドの形状変化

見て「釣鐘型だ！」とかを覚えることより，「すそ野が広いのは出生率が高いからで，発展途上国だろうなぁ！」とか，日本とアメリカ合衆国を比べて「アメリカ合衆国の20～40歳代に膨らみがみられるのは，きっと**移民**の流入じゃないかなぁ！」など，しっかり地理的な考え方を反映させることのほうが大切なんだからね！

図4　各国の人口ピラミッド

次は**産業別人口構成**の説明に移ろうね。産業革命前は，どの地域でもほとんどの人が農業を中心とする**第1次産業**に従事していたんだ。

ところが**工業化**や**都市化**が進展すると，より高所得を求めて**第2次・第3次産業**に人口が移動していったんだよ。つまり，産業別の人口は，**経済の発展とともに，第1次産業**（農林水産業）**➡第2次産業**（鉱工業・建設業）**➡第3次産業**（商業・サービス業・運輸・通信業・観光・金融・教育・医療・公務など）**の順に移行**していくんだ。表5を見てみよう！

先進国のイギリス，アメリカ合衆国，ドイツ，日本では**第1次産業の割合が小さくて**就業人口の大部分が第2次・第3次産業に属しているのがわかるね。特にアメリカ合衆国と**イギリス**は第2次産業から第3次産業への移行（**脱工業化・サービス経済化**）が進んでいるから，**第3次産業の割合がすごく高い**ことに気づくよね？

アメリカ合衆国は世界最大級の工業国だけど，実際の労働力は製品をつくる（第2次産業）より，売るための運輸，通信，商業，サービス業など（第3次産業）にかかわっているんだね（**脱工業化**）。

韓国やブラジルは **NIEs** と呼ばれる中進国で，工業化が進んでいるから，かなり先進国に近い数値になってきてるよ。

表5　主要国の産業別人口構成比

国　　名	調査年	第1次産業 (%)	第2次産業 (%)	第3次産業 (%)
イギリス	2021	1.0	18.0	81.0
アメリカ合衆国	2021	1.7	19.2	79.2
ドイツ	2021	1.3	27.6	71.1
日　本	2021	3.2	23.7	73.1
韓　国	2021	5.3	24.6	70.0
ブラジル	2021	9.7	20.6	69.7
中　国	2021	24.4	28.2	47.4
インド	2021	44.0	25.3	30.7
タンザニア	2021	64.3	7.2	28.5

※第3次産業には分類不能を含む。ILOによる2022年11月時点での推計値。

図5　主要国の産業別人口構成の変化

※国勢調査報告（各年版）ほかにより作成。

発展途上国の**中国，インド**では**第1次産業の割合が高い**ことがわかるね。アジア諸国より経済発展が遅れている東アフリカのタンザニアやサヘルのマリな

んかは60%を超えているよ。発展途上国では工業化が十分に進んでいないのに，職を求めて都市に移動し生活する人がかなりいるから，第2次産業を飛び越えて，第3次産業（路上での物売りや靴磨きなどの**インフォーマルセクター**と呼ばれる**不正規職**も含むよ）に従事する人もいるんだ。

　　人口は**自然増加**だけじゃなく，**社会増加**によっても増えたり，減ったりするよね。**国際的な人口移動**って昔から行われていたの？

　そうだね。かなり以前から行われてきたよ。

　国際的な人口移動は，その時代や地域のさまざまな状況を反映していて興味深いところなので，がんばって勉強しようね！

　人口移動の主な背景には，より豊かな暮らしを求めるという**経済的な要因**が働くんだ。特に15世紀末の**大航海時代**以降，人口移動が盛んになり，**ヨーロッパ人が新大陸へ移住**したのがその典型かな。

　ヨーロッパから新大陸への移動例として，**ラテン系のスペイン人**，**ポルトガル人の中南米（ラテンアメリカ）への移動**，**アングロサクソン系のイギリス人の北米（アングロアメリカ）への移動**があることは知ってるよね。

　アジアでは**中国人**や**インド人**が世界各地に移住しているよ。
　中国では**華南**の貧しい農民が**東南アジア**を中心に出稼ぎに行ったのが始まり

図6　主な国際労働力の移動

1960年ごろ

1970年ごろ

1980年ごろ

1990年ごろ

なんだけど（華僑），中国の社会主義革命後は，現地の国籍を取得する人も多くなり，華人と呼ばれているんだ。かれらは商業活動などで成功し，現地で経済的な実権を握っている人々もいるよ。

インド人はインドがイギリス領だった時代に，他のイギリス植民地（マレーシア，フィジー，ケニアなどの東アフリカ，ガイアナ）に契約労働者として海を渡った人々が多いんだ。植民地がイギリスから独立した後も現地に残って成功を収めた人々もいるよ（「印僑」と呼ぶこともあるんだ）。

これに対して，アフリカ系黒人のように自発的ではなく強制的に奴隷としてアメリカ大陸へ移住させられた人々もいれば，戦争や飢餓による難民として国外にのがれる人々もいることを忘れないでね。

さらに，最近は高所得や雇用機会を求めて国際的な移動をする出稼ぎ（外国人労働者）も増加しているんだよ。1960年代には，アメリカ合衆国やヨーロッパ諸国の経済成長を背景に，多くの労働力が流入したんだ。1970年代の石油危機後は，石油収入により豊かになった中東の産油国へ，そして1980年代後半からは給与水準が高い日本へ労働力が移動するようになったんだね。特に，1990年代には，日本で出入国管理法が改正され，日系人（かつて他国へ移民した人の子孫）の就労が認められるようになったため，ブラジルやペルーからの流入が急増し，研修生・技能実習生（期限付きで日本企業が受け入れる）も積極的に受け入れるようになったため，中国，ベトナム，フィリピンからもたくさんの人々が日本に来ているよ。

よく世界の人口問題についての話を耳にするんだけど，いったいどんな問題が起こっているのかなぁ？

世界の人口問題といっても，発展途上国と先進国ではかなり状況が違っているので，分けて説明しようね。

最初に発展途上国の人口問題だね。発展途上国では「人口爆発」による雇用機会の不足と食料不足が大きな課題なんだ。

発展途上国は農業が主な産業で

図7　主な国の老年人口率の推移

※『人口の動向』による。

大地形

小地形

地形図

気候要素と気候因子

気候区分と植生・土壌

陸水と海洋

自然災害と防災

農　業

林業・水産業

エネルギー・鉱産資源

工　業

地域開発と環境問題

人　口

村落と都市

商業・観光業

交通・通信

貿易と資本の移動

国家・民族

ある場合が多く，農村では子どもが重要な労働力になってきたんだね。だから多くの子どもを生むことは，一家の収入を増やすと考えられてきたんだよ。ところが出生率は高いまま，死亡率は低下していったので，**経済の発展や食料生産が，人口増加に追いつかない**状態になって，逆に貧困を招いてしまっているんだなぁ。

　これを解決するためには，**教育水準を向上させ，貧困をなくすこと**が大切で，そのためには人口抑制策も必要となってくるし，**女性の地位や権利の向上**が叫ばれているんだよ。

　一方，日本 ［**図 8**］ をはじめとする**先進国**は，**高齢化**と **少 子化**という問題に直面しているんだ。

　出生率の低下に加えて**平均寿命** が延びたため，高齢者の割合は急増するけど，若 年層は急減するという状況になっているんだね。すると**労働力が不足**し，国民の年金・税金への負担が大きくなるんだ。

　これを解消するためには，**出産 奨励や十分な育児休暇や育児施設の完備，高齢化に対応する施設や制度，退職後の再雇用**などを積極的に進めていかなければならない**んだ。

　前ページの図7のように，高齢化が早くから進み，**社会保障制度の充実したスウェーデンやデンマークなどの北欧諸国**に比べて，第二次世界大戦後，**急速に高齢化が進んだ日本**では，年金制度の改革や介護保険の導入などが始められたばかりなんだよ。早く安心して子どもを産んだり育てたりできる社会にしなくっちゃね。

図8　日本の人口ピラミッドの変化と将来予測

図9　年齢3階級別人口構成割合

0〜14歳

国名	0〜14歳	15〜64歳	65歳以上
日本（2021）	11.8%	58.4	29.8
インド（2021）	25.7%	67.5	6.8
中国（2021）	17.7%	69.2	13.1
イギリス（2021）	17.7%	63.4	18.9
アメリカ合衆国（2021）	18.2%	65.1	16.7
メキシコ（2021）	25.0%	66.9	8.1
オーストラリア（2021）	18.4%	65.1	16.6

系統地理

大地形

小地形

地形図

気候要素と
気候因子

気候区分と
植生・土壌

陸水と海洋

自然災害と
防災

農業

林業・
水産業

エネルギー・
鉱産資源

工業

地域開発と
環境問題

人口

村落と都市

商業・
観光業

交通・通信

貿易と
資本の移動

国家・民族

図10　女性の年齢別労働力率

統計年次は2020年。シンガポールは2019年。
＊アメリカ合衆国は16〜19歳。

※韓国，日本のグラフは，**M字曲線**と呼ばれ，20代後半から30代後半の落ち込みがみられる。これは女性が出産・育児によって一端離職し，子育てが落ち着くと再び社会復帰している様子が読み取れる。日本では M 字の谷が徐々に浅くなっている。スウェーデンなどは逆 U 字曲線を示す。

図11　合計特殊出生率の推移

※先進国は概して低めに推移するが，**移民受入国のアメリカ合衆国，子育て支援を積極的に進めるフランスや北欧諸国**は高めに推移することが読み取れる。

合計特殊出生率（ごうけいとくしゅしゅっしょうりつ）　**1人の女性が平均して何人の子どもを産むかを示す数値**で，人口を維持するためには合計特殊出生率が**2.1以上必要**だが，日本など先進国の大

部分ではこれを下回っている。2023年の**日本の合計特殊出生率は1.20**で，**韓国（0.78）**と並び**世界でも最低レベル**である。

高齢化社会と高齢社会　高齢化を示す指標として，**総人口に占める65歳以上の割合**（老年人口率，高齢化率）が7％を超えると**高齢化社会**（Aging Society），14％を超えると**高齢社会**（Aged Society）とし，高齢化に対応できる社会基盤の整備を促している。近年は，21％を超えると**超高齢社会**（Super aged society）と呼ばれるようになった。

ポイント 人口構成と人口問題

❶ **人口ピラミッド**は，その国の経済発展のレベルや人口増減の状況を表すことができる。

❷ **産業別人口構成**は，先進国では第1次産業人口割合が小さいが，発展途上国では大きく，**経済の発展とともに第2次，第3次産業に移行**していく。

❸ 発展途上国では，「人口爆発」による人口増加に経済発展が追いつかないため，生活水準が低下するなどの問題が生じている。

❹ 先進国では，**高齢化，少子化が進展**し，労働力不足や福祉負担が増大するなどの問題が生じている。

日本を，女性が安心して
出産，育児，就労できる
社会にしていきたいね！

チェック問題

標準 **3**分

1 次の表は，世界のいくつかの地域における合計特殊出生率*および65歳以上人口の割合を示したものであり，①〜④は，アフリカ，北アメリカ，中央・南アメリカ，東アジアのいずれかである。東アジアに該当するものを，**表**中の①〜④のうちから一つ選べ。

*女性1人が生涯に産む子どもの数に相当する。

	合計特殊出生率	65歳以上人口の割合（%）
①	4.64	3.5
西アジア	3.02	4.7
②	2.30	6.9
③	2.03	13.2
④	1.61	9.5
ヨーロッパ	1.53	16.2

統計年次は，合計特殊出生率が2005年〜2010年，65歳以上人口の割合が2010年。
World Population Prospects により作成。

2 次の図の**ア〜ウ**は，栄養不足人口率，穀物自給率，人口増加率のいずれかの指標について，国地域別にその高低を示したものである。指標名と**ア〜ウ**との正しい組合せを，①〜⑥のうちから一つ選べ。

■ 高
▨ 中
□ 低
⊞ データなし

ア

イ
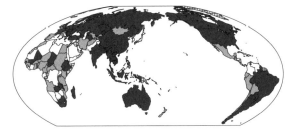

系統地理

大地形

小地形

地形図

気候要素と気候因子

気候区分と植生・土壌

陸水と海洋

自然災害と防災

農業

林業・水産業

エネルギー・鉱産資源

工業

地域開発と環境問題

人口

村落と都市

商業・観光業

交通・通信

貿易と資本の移動

国家・民族

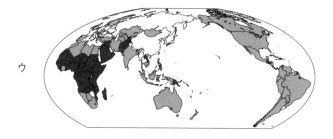

統計年次は，栄養不足人口率が2011年，穀物自給率が2009年，人口増加率が2005～2010年。
World Population Prospects などにより作成。

	①	②	③	④	⑤	⑥
栄養不足人口率	ア	ア	イ	イ	ウ	ウ
穀物自給率	イ	ウ	ア	ウ	ア	イ
人口増加率	ウ	イ	ウ	ア	イ	ア

解答・解説　　**1**　④　　アフリカ，北アメリカ，中央・南アメリカ，東アジアにおける合計特殊出生率，65歳以上人口の割合を判定させる問題である。東アジアがどの国々を指すのかという地域区分が理解できていないと判定を誤ってしまうので，**本書の地誌分野で説明している世界の地域区分をしっかりとマスターしておこう！**

　　データの指標にある合計特殊出生率は，**1人の女性が一生のうちに産む子どもの平均値**のことで，少子化を示す最も典型的な指標である。合計特殊出生率は，経済発展が進む**先進地域では，人口再生産が可能となる2.1を下回る**が，**発展途上地域では2.1を上回り**，将来的には先進国で人口減少，発展途上国で人口増加をもたらす。したがって，表中の①と②が経済発展が遅れているアフリカか中央・南アメリカ，③と④が先進国のアメリカ合衆国，カナダなどからなる北アメリカか，先進国の日本，アジアNIEsの韓国，急速に経済が発展しつつある中国などからなる東アジアである。

　　①は**最も合計特殊出生率が高く，65歳以上の人口割合も低い**ことから**アフリカ**である。65歳以上人口割合は，老年人口率または**高齢化率**ともいわれ，**平均寿命が長い先進国ほど割合が高い**傾向にある。

　　②は**中央・南アメリカ**で，ほとんどの国が発展途上国であるが，アフリカよりは経済が発展しており，1人当たりGNIも中位程度の国々が多い。

③と④の判定は，65歳以上人口の割合から判定する。

③はヨーロッパに次いで，老年人口率が高いため，**先進国のアメリカ合衆国**などからなる北アメリカである。アメリカ合衆国やカナダは移民の受け入れ国であるため，**若い年齢層が流入**することから，先進国の中では合計特殊出生率が高いが，発展途上国よりは低い。

④は**東アジア**で，日本のことだけを考えると，**世界有数の老年人口率（29.8%，2021年）**であるが，**中国や韓国では先進国ほど高齢化が進行していないため**，東アジア全体では北アメリカより65歳以上人口の割合が低くなる。近年の試験は，データの分析が多いため，**本書を熟読した後に**，本書の演習問題や本書準拠の問題集である白本『瀬川聡の超重要問題の解き方』などで，十分に練習をしてもらいたい。

2 ① 　階級区分図を使用したデータの読み取り問題である。**栄養不足人口率**は，経済発展が遅れている途上国で高くなり，先進国で低くなるため，中南アフリカで高い階級を示し，欧米先進国で低い階級を示す**ア**が該当する。主に主食とされる**穀物自給率（米，小麦，トウモロコシ**，雑穀などを自国内で調達できるか否か）は，**農業生産性が高い先進国**（ヨーロッパ，アメリカ合衆国，カナダ，オーストラリアなど）や**モンスーンによる降水や肥沃な土壌に恵まれるアジア諸国**で高い階級を示すことから，**イ**が該当する。アジアでも**日本や韓国は人口のわりに農地に恵まれない**ため，**穀物自給率が極めて低いことに注意！** 　人口増加率は，自然増加率（**出生率－死亡率**）と社会増加率（**移入率－移出率**）からなる。まず，経済発展が遅れ，出生率が高い**アフリカ諸国**では，**自然増加率が高い**ことに着目する。次いで，南北アメリカ大陸やオセアニアでは，**移民による社会増加率が高い**が，**若年層を中心とする移民が流入**するため出生率も高めになることから自然増加率も高めになる。したがって，**人口増加率はアフリカ諸国で高位を示し，新大陸諸国で中位を示すウ**が該当する。

地域ごとの人口の特徴を
しっかりおさえておこう！

大地形

小地形

地形図

気候要素と
気候因子

気候区分と
植生・土壌

降水と海洋

自然災害と
防災

農業

林業・
水産業

エネルギー・
鉱産資源

工業

地域開発と
環境問題

人口

村落と都市

商業・
観光業

交通・通信

貿易と
資本の移動

国家・民族

15 村落と都市
村落・都市の機能と都市化の進行

━━━━━━━ この項目のテーマ ━━━━━━━

❶ 村落の立地と住居の地域性
村落の立地と形態を考えてみよう！

❷ 都市の成立と発達
都市の発達や成長による機能や地域の変化を理解しよう！

❸ 都市化と都市問題
都市化の要因と都市問題について考えてみよう！

❶　村落の立地と住居の地域性

　人間が共同の社会生活を営んでいる場所のことを集落というんだ。集落は，**農林水産業などの第1次産業が経済を支えている村落（農村・漁村・山村）**と，**商工業など第2次・第3次産業が経済を支えている都市**に分けられるんだよ。まずこの項では村落の話をしよう！

　村落は（農村だと考えよう），人々の生活条件に適した場所に立地するはずだよね。農業を行うためには，**水が得やすく農耕に適した土地**（地形，日当たりなど）が必要になるよ。**日本やヨーロッパ**のように古くから農業が行われていた村落では，**防御**の面や共同作業の便などから住民相互の結びつきが強い**集村（家屋が密集**した村落形態）が一般的だったんだ。集村は共同作業には適しているけど，住居と耕地が離れているのが弱点かな。一方，**北アメリカや**

図1　主な村落の形態

▲塊村
不規則に家屋が密集

▲路村
家屋が道路に沿って分布，耕地は短冊状

▲散村
家屋が分散

オーストラリアなどの開拓が新しい集落は，国内の治安がよく，外敵への備えも必要がないから，個人で開拓がしやすく**大規模な耕地や牧場経営に有利な散村**が多いよ。特にアメリカ合衆国の**タウンシップ制**にもとづく散村が代表的だね。日本の**屯田兵村**でもみられるよ。[➡ p.268 🏔]。

表1　村落形態のまとめ

村落形態		特　徴
集村	塊村	自然発生的な集落で，家屋が不規則に集まる。日本の一般的な村落形態。
	路村	道路に沿って家屋が並んだ集落で，短冊形の地割をしていることが多い。開拓集落などでみられる。日本の新田集落，ドイツの林地村。
	列村	道路以外の要因で列状に並んだ集落で，自然堤防上，扇端，干拓地の堤防に沿う場合が多い。
	街村	主要街道沿いに発達した集落で，家屋が密集し，商業的な機能をもつ場合が多い。地形図では，建物の密集地の地図記号（▨）に注意！
	円村	集会や市場に利用される広場を中心に家屋が環状に並んだ集落で，ドイツ〜ポーランドにかけて分布。日本にはない。
散村		一戸または数戸の農家が散在している集落で，家屋の周囲に農地があるため大規模な耕作や収穫に有利。新大陸には多く見られたが，日本では少なく**砺波平野**（フェーンによる類焼防止），出雲平野などに分布している。

日本の村落で条里制に基づく集落とか新田集落とか聞いたことがあるんだけど，これってなんのことなの？

　よく地形図の問題で問われるよね。条里制に基づく集落は，**古代**の条里制の名残をとどめている集落形態で**土地を平行線で区切り，道路や灌漑水路などが碁盤目状**をしていたんだ。覚えなくてもいいけど，一区画を里と呼び，里の東西の列を条，南北の列を里と呼んだんだ。だから今でも，「**条**」とか「**里**」とかいう地名が残っているんだよ。集落は**塊村**状をなしているのが特徴だね。

　新田集落は**近世**（**江戸時代**）の集落で，比較的集落の立地条件が悪いところ（**洪積台地上，火山の山麓，低湿地，干拓地**など）にあると考えていいよ。理由はね，日本の耕地（特に水田）は大部分が江戸時代より前に開拓されているけど，**新田集落は江戸時代の農業技術や土木技術の発展によってはじめて開拓できるようになったところ**だからだ。「**〜新田**」という名前がその名残となっているので注意しようね！

村落の形態や日本の古い集落についての説明はよくわかったよ。ついでに家屋についても知りたいなぁ。世界の伝統的な家屋は気候などの自然条件に適応するようにつくられてきたはずだよね？

いいとこに目をつけたよ。しばしば入試でも出題されてるしね。**熱帯雨林など高温湿潤な地域**では，通気性をよくするために開放的な造りになってるし，害獣から身を守ったり，水害から逃れるために**高床式**になっていたりするよ。植生が豊富なため，建築材料は**木や葉，草**を利用している場合が多いんだ。**シベリアなど寒冷な地域**では外気を遮断・保温する必要があるよね。だから入り口のドアや窓は小さいんだ。豊富な**針葉樹**を建材に利用して**木造住宅**が作られてきたんだね。

　西アジアや北アフリカの乾燥地域では，日中の気温が高くなるため，強い日射や外気を遮断する必要があるので，入り口も小さく，窓は小さいかまったくない場合もあるんだ。窓がないなんて，日本じゃ考えられないよね。木材が得にくいため，**石，日干しレンガ，泥**などを建築材料として利用してきたんだ。

　それから**屋根の形**にも注意しよう！　伝統的家屋で急傾斜の屋根の場合には**降水量や降雪量が多い地域**だと考えていいし，逆に平屋根の場合には降水量が少ない**乾燥地域**だと考えたらいいよ。

　タウンシップ制と屯田兵村　18世紀後半から19世紀にかけて，**アメリカ合衆国やカナダで行われた公有地分割制度**で，経緯線に沿った**碁盤目状の地割**をしていた。1区画約64 haの土地に一家族が**入植**し，農業開拓を行った。ホームステッド法の成立に伴い，土地の無償供与を実施したため，西部開拓が急速に進展した。**屯田兵村はタウンシップを模範**とし，明治時代に北海道の開拓，防備，士族授産を目的として建設された。塊村，路村，散村と村落形態は多様だが，**共通テストでは散村に注意！**

ポイント　村落の立地と住居の地域性

❶　村落は水が得やすく人々の生活に適したところに立地した。
❷　古くから農業が行われていた**日本**などでは**集村**が多いが，開拓が新しい**新大陸（アメリカ合衆国やオーストラリア）では散村**が多い。
❸　降水量の多い地域では**傾斜のある屋根**，乾燥地域では**平屋根**が用いられてきた。

❷ 都市の成立と発達

古代の都市は主に**政治**，**宗教**，**軍事的**な役割を担っていたんだ。

中世になると**商業都市**が発達し，**産業革命後**に**本格的な都市化**が進んでいったんだ。その代表的な例が**工業都市**の発達だ。

日本でも**古代**（奈良～平安）には**平城京**や**平安京**が政治の中心として発達したけど，**中世**（鎌倉～室町）の**門前町**［➡ p.272 ⛏］，港町，市場町，**近世**（安土桃山～江戸）の**城下町**［➡ p.272 ⛏］，**宿場町**が現在の都市の起源となっている場合が多いよ（**県庁所在地の大部分が城下町起源**だということに注意！）。

現代の都市は，さまざまな**都市機能**を備えていて，**行政**，文化，生産，消費，交通などの機能を大なり小なりもっているんだ。都市は，その発達とともに巨大化し，**メトロポリス**（**Metropolis**）と呼ばれる**巨大都市**になるものも現れたんだ。メトロポリスでは生産，流通，消費に関する施設や情報が集積し，経済や文化の中心地（**中心地機能が発達**［➡ p.273 ⛏］）となっているから，周囲に対する影響力も大きく，**衛星都市**など周辺地域を影響下におく**都市圏**［➡ p.273 ⛏］を形成しているよ。**通勤圏**，**通学圏**，**商品の流通圏**などが，都市圏を決定する重要な指標となっているんだ。

もちろん大都市になればなるほど，都市圏の範囲は広くなり，**大都市圏（メトロポリタンエリア）**を形成するようになるよ。日本では**東京大都市圏**が最も広く，続いて**大阪大都市圏**，**名古屋大都市圏**になるということだね。

都市は，いろいろな機能を持っているって話をしたけど，すべての都市が持っている機能は，**一般的機能**（中心地機能）と呼ばれ，その都市特有の機能の

表2　特別な機能が発達している都市

都市機能からみた分類	都　市
政治都市	キャンベラ（オーストラリア），ブラジリア（ブラジル），アブジャ（ナイジェリア），オタワ（カナダ），デリー（インド）
宗教都市	メッカ（サウジアラビア），エルサレム（イスラエル），ヴァラナシ（インド）
学術都市	オックスフォード（イギリス），ハイデルベルク（ドイツ），つくば（茨城）
観光・保養都市	ニース，カンヌ（フランス），マイアミ，ラスヴェガス（アメリカ合衆国）

ことは，**特殊機能**と呼ばれているんだ。都市の中には特殊機能（特別な機能）が発達したものもあるから，**表2** ［➡ p.269］にまとめておくね。**共通テストでは，正誤問題に気をつけよう！**

> メトロポリスのような**大都市**は，いろいろすぐれた機能をもっているので，周囲から労働力などを吸引し，商品やサービスを広い範囲に提供しているんだよね。都市は，大きくなれば周囲への影響力が大きくなるってことはわかるんだけど，じゃあ，**都市の内部はどうなっていくの？**

　都市は大きくなればなるほど，**内部分化**が進み，異なった機能をもったいくつかの地域に分かれていくんだ。

　まず，都心には**政治・行政機関や大企業・国際企業の本社・支社が集中**する中心業務地区（CBD）が形成されているよ。東京の丸の内・大手町・霞が関，ニューヨークの**マンハッタン**，ロンドンの**シティ**なんかがその代表例だね。その CBD に隣接して**デパート（百貨店）**，**高級商店街**，**ホテル**などが立地しているんだ。

　都心地域は行政，経済，流通の中心地で経済活動に有利だから，**地価が高**いことはわかるよね？　だから昼間は通勤や買い物に多くの人が訪れるんだけど，住むにはあまり適していないため（地価や家賃が高い），**昼間人口に比べ夜間人口は少なくなる**んだ（働きには行くし，遊びにも行くけど，住んでいる人が少なくなるってことだよ）。つまり**ドーナツ化現象**が進んでいるんだね。

　また，地価が高いぶん，土地を有効に利用しなくちゃいけないから，**高層化**や**地下化**が進み，都市空間が垂直的に立体化する傾向が強いよ。

　都心の周辺地域は，**住宅や商工業地が混在するインナーシティ**と呼ばれる地域なんだ。このあたりは早くから市街化が進んだけど，今では**老朽化**し，発展から取り残された地区もあるんだよ。

　特に**アメリカ合衆国**やヨーロッパの大都市では，以前，中高所得層が住む住宅区だったところが過密化などで居住環境が悪化し，それをきらった人々

図2　アメリカ合衆国の大都市圏のモデル

■ 工業団地　　　● CBDと中心商業地域　　　● 地域的ショッピングセンター
□ 高級住宅地　　　■ 中級住宅地　　　■ 低級住宅地（インナーシティ）

は郊外に流出し，かわりに**低所得層や新規の移民など**が居住するようになって，**スラム化**しているところがあるんだね。さらにその外側には工場地区，住宅地区が同心円状に配置するんだ。大都市の郊外には衛星都市が形成されるけど，住宅機能が主の**住宅衛星都市**（ベッドタウン）である場合が多いね。

東京では，新宿，渋谷，池袋，大阪では天王寺のことを副都心（新都心）っていうよね？　副都心ってなんのことなの？

確かによく使う言葉だよね。**副都心**（新都心）とは，都心がもつ行政，経済などの**中心地機能**［➡ p.273🔲］を一部分担している地域で，**交通のターミナル**付近（東京では JR と郊外線の結節点）などに成立するんだ。商業・サービス機能もすぐれているよ。

郊外では，スプロール現象というのが起こるんだよね。これはいったいどんな現象なの？

スプロール（sprawl）**現象**はね，**都市が無計画に拡大**していって，いままで農地だったところに住宅や工場が虫食い状にできることをいうんだよ。

住宅地区，商業地区，工業地区，農地はそれぞれ人々の生活サイクルが違うよね。混在すると住みにくくなるし，道路や上下水道など社会基盤が不十分なまま発展していくと**交通渋滞**などさまざまなトラブルが発生しやすくなるね。

そこで，日本では**市街化調整区域**，ロンドンでは**グリーンベルト**（緑地帯）など，開発を抑制する地域を設定し，**スプロール現象を防止**する努力をしているんだ。

地理用語としてメトロポリス（巨大都市）というのはさっきやったよね。
メガロポリスとコナベーションというのがよくわかんないなぁ？
やさしく説明してほしいんだけど。

よーし，やさしく説明しよう（^_^）。

メガロポリス（Megalopolis）はアメリカ合衆国大西洋岸のボストン～ニューヨーク～ワシントン（**アメリカンメガロポリス**）が最も代表的な地域だね。ここは複数のメトロポリスを中心に，周辺の中小都市が**帯状**に連なってできたもので，**高速交通網や通信網で密接に結ばれ**，さまざまな機能を分担し合っている地域だよ。日本でも**東海道メガロポリス**と呼ぶことがあるね［➡ p.273🔲］。

これに対して，**コナベーション**（Conurbation：連接都市）というのは，**都市の人口規模に関係なく，都市と都市の間が，市街化**（従来の農地や林地だったところに，住宅や工場などができる）して，**複数の都市がまるで一つの都市のようになってしまうこと**をいうんだ。**東京湾岸，ルール地方，五大湖沿岸地方**が代表的なコナベーションだね。

メトロポリス，メトロポリタンエリア，メガロポリス，コナベーションといろいろな用語が出てきたけど，しっかり理解しておいてね！

最後に，都市の道路網の形態についてもまとめておくから，マスターしておいてよ［**図3・表3**］。

図3・表3　道路網からみた都市の形態

道路網の形態	都　　　市
直交路型	ペキン（北京），ニューヨーク，アジアの古代都市や新大陸。
放射同心円型 （環状路）	パリ，モスクワ，道路の中心に王宮や教会。ヨーロッパの首都。
放射直交型	ワシントンD.C.
迷路型	テヘラン（イラン），ダマスカス（シリア）など西アジアや北アフリカ。敵の侵入を防ぎ，強い陽射しをさえぎる。日本の城下町も迷路型。

👉 **門前町**　有力な寺院を中心に発展した町で，寺の門前に参拝者を対象とした店や施設が発達した。**長野**（善光寺），**成田**（新勝寺）などが代表的。

👉 **城下町**　封建時代の領主の居城を中心に発達した集落で，**身分，職種による住み分け**が行われ，道路形態は防御を目的として，**かぎ形，丁字路，袋小路**（行き止まり）となっている場合が多い。

👉 **城郭都市**　ドイツのネルトリンゲンなど**中世ヨーロッパの交易都市**でみられた都市形態で，外敵の侵入を防ぐため，**周囲を高い城壁で取り囲んでいた**。城壁跡は**環状道路**などに利用されている。

👆 **中心地機能と都市圏**　中心地機能とは，都市が有する一般的機能で**商品，サービス，雇用を提供する力**のことである。都市圏とは都市の**中心地機能が周囲に及ぶ範囲**のことを指す。

👆 **都市の階層性**　中心地機能が大きくなると，都市圏も拡大し，東京，大阪，名古屋のような国家的中心都市，札幌（北海道の中心），仙台（東北の中心），広島（中四国の中心），福岡（九州の中心）など広域中心都市，新潟，金沢，高松，那覇など準広域中心都市，県庁所在地などの県域中心都市が成立する。

👆 **東海道メガロポリス**　**東京大都市圏から大阪大都市圏にいたる都市化地域**を指し，東海道新幹線や高速道路などの交通網も整備されている。東海道メガロポリスは，東京，川崎，横浜，静岡，浜松，名古屋，京都，大阪，神戸などの大都市だけでなく，周辺の中小都市も含むため，総人口は5,000万人を超え，日本経済の中核をなしている。

👆 **市街化区域と市街化調整区域**　都市計画法による都市計画地域のうち，現在すでに市街化されている地域，または今後優先的に市街化を図ることを認められている地域を市街化区域という。これに対し，**郊外への無秩序な開発（スプロール現象）を防ぐ**ために，**開発が抑制されている地域**を市街化調整区域といい，**ロンドンのグリーンベルト**がこれに当たる。

ポイント　都市の成立と発達

❶　**都市の発達**とともに，メトロポリスと呼ばれる巨大都市が現れ，**大都市圏（メトロポリタンエリア）**を形成している。

❷　**都心**には，行政機関や企業の本社などが立地する**中心業務地区（CBD）**が形成される。

❸　**メガロポリス**は，複数のメトロポリスと周辺都市が帯状に連なり，交通・通信網で結ばれた都市化地域である。

「メトロポリス」と「メガロポリス」，
ちょっとまぎらわしいから，注意してね！

❸ 都市化と都市問題

　先進国では，産業革命以降，都市化（Urbanization）が進展し，多くの大都市が形成されるようになっていったんだ。**第二次世界大戦後**は，発展途上国でも都市化が進展し始め，都市人口も増加しつつあるよ。ここでは**先進国と発展途上国の都市化の特色や都市問題**について話をしよう！

　先進国では，18世紀後半にイギリスで産業革命が起き，都市では工業や商業などの産業が急速に発達するようになったね。そのため，高所得が得られ，雇用機会が豊富な都市は，**周辺の農村から労働力を吸引**し始めるんだ（pull型の都市化要因）。つまり都市が労働力を必要とするから，その必要性に合わせて徐々に人々を都市に引っ張り込んでいったんだね。ヨーロッパやアメリカ合衆国などの**大都市では過密化が進行**し，**地価も高騰する**など生活環境の悪化が問題となったんだ。

　特に**インナーシティ**で**スラム**が形成されるようになると，富裕層はよりよい生活環境を求めて，郊外に移動するようになったんだね。**郊外化**（Suburbanization）はアメリカ合衆国ではっきりと現れているよ。

　先進国では大都市の過密化やインナーシティ問題にはどのような対応をしているのかなぁ？

　過密化対策としては，イギリスが世界に先駆けて実施した「**大ロンドン計画**」が代表的な例だね［➡ p.275 **図4**］。イギリスは20世紀の初めから，すでに過密化と環境悪化に苦しんでいたんだ。そこで**第二次世界大戦後**，職場と住居がある（**職住近接**）だけでなく，商業・文化・娯楽施設までも兼ね備えた**ニュータウン**［➡ p.278 ⛰］の建設が始められたんだ。

　ニュータウンはロンドンを囲むグリーンベルトの外側に立地し，そこには快適な居住空間をもつ住居が多数建設されたんだよ。その結果，ロンドンの過密化は解消の方向に向かったんだけど，逆にロンドンの人口流出が進み，**インナーシティの空洞化**が目立ってきたので，今度は，**都市内部の再開発**が必要になってきたんだ。特に，ロンドンの近郊にある**ドックランズ**はかつて世界的な港湾施設として栄えてきたけど，**石油危機後，産業構造が転換**し（それまでは鉄鋼や造船が基幹産業だったけど，自動車やエレクトロニクスに転換していったんだよね），**港湾の重要性が低下**して老朽化したため，ドック（造船所）は閉鎖され，倉庫などは遊休化していたんだ。

　そこで政府は民間企業の協力を得ながら，**ウォーターフロントの再開発**を実

施することになったん
だよ。**造船所や倉庫の
跡地（あとち）に，オフィスビル，
マンション，ホテル，
レジャー施設などを建
設し，活性化**を図って
いるんだ。イギリスの
ニュータウンやウォー
ターフロントの再開発
は，日本など他の先進
国の再開発のモデルと
なり，大きな影響を与
えたんだね。

図4　大ロンドン計画

先進国では都市化の進展が早かったから，老朽化したり，時代の
変化に対応できない地域が出てきたんだね。都市再開発には**ドッ
クランズ**のように古い施設を壊して，新しい施設をつくるやり方
以外に，古い建物や街並みを修繕（しゅうぜん）していくやり方もあるってテレ
ビで見たんだけど？

　そうだね。じゃあ，今度はパリを例にとって説明していこう！
　パリの旧市街地は歴史的な建造物も含む老朽（ろうきゅう）化した住宅が多く残り，過密（かみつ）
化が進んでいたんだ。再開発では二つの手法がとられたよ。
　第二次世界大戦後は，スラムなど不良住宅地区をすべて撤去（てっきょ）して，その跡地
に高層ビルを建設する**クリアランス（一掃（いっそう）型**というやり方をとったんだ。比
較的簡単に再開発できるけど，都市景観のバランスが悪かったり，以前からそ
の場所で暮らしていた低所得の住民が入居できなくなるなど評判がいま一歩だ
ったんだね。
　そこで1960年代から**修復保全型**が実施されるようになり，できる限り古い住
宅や建物を修復し，保全していこうとしているんだ。**ヨーロッパは，歴史的な
建造物や街並みが多く残されている**（歴史的景観を重視するため，都心部など
における高層ビルの建設を制限）ので，修復保全型とクリアランス型の両方の
特色を活かしながら再開発をしているところがたくさんあるんだよ。だから**ア
メリカ合衆国や日本の大都市に比べて，高層ビルが少ない**んだね。

系統
地理

大地形

小地形

地形図

気候要素と
気候因子

気候区分と
植生・土壌

降水と海洋

自然災害と
防災

農業

林業・
水産業

エネルギー・
鉱産資源

工業

地域開発と
環境問題

人口

村落と都市

商業・
観光業

交通・通信

貿易と
資本の移動

国家・民族

パリ郊外のラ＝デファンスはビジネスセンターを中心に近代的な
副都心が建設されているよね？

　パリ大都市圏には，フランスの総人口の約20％が居住していて，さらに銀行
本店の約90％，企業本社の約50％が集中しているんだ。つまり，**都市機能のパ
リへの集中**がめちゃめちゃすごいんだ。

　でも，パリの市内は都市計画によって建築物の高さや美観上の規制があって，
都心部以外には高層ビルは建築されず，副都心が発達しにくかったので，**過密
化**や**都心部の交通渋滞**が深刻化したんだね。これを解消するため，パリ西郊
のラ＝デファンス地区〔➡ p.278 🏔〕で超高層の**オフィスビル**，**大規模なショ
ッピングセンター**，**近代的高層住宅**などを備える**副都心**建設のプロジェクトが
行われたんだよ。

 そうかぁ，ロンドンやパリでは，いろんなやり方で都市の再開発
が行われているんだね。
じゃあ，**日本でも都市の再開発は行われているの？**

　うん，同じように歴史が古いヨーロッパなどの都市再開発を参考にしつつ，
日本独自の再開発も行われているよ。**東京**，**大阪**，**名古屋**の大都市圏を中心に，
郊外では**ニュータウン**の建設が行われてきたんだ。ただロンドンのニュータウン
とは違っていて，**職住分離型**の**住宅都市**だから，職場までの通勤がなかな
か大変だね。このあたりでちょっとだけ日本のニュータウンについて説明をし
ておこう。東京都の**多摩ニュータウン**や大阪府の**千里ニュータウン**くらいは聞
いたことがあるよね？　日本では，第二次世界大戦後の人口増加と都市への急
激な集中に対応するため，**1950年代の後半から多くのニュータウンが大都市の
郊外を中心に建設されていったんだよ。**高度成長期の住宅需要に応える必要が
あったんだな。このことは日本の住宅供給に多大な成果をあげたんだけど，い
っせいに建設され，同じような世代の人々がいっせいに入居してすでに50年以
上‼　ということは人々も建物も街もみんなそろって歳をとる「**オールドタウ
ン**」化の傾向がみられるんだ。今は**バリアフリー化**などを含めて魅力ある住宅
や住宅地を目指す努力が行われているよ。

　次はウォーターフロントの再開発例だけど，**横浜のみなとみらい21**（MM21）
かな。古くなった港湾施設などを一掃し，新たに埋め立て地も加えて新都心を
建設しているんだよ。**クリアランス型**の再開発の代表的な例だね。

　これに対して，同じ再開発でも，魅力ある伝統的な街並みを残しつつ地域

を発展させていこうという**修復保全型**の代表例が，北海道の小樽や函館だ。港湾地域の歴史的な建造物や景観を残しながら，観光開発を図るという比較的小規模な再開発が行われているよ。

　それから，近年は環境にも配慮した都市整備や都市再開発も注目されているんだ。1993年に提唱された**エコシティ**（**環境共生都市**）って聞いたことある？　これは環境に優しく，かつ暮らしやすい都市を目指すもので，船橋市，横浜市，大阪市，北九州市などでさまざまな取り組みが行われているよ。

> 今度は**発展途上国の都市問題**について知りたいなぁ？
> どんなところが先進国と違うのかな？

　人口のところでも説明したけど，**発展途上国**では**農村**で**人口爆発**が起こってるよね。つまり農村の余剰労働力は，その村にいても生活していけないので，**農村から押し出される**ことになるんだ。

　じゃあ，それからどうするかというと隣の村に行っても当然同じ状況で，労働力を受け入れることはできないわけだから，あてはなくても農村から都市に移動するしかなくなるよね（push型の都市化要因）。ところが，先進国のように多数の都市で商工業が発達しているわけではないから，みんなが首都に代表される**プライメートシティ**（**首位都市**）に集中して流れ込むことになるんだ。バンコク（タイ），ジャカルタ（インドネシア），リマ（ペルー），サンティアゴ（チリ），ブエノスアイレス（アルゼンチン）なんかがプライメートシティの典型だよ。

　そのプライメートシティでさえ雇用能力はあまり大きくないから，収入を得られない人々は都市郊外の未利用地（山麓や河川の後背湿地など）にバラック

表4　都市人口率の推移

地域	1950（%）	1970（%）	2015（%）	2030（%）
世　　　界	29.6	36.6	53.9	60.4
先 進 地 域	54.8	66.8	78.1	81.4
発展途上地域	17.7	25.3	49.0	56.7
ア ジ ア	17.5	23.7	48.0	56.7
ア フ リ カ	14.3	22.6	41.2	48.4
ヨーロッパ	51.7	63.1	73.9	77.5
アングロアメリカ	63.9	73.8	81.6	84.7
ラテンアメリカ	41.3	57.3	79.9	83.6
オセアニア	62.5	70.2	68.1	72.1

※2030年は将来予測。
※UN, World Urbanization Prospects : The 2018 Revision による。

図5　都市人口の推移

※2030年は将来予測。

系統地理

大地形

小地形

地形図

気候要素と
気候因子

気候区分と
植生・土壌

陸水と海洋

自然災害と
防災

農　業

林業・
水産業

エネルギー・
鉱産資源

工　業

地域開発と
環境問題

人　口

村落と都市

商業・
観光業

交通・通信

貿易と
資本の移動

国家・民族

やテントなどで**不法占拠のスラム**（スクォッター：squatter）を形成していくことになるんだね。**先進国のスラムはインナーシティスラムが多い**けど，**発展途上国の場合は都市郊外にスラムが拡大**していく傾向が強いよ。

👆 **ニュータウン**　ニュータウンとは，大都市の人口・産業を分散させるために建設された都市だが，**日本のニュータウンは職住分離型**の住宅衛星都市が多い。

👆 **都市人口率**　都市人口率とは，**総人口に占める都市居住者の割合**で，都市化が早くから進んだ**先進地域では都市人口率が高く，発展途上国では低い**［➡ p.277 表 4］。発展途上国でプライメートシティへの集中度が高いからといって，「**タイは，バンコクへの集中度が激しいため，都市人口率も高い**」という思い違いをしないでもらいたい（日本の都市人口率は92.0％，タイの都市人口率は52.9％）。**都市人口率は，首都への集中度を示す指標ではない。**

👆 **ラ＝デファンス地区とマレ地区**　ラ＝デファンスはパリの中心から西へ4 kmの位置にあるが，ここではパリ大都市圏の拡大によってスプロール化が進展し，さらには既存の中小工場や老朽化した工場が混在するなど，生活環境が悪化しつつあった。これを解消し，さらには過密化が進むパリの都心機能を分担することができる**新都心（副都心）の建設**を目指したのが，ラ＝デファンスの再開発である。再開発では，この地区をオフィスビルなど業務施設中心のA地区と住宅施設中心のB地区に分け，人々が生活しやすい都市造りを進めている。

　一方，**パリの旧market街地**に位置する**マレ地区**では，**老朽化した建造物や街並みの修復・保全事業**が行われ，古い建物や中庭などを美しく復旧し，一大観光名勝となるなど活性化に成功している。

👆 **ジェントリフィケーション**（gentrification）　インナーシティの老朽化した街区やスラム化した街区を再開発により高級化した場合，**低所得層が流出し，富裕層が流入する現象**で，アメリカ合衆国の**ハーレム**（ニューヨーク）などのスラム再開発が代表的である。

> ## ポイント ▶都市化と都市問題
>
> ❶　先進国では，雇用能力の大きい都市が周辺の農村から人口を吸引する**pull**型の都市化が進行する。
> ❷　発展途上国では，農村で人口が急増し，押し出された人々が都市へ流入する**push**型の都市化が進行する。
> ❸　先進国ではインナーシティにスラムが形成されるが，発展途上国では郊外の未利用地を不法占拠したスラムが拡大する。

チェック問題

1 次の図は，人口約40万人の日本のある都市を対象に，小地域*を単位として人口特性を示すいくつかの指標を地図で表現したものであり，**ア〜ウ**は，人口密度，農業・林業就業者割合，老年人口割合**のいずれかである。指標名と**ア〜ウ**との正しい組合せを，下の①〜⑥のうちから一つ選べ。

*おおむね市区町村内の「△△町」「○○2丁目」「字□□」などに対応する区域。
**総人口に占める65歳以上人口の割合。

小地域の境界と鉄道路線

ア

イ

ウ

統計年次は2010年。国勢調査により作成。

	①	②	③	④	⑤	⑥
人口密度	ア	ア	イ	イ	ウ	ウ
農業・林業就業者割合	イ	ウ	ア	ウ	ア	イ
老年人口割合	ウ	イ	ウ	ア	イ	ア

2 次ページの①〜④の文は，カイロ，ハンブルク，ベネチア（ヴェネツィア），ベルゲンのいずれかの都市の立地とその特徴について

説明したものである。ハンブルクに該当するものを，次の①～④の
うちから一つ選べ。

①　三角江（エスチュアリー）をなす河口から約100kmほど内陸
　に発達した都市で，国内最大の港湾都市となっている。
②　潟湖（ラグーン）の中に形成された都市で，近年では高潮に
　よる水没の被害に悩まされている。
③　大河川の三角州（デルタ）の頂点に立地する都市で，現在の
　市街地は河川の分岐点に発達している。
④　両側を急斜面に挟まれた入り江に位置する都市で，国内有数
　の海運業の拠点となっている。

解答・解説　　**1**　②　　人口約40万人の日本のある都市の小地域における**人
口密度，農業・林業就業者割合，老年人口割合**を判定させる問題である。まずは，
小地域の境界と鉄道路線の**地図**を見て，**路線が集まっているところを都心付近
と考える。**三大都市圏の中心地である東京，大阪，名古屋などとは異なり，**地
方の中小都市ではドーナツ化は顕著ではなく，むしろ都心から離れると人口密
度は低くなる**ことから，**ア**が**人口密度**である。農業・林業就業者割合は，**都心
から離れた近郊農村地域で高くなる**ことから，**ウ**が**農業・林業就業者割合**であ
る。残る**イ**が，**老年人口割合**であるが，**高齢化が進む近郊農村地域**に加え，**都
心部にも古くからの土地所有者など高齢者が居住**していることから，老年人口
率がやや高くなる。設問の都市は，愛知県一宮市であるが，本問は日本の中小
都市にみられる一般的傾向を問うているので，具体的な都市の特徴を覚えてい
る必要はない。

2　①　　正答には，正確な都市の知識が必要である。①はエスチュアリーを
なす河口に位置し，**国内最大の港湾都市**とあることから大貿易港**ハンブルク（ド
イツ）**である。②は街中を運河が縦横に走る**「水の都」**ヴェネツィア（**イタリア**），
③は**ナイル川の三角州**に位置する**アフリカ最大の都市カイロ（エジプト）**，④は
両岸を急斜面に挟まれた入り江（フィヨルド）に位置することからベルゲン（**ノ
ルウェー**）である。**ハンブルクがエルベ川のエスチュアリーに位置**しているこ
とを学習していれば，さほど難しくはない。

16 商業・観光業
第三次産業の発達とサービス経済化の進展

この項目のテーマ

❶ 商業の特徴
第3次産業の中でも重要な地位を占める商業について理解を深めよう！

❷ 消費行動の変化
経済的な豊かさによる生活スタイルの変化と多様化を認識しよう！

❸ 余暇活動と海外旅行
労働時間の短縮は余暇活動にどのような影響を与えただろうか？

❶ 商業の特徴

　商業は，商品を作った**生産者から消費者に売る経済活動**で，産業別人口構成では**第3次産業**に含まれるよ。ところで，卸売業と小売業って覚えてる？

　　もちろん聞いたことはあるけど，説明しろって言われると……

　小学校のときにやったはずだけどなぁ（笑），「**生産者→卸売業者→小売業者→消費者**」というように商品が販売されていくことを思い出せば大丈夫！
　卸売業は，生産者から工場で生産された商品を仕入れて，**小売業者に販売**するんだ。**企業間取引**（会社同士の取引）だから，**商圏が広く**（商品を販売する範囲が広い），**企業が集積している中心地で発達**することになるよ。三大都市圏の中心地の国家的中心都市（**東京，大阪，名古屋**），地方の中心地の**広域中心都市**（**札幌，仙台，広島，福岡**）や準広域中心都市（**新潟，金沢，高松，那覇**），府県の中心地の県域中心都市（主に**県庁所在地**）で卸売業が発達していることを忘れないでね。
　小売業はデパート（百貨店），スーパー，コンビニ，商店などの**小売業者が，一般消費者に商品を販売する**んだ。もし消費者の所得が全員同じだとすると，

商業販売額は人口に比例することになるね。ということは，人口規模が大きい都市ほど小売販売額が大きくなるんだね。わかってくれたかな。じゃあ，次は消費行動の変化や先進国と発展途上国の消費行動について勉強してみよう。

❷ 消費行動の変化

　先進国では人々の収入が多く，生活水準も高いので，食費などの生活必需品以外にも，趣味やレジャーなどに対する支出が多くなるのはわかるよね？　経済の発展は，**モータリゼーションの進展**や**生活スタイルの変化**を引き起こし，新しいタイプの商業・娯楽施設，観光業などを発達させることになるんだ。ところが，**発展途上国では，収入の大部分が日常生活に最低限度必要なものの消費にあてられている**んだ。

図１　消費支出に占める食費の割合と趣味・娯楽費の割合

※『日本の統計 2023』などによる。ドルをその年の平均値で円に換算。

　先進国における工業の発展は，大量生産を可能にし，所得の増大は大量消費を可能にしたんだ。また，**自動車の普及と道路の整備は**，**製品を輸送する**流通**業を発展させた**だけではなく，人々の行動空間を飛躍的に拡大させたよね。自分が行きたいときに，行きたいところへ買い物をしに行けるもんね。**モータリゼーションの進展**による**行動空間の拡大**は大規模な**ショッピングセンター**を，**都市化による生活スタイルの多様化**は**コンビニエンスストア**，ファミリーレストランを立地させ，消費行動をますます便利にし，多様化させているよ。

日本でも郊外の幹線道路沿いなどには，大きなショッピングセンターができてるよね？
どうして都心ではなく郊外にできるのかなぁ？

アメリカ合衆国に代表される**郊外型のショッピングセンター**だね。**郊外は地価が安いため，広い売場に大量の商品を並べる**ことができるし，**広い駐車場の設置**が可能で，自分の自動車で行けば，一度に多くの量の商品を買って（**ワンストップショッピング**），家まで持って帰ることができるんだから，便利だよね！

　特にアメリカ合衆国では，**郊外に購買力の高い富裕層の住宅地が多い**から，売り上げも見込めるしね。かつては消費行動が集中していた都心部にもショッピングセンターは立地していたんだけど，現在は過密化による**交通渋滞や地価の高さ，駐車場が少ない**ことなどから，都心部には大規模なショッピングセンターは建設しにくいんだ。

図2　業態別小売業の単位当たり年間商品販売額（2014年）

就業者1人当たり		売場面積1㎡当たり
7347	百貨店	103
2261	総合スーパー	48
2048	専門スーパー	53
1205	コンビニエンスストア	149
2300	ドラッグストア	60
5554	家電大型専門店	69

図3　百貨店，大型スーパー，コンビニエンスストアの販売額推移

百貨店
大型スーパー
コンビニエンスストア

兆円
1981 85 90 95 2000 05 10 22年

＊バブル崩壊以降，贈答品・高級品の需要が低下したこともあり**百貨店の販売額が減少**し，代わってセルフサービスによる**大型スーパー，コンビニエンスストアの販売額が増加**している。

図4　主な国の産業別国内総生産（GDP）の変化（億ドル）

インド
3,210（1990）　1次 2次 3次
31,503（2021）

ベトナム
65（1990）　1次 2次 3次
3,661（2021）

ロシア
5,168（1990）　1次 2次 3次
18,369（2021）

ブラジル
4,620（1990）　1次 2次 3次
16,496（2021）

『データブックオブ・ザ・ワールド2024』により作成。

ポイント　消費行動の変化

❶ モータリゼーションの**進展**による行動空間の**拡大**は，**大規模ショッピングセンター**を成立させた。

❷ **都市**における多様な生活スタイルは，**コンビニエンスストア**や**ファミリーレストラン**という形態を生み出した。

❸ 余暇活動と海外旅行

　経済が発展すると，**労働時間が短縮**され，その時間は**余暇活動**や睡眠などの休息にあてられるよね。（みんな，勉強のしすぎで睡眠不足だよね？　でも共通テストで高得点がとれるように，いっぱい応援しているからがんばろうね！（＾＿＾）v。でも，**睡眠時間を削るより，起きてるときに全力で取り組むほうが効率的だよ♥**）

　表1を見てごらん！　どんなことが読み取れるかなぁ？

　経済発展が早く進行した**ヨーロッパ諸国**では労働時間が**日本**や**韓国**より短縮されているよね。

　また，**日本**も週休2日制の導入などにより徐々に**労働時間が短くなり**，ヨーロッパ諸国に近づきつつあるよ。

　さらに**図5**も見てごらん。週休日や祭日による休日は日本とヨーロッパ諸国ではそんなに変わらないけど，**日本とアメリカ合衆国**は，有給休暇（自分の都合で取る休暇）の**取得日数が少ない**よね。

表1　雇用者1人当たり年間労働時間

国　名	1970年	1980年	1990年	2000年	2010年	2022年
韓　国	…	2,864	2,677	2,512	2,163	1,901
アメリカ合衆国	1,902	1,813	1,831	1,834	1,774	1,811
日　本	2,243	2,121	2,031	1,821	1,733	1,607
イギリス	1,937	1,767	1,765	1,700	1,650	1,532
フランス	1,970	1,795	1,665	1,535	1,494	1,511
ド イ ツ	1,966 1)	1,751 1)	1,578	1,452	1,390	1,341

※単位は時間。OECD Database "Average annual hours actually Worked per worker"（2023年6月現在）による。1)旧西ドイツ。

図5　各国の年間休日数

※週休日は完全週休2日と仮定。統計年次は2021年。祭日等の休日は2022年。イギリス，フランス，ドイツの年次有給休暇の取得日数は2020年。

日本は2019年に有給取得が義務化されたばかりだし，アメリカ合衆国は**有給取得が法制化されておらず**，企業と個々人の間で話し合って決める場合が多いみたいだよ。国によってずいぶん状況が違うんだね。

古くから**ヨーロッパ**では余暇を重視し，休日を楽しんで過ごす習慣があり，日本に比べると労働時間も短い先進国ほどこの傾向が強くて，有給休暇を取って長期の**バカンス**を過ごすことが生活の一部となっている人が多いんだ。

ヨーロッパでは，**夏季に長期休暇を取ることが多い**ため，陽光に恵まれた**地中海沿岸**（夏に雨が少ない Cs だったね）の**海岸リゾート地**に人々は移動する。比較的安価で，長期に宿泊できる宿泊施設が多く，家族で休暇を楽しむ傾向があるよ。

系統地理

大地形
………
小地形
………
地形図
………
気候要素と
気候因子
………
気候区分と
植生・土壌
………
陸水と海洋
………
自然災害と
防災
………
農業
………
林業・
水産業
………
エネルギー・
鉱産資源
………
工業
………
地域開発と
環境問題
………
人口
………
村落と都市
………
**商業・
観光業**
………
交通・通信
………
貿易と
資本の移動
………
国家・民族

表2　世界の観光旅行者受入国

国　　名	観光客数（百万人）	%	収入（百億ドル）
フランス	41.7	3.9	4.4
スペイン	31.2	…	3.4
イタリア	26.9	2.6	2.6
メキシコ	24.8	1.0	2.1
アメリカ合衆国	22.1	1.7	8.3
中　　国	8.0	3.9	1.1
世界計	455.8	100.0	62.0

※統計年次は2021年。中国にはホンコン・マカオを含まない。…はデータなし。フランス，メキシコ，中国の観光客数は2020年，世界計の％は2019年，中国の％は2004年。

じゃあ今度は，**表2**を見てみよう！

観光旅行は，経済的にゆとりがある先進国からの客数が多いはずだね。そして先進国が多く集まっている地域では移動が活発だろうから，表にあるようにヨーロッパの**フランス**，**スペイン**，**イタリア**が観光旅行者受入国上位にくるのは当たり前だ。これは簡単だね！

ここで，君たちに気づいてほしいことが二つあるんだけどわかるかな？　この3か国は**EU 加盟国**で，EU 域内では**人の移動が自由化**されているよね。

そしてもう一つは，3か国とも**地中海沿岸の海岸リゾート地**を持ってるから，宿泊施設など休暇を楽しめる環境があるんだね。だからドイツ，イギリス，北欧などのヨーロッパの高緯度地域から多くの観光客をひきつけるんだよ。

最近は，日本でも海外旅行者が増加して，一般的な休暇の過ごし方の一つになってきたけど，いったいみんなは，どこに行ってるんだろう？

確かに，**海外旅行は1980年代後半以降，所得上昇や円高などの影響**もあって**急激に伸び続け**，2019年の統計では2,003万人の人が海外旅行に行ってるんだ［**→** p.286 **図6**］。君たちも大学生や社会人になったらこの統計数値を上げることに貢献するんだろうな（・∀・）。海外旅行者の大半は**観光目的の旅行**なの

で，一般に近くて（旅費が安くて，日程も取りやすいよね），観光資源があり，治安がよいところに行こうとするね。

そこで，**表3**を見てみよう。日本人の渡航先に関する統計資料だよ！

図6　日本人の海外旅行者数の推移

図7　地域別にみた訪日外国人旅行者の宿泊先（2022年）

※調査対象：従業者数10人以上の宿泊施設。
「観光庁　宿泊旅行統計調査（2022）」による。

表3　日本人の海外渡航先

渡航先	1990年	2019年
アメリカ合衆国	368	374
中　　国	37	268
韓　　国	137	327
（台　湾）	88	217
タ　　イ	42	181
シンガポール	100	88
ド イ ツ	31	62

※単位は万人。アメリカにはハワイ，グアムを含む。中国には台湾，ホンコンを含まない。
「観光白書　令和5年版資料編」による。

アメリカ合衆国を除いて上位にくる国や地域は，韓国，中国，（台湾），タイ<ruby>き<rt></rt></ruby>**など近隣のアジア諸国が多い**ことが読み取れるね。

アメリカ合衆国は遠いのに，なぜこんなに多くの人が行くんだろうねぇ。それは，日本から比較的近い**ハワイ**や**グアム**などもアメリカ合衆国への旅行者の数値に含まれるからだよ！

2020年〜2022年は，新型コロナウイルス感染拡大をうけて，**日本人の海外旅行者も訪日外国人も激減**したけど［➡ p.286 図6］，1980年代後半以降海外旅行者は増え続けて，2000年以降はほぼ毎年1,700万人以上もいたんだ。2019年には2,003万人と過去最多を記録したんだけど，ここ数年は**景気の低迷**と，**新型コロナウイルス**などの世界的な流行，**円安**などもあって伸び悩んでいるよ。

逆に増加しているのが**訪日外国人**だよ［➡ p.286 図6］。**観光誘致を積極的に行ってきた成果もあって，急速に増えている**よね。2015年にはついに**日本人海外旅行者数を逆転**して，訪日外国人数は3,100万人（2019年）を超えたんだ。

ポイント 余暇活動と海外旅行

❶ **日本**は，有給休暇の取得日数が欧米諸国より少ない。

❷ 海外旅行の大部分は**観光目的**であるため，経済的にゆとりのある**先進地域**からの送出数が多い。

❸ **日本人の海外渡航先**は，**中国（台湾），韓国**などの**アジア諸国**と，**アメリカ合衆国（特にハワイ）**が多い。

チェック問題　易 3分

1 次の図は，1998年のヨーロッパにおいて，ある目的のために国境を越えた人々の主な移動量（人数）を，矢印の太さで相対的に描いたものである。図の移動の目的として正しいものを，次の①〜④のうちから一つ選べ。

① 観　光
② 就　業
③ 大学生の留学
④ 紛争による避難

0　　　500km

※これらの矢印は2か国間の移動量を示し，一定未満の値については省略した。

系統地理

大地形

小地形

地形図

気候要素と気候因子

気候区分と植生・土壌

降水と海洋

自然災害と防災

農業

林業・水産業

エネルギー・鉱産資源

工業

地域開発と環境問題

人口

村落・都市

商業・観光業

交通・通信

貿易と資本の移動

国家・民族

❷ 次の**ア～ウ**の文は，アメリカ合衆国から発信され，世界に広がった生活スタイルについて述べたものである。**ア～ウ**の文についてその正誤の組合せとして正しいものを，あとの①～⑧のうちから一つ選べ。

　ア　スーパーマーケットは，商品を安価に販売することを追求した大型小売店であり，今日の先進国では，消費生活に重要な役割を果たしている。
　イ　通信販売は，テレビや新聞などで商品を宣伝し，消費者の注文を受けて商品を発送するものであり，小売店が少ない発展途上国で広まっている。
　ウ　コンビニエンスストアは，多様な品揃えで深夜営業などの長時間営業を行う小売店であり，多様な消費者のニーズに対応している。

① ア 正 イ 正 ウ 正　　② ア 正 イ 正 ウ 誤
③ ア 正 イ 誤 ウ 正　　④ ア 正 イ 誤 ウ 誤
⑤ ア 誤 イ 正 ウ 正　　⑥ ア 誤 イ 正 ウ 誤
⑦ ア 誤 イ 誤 ウ 正　　⑧ ア 誤 イ 誤 ウ 誤

解答・解説　**❶**　①　図中の矢印は主に，ドイツ，イギリスからスペイン，フランス，イタリアなどへの移動を示している。つまり温暖で夏の陽光に恵まれる地中海沿岸への移動である。ヨーロッパでは夏季の長期休暇が一般的で，その際には晴天が多く，宿泊施設も整っている地中海沿岸のリゾート地に多くの人が移動する。よって，①の「観光」が正しい。

　❷　③　**ア**　スーパーマーケットは食料品などの日用品を大規模に販売する小売店で，**セルフサービス**の導入による人件費削減や大量仕入れなどにより，商品を安価に販売することに特徴がある。スーパーマーケットが世界で最初に誕生したのはアメリカ合衆国で，第二次世界大戦前ニューヨーク州で開店されたのが初めといわれている。日本では第二次世界大戦後に開店し，**1960年代の高度経済成長期に普及**した。したがって，正文である。
　イ　**通信販売**も19世紀からアメリカ合衆国で発展したが，**1990年代以降インターネットショッピング**が先進国を中心に急速に普及した。インターネット

の普及には**情報インフラ**（インターネットを利用できる環境）の整備と**情報リ
テラシー**（インターネットを使いこなせる技術やそのための教育）の普及が必
要であるため，**先進国では普及率が高い**が，発展途上国では普及率が低い。ま
た通信販売を拡充するためには，商品を輸送するための**交通機関も整備**されて
いなければ，消費者に商品を発送することができないため，発展途上国より先
進国で広まっている。したがって，誤文である。

　ウ　コンビニエンスストアは，消費者の利便性（convenience）を提供するこ
とを目的とした小売業態で，**住宅地域**や**オフィス街**などに立地し，24 時間営業
などの**長時間営業**を行う。**売場面積が狭いため在庫スペースが少ない**が，多頻
度配送により豊富な品揃えが可能である。アメリカ合衆国で生まれたが，1970
年代から日本を中心に急速に発達し，近年は韓国，東南アジアなど発展途上地
域でも広く普及している。さらに，日本では市場を拡大するため従来の商品販
売だけにとどまらず，**公共料金の支払い**，**チケット等の予約販売**，銀行の ATM
などサービス商品にも力を入れている。したがって，正文である。

　小売業では，かつて**業種店**（どのような商品を取り扱っているか）が中心であっ
たが，近年は**業態店**（どのようにして商品を販売するか）が中心となっており，
百貨店，**スーパーマーケット**，**コンビニエンスストア**，**ホームセンター**，**ドラッ
グストア**など多様な業態が発達している。

ここまでよくがんばってきたね！
不安や焦（あせ）りもあるだろうけど，
逆にそれをパワーにしてごらん！
めちゃめちゃ応援してるからね！

系統
地理

大　地　形

小　地　形

地　形　図

気候要素と
気候因子

気候区分と
植生・土壌

陸水と海洋

自然災害と
防災

農　　業

林業・
水産業

エネルギー・
鉱産資源

工　　業

地域開発と
環境問題

人　　口

村落と都市

**商業・
観光業**

交通・通信

貿易と
資本の移動

国家・民族

17 交通・通信
交通と情報通信技術の発達

この項目のテーマ

❶ 陸上交通
鉄道交通と自動車交通の長所，短所を理解しよう！
❷ 水上交通と航空交通
水上交通は大量輸送，航空交通は高速輸送が得意！
❸ 情報通信システムの発達と普及
情報化社会の到来による時間距離の大幅な短縮と，情報の地域差について考えよう！

---

❶ 陸上交通

今日の政治や経済の発展は，**交通・通信**の発達なしには考えられないよね。われわれの通勤・通学・買い物だって，交通の発達によって**時間距離**が短縮されたから，遠くまで短い時間で可能になったんだ。

最初，人間は徒歩や家畜，馬車などを使って移動してきたよね。それから簡単な船がつくられるようになり，**産業革命後**，**蒸気機関車**や蒸気船が発明され，**時間距離の短縮**だけでなく，人や物を**大量に輸送**できるようになったんだ。さらには20世紀に入って**モータリゼーション**［➡ p.294 ］が急速に進展し，1970年代からの**高速ジェット機時代**と加速度的に交通機関が発達したから，世界はどんどん狭くなっていったんだね。

> 僕たちが日常的に利用しているのは，鉄道と自動車だよね。それぞれの**特色**を知りたいなぁ？

鉄道交通の特色は，やっぱり**高速・大量輸送**に向いていることかな。それとみんなも通学のとき感じてるだろうけど，ほぼ時間通りに着くだろう？　つまり**定時性**にすぐれるということだ。また，レール（軌道）上を走るので自動車より**安全性**が高いよ。19世紀にイギリスで実用化が始まった鉄道は，その後，ヨーロッパ，アメリカ合衆国，日本などで著しく発展していったんだ。次ページの**図1**を見てごらん！

図1　世界の鉄道網の様子

ヴァンクーヴァー　ロンドン　サンクトペテルブルク　ウラジオストク　—— 鉄道
ニューヨーク　パリ　東京
ニューオーリンズ　シャンハイ
ロサンゼルス　コルカタ
ムンバイ
シンガポール
リオデジャネイロ　ダーバン　パース　シドニー
ブエノスアイレス　メルボルン
ウェリントン

系統地理

大 地 形
小 地 形
地 形 図
気候要素と
気候因子
気候区分と
植生・土壌
陸水と海洋
自然災害と
防災
農　　業
林業・
水産業
エネルギー・
鉱産資源
工　　業
地域開発と
環境問題
人　　口
村落と都市
商業・
観光業
交通・通信
貿易と
資本の移動
国家・民族

　先進国，特にヨーロッパ，アメリカ合衆国東部で鉄道網が密集しているね。鉄道の敷設には大きな資本が必要なので，先進国で発達し，さらに平坦地が有利なのでヨーロッパやアメリカ合衆国東部でよく発達しているんだ。山がちな日本ではトンネルをたくさんつくらなければならないので，多くの資本と高度な技術が必要だったから大変だったんだよ。アフリカやラテンアメリカなどの発展途上国では，資源や農作物を港まで運ぶために鉄道が建設されている場合が多いね。

　先進国を中心に早くから発達してきた鉄道なんだけど，自動車交通の発達によって，相対的な地位は低下しているんだ［➡ p.293 図4］。自動車は道さえあれば行きたいときにどこでも行けるから便利だもんね。そして相手の玄関先まで行くことができるのもすぐれた点だよね（戸口輸送）。鉄道ではそんなことは無理だろ？（^_^;）自動車の普及があまり進んでいない発展途上国では旅客，貨物ともに鉄道の役割が大きいよ。図2 ［➡ p.292］を見てごらん。人口が多く面積が広い発展途上国の中国，インドでは，旅客も貨物も鉄道輸送量が多いだろう？　日本は旅客が中心で貨物は少ないし，アメリカ合衆国は逆にほとんど旅客では利用されていないのに，貨物では鉄道輸送量がすごいよね。国によってこんなに大きな違いがあるんだなぁ。

　次はより具体的に自動車そのものについての話をしよう。
　自動車は19世紀にドイツで発明されたけど，アメリカ合衆国で最も早くモータリゼーションが進展したんだ。だから今でもアメリカ合衆国の自動車生産は世界のトップクラスだし，100人当たりの自動車保有台数も群を抜いているよ

図2　各国の鉄道輸送量（2018年）

	旅客（億人キロ）	貨物（億トンキロ）
中国	13,457	28,821
インド	11,613	6,543
日本	4,416	194
ロシア	1,295	26,025
フランス	1079	318
ドイツ	980	1,131
イギリス	805	172
カナダ	16	4,331
アメリカ合衆国	320	23,641

※中国とインドの旅客は2017年，日本の旅客・貨物は2018年度，ロシア，フランス，ドイツ，カナダ，アメリカ合衆国の貨物は2019年。

図3　各国の1人当たりGNIと自動車保有率

（GNIは2021年，保有率は2020年）

[**図3**]。かつては，近距離では自動車，中長距離では鉄道という分業が行われ
ていたんだけど，**第二次世界大戦後に自動車の大型化・高速化が進み，高速道
路** [➡ p.295 👆] が多数建設されるようになると，**世界の陸上交通の中心**にな
ったんだね。

　でも自動車にもマイナス面はあって，エネルギー効率も悪く [➡ p.293 **図5**]
窒素酸化物などの汚染物質や二酸化炭素を多く排出し，都市部では渋滞（渋
滞するとますます大気汚染が進む）による交通麻痺も生じているよ。だからヨ
ーロッパやアメリカ合衆国の都市では，公共交通機関（たとえば LRT [➡
p.295 👆] と呼ばれる新しい路面電車など）の復活や，**ロードプライシング**

（Road pricing：入域課金制）など自動車の乗り入れ規制を行っているところもあるんだ。

まとめてみると，**自動車が陸上交通の中心**にはなっているけど，大都市間を結ぶ**新幹線**やTGV（フランス），ICE（ドイツ）などの高速鉄道［➡ p.295 凸］や，都市近郊から都心などへの移動手段としての**電車**，**地下鉄**，LRT［➡ p.295 凸］の重要性も高まっているんだね！

それから，少しでも環境への負荷を軽減するために，旅客輸送では，郊外の駅付近で自動車を駐車（park）し，都市へは鉄道を利用（ride）する**パークアンドライド方式**，貨物輸送では**自動車から鉄道や船舶への輸送手段の転換（モーダルシフト）**も進められているよ。

図4　日本における国内輸送割合の変化

| 貨物輸送 |
（1965年度＝1,863億トンキロ）
（2020年度＝3,860億トンキロ）

航空 0.2　鉄道 4.7%
内航海運 39.7
自動車 55.4
2020年度

内航海運 43.3
鉄道 30.7%
自動車 26.0
1965年度

| 旅客輸送 |
（1965年度＝3,825億人キロ）
（2020年度＝3,219億人キロ）

旅客船 0.1　航空 3.0
鉄道 24.7%
自動車 72.2
2020年度

航空 0.8
旅客船 0.9
自動車 31.6
鉄道 66.8%
1965年度

図5　日本における輸送機関別輸送量とエネルギー消費の割合（2020年度）

旅客輸送
輸送量（人キロ）：72.2%　24.7　3.0　0.1
エネルギー消費量（キロカロリー）：乗用車等 90.1%　鉄道 4.1　5.0　航空　旅客船 0.9

貨物輸送
輸送量（トンキロ）：55.4%　4.7　39.7　0.1
エネルギー消費量（キロカロリー）：自動車 91.8%　鉄道 0.4　6.4　内航海運 1.4　航空

省エネルギーセンター「EDMC エネルギー・経済統計要覧」（2022年版）による。
四捨五入のため，合計が100％にならない場合がある。

図6　主な国の自動車保有台数の推移

『世界国勢図会 2023/24』による。乗用車・トラック・バスの合計。1）2004年以降は調査範囲が異なる。2）2005年のデータがないため、2004年と06年をつなげている。

表1　陸上交通のまとめ

	長　所	短　所	現　状
鉄　道	高速・大量輸送が可能。定時性、安全性にすぐれる。電化されていれば大気汚染を起こさない。	地形的な障害に弱い。線路の敷設に多額の資本が必要。ルートが固定。	特に先進国では、自動車に押され気味だが、環境問題や交通渋滞を引き起こさない交通機関として、見直されている。
自動車	利便性にすぐれ、戸口輸送（最終目的地まで）が可能。	交通渋滞、大気汚染、二酸化炭素の排出量大。エネルギー効率が悪い。	旅客・貨物ともに陸上交通の中心で、高速道路など道路整備が進展。一方、環境に優しい電気自動車などの開発・実用化が進む。

👉 モータリゼーション（motorization）　自動車が大衆化し、**人々の生活が自動車に大きく依存するような社会になること**で、アメリカ合衆国では第二次世界大戦前、日本では1960年代から進行した。

👉 開拓鉄道（かいたく）　国土が広く、開発が比較的新しい**北アメリカ（カナダやアメリカ合衆国の大陸横断鉄道）やロシア（シベリア鉄道）**では、国土の統一と開発に鉄道が大きく貢献（こうけん）した。

高速道路　先進国を中心に高速道路が整備され，ドイツの**アウトバーン**，イタリアのアウトストラーダなど，国内だけにとどまらず，国際自動車道路もヨーロッパやアメリカ大陸では建設されている。

高速鉄道　**先進国**では，**大都市間の中長距離旅客輸送**として重要な役割を果たしている。日本の新幹線がその先駆けで，フランス（TGV），ドイツ（ICE），イギリス（HST），スペイン（AVE）など先進国で敷設が進んだが，近年は**韓国**（KTX），**台湾**，**中国**のようにNIEsや途上国でも普及し始めている。

LRT（Light Rail Transit）　**次世代型路面電車**のことで，**環境負荷が少なく低コストでの建設が可能なこと**，**低床型車両の導入により高齢化社会に対応が可能なこと**からヨーロッパを中心に導入されている。都心部では歩行者や自動車と共存するため，低速で運行するが，郊外では通常の鉄道並みの高速運行が可能な交通システムである。ドイツの**フライブルク**，フランスの**ストラスブール**，**富山市**などのものが有名。

大地形

小地形

地形図

気候要素と気候因子

気候区分と植生・土壌

陸水と海洋

自然災害と防災

農業

林業・水産業

エネルギー・鉱産資源

工業

地域開発と環境問題

人口

村落と都市

商業・観光業

交通・通信

貿易と資本の移動

国家・民族

ポイント　陸上交通

❶　交通機関の発達によって，時間距離（きょり）は著（いちじる）しく短縮された。

❷　鉄道交通の地位は**相対的に低下しているが**，大都市間の長距離輸送や都市部での移動では再評価されている。

❸　自動車交通は，鉄道交通を抑えて陸上交通の中心となったが，大気汚染（おせん）などが深刻化したため，**環境問題に対応した取り組み**が行われている。

自動車，鉄道など，それぞれの交通手段の長所と短所を理解することが肝心だ。
問題が出たら，あらゆる知識を動員させて，正解の可能性を探ろう！

❷ 水上交通と航空交通

　船舶を利用した水上交通は，**最も大量に安く輸送できる**交通手段なんだ。だから**世界貿易でも大部分は船舶を利用**するよね。

　ただ**船舶は迅速性に欠ける**から，どんなものを運ぶのに適しているかというと，**重いわりには安いもの**（資源や木材など）とか，**時間を要しても価値が下がらないもの**を輸送するんだね。最近は，少しでもスピードアップを図るために，**船舶の大型化や高速化**が進み，荷役時間（積み降ろしに時間がかなりかかるんだ）をできるだけ短縮するためにコンテナ船［➡p.300 📖］や専用船（**オイルタンカー，LNG専用船，自動車専用船，鉱石ばら積み船**）などが導入されているよ。

図7　世界の主要航路

図8　商船の国別・船種別の船腹量（2023年）

国別
- パナマ 15.5%
- リベリア 15.1
- マーシャル諸島 11.9
- （香港）8.2
- シンガポール 5.9
- マルタ 5.3
- 中国 5.2
- バハマ 3.9
- その他 29

船種別
- ばら積み乾貨物船＊ 42.8%
- オイルタンカー 28.6
- コンテナ船 13.4
- 貨物船 3.5
- その他 11.7

＊穀物，鉄鉱石などの乾ばら積み貨物（液体を除く）を輸送する船。

　水上交通には海上交通と内陸水路交通があるんだ。

　海上交通では穀物や資源を運ぶ**ばら積み貨物船（バルクキャリア）**，オイル

タンカー，コンテナ船の占める割合が大きいよ［➡ p.296 図8］。図7［➡ p.296］は世界の主要航路なんだけど，西アジアからヨーロッパや日本，中国に向かっている帯が太いだろう？　これは**石油**に関係した輸送じゃないかなぁ。原油と石油製品を合わせると，海上貨物輸送量の約3分の1を占めるんだから，すごい！

　内陸水路交通は，**河川**，**湖沼（こしょう）**，**運河（うんが）**を利用した船舶交通だけど，日本ではあんまりなじみがないよね。たとえどんなに車が渋滞（じゅうたい）していて，遅刻しそうでも，河川を利用して通学した経験がある人はあんまりいないだろう？（＾o＾）　**日本の河川は季節による流量変化が大きく，急流が多いので水運に適していない**んだ。

　一方，**ヨーロッパやロシア，アメリカ合衆国のように平坦（へいたん）な地形で，流量が安定しているところ**では内陸水路交通が発達しているんだよ。

　ヨーロッパでは，ライン川やドナウ川［➡ p.300 📖］など主要な河川がほとんど**運河（うんが）**で結ばれているし，アメリカ合衆国では，**五大湖（ごだいこ）**がそれぞれ運河で結ばれ，大西洋（たいせいよう）とも運河で結ばれているから外洋（がいようせん）船も航行できるんだ。

図9　ヨーロッパの河川交通網

0　　500km

モスクワ
北海
バルト海
エルベ川
アムステルダム
ベルリン
ワルシャワ
キエフ
（キーウ）
ロンドン
セーヌ川
パリ
ライン川
ウィーン
ブダペスト
バーゼル
ベオグラート
ロワール川
ドナウ川
黒海
ローヌ川
地中海
ポー川

── 主な可航河川
（積載量250t以上の船舶
が航行できる河川）
‒‒‒‒ 主な運河

［European Inland Waterways 資料ほか］

一つおもしろいことに気づいたんだけど。**アフリカは安定陸塊（りくかい）で平坦な地形だから，内陸水路交通はきっと発達してるよね。**

　さすが！　いいこと言うね。確かに**コンゴ川**とか**ナイル川**などでは内陸水路交通は発達しているんだけど，**アフリカは高原状の大陸**［➡ p.20 表1，p.21］で，河川には**滝（たき）**が多いんだ。特に下流部には多くの滝があるので，**内陸と外洋を結ぶ船舶交通はあまり発達してない**から注意してね！（船が滝まで行くと，その

後は……）でも鉄道や道路の敷設が十分じゃない分，小船を使った**内陸水運**は現地の人にとって重要な輸送手段だよ。

じゃあ，次は**航空交通**の話をしよう！

航空交通は，1970年代に大型ジェット機が開発されてから，高速大量輸送時代に入るんだ。やっぱり長距離輸送では圧倒的に**速い**ね！ 航空機と新幹線がないと俺も全国で授業できないからね（^_^;)。ただし，**輸送費が高く**，船舶や鉄道ほどは**大量輸送しにくい**のが欠点だよ。

以前は**旅客輸送**が中心だったんだけど，最近は**軽量・小型で高付加価値**（価格が高い）な**電子部品**や精密機械などの**貨物輸送**も増えているし，**生鮮食料品**なども輸送されるようになってきてるね。

さらに，**技術革新**などによって航空機の航続距離も伸び，ノンストップの直行便が日本からも世界各地に就航しているだけではなく，運賃も自由化などにより安くなりつつあるため，**大衆化**も進んでいるというのが現状かな。

輸送機関の発達は，どこの国でもだいたい同じような状況なの？

それは違うな！ 経済発展のレベルだけでなく，地形，気候，資源の有無など各国の事情によってかなり違いがみられるよ。

じゃあ，**日本とアメリカ合衆国の国内輸送における輸送機関の割合**を見てみよう！ **図10**の日本の**旅客輸送**を見てごらん！

図10 主な国の国内輸送における輸送機関別割合

かつては**鉄道**がメインだったけど，今は**自動車**が首位だよね。貨物輸送も**自動車が首位**だけど，**船舶**（水運）の割合が依然として大きいことに注意しよう！

日本は国土が狭く，海に囲まれているので，いったん輸入してきた資源なども，再び船舶で消費地近くの港まで輸送し，それから自動車に積み換えているんだ。石油製品やセメントなどは，国内輸送の90％以上が船舶による輸送だよ。

アメリカ合衆国は，旅客輸送のほとんどが自動車で，残りは**航空機**だよ（日本と違って**旅客輸送における鉄道の割合がものすごく低い！**）。国土が広いから，隣の州に行くにしても航空機じゃないと時間がかかりすぎるもんね。

貨物輸送では，なんと鉄道が首位なんだ！　ちょっと驚きだろ？　アメリカは国土面積が広いから，資源や農産物を大量に運ぶ際に，船舶ではなく，鉄道を利用しているんだ。船舶だと時間がかかりすぎるんだね。一般に，アメリカ合衆国，カナダ，ロシア，中国など**国土が広い国では，鉄道が貨物輸送の主役**となってるよ。ちょっとおもしろいだろう？　ただアメリカ合衆国の貨物輸送のデータ（図10）における自動車には，**都市間トラック輸送しか含まれていない**ので，さらに末端の輸送まで加えると，やっぱり自動車の割合がトップになるんだけどね。**貨物輸送は，鉄道と自動車が多いって思っておこう！**

図11　日本の主な国内路線の旅客輸送量（定期輸送）（2022年度）

単位　万人

表2　水上交通と航空交通のまとめ

	長　所	短　所	現　状
水上交通	安価に長距離大量輸送が可能。エネルギー効率が非常に高い。	速度が遅い。荷役作業には多くの時間・労働力，港湾設備が必要。	高速コンテナ船，鉱石ばら積み船，LNG専用船など**専門化・大型化**が進展。
航空交通	高速でほぼ**大圏コース**を飛行。	重量当たりの**輸送費**が高い。空港施設には広大な敷地。**騒音問題**。	大型化による輸送量増加。空港への交通アクセスの整備により，利便性を高める。

コンテナ船 港湾での荷役作業の軽減や荷役時間の短縮などを目的とするコンテナ船の普及が進んでいる。コンテナとは ISO（国際標準化機構）の基準に基づいてつくられた鋼鉄製の箱で，専用のクレーンによって積み降ろしを行う。コンテナ取り扱い量が多い港湾は，**シャンハイ，シンガポール，シェンチェン，ホンコン，プサン**など**アジア**に集中しているが，**日本の港湾は上位に入っていない**。

国際海峡 領海内であっても，**条約により外国船の航行が認められている海峡**。日本のタンカー主要航路である**マラッカ海峡**，ペルシャ湾の出入口の**ホルムズ海峡**，地中海の出入口の**ジブラルタル海峡**，黒海の出入口の**ボスポラス海峡**など。

国際運河 条約により外国船の航行が認められている運河。ヨーロッパ〜アジア航路を短縮した**スエズ運河**やアメリカ大陸東岸と西岸を短縮した**パナマ運河**が好例。**必ず地図帳をチェックしよう！**

国際河川 複数の国を流れ，**外国船の航行が条約で認められている河川**。ライン川（スイス➡ドイツ➡オランダ➡北海），ドナウ川（ドイツ➡オーストリア➡東欧諸国➡黒海）などが代表的で，ヨーロッパの大動脈となっている。

ハブ空港 ハブとは車輪の「軸」のことで，空港の効率的な活用を図るため建設された大規模拠点空港。地方空港から旅客を集め，目的地まで放射状に運行することからこう呼ばれている。近年は，発展途上国にも**インチョン**（韓国），**チャンギ**（シンガポール），**ドバイ**（UAE）などの**国際ハブ空港**が建設されている［**図12**］。

図12　ハブ空港

□ 大空港
・ 空港
— 航空路線

(a) 直行便サービス

□ ハブ空港
・ 空港
■ 主要路線
— スポーク路線

(b) ハブ＆スポーク方式

パイプライン 石油や天然ガスを輸送するための鋼鉄製の管。地形上の障害や地殻変動の少ない**ヨーロッパ**や**北米**などで発達している。

ポイント ＞ 水上交通と航空交通

❶ 海上交通は，**安価に大量輸送が可能**で，**世界貿易の主役**となる。

❷ 内陸水路交通は，**ヨーロッパなどの大陸部を緩やかに流れる大河川**で発達している。

❸ 航空交通は，**迅速性にすぐれる**が，**エネルギー効率は悪い**。

❸　情報通信システムの発達と普及

　近年の通信技術の発達により，国際郵便や無線電信・電報から，有線の電話へ，さらに**通信衛星**や**海底通信ケーブルの敷設**，**光ファイバーケーブル**など通信設備の進歩などによって情報の大量・高速な伝達が可能になったんだね。

　そしてついに20世紀末の ICT（情報通信技術）**革命**によって，**コンピュータが飛躍的な進歩を遂げ**，**インターネット**［➡ p.302 📖］が世界的規模の情報ネットワークに発展したことは知っているよね。

　< インターネットや携帯電話の普及率は国によって大きく違うの？

大 地 形

小 地 形

地 形 図

気候要素と
気候因子

気候区分と
植生・土壌

降水と海洋

自然災害と
防災

農　　業

林業・
水産業

エネルギー・
鉱産資源

工　　業

地域開発と
環境問題

人　　口

村落と都市

商業・
観光業

交通・通信

貿易と
資本の移動

国家・民族

　表3を見てみよう！

　最初の項目の**固定電話**は，普及し始めた時期が早く，多くの設備投資が必要であるため，**先進国での普及率が高い**よ。最近は，携帯電話の普及によって**先進国では利用が減少**しつつあるなあ。

表3　固定電話，携帯電話，インターネットの普及

国　名	固定電話 契約数 （件／100人）	携帯電話 契約数 （件／100人）	インターネット 利用者率 （％）	1人当たり GNI （ドル）
日本	49.4	160.9	82.9	41,162
アメリカ合衆国	29.0	107.3	91.8	70,081
イギリス	47.1	118.6	96.7	46,338
スウェーデン	12.0	124.3	94.7	62,469
韓国	44.8	140.6	97.6	35,329
ロシア	16.4	169.0	88.2	11,960
中国	12.7	121.5	73.1	12,324
インド	1.7	82.0	46.3	2,239

※統計年次は2021年。
『データブック・オブ・ザ・ワールド 2024』等による。

　携帯電話も固定電話と同じように，先進国で普及率が高いけど，比較的**設備投資も少なくてすむ**（電話線を敷設し建物に引き込む必要がなく，基地局の設置だけで可能）ことから，**発展途上国でも急速に携帯電話が普及し，固定電話の普及率を大きく上回っている**よ。携帯電話の普及が100人当たり100以上の国もあるけど仕事用（会社支給など）と個人用の2台持ちの人がいるなどの理由だよ。

　インターネットは，**情報インフラの整備**や**情報リテラシー**［➡ p.302 📖］の普及が進む**先進国で利用が盛ん**だね。最近は，大容量のデータのやりとりが可能な**ブロードバンド化**が進んでいるよ。

　中国のインターネット普及率は低いけど，最近は情報インフラの整備が進み，徐々にインターネットを利用できる環境が整い始めていて，**利用者数では10億**

人を突破し，アメリカ合衆国の約3倍以上になってるんだよ。驚きの数値だ！（2023年）。

表3［➡ p.301］を見れば，情報を獲得し，利用できる国とできない国との間で，情報格差（デジタルデバイド：digital divide）が生じていることがわかるはずだ。**情報を得られる地域はいっそう経済発展し，その経済発展は，よりいっそう多くの情報をもたらすことになる**んだよ。ここは重要なポイントだからね！

📊 **インターネット**　当初は，アメリカ合衆国で学術研究・軍事目的として開発されたが，**1990年代の自由化**以降急速に普及し，世界規模の情報ネットワークに発展した。

📊 **情報リテラシー**　リテラシー（literacy）とは「読み書き」のことで，簡単に言えば**パソコンの操作ができて，インターネットなどにより情報を獲得できる技能**があるかどうかということである。習得できた者とそうでない者との間には，デジタルデバイドが生じる。

> ## ポイント ▶ 情報通信システムの発達と普及
>
> ❶ 20世紀末のICT（情報通信技術）革命によって，コンピュータが飛躍的に進歩するとともに，インターネットも社会に広く浸透しつつある。
>
> ❷ 情報を利用できる者とできない者との間で，情報格差（デジタルデバイド）が生じている。

チェック問題

1 次の図は，ヨーロッパの主要な都市の空港[*]における，ヨーロッパ以外から到着する航空便の旅客数の内訳を，出発地域別に示したものである。図中の**ア～ウ**はパリ，フランクフルト，マドリードのいずれか，凡例**A**と**B**はアフリカと北アメリカ^{**}のいずれかである。パリと北アメリカとの正しい組合せを，後の①～⑥のうちから一つ選べ。

> [*]一つの都市に複数の空港が存在する場合は合計値。
> ^{**}北アメリカにはメキシコを含まない。

系統地理

大地形

小地形

地形図

気候要素と
気候因子

気候区分と
植生・土壌

陸水と海洋

自然災害と
防災

農業

林業・
水産業

エネルギー・
鉱産資源

工業

地域開発と
環境問題

人口

村落と都市

商業・
観光業

交通・通信

貿易と
資本の移動

国家・民族

■ A　　🔲 西アジア　　🔲 東アジア
🔲 B　　🔲 中央・南アメリカ　　□ その他

統計年次は 2018 年。
Eurostat により作成。

図

	①	②	③	④	⑤	⑥
パリ	ア	ア	イ	イ	ウ	ウ
北アメリカ	A	B	A	B	A	B

2 次の交通と通信に関する問（**問1・2**）に答えよ。

問1　交通機関や輸送手段に関する近年の変化について述べた文として**適当でないもの**を，次の①～④のうちから一つ選べ。

① 人々の国際的な移動・交流は，航空交通網が地球規模で拡大してきたことにより，船舶よりも航空機に大きく依存するようになった。

② 世界の貨物輸送量に占める航空輸送貨物量の割合は，貨物専用航空機の大型化と便数の増加により，水上輸送を上回るようになった。

③ ヨーロッパでは，交通渋滞や環境問題に対応して，自動車の利用を抑制したり，路面電車の利用を促進する都市が現れた。

④ 東アジアでは，日本以外の国・地域でも，高速交通網の基幹となる新幹線の建設が相次いだ。

問2　情報通信技術の革新と，産業や生活とのかかわりについて述べた文として**適当でないもの**を，次の①～④のうちから一つ選べ。

① 通信技術と時差を利用し，遠隔地間で連携しながら効率的に開発業務を行うソフトウェア産業が出現した。

② インターネットの普及に伴い，不正アクセスなどによる不法行為やコンピュータウィルスによる被害が国境を越えた問題となってきた。

③ 大陸間の海底ケーブル網の敷設密度は，経済活動が活発な国が多く存在する北半球のほうが，南半球より高い。

④ 人口密度の低い国では，携帯電話は固定電話に比べて施設整備のコストが高いため，普及していない。

1 ③　ヨーロッパの主要な都市の空港（パリ，フランクフルト，マドリード，ロンドン）における，ヨーロッパ以外から到着する航空便の旅客数の内訳を出発地域別に示した統計資料から，空港と出発地域を判定させる問題である。図中のロンドン（**イギリス**）は，ビジネスや観光目的で，同じ**先進地域の北アメリカ（アメリカ合衆国，カナダ）との移動が多い**ため，Aが北アメリカで，残るBがアフリカである。図中のア〜ウでは，**イ**がB（アフリカ）から到着する便が多いため，パリ（フランス）と判定する。フランスは，**北アフリカ（モロッコ，チュニジア，アルジェリアなど），西アフリカなどの多くの植民地を持っていた**ことから，歴史的にも関係が深く，**フランスからの投資，フランスへの出稼ぎ・移民など人流・物流が活発**である。一方，ウは**中央・南アメリカ（ラテンアメリカ）からの到着便が多い**ことから，マドリード（スペイン）と判定できる。中央・南アメリカ諸国は，スペイン領であった国が多く，現在でも**スペインへの出稼ぎ・移民が多く**みられ，経済的関係が深い。残るアはフランクフルト（ドイツ）である。

2 問1　②

①　第二次世界大戦後，航空機はより高速化し，航続距離も伸びたため，地球的規模で航空交通網が拡大し，**国際旅客交通**においては船舶より**航空機の利用が圧倒的に多くなっている**。近年，各国の航空会社は効率的な輸送によりコストを削減し，国際競争力を高めるため，企業の合併，**共同運行（コードシェア）**の実施などが進んでいる。したがって，正文。

②　**航空輸送は高速**だが，単位重量当たりの**輸送費が高い**ため，世界の貨物輸送量に占める割合は依然として，**水上輸送（船舶）が多い**ことに注意したい。したがって，誤文。

③　環境先進地域と呼ばれるヨーロッパでは，早くから輸送手段がもたらす環境問題に関して対処してきた。**都心部への自動車乗り入れ規制やLRT**と呼ばれる新型路面電車を使用した交通システムなどが積極的に導入されている。したがって，正文。

④　日本でも近年は**東北新幹線，北陸新幹線，九州新幹線，北海道新幹線**などの開通が相次いでいるが，**韓国，中国，台湾**など東アジア地域でも積極的に**高速鉄道**の建設が進められている。したがって，正文。

問2　④

①　コンピュータ機器などを**ハードウェア**と呼ぶのに対して，Windowsや Mac OSなどのような基本ソフトやワープロやゲームなどのアプリケーション

系統地理

大地形

小地形

地形図

気候要素と
気候因子

気候区分と
植生・土壌

陸水と海洋

自然災害と
防災

農業

林業・
水産業

エネルギー・
鉱産資源

工業

地域開発と
環境問題

人口

村落と都市

商業・
観光業

交通・通信

貿易と
資本の移動

国家・民族

ソフトなどのプログラムを総称して**ソフトウェア**と呼んでいる。近年はソフトウェア産業の発展が著しいが，**アメリカ合衆国とインド**では**12時間の時差**があることを利用して，**アメリカ合衆国のソフトウェア産業が多数インドに進出**している（南部のバンガロール付近は，「インドのシリコンヴァレー」と呼ばれている）。これはソフトウェアのプログラミングなどを**24時間体制**で稼働できる有利性を活かしたものである。したがって，正しい。

　② 　正しい。**コンピュータウィルス**とは，侵入したコンピュータの動作をおかしくしたり，データなどを破壊したりするために開発されたプログラムである。君たちも大切なデータなどを壊されないように，コンピュータウィルスについては，十分に注意してほしい。また近年は，**不正アクセス**による犯罪も増加している。不正アクセスとは，インターネットなどのコンピュータネットワークでの通信において，アクセス権限を持たない者がサーバや情報システムへ侵入する行為で，**不正アクセス禁止法**で規制されている。

　③ 　インターネットなどの**国際通信に利用**されている海底通信ケーブルは，やはり通信量が多い**先進国間での敷設密度が高い**（つまり**北半球**の方が高い）。したがって，正しい。

　④ 　携帯電話と固定電話では，**固定電話の方が敷設の際のコストが高い**ため，人口密度が低い地域ではむしろ**携帯電話の普及率の方が高い**。したがって，この文が誤り。

最近では，携帯電話の中でも特にスマートフォンが普及しているけど，そこに侵入するコンピュータウィルスも存在しているみたいだ。気をつけないと！

18 貿易と資本の移動
貿易自由化と現代貿易の課題

この項目のテーマ

1 世界と日本の貿易
世界の貿易事情と日本の貿易について考えてみよう！

2 資本の移動と援助
資本の移動と援助の流れをつかもう！

1 世界と日本の貿易

経済や交通機関の発達により，国家間の貿易は増大してきたんだ。特に**先進国では盛**んで，世界の貿易総額（輸出入の合計）の約60%（2022年）を占めているんだよ（**図1**は輸出額のみの割合なので若干差があるね）。ほんのひとにぎりの先進国が世界貿易の約60%を占めるんだから，すごいよね！

図1　世界の国別・地域別輸出額の割合

総額 24兆9,045億ドル（2022年）

先進国 55.9%			先進国以外 44.1		
日本 3.0%	その他		ASEAN		
8.2	*EU 28.7	16.0	7.8	中国 14.4	その他 21.9

アメリカ合衆国
＊イギリスを除く（27か国）
〔WTO Stats "International Trade Statistics"〕

先進国は，発展途上国から原燃料や農産物などの一次産品を輸入し，製品に加工して輸出していたんだ（加工貿易）。発展途上国は逆に，農産物，鉱産資源などの一次産品を輸出し，製品を輸入してきたんだね。

ただ最近は，発展途上国でも工業化が進展した国（NIEs，ASEAN，中国など）では主要輸出品が工業製品になり，逆に**先進国では自国企業の海外進出に伴って，製品の輸入が増加し，産業の空洞化が進んでいる**のが特徴的だね。

国際的分業ってなんのことなの？

それぞれの国はね，国産品と外国製品を比較して，国産品のほうが安ければ海外で売れるから，輸出しようとするし，もし輸入品のほうが安ければ，国内で作らず，輸入に依存しようとするんだ。これを**国際的分業**というんだよ。―

般に**先進国**は工業製品，**発展途上国**は農林水産物やエネルギー・鉱産資源の輸出が盛んだね。

さらに**水平的分業（水平貿易）**っていうのは聞いたことないかな？

これは主に**先進国どうしの貿易で**行われてきたもので，得意な工業製品や部品を売り買いするんだ。たとえば日本がイタリアに自動車を輸出し，イタリアは日本へ高級服飾品を輸出するというようにね。

ただし先進国どうしでは，得意なものが同じ業種である場合が多く，**貿易摩擦**が生じやすくなるんだ。つまり，輸出入のバランスが著^{いちじる}しく悪くなると，大量に輸入する側の国の経済を圧迫することになるんだね。

これに対し，**垂直^{すいちょく}的分業**（南北貿易 [➡ p.315 📖] または**垂直貿易**）とい

図2　国際的分業のしくみ

先進国 ── 製品 水平貿易 ──▶ 先進国

製品 ↕ 垂直貿易 一次産品 ↑

発展途上国

図3　主な発展途上国の輸出品目割合

中　国（2022年）
機械類 41.0%　自動車5.1　衣類4.5　金属製品4.4　繊維品4.1　その他 40.9

インドネシア（2021年）
石炭 11.5%　パーム油11.5　鉄鋼9.2　機械類7.9　衣類4.0　その他 55.9

タ　イ（2021年）
機械類 31.7%　自動車11.7　プラスチック類4.2　3.7　石油製品2.9　その他 45.8

マレーシア（2021年）
機械類 42.7%　野菜・果物6.9　衣類4.9　パーム油4.7　その他 37.0

ケニア（2022年）
茶 17.1%　切花10.8　10.6　衣類5.8　石油製品4.1　精密機械3.8　その他 51.6

ナイジェリア（2021年）
原油 76.2%　野菜と果実 石油製品 液化天然ガス10.4　船舶3.0　液化石油ガス1.4　7.0

コロンビア（2021年）
原油 27.1%　金（非貨幣用）石炭10.6　7.6　石油製品7.5　5.2　肥料2.0　その他 その他 42.0

チ　リ（2022年）
銅鉱 23.3%　銅 22.1　コーヒー豆11.4　化学薬品8.1　8.1　その他 27.0

ベネズエラ（2013年）
原油 85.1%　魚介類 野菜と果実 石油製品12.5

ブラジル（2022年）
大豆14.0　原油12.8%　鉄鉱石8.6　肉類7.6　鉄鋼5.2　その他2.4　その他 51.8

『データブック　オブ・ザ・ワールド』2024 による。

うのは，**一次産品と製品の輸出入**で，**発展途上国と先進国との間**で行われることが多かったんだ。

発展途上国では，**エチオピア（コーヒー）やガーナ（カカオ）**のように**特定の一次産品の輸出に依存するモノカルチャー経済**の国もかなりあるよ。ただ，**一次産品は価格が不安定**であったり，製品のほうが利益率が高かったりと先進国にとって有利である場合が多いので，経済格差が拡大してしまうという問題点（**南北問題**）もあるね。

でも現在は，発展途上国でもいわゆる**新興国**なんかは**輸出上位品目が機械類などのような工業製品に変わってきてる**ので，一概に「先進国と発展途上国の貿易は，垂直貿易だ！」とは言えなくなってきたね。

表1を見てみよう！　**世界の輸出上位国**だ。

系統地理

表1　世界の輸出上位国と輸出相手国

輸出上位国	主要輸出相手国					輸出総額	輸入総額
中　　国	アメリカ	(ホンコン)	日　本	韓　　国	ベトナム	3,593,601	2,715,999
アメリカ合衆国	カナダ	メキシコ	中　国	日　　本	イギリス	2,064,787	3,376,200
＊ドイツ	アメリカ	＊フランス	＊オランダ	中　　国	＊ポーランド	1,655,480	1,571,455
＊オランダ	＊ドイツ	＊ベルギー	＊フランス	イギリス	＊イタリア	965,518	898,536
日　　本	中　国	アメリカ	韓　国	(台　湾)	(ホンコン)	746,920	897,242

※統計年次は 2022 年。単位は百万ドル。＊は EU 加盟国。イギリスは 2020 年に EU を脱退。

貿易額（**輸出総額＋輸入総額**）はアメリカ合衆国が群を抜いていたんだけど，現在は中国に抜かれてしまったよ。アメリカ合衆国は，ものすごい**赤字**（**輸入超過**）であることがわかるだろう？ [➡ p.311 図5] 　アメリカ合衆国は世界最大級の工業国なんだけど，**国民に購買力がある**（輸入が増えるよね）ことと，**企業の海外進出**が進んだので，**国内産業が空洞化**してしまって，輸出より輸入がとても多くなっているんだ。**カナダ，メキシコ**への輸出額が多いのは，**NAFTA**（現 **USMCA**）[➡ p.316 凸] の影響だね。この3か国で共同市場を形成しているんだ。アメリカ合衆国は，**輸入額が世界最大**だということも忘れないように！

ドイツは，日本より **GNI**（**国民総所得**）も人口規模も小さいのに，輸出額が大きいのは，やっぱり **EU の市場統合**の影響だね。EU 域内では商品が自由に移動できるので有利だよね。ドイツとオランダの輸出相手国を見てごらん！ほとんどすべて EU 諸国だね。これは，重要なポイントだよ。

日本は，アメリカ合衆国を除いて**中国などアジア諸国**への輸出が多いことが

大地形

小地形

地形図

気候要素と
気候因子

気候区分と
植生・土壌

陸水と海洋

自然災害と
防災

農業

林業・
水産業

エネルギー・
鉱産資源

工業

地域開発と
環境問題

人口

村落と都市

商業・
観光業

交通・通信

**貿易と
資本の移動**

国家・民族

わかるね。経済的に関係が深いだけでなく，近隣諸国は輸送費が安くすむことも一因だよ。**かつては輸出入相手国ともにアメリカ合衆国が首位だった**んだ。その後，中国の輸出額が増加し，2019年まで**輸出は中国が首位，輸入はアメリカ合衆国が首位**だったけど，**2020年には，輸出入相手国ともに中国が首位に**なっているよ。**1980年代以降**大幅な輸出超過（黒字）が続いていて，特に**アメリカ合衆国とは貿易摩擦が生じてきた**んだ。でも最近は，中国とアメリカ合衆国の貿易摩擦の方が深刻で，**アメリカ合衆国の貿易赤字額は中国が最大**だよ！2008年秋以降の**世界同時不況**（世界金融危機）の影響をもろに受け，日本は輸出入ともに激減し，黒字も縮小し，**2011年の東日本大震災以降の原発停止で化石燃料（石炭，LNG）の輸入が増加**したこともあって**赤字に転落**してしまったんだ［➡ p.312 図6］。2016年には，久々に黒字になったけど，2018年には原油価格の上昇もあってまたまた赤字に！　しばらくは一進一退が続きそうだね。

　そして，最後に**中国**だ。第二次世界大戦後，ずっとアメリカ合衆国とドイツが輸出額の首位を争ってきたんだけど，**2009年以降は，中国が世界最大の輸出国**になっているよ［➡ p.311 図4］。

図4　世界の輸出貿易に占める主要国の割合

アメリカ合衆国

ドイツ

日本

中国

※「国連貿易統計年鑑」および「国連統計月報」による。貿易総額上位4か国。

図5　輸出と輸入のランキング（2022年）

輸出　億ドル

1. 中　　国
2. アメリカ
　 合　衆　国
3. ド　イ　ツ
4. オランダ
5. 日　　本
6. 韓　　国
7. イタリア
8. ベルギー
9. フランス
10.（香　港）

輸入　億ドル

1. アメリカ
　 合　衆　国
2. 中　　国
3. ド　イ　ツ
4. オランダ
5. 日　　本
6. イギリス
7. フランス
8. 韓　　国
9. イ　ン　ド
10. イタリア

系統
地理

大　地　形

小　地　形

地　形　図

気候要素と
気候因子

気候区分と
植生・土壌

陸水と海洋

自然災害と
防災

農　　業

林業・
水産業

エネルギー・
鉱産資源

工　　業

地域開発と
環境問題

人　　口

村落と都市

商業・
観光業

交通・通信

貿易と
資本の移動

国家・民族

図6 主な国の輸出入超過額の推移

※『世界国勢図会 2023/24』による。

図7 各国1人当たり貿易額と貿易依存度（2022年）

『世界国勢図会 2023/24』による。貿易依存度は GDP に対する輸出入額の割合。国名
の配列は1人当たり貿易額の大きい順だが，上位14か国というわけではなく，主要国
のみを取り上げた。
貿易依存度は，貿易額÷GDP×100で求められるため，GDP（国内総生産）の規模が大
きいアメリカ合衆国や日本は低めに推移することに注意！

図8　主要国・地域の貿易相手 (2019年)

上が輸出，下が輸入

日本

輸出: 中国 19.4% ｜ アメリカ合衆国 18.7 ｜ EU 9.5 ｜ 韓国 7.3 ｜ 台湾 7.0 ｜ その他

輸入: 中国 21.0% ｜ 10.1（アメリカ合衆国）｜ 9.8（オーストラリア）｜ EU 9.7 ｜ 5.1（アラブ首長国連邦）｜ その他

中国

輸出: アメリカ合衆国 16.2% ｜ EU 15.6 ｜ 香港 8.4 ｜ 4.8（日本）｜ 4.6（韓国）｜ その他

輸入: EU 10.5% ｜ 台湾 8.8 ｜ 韓国 7.4 ｜ 日本 6.8 ｜ 6.6（アメリカ合衆国）｜ その他

韓国

輸出: 中国 22.8% ｜ 16.1（アメリカ合衆国）｜ EU 10.0 ｜ ベトナム 8.9 ｜ 4.5（日本）｜ その他

輸入: 中国 21.1% ｜ 11.2（アメリカ合衆国）｜ EU 9.3 ｜ 日本 7.5 ｜ 6.1（オーストラリア）｜ その他

EU

輸出: EU 62.0% ｜ 7.4（アメリカ合衆国）｜ 4.8（イギリス）｜ その他

輸入: EU 57.9% ｜ 中国 8.8 ｜ 5.0（アメリカ合衆国）｜ その他

ロシア

輸出: EU 38.5% ｜ 中国 11.9 ｜ 7.5（オランダ）｜ その他

輸入: EU 29.9% ｜ 中国 27.9 ｜ ドイツ 8.7 ｜ その他

アメリカ合衆国

輸出: カナダ 17.3% ｜ EU 17.0 ｜ メキシコ 15.7 ｜ 中国 7.5 ｜ 日本 3.9 ｜ その他

輸入: EU 17.1% ｜ 中国 16.5 ｜ メキシコ 14.0 ｜ カナダ 13.6 ｜ 4.6（日本）｜ その他

カナダ

輸出: アメリカ合衆国 77.0% ｜ 中国 3.7 ｜ EU 4.6 ｜ その他

輸入: アメリカ合衆国 49.1% ｜ 中国 13.5 ｜ EU 10.8 ｜ その他

0%　10　20　30　40　50　60　70　80　90　100

アメリカ合衆国の赤字と，中国の黒字はすごいなぁ！　日本の貿易相手国の中で，日本が赤字（輸入超過）になっているのは，どんな国なの？

図9を使って考えてみよう！

これは日本の主な貿易相手国と輸出入の割合だよ。

図9　日本の主な貿易相手国・地域

ロシア 24,139
ベルギー 14,902
ドイツ 48,820
イギリス 18,957
アイルランド 8,581
オランダ 17,395
フランス 20,102
スペイン 8,569
スイス 14,051
イタリア 18,301
クウェート 8,892
カタール 13,781
中国 383,662
韓国 92,908
カナダ 24,234
（台湾）96,663
（香港）40,106
アメリカ合衆国 237,471
フィリピン 24,164
メキシコ 18,243
パナマ 6,275
ブラジル 15,422
インド 20,855
サウジアラビア 35,083
アラブ首長国連邦 37,497
マレーシア 38,801
タイ 65,177
ベトナム 46,223
シンガポール 31,744
インドネシア 36,223
チリ 10,578
南ア共和国 13,701
オーストラリア 74,279
ニュージーランド 6,250

輸入　輸出
（数字は輸出入総額で，単位は億円）

※財務省，貿易統計による。統計年次は2021年。日本との輸出入合計が5,000億円以上の相手国。

　日本が輸入超過の国をチェックしてごらん！（図9中の赤字の国に注意！）**中国**（日本の主要輸入品は電気機器，一般機械），**オーストラリア**（石炭，LNG，鉄鉱石），**インドネシア**（石炭，LNG，電気機器），**ロシア**（LNG，石炭，原油），**サウジアラビア**（原油）**アラブ首長国連邦**（原油），**カタール**（原油，LNG），**カナダ**（石炭，肉類，木材），**ブラジル**（鉄鉱石，トウモロコシ，鶏肉），**チリ**（銅鉱，魚介類）などがそうだね。これらの国の大部分は**資源などの一次産品を日本へ大量に輸出**しているんだ（2022年）。

日本はどんなものを**輸出**してるの？

　次ページの**図10**を見てみよう！　**第二次世界大戦前**（1935年のグラフ）は，繊維原料を輸入して，繊維品などの**軽工業製品を輸出**するという**発展途上国型**の貿易だね。**第二次世界大戦後**は，**重化学工業化**が進んで，原油などの原燃料

を大量に輸入し，鉄鋼や船舶などを輸出してきたんだよ。

　現在は，自動車，電子部品，精密機械など，より**付加価値が高い工業製品（機械類）の輸出割合が高くなっている**んだ。**輸入**は日本企業の海外進出の影響もあって，**機械類が増加している**のが特徴的だな。

図10　日本の輸出入品目の変化

＊輸出入額が著しく増加していることに注意！

図11　主要国・地域のFTAカバー率（2022年）

※貿易総額に占めるFTA発効済み国との貿易割合。　＊は2020年。

👉 **南北貿易**　北半球の高緯度に先進国が多く，低緯度に発展途上国が多いため，**先進国と発展途上国の間の貿易**を示す場合にこの語が用いられる。垂直貿易ともいう。

👉 **自由貿易と保護貿易**　**自由貿易**とは国家が外国との商品取引に干渉せず，**自由に貿易活動を行うこと**，**保護貿易**とは**国内産業を保護**するために，**関税や非関税障壁**（輸入課徴金，数量制限，品目制限）などによって，制約を加えることである。貿易の拡大のためには自由貿易を進めていく必要がある。

👉 **WTOとFTA**　第二次世界大戦前の保護貿易によって先進国間で摩擦が起きたことが，第二次世界大戦の一因になったことを反省し，GATT（関税と貿易に関す

大地形

小地形

地形図

気候要素と
気候因子

気候区分と
植生・土壌

降水と海洋

自然災害と
防災

農業

林業・
水産業

エネルギー・
鉱産資源

工業

地域開発と
環境問題

人口

村落と都市

商業・
観光業

交通・通信

貿易と
資本の移動

国家・民族

る一般協定）による**関税の引き下げや非関税障壁の撤廃**に努めてきた。さらに GATTは，1995年にサービス貿易や知的所有権も取り扱い，紛争処理能力も有する WTO（世界貿易機関）に改組された。ただし，近年の加盟国増加に伴い，貿易自由化交渉による意思決定が難航しているため，2国間などのFTA（自由貿易協定）が増加する傾向にある。**日本はシンガポール，メキシコ，マレーシア，チリ，タイ，インドネシア，ブルネイ，ASEAN，フィリピン，スイス，ベトナム，インド，ペルー，オーストラリア，モンゴル，EUなどとFTA（EPA）を発効させ**，コロンビア，トルコなどとの交渉も行われている。

👆 **NAFTA（北米自由貿易協定）** アメリカ合衆国，カナダ，メキシコの3か国間で1994年に発効した自由貿易協定である。将来的に加盟国間の**関税撤廃，金融や投資の自由化，知的所有権の保護**を図ることを目標とし，4億人を超える巨大共同市場の完成を目指している。NAFTAの締結によって**アメリカ合衆国からカナダ，メキシコへの企業進出は活発化**し，カナダ，メキシコとアメリカ合衆国との**貿易額は大幅に拡大**している。ただし，EUと異なり**労働力の移動については自由化されていないことに注意！** 新協定のUSMCA（アメリカ合衆国，メキシコ，カナダ協定）が2020年度に発効された。

👆 **FTA（自由貿易協定：Free Trade Agreement）とEPA（経済連携協定：Economic Partnership Agreement）** FTAは**関税やサービス貿易**（運輸，情報通信，金融，旅行，建設などサービス業の国際取引）の**制限撤廃**を目指すもので，EPAはFTAに加え**労働市場の開放，投資円滑化**，経済協力推進などを含む。**日本はEPAの締結を進めている。**

👆 **TPP（Trans-Pacific Strategic Economic Partnership Agreement 環太平洋経済連携協定）** 環太平洋諸国の経済自由化を目指すEPAである。**シンガポール，ブルネイ，チリ，ニュージーランドを原加盟国**とし，カナダ，メキシコ，オーストラリア，ベトナム，ペルー，マレーシア，日本，アメリカ合衆国がTPPの会合に参加したが，アメリカ合衆国の離脱によって，残る11か国により**TPP11**として合意されたCPTPP（環太平洋パートナーシップに関する包括的及び先進的な協定）がTPPとは別の条約として発効された。

ポイント 世界と日本の貿易

❶ 世界貿易に占める先進国の割合は約60%である。

❷ 先進国間の貿易を**水平貿易**，先進国・発展途上国間の貿易を**南北（垂直）貿易**と呼び，前者は世界貿易の約36%を占める。

❸ 日米間の貿易において，アメリカ合衆国は大幅な**輸入超過**，米中間の貿易において，中国は大幅な輸出超過であるため，**貿易摩擦**が生じている。

❷ 資本の移動と援助

　近年，先進国を中心として企業の海外進出が活発化していることは知ってるだろう？　海外に資本が移動すること，つまり海外に工場やオフィス，販売店を設立することを**海外直接投資**というんだ。**企業の海外進出**と考えていいよ。逆に外国企業が国内に進出してくることを**対内直接投資**というんだね。

> なぜ**日本の企業**は，国内より活動の制限がいろいろある外国へわざわざ進出するんだろう？　わかんないなぁ？

　そうだねぇ。やっぱり無理してでも外国に企業が行くメリットがあるんだろうね。最もわかりやすいのは，発展途上国への工場進出だよ。
　日本では，**1980年代半ばからの円高**（**輸入には有利**だけど，**輸出には不利**だ！）や国内賃金水準の上昇などに対し，**コストダウンを図るため**，**NIEs**（ニーズ）や**マレーシア，タイ**などの**ASEAN**（アセアン）**諸国**に生産拠点を移す企業が出始めたんだ。特に**労働集約的**な**家電**などの**組立工業**が代表的だね。現在は，より安価な労働力を求めて，**中国やインドネシア，ベトナム**へも進出しているんだよ。
　一方，**アメリカ合衆国**や**EU諸国**などの先進国に進出する場合もあるよ。これは**貿易摩擦を解消**するために，輸出相手国に現地法人を設立して**現地生産**（**自動車**が代表的だね）を行ったり，市場を拡大するために進出しているんだ。
　このように，**複数の国にまたがって活動する企業**を**多国籍企業**というから注意しておこう！　企業の多国籍化が進むと**アメリカ合衆国**や**日本**のように，産業の**空洞化**が進展してしまうおそれもあるんだ。

> 海外への資金の流れには，**投資**と**援助**があるよね。援助のうち**ODA**ってなんのこと？

　ずいぶん前にね，ある大きな本屋さんで本を探してたら，大学生らしき2人組が「ねぇ，オーダ（ODA）って人の名前？」と言っているのが聞こえてきてア然!!!　としたんだけど，君たちはわかっているよね（＾_＾;）。大丈夫じゃないと，日本の未来が怪しくなるからね！
　ODAは，もちろん**政府開発援助**（Official Development Assistance）のことだよ！　対外援助には企業や個人が行う民間資金援助と，この**ODA**があるんだ。**ODA**は**政府が発展途上国に援助**をすることで，**2国間援助**と**国際機関**への資金の拠出などからなり，**OECD**（**経済協力開発機構**）の下部機関である**DAC**（**開発援助委員会**）が担っているよ。

大地形

小地形

地形図

気候要素と気候因子

気候区分と植生・土壌

陸水と海洋

自然災害と防災

農業

林業・水産業

エネルギー・鉱産資源

工業

地域開発と環境問題

人口

村落と都市

商業・観光業

交通・通信

貿易と資本の移動

国家・民族

図12　DAC（開発援助委員会）加盟国の ODA の推移

※経済協力開発機構（OECD）資料による。支出額ベース。

ここで，**図12**を見てごらん！

日本は，1991年から**世界最大のODA拠出国**だったんだけど，バブル崩壊後の長引く不 況 の影響もあり，2001年には**アメリカ合衆国に首位の座を明け渡した**んだ。援助額（2022年）は，アメリカ合衆国，ドイツに次いで多いんだけど，**対GNI（国民総所得）比が他の先進国より低い**ことや，無 償 援助ではなく借 款 （低金利で融資すること）が多いことなどへの批判もあるんだよ。

援助の相手国は地理的に近かったり，歴史的に関係の深い国に行われることが多く，**日本は近隣のアジア諸国，ヨーロッパはアフリカ諸国への援助が多い**ことに注意しよう！

ポイント 資本の移動と援助

❶ 海外直接投資とは，企業の海外進出をさし，生産費のコストダウンや貿易摩擦(まさつ)を解消するための現地生産が行われている。

❷ ODA（政府開発援助）は政府による発展途上国への援助のことで，地理的，歴史的に関係が深い国への拠出(きょしゅつ)額が多い。

系統地理

大地形
小地形
地形図
気候要素と気候因子
気候区分と植生・土壌
陸水と海洋
自然災害と防災
農業
林業・水産業
エネルギー・鉱産資源
工業
地域開発と環境問題
人口
村落と都市
商業・観光業
交通・通信
貿易と資本の移動
国家・民族

チェック問題　　標準 4分

1 次の表中のア～ウは，ASEAN（東南アジア諸国連合），EU（ヨーロッパ連合），USMCA（アメリカ・メキシコ・カナダ協定）のいずれかにおける域内総生産*，輸出総額，入出超額**を示したものである。ア～ウと国際組織名との組合せとして正しいものを，あとの①～⑥のうちから一つ選べ。

*域内における国内総生産（GDP）の合計値　　**輸出総額−輸入総額

	域内総生産 （億ドル）	輸出総額 （億ドル）	入出超額 （億ドル）
ア	265,763	27,567	− 12,051
イ	171,778	66,471	1,388
ウ	33,403	17,241	1,029

※統計年次は2021年。『世界国勢図会』より作成。

	①	②	③	④	⑤	⑥
ア	ASEAN	ASEAN	EU	EU	USMCA	USMCA
イ	EU	USMCA	ASEAN	USMCA	ASEAN	EU
ウ	USMCA	EU	USMCA	ASEAN	EU	ASEAN

2 次の図は，アメリカ合衆国，ドイツ，日本，フランスのいずれかを最大の貿易相手国*にする国を示したものであり，①～④は，アメリカ合衆国，ドイツ，日本，フランスのいずれかである。ドイツに該当するものを，図中の①～④のうちから一つ選べ。

*輸出額と輸入額の合計が最大の国。

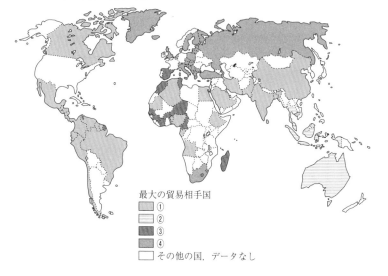

最大の貿易相手国
□ ①
□ ②
■ ③
□ ④
□ その他の国，データなし

アメリカ合衆国，ドイツ，日本，フランスについては白塗りとした。
※統計年次は2005年。『国際連合 貿易統計年鑑』により作成。

解答・解説　**1**　⑥　　域内総生産は，経済力と人口に対応するため，主として先進諸国からなる EU と USMCA の域内生産が大きくなる。したがって，最も域内総生産が少ないウが ASEAN である。ASEAN は東ティモールを除く東南アジア10か国からなり，人口規模では EU，USMCA を上回るが，先進地域ほどは経済規模が大きくない（1人当たりの生産額が小さい）ため，輸出総額も小さいことに注意しよう！

　アとイについては，輸出総額が大きいイが EU である。EU は27か国からなり加盟国も多いため，アメリカ合衆国，カナダ，メキシコからなる USMCA より輸出総額が大きい。

　また，アの USMCA は入出超額がマイナスを示しているが，これはアメリカ合衆国の貿易赤字が極めて大きいことが影響している。

共通テストではこれらの経済地域に加え，**日本**（2016年，2017年はほんの
ちょっとだけ黒字に転換したが，2022年は大幅な赤字），**中国**，**MERCOSUR**
（南米南部共同市場・アルゼンチン，ブラジル，パラグアイ，ウルグアイの4か
国で結成。現在，ベネズエラ*，ボリビアも加わり，全6か国）も出題される。
データを示しておくので注意してもらいたい。

*資格停止中

	GDP （億ドル）	輸出総額 （億ドル）	入出超額 （億ドル－）
中国	177,341	33,582	6,715
日本	49,409	7,560	－130
MERCOSUR	23,482	3,934	544

※統計年度は2021年。

2 ④ 貿易相手国は，輸送コストの関係から**距離的に近い国**や**歴史的に関
係が深い国**であることが多い。

①はアメリカ大陸の国々が多いので，やはり**アメリカ合衆国**である。特に**カ
ナダ，メキシコ**，アメリカ合衆国は**NAFTA**（北米自由貿易協定，現 USMCA）
を締結しているため，貿易障壁がほとんどなく相互の貿易額が多いことに注意
しよう！

②は**東南アジア，オーストラリア**などに注目して**日本**と判定する。日本の最
大の貿易相手国は，かつてはアメリカ合衆国であったが，現在**輸出輸入**ともに，
中国が最大の相手国となっていることに注意。

③は**隣国のスペイン**，旧植民地であった北アフリカの**チュニジア，モロッコ**，
同じく旧植民地であった西アフリカ諸国の相手国ということで**フランス**である。
フランスやイギリスは旧植民地との関係が良好であることが多く，経済的な結
びつきが強い。

④は**地理的に近い東欧諸国，ロシア，北欧諸国**から**ドイツ**と判定する。ドイ
ツは**ヨーロッパでは最大の貿易額**を誇るため，**近隣諸国はドイツを最大の貿易
相手国としている場合が多い**。

このような「国際経済」の分野は
日々移り変わっているので，新聞
やニュースの情報にも関心を持つ
といいね！

大地形

小地形

地形図

気候要素と
気候因子

気候区分と
植生・土壌

陸水と海洋

自然災害と
防災

農業

林業・
水産業

エネルギー・
鉱産資源

工業

地域開発と
環境問題

人口

村落と都市

商業・
観光業

交通・通信

**貿易と
資本の移動**

国家・民族

19 国家・民族
国家・国家群・言語・宗教と民族・領土問題

この項目のテーマ

❶ **国家と国家群**
　世界にはさまざまな国家があることを理解しよう！

❷ **人種・民族・宗教**
　人種と民族の違いを理解し，言語・宗教の分布や特徴を理解しよう！

❸ **民族・領土問題**
　民族や国家間の領土問題について考えてみよう！

---

❶　国家と国家群

　世界にはたくさんの国家があるよね（できるだけ日ごろから地図帳を開いて，**国名と位置を確認しておこう！**）。

　第二次世界大戦後の**1945～50年代**には**アジア諸国**，**1960年代**には**アフリカ諸国**（特に1960年は**17か国**も独立を達成し，「**アフリカの年**」と呼ばれたんだ），東西冷戦の終結時の**1990年代**には**旧ソ連諸国**，旧ユーゴスラビア諸国などが分離独立し，2002年には東ティモール，2006年にはモンテネグロ，2008年にはコソボ，2011年には南スーダンが独立するなど，現在の**197か国**になったんだよ。**国家**は一定の領域に**国民**が居住し，他国に干渉されず国民や**領域**を支配・統治する**主権**をもつ政治社会なんだよ（領域，国民，主権を国家の三要素というんだ）。

　すごい数の国があるんだねえ。少しずつ地図帳でチェックしておかなくっちゃね！
　ところで「領域」ってなんなの？

　領域には**領土**，**領海**，**領空**があるんだ。次ページの**図１**を見るとわかりやすいよ。

　それぞれ国家の主権が及ぶ空間のことなんだけど，**領海**は，沿岸（低潮位線）から**12海里**までを主張している国が多いよ。

　領空は領土・領海の上空で，高さの制限は特別には決められていないんだけ

ど，一般的に大気圏内で，人工衛星の最低軌道以下だね。

 領海とは別に排他的経済水域っていうのがあるよね。これはどんな水域なの？

排他的経済水域（**EEZ**：Exclusive Economic Zone）とは，**沿岸**から**200海里内の水産資源，エネルギー・鉱産資源などに関して沿岸国に排他的管理権**（開発など経済活動への優先権）**を認めた水域**のことだよ。**1970年代**から世界各国が海洋資源を保護するため，設定を進めていったんだ。

図1 国家の領域

国境線　国境線　領海の幅は国によって違う。日本は12海里。（1海里＝1,852m）

領空
領海12海里
排他的経済水域
公海
200海里
干潮時の海岸線
領土

でも**通行権や通信権は規制しない**ので，**船舶航行**や**海底通信ケーブルの敷設**なんかは認められているよ。先進国から資源を守ることができるため，発展途上国では積極的に導入されていったんだよ。

現在は，**領海が12海里，排他的経済水域が200海里**というのが一般的だね。

図2 主な国の排他的経済水域の面積

排他的経済水域の面積＊

アメリカ合衆国　762万km²　983万km²
オーストラリア　701　769
カナダ　470　998
ブラジル　317　851

国土面積

メキシコ　196　285
インドネシア　191　541
日本　38　447
ニュージーランド　28　483

＊排他的経済水域の面積には領海を含む。※「海洋白書」による。

 国家間には国境が必要だよね。どんな国境があるのかなぁ？

国境には，**隔離性**（簡単に侵略を受けない）と**交流性**（貿易など交流ができる）が必要になるんだけど，日本のように海洋を国境にしている国もあれば，アメリカ合衆国のアラスカとカナダのように経緯線を国境にしている場合もあるよね。

海洋，河川，湖沼，山脈など**自然物を国境に利用**している場合，**自然的国境**と呼んでいるんだ。比較的古くからの民族の境界線であった場合が多いよね（ヨーロッパの国境に多いよ）。

これに対して**経緯線**などを利用し，国家間の話し合いで決めたような国境を

大地形

小地形

地形図

気候要素と気候因子

気候区分と植生・土壌

降水と海洋

自然災害と防災

農業

林業・水産業

エネルギー・鉱産資源

工業

地域開発と環境問題

人口

村落と都市

商業・観光業

交通・通信

貿易と資本の移動

国家・民族

人為的国境（数理的国境）というんだ。国境の画定が比較的新しい**北アメリカ**や**アフリカ諸国**は，これを利用している場合が多いね。

特に**アフリカ**では**ヨーロッパ諸国の植民地支配**によって，民族の居住地域を無視した勝手な線引きが行われたんだけど，その国境を継承して独立国ができたんだ。つまり，それまで居住していた民族が，植民地支配による線引きでいくつもに分断されてしまったから，国内に**民族問題**を抱え，政治的に不安定な国が多いんだよ。**表1**で主な国境を確認しておこう。

表1　国境のまとめ

	種類	例
自然的国境	海洋	日本，ニュージーランド，スリランカなど**島国**
	河川	**オーデル川**（ドイツ，ポーランド），**リオグランデ川**（アメリカ，メキシコ），**メコン川**（タイ，ラオス），**ライン川**（フランス，ドイツ）
	湖沼	**五大湖**（カナダ，アメリカ），**チチカカ湖**（ボリビア，ペルー）
	山脈	**ピレネー山脈**（スペイン，フランス），**スカンディナヴィア山脈**（ノルウェー，スウェーデン），**アンデス山脈**（チリ，アルゼンチン）
数理的国境	経度	141°W（アメリカのアラスカ州，カナダ），141°E（インドネシア，パプアニューギニア），25°E（エジプト，リビア）
	緯度	49°N（カナダ，アメリカ），22°N（エジプト，スーダン）

> 世界の国々はさまざまな目的で国際組織を設立しているよね。いっぱいあるんだけど，どうしたらいい？

そうだね，確かに頭がパンクしそうになるよなぁ（^_^）。じゃあ，共通テストで必要な部分だけをまとめておこう！

現代の世界は，**国家**を単位として構成され，それぞれが共存していくために**国際連合**（UN）が組織されているね。国際連合は，**1945年**のサンフランシスコ会議で第二次世界大戦の連合国を中心に結成された組織で，**国際平和と安全の維持**を目的としているよ。原加盟国は51か国（日本は1956年加盟）だったけど，1950年代までにアジア諸国，**1960年代にアフリカ諸国**，1970年代～1980年代にカリブ諸国とオセアニアの島国，**1990年代に旧ソ連諸国**，旧ユーゴスラビア諸国，韓国，北朝鮮などが加盟し，現在は，**バチカン市国，コソボ，クック諸島，ニウエを除く193か国**が加盟しているよ。すべての加盟国の代表で構成される**国連総会**や加盟国を拘束することができる決定権を持つ**安全保障理事会**をはじめ，**UNESCO**や**FAO**などの専門機関，WTO［➡ p.326 **表2**］などの関連機関が設置されているんだ。

図3　国連の組織

国連の主要機関
総　　会
加盟国193か国
安全保障理事会
常任理事国5か国
アメリカ合衆国，イギリス，
中国，フランス，ロシア
そのほか非常任理事国10か国
国際司法裁判所
本部：ハーグ（オランダ）
事　務　局
経済社会理事会
信託統治理事会 (活動停止中)

主な内部機関

国連児童基金 (UNICEF)
国連難民高等弁務官事務所 (UNHCR)

主な国連専門機関
(国連と連携協定を結んでいる)

国際通貨基金 (IMF)
　本部：ワシントン
国連教育科学文化機関 (UNESCO)
　本部：パリ
世界保健機関 (WHO)
　本部：ジュネーブ

その他主な関連機関

国際原子力機関 (IAEA)
　本部：ウィーン
世界貿易機関 (WTO)
　本部：ジュネーブ

系統地理

大　地　形

小　地　形

地　形　図

気候要素と
気候因子

気候区分と
植生・土壌

陸水と海洋

自然災害と
防災

農　　業

林業・
水産業

エネルギー・
鉱産資源

工　　業

地域開発と
環境問題

人　　口

村落と都市

商業・
観光業

交通・通信

貿易と
資本の移動

国家・民族

　さらに，それぞれの国家は政治的な独立，経済的な自立を保持しながら，他の国との協力関係を深め**国家群**を形成しているよ。

　表2［➡ p.326］に特に重要な**国連機関**と**国家群**をまとめているので，**名称**や**その目的**を理解しておこうね！　特に**ASEAN，USMCA，EU の加盟国は覚えておいたほうがいい**よ。

図4　世界の経済的な結びつき

(2022 年)

APEC 参加国・地域
日本・韓国・中国・(ホンコン)（台湾）・
タイ・マレーシア・シンガポール・
フィリピン・インドネシア・ブルネイ・
アメリカ・カナダ・メキシコ・チリ・
オーストラリア・ニュージーランド・
パプアニューギニア・ロシア・
ベトナム・ペルー

0　　　3000km

■ 東南アジア諸国連合 (ASEAN)
■ 南アジア地域協力連合 (SAARC)
□ 湾岸協力理事会 (GCC)
■ 西アフリカ諸国経済共同体 (ECOWAS)
■ 南部アフリカ開発共同体 (SADC)
□ ヨーロッパ連合 (EU)
■ ヨーロッパ自由貿易連合 (EFTA)
□ ユーラシア経済共同体 (EAEC)
■ アメリカ・メキシコ・カナダ協定 (USMCA)
■ 南米南部共同市場 (MERCOSUR) *
⤸ アジア太平洋経済協力会議 (APEC)

(国・地域による区分)　　［外務省資料より作成］

＊ベネズエラは資格停止中

表2　世界の国連機関と国家群のまとめ

	略称	名称	特徴
国際連合*	UNESCO（ユネスコ）	国連教育科学文化機関	教育・科学・文化の研究とその普及。世界遺産の登録・保護など。
	FAO（ファオ）	国連食糧農業機関	農業生産の改善による生活水準の向上。
	WTO	世界貿易機関	貿易障壁と輸入制限の撤廃。世界貿易の自由化およびサービス貿易や知的所有権などを加えた，新しい貿易ルールを確立。GATTを発展的に解消。
	UNCTAD（アンクタッド）	国連貿易開発会議	貿易促進による発展途上国の経済開発促進。
	UNEP（ユーネップ）	国連環境計画	環境保護のための国際協力。
政治・軍事・経済的組織	OECD	経済協力開発機構	先進国を中心に38か国から構成（「先進国クラブ」）。世界経済の発展と途上国への援助（ODA）。
	NATO（ナトー）	北大西洋条約機構	欧米西側諸国で結成された集団安全保障機構。近年は東欧諸国も加盟。
	ASEAN（アセアン）	東南アジア諸国連合	東南アジア10か国。経済発展と域内貿易の拡大。
	AU	アフリカ連合	OAU（アフリカ統一機構）が発展的に解消。EU型の政治・経済統合。54か国と1地域（西サハラ）。
	EU	ヨーロッパ連合	政治・経済・通貨統合を目指す。2013年にクロアチアが加盟し，28か国に拡大。2020年にイギリスは離脱し，EU27に。
	EFTA（エフタ）	ヨーロッパ自由貿易連合	EUとの拡大統一市場を目指すEEA（ヨーロッパ経済領域）を発足。
	USMCA	アメリカ・メキシコ・カナダ協定	旧NAFTA。アメリカ合衆国，カナダ，メキシコ3か国の自由貿易圏の形成を目指す。
	MERCOSUR（メルコスール）	南米南部共同市場	域内関税撤廃と域外共通関税を設定。ブラジル，アルゼンチンなど。
	APEC（エイペック）	アジア太平洋経済協力会議	環太平洋地域の貿易・投資の拡大・自由化による経済発展を目指す。日本，中国，アメリカ合衆国など。
	OPEC（オペック）	石油輸出国機構	メジャーに対抗して設立。価格の安定を図り，産油国石油産業の発展を目指す。
	OAPEC（オアペック）	アラブ石油輸出国機構	対イスラエルなどの石油戦略としてアラブ産油国により成立。

＊専門機関，関連機関を含む。

☝ **単一民族国家と多民族国家**　近代国家形成の過程で，**単一の民族で国家を形成するという理念**（**民族国家，国民国家，**nation-state）が生まれたが，現実にはすべての国が複数の民族からなる**多民族国家**である。

☝ **中央集権国家と連邦国家**　**中央集権国家**とは，**中央政府**が直接的に国民・領土を支配する国家（日本，フランス，韓国など）で，**連邦国家**は**中央政府**が外交・軍事などを担当し，**地方**（**州**）**政府**が内政（立法・司法・教育など）に関する権限を委任されている国家（**アメリカ合衆国，ドイツ，スイス，ベルギー，ロシア，メキシコ，ナイジェリア**など）である。

☝ **君主国と共和国**　**君主国**とは，世襲的な元首によって統治される国家で，大半は**立憲君主国**（イギリス，オランダ，日本など）。**共和国**とは，国民から選出された元首によって統治される国家（アメリカ合衆国，フランス，ロシアなど）である。

ポイント ▶ 国家と国家群

❶ **国家**は**領域・国民・主権**からなる。
❷ **領海**12**海里，排他的経済水域**200**海里**を主張する国が多い。
❸ **国境**には**隔離性**と**交流性**が重要で，自然物を利用する**自然的国境**と経緯線を利用する**人為的国境**がある。

「地理」では，用語だけでなく，用語の背景にある地理的事象の理解が大切だ。たとえば，「排他的経済水域」の定義や適用範囲など，スラスラ言えるかな？

系統地理

大地形

小地形

地形図

気候要素と気候因子

気候区分と植生・土壌

陸水と海洋

自然災害と防災

農業

林業・水産業

エネルギー・鉱産資源

工業

地域開発と環境問題

人口

村落と都市

商業・観光業

交通・通信

貿易と資本の移動

国家・民族

❷ 人種・民族・宗教

この分野を苦手にしている受験生が多いみたいだけど，国際人として世界に はばたく君たちとしては，世界の人々を理解するために重要なテーマだよ。じゃあ，説明を始めよう。

人類を肌の色や体の形態などの**身体的な特徴**で分類したグループを**人種**という んだ。

当然，人類は長い歴史の中で混血をくり返してきたわけだから，厳密な分類 は無理だけど（遺伝学の進歩やDNAの研究を通して新しい研究も行われてい る），世界の人々をおおよそ**表3**のように区分することができるよ。

表3 人種のまとめ

人　種	特　徴	主な分布地域
モンゴロイド （黄色人種）	黄・銅色の皮膚 黒髪・直毛	東アジア・東南アジア・ 南北アメリカ（先住民）
コーカソイド （白色人種）	白色の皮膚 金髪・褐色髪の波状毛	ヨーロッパ・西アジア・南アジア 北アフリカ・南北アメリカ
ネグロイド （黒色人種）	黒色の皮膚 黒色の巻き毛・縮状毛	中南アフリカ
オーストラロイド （濃色人種）	濃色の皮膚 黒色の巻き毛・波状毛	ニューギニアやオーストラリア 先住民など（アボリジニー）

図5 世界の人種の分布

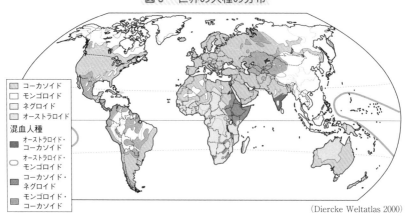

（Diercke Weltatlas 2000）

モンゴロイドは**アジア系人種**とも呼ばれ，**東アジア**，**東南アジア**をはじめ，

ユーラシア大陸に広く分布しているんだ。**南北アメリカ大陸の先住民**である**イヌイット（エスキモー）**や**インディアン（インディオ）**も，かつて氷期の海面低下によってベーリング海峡（かいきょう）付近が陸化した際に，**ユーラシア大陸から移動してきたモンゴロイドの子孫**なんだよ（これで何回目かなあ）。

コーカソイドは**ヨーロッパ系人種**と呼ばれ，**ヨーロッパを中心に南アジア**，**西アジア**，**北アフリカ**，**南北アメリカ**，**オセアニア**に分布しているよ。特に西アジアをモンゴロイド，北アフリカをネグロイドの分布地域と思っている人がかなりいるので絶対に間違えないようにしようね！ **西アジアと北アフリカにはコーカソイドが多い!!**

ネグロイドは**アフリカ系人種**と呼ばれ，サハラ砂漠（さばく）以南の**中南アフリカ**に分布しているんだ。もちろん⑭の**3**［p.259］で学習したように，**南北アメリカ大陸**には，奴隷（どれい）として移住させられたネグロイドの子孫もいるよ。

オーストラロイドはオーストラリアの先住民である**アボリジニー**などで，ここまでの三大大種と比べると人口的にはかなり小規模になるね。

表3［➡ p.328］の4つの人種以外にもラテンアメリカに居住する**メスチソ**（白人とインディオ），**ムラート**（白人と黒人）などの混血人種（こんけつ）がいるからね。

> 人種の定義と分布ではかなりあやふやだったところがすっきりしたよ！
> じゃあ，次は民族の説明をしてくれる？

民族は，人種のように身体的な特徴ではなく，**文化的特徴**によって分類された人類集団だ。これには**言語**や**宗教**のかかわりが大きく，同じ言語を話し，同じ人生観や価値観をもっていると，**同族・同胞意識（どうほう）**を抱きやすくなるといえるだろうね。もちろんこれは普遍的（ふへんてき）なものではなく，歴史の中で形成され，時代とともに変化していったんだ。

民族を考える場合，最も重要な指標の1つが**言語**なんだ。だから**民族の区分を言語の区分に置き換える場合が多い**んだよ。

言語は言語学的に文法や単語の類似性から，大きなグループである**語族**に分けられるんだ。例えば，**英語**だったら**インド＝ヨーロッパ語族－ゲルマン語派**（ゲルマン語派などは通常，「ゲルマン系」と表すことが多い）**－英語**というようにね。世界の**語族**をしっかりと理解していれば，⑳以降の第3講「地誌」で世界の国々を学習する際に，とってもわかりやすくなるんだよ。次ページの**図6**と**表4**を見ながら，今日中に**語族**を理解してしまおう（^_^）！ **民族や言語については，どんなに君たちが地理的思考力を駆使（くし）しても，名称と分布**

を覚えていないと，理解もできないし，入試問題も解けない‼

図6　世界の言語の分布

凡例：
- インド＝ヨーロッパ語族
- シナ＝チベット諸語
- インディアン・インディオ諸語
- アフリカ＝アジア語族
- ウラル語族
- アルタイ諸語
- オーストロネシア語族
- ニジェール＝コルドファン諸語
- その他

「国立民族学博物館資料1996年版」ほかより。

表4　言語のまとめ

語　族	言　語	主な分布地域
インド＝ヨーロッパ語族	ゲルマン語派➡英語・ドイツ語・オランダ語・ノルウェー語・スウェーデン語など	北西ヨーロッパ　アングロアメリカ　オーストラリア
	ラテン語派➡イタリア語・スペイン語・ポルトガル語・フランス語など	南ヨーロッパ　ラテンアメリカ
	スラブ語派➡ロシア語・ポーランド語・チェコ語・セルビア語など	東ヨーロッパ～ロシア
	その他　ケルト語・ギリシャ語・ペルシャ語（イラン）・ヒンディー語（インド）など	アイルランド（ケルト系），ギリシャ（ギリシャ系），インド，イラン
アフリカ＝アジア語族（アフロ＝アジア）	アラビア語・ヘブライ語（イスラエル）など	北アフリカ～西アジア
ウラル語族	フィンランド語・エストニア語・マジャール語（ハンガリー）など	フィンランド，エストニア，ハンガリー
アルタイ諸語	トルコ語・モンゴル語など　チュルワ語派（トルコ語）とモンゴル語派にわける場合もある	トルコ～中央アジア　シベリア～モンゴル
シナ＝チベット諸語	中国語・チベット語・ミャンマー語など	中国～インドシナ半島
オーストロネシア語族（マレー＝ポリネシア）	マレー語・インドネシア語・フィリピノ語・マオリ語など	東南アジア島嶼部，マダガスカル
ニジェール＝コルドファン諸語	スーダン語系➡ギニア湾沿岸　バンツー語系➡アフリカ南部	サハラ以南の中南アフリカ

※そのほかにインディアン・インディオ諸語などがある。

表5　世界の主な言語人口

言語	百万人	言語	百万人
中　国　語	1,322	ベンガル語	234
スペイン語	475	ポルトガル語	232
英　　　語	373	ロ　シ　ア　語	154
アラビア語	362	日　本　語	125
ヒンディー語	344	ラーンダ語*	101

※第一言語による区分。**第一言語**とは，最もうまく使いこなせる言語のことで，母語であることが多い。統計年次は2022年。
＊パキスタンのパンジャブ地方西部などで使用されている言語で，インド＝ヨーロッパ語族に属する。

図7　世界の宗教の分布と伝播

凡例：
- キリスト教
- 仏教
- イスラーム
- ヒンドゥー教
- その他

宗教の伝播
- キリスト教
- 仏教
- イスラーム教

「Diercke Weltatlas 2008」ほかより。

系統地理

大地形

小地形

地形図

気候要素と気候因子

気候区分と植生・土壌

陸水と海洋

自然災害と防災

農　業

林業・水産業

エネルギー・鉱産資源

工　業

地域開発と環境問題

人　口

村落と都市

商業・観光業

交通・通信

貿易と資本の移動

国家・民族

　次は**宗教**の話をしよう！　**宗教も民族を特徴づける重要な要素**なんだ。

　宗教は人生観や価値観に影響を与えるため，同じ宗教を信仰（しんこう）していると連帯感が生じやすいよね。広範囲にわたっている**キリスト教**，**イスラーム（イスラム教）**，**仏教**の三大宗教を**世界宗教**，特定の地域や民族と結びついた宗教を**民族宗教**と呼んでいるよ。

表6　世界の宗教人口

宗　教	百万人
キリスト教	2,586
カトリック	1,264
プロテスタント	608
正　　教	297
イスラーム	1,999
ヒンドゥー教	1,081
仏　　教	552

※統計年次は2022年。

　キリスト教は，西アジア（パレスチナ）で生まれ，ローマ帝国の発展とともに**ヨーロッパ**に広まっていったんだよ。その後，ローマ帝国の東西分裂で，西に**カトリック**，東に**オーソドックス**，そしてカトリックから宗教改革を経て北に**プロテスタント**が普及したんだ。ヨーロッ

パで，カトリック（旧教），オーソドックス（正教会，東方正教会），プロテスタント（新教）という３つのグループに発展していったことに注意してね。

　イスラームも西アジア（アラビア半島）で生まれたけど，キリスト教と違って西アジア，中央アジア，北アフリカを中心に発展していったんだ。

　仏教は，インドのガンジス川流域で生まれたんだけど，この地に定着していたカースト制度などにはばまれ，インドではあまり発展しなかったんだ。そこで東南アジア（主に上座仏教）や中国，韓国，日本（大乗仏教），チベット，モンゴル（チベット仏教）に広がっていったんだ。

　宗教人口でキリスト教，イスラームの次にくるのは，仏教じゃないからね！ヒンドゥー教だよ！！

　ヒンドゥー教は，インド古来のバラモン教，仏教，各地の民間信仰などをとり入れて成立したんだ。インド人の生活と密接に関係し，インド人とその移住地域に限定されて伝播したため，やはり民族宗教といわれているんだ。

　ユダヤ教も同様にイスラエルや世界各地に住むユダヤ人に信仰されている民族宗教だよ。西アジアで生まれ，キリスト教やイスラム教にも影響を与えてきたんだ。

　このほか，中南アフリカやアメリカ大陸では自然崇拝の伝統宗教も信仰されているよ。表７〔➡ p.333〕に宗教をまとめておいたので，しっかり学習しておこうね！

　👆 **語族と諸語**　語族とは，同一起源から派生したと証明されている言語グループで，諸語とは，類似しているがはっきりとは同系統と認められていない言語グループのことを指す。大学受験の地理では厳密に区別して使う必要はない。

　👆 **ケルト系民族**　古代ヨーロッパの先住民で，アイルランド，イギリスのスコットランド，ウェールズ，フランスのブルターニュ半島などに居住している。アイルランド島のケルト系住民はカトリックを信仰し，北アイルランド（イギリス）ではプロテスタントとカトリックとの間で対立がみられる。

　👆 **バスク人**　スペインからフランスにかけてのバスク地方に居住する少数民族で，カトリックを信仰しているが，民族・言語系統に不明な点が多い。スペインでは自治が認められているが，分離独立運動も盛んである。

　👆 **チベット仏教（ラマ教）**　仏教がチベットの民間宗教の影響を受けたもので，チベットやモンゴルで信仰されている。中国・チベット自治区の中心地ラサが聖地である。

表7　宗教のまとめ

	宗　教	特　色	主な分布
世界宗教	キリスト教	西アジア（パレスチナ）でイエス＝キリストにより創始。聖典は『聖書』で，日曜日を聖日とし，礼拝を行う。ヨーロッパ社会における精神的な支柱となる。	●カトリック➡ラテン系民族 ●プロテスタント➡ゲルマン系民族 ●オーソドックス（東方正教会）➡スラブ系民族
	イスラーム（イスラム教）	西アジア（アラビア半島）でムハンマドにより創始。聖典は『コーラン（クルアーン）』で，礼拝，断食，巡礼などの義務がある。金曜日にはモスクにて礼拝を行う。アラブ民族の生活・文化の基盤となる。最高の聖地はメッカ（サウジアラビア）。	●スンナ(スンニ)派➡北アフリカ〜西アジア〜中央アジア，パキスタン，バングラデシュ，インドネシア，マレーシア ●シーア派➡イラン，イラク，アゼルバイジャン
	仏　教	インド北部地方で，釈迦により創始。発祥地のインドでは定着せず，スリランカ，東南アジア（インドシナ半島），中国，朝鮮半島，日本などで発展。	●上座(南伝・小乗)仏教➡スリランカ，インドシナ半島 ●大乗（北伝）仏教➡中国，日本，ベトナム ●チベット仏教➡チベット，モンゴル
民族宗教	ヒンドゥー教	自然崇拝の多神教で特定の教祖・経典を持たない。輪廻思想。カースト制度とのかかわりが深い。牛を神聖化し，菜食主義者が多い。	インド，ネパール，インド人の移住先
	ユダヤ教	西アジア（パレスチナ）が発祥地。一神教でキリスト教やイスラム教にも影響を与える。ユダヤ人だけが救われるという「選民思想」。エルサレム（イスラエル）はユダヤ教，キリスト教，イスラムの聖地。	イスラエルとユダヤ人の移住先

系統地理

大地形

小地形

地形図

気候要素と気候因子

気候区分と植生・土壌

陸水と海洋

自然災害と防災

農業

林業・水産業

エネルギー・鉱産資源

工業

地域開発と環境問題

人口

村落と都市

商業・観光業

交通・通信

貿易と資本の移動

国家・民族

ポイント　人種・民族・宗教

❶　人種は**生物学的（身体的）特徴**によって区分された集団で，**モンゴロイド，コーカソイド，ネグロイド**を三大人種という。

❷　民族は**言語，宗教，伝統的生活習慣**などの**文化的特徴**と帰属意識によって区分された集団で，特に言語系統で分類されることが多い。

❸　宗教は**キリスト教，イスラーム（イスラム教），仏教の世界宗教**と，特定の民族で信仰されている**民族宗教**からなる。

❸ 民族・領土問題

　民族間の対立（民族紛争）にはさまざまな背景があるけど，**言語**と**宗教**に関連するものがかなり多いよ。**言語**は日常生活だけでなく，学校教育を受けたり，就職したり，裁判を受けたりするときにも大きな影響を及ぼすんだ。

　国内に複数の言語が存在する場合には，どの言語を**公用語**（**国語**）にするかで有利・不利が生じてくるよね。特に，国内に多くの民族をかかえる**中南アフリカ諸国**では，一部の民族だけが有利にならないようにするために，**旧宗主国の言語を公用語にしている**国が多いよ。

> ふーん，そうなのか。だからコートジボワールではフランス語，ガーナでは英語が公用語になっているんだね。でも，どうして「アフリカ」とは言わずに「中南アフリカ諸国」と言うの？

　エジプト，リビア，アルジェリア，チュニジア，モロッコなどの**北アフリカ諸国**と区別するためだよ。これらの国では**イスラーム**の影響が強く，古くからアラビア語が話されていたため，**アラビア語を公用語**としているんだ。ちなみに**国連の公用語**は**英語**，**中国語**，**フランス語**，**スペイン語**，**ロシア語**だったんだけど，石油危機以降，アラブ諸国の発言権が強まり，新たに**アラビア語**が公用語に加えられたんだよ。

> 公用語は1つのほうが便利かもしれないけど，複数の公用語がある国もあるんだよね？

　そうだね。たとえば**カナダ**は**英語**と**フランス語**を**公用語**にしているし，**スイス**は**ドイツ語**，**フランス語**，**イタリア語**，**インド・ヨーロッパ語系統のレト・ロマンス諸語に属するロマンシュ語の4つを公用語**として認めているんだ。

　公用語（official language）は公的な会議や出版物などに用いられる言語だから，母語（mother tongue または native tongue）が公用語になると有利だもんね。すべての人々の母語が公用語になるのが理想的かもしれないけど，そうなると国内での意思の疎通が難しくなるので，一般には**多数を占める民族の言語**を公用語にするか，ある程度の人口規模を占める**複数の民族の言語**を公用語にするか，**旧宗主国の言語**を公用語として利用している場合が多いんだ。なお，多数の言語がある**インド**の場合には，公用語を**ヒンディー語**，準公用語として**英語**，そしてそのほかにも複数の憲法公認語を規定しているよ。

表8　公用語のまとめ

	例
多数民族の言語のみ公用語	イギリス（英語），ノルウェー（ノルウェー語），**マレーシア（マレー語）**，バングラデシュ（ベンガル語），エジプト，サウジアラビア（以上アラビア語），イラン（ペルシャ語）など
複数の民族の言語を公用語	カナダ（英語・フランス語），スイス（ドイツ語・フランス語・イタリア語・ロマンシュ語），ベルギー（オランダ語・フランス語・ドイツ語），シンガポール（マレー語・中国語・タミル語・英語），スリランカ（シンハラ語・タミル語）など
旧宗主国の言語を公用語	ブラジル（ポルトガル語），メキシコ，アルゼンチン（以上スペイン語），コートジボワール，ニジェール（以上フランス語），ガーナ，ナイジェリア（以上英語）など

※すべての国が法律で公用語を定めているわけではなく，公用語として憲法などで規定されていなくても，実際に国民的合意が得られている場合には公用語（国語）的な使い方がなされている場合が多い。

> 世界各地で，**言語**や**宗教**などの違いによって紛争や対立が生じているね。どうすれば民族対立を防ぐことができて，みんなで仲よく楽しく過ごせるのかなぁ？

　そうだねぇ。世界中の多くの人々が紛争解決に努力しているんだけど，なかなか思うように進展してないよね。やっぱり最も重要なことは，**自分たちの文化を大切にすることだけでなく，異なる文明や文化への理解を深め，他の国や他の民族の歴史や価値観を互いに学ぶこと**だよね。そうすれば，必ずわかりあえると思うんだけど。

国名と公用語が対応していると勘違いしないでくれよ！「ベルギー語」「カナダ語」なんてのはないからね！

系統地理

大地形

小地形

地形図

気候要素と気候因子

気候区分と植生・土壌

降水と海洋

自然災害と防災

農業

林業・水産業

エネルギー・鉱産資源

工業

地域開発と環境問題

人口

村落と都市

商業・観光業

交通・通信

貿易と資本の移動

国家・民族

最後に，**世界の主な紛争地域**を，図8にまとめておいたから，確認しよう（2023年12月現在）！

図8　世界の主な紛争地域

ユーゴスラビア解体に伴う各民族間の対立（1991〜2002年）

北アイルランドのカトリックとプロテスタントの対立（1969〜98年）

スペイン，フランスからの分離を求めるバスク民族の運動

メキシコ先住民の反政府運動（1994年〜）

ペルーとエクアドルの国境紛争（1981〜99年）

キプロスのギリシャ系住民とトルコ系住民の対立（1963年〜）

パレスチナのアラブ人とユダヤ人の対立（1948年〜）

クリム（クリミア）半島の帰属をめぐるウクライナとロシアの対立（2014年〜）

チェチェン共和国の独立を求める運動（1994年〜）

カシミールをめぐるイスラム教徒とヒンドゥー教徒の対立（1947年〜）

南沙群島の領有をめぐる問題（1974年〜）

独立を求めるチベット族の反政府運動

クルド人の国家建設を求める運動

シリアの内戦（2011年〜）

ソマリアの内戦（1991年〜）

南スーダンの内戦（2013年〜）

ルワンダ，ブルンジのツチ人とフツ人の対立（1990〜94年）

✿ 主な紛争地域

▨ 国連が平和維持活動を行った国・地域（1990年以降）

👆 **ベルギーの民族問題**　19世紀初めの建国以来，**北部のオランダ語**（ゲルマン）**系フラマン人**と**南部のフランス語**（ラテン）**系ワロン人**との間には言語をめぐり伝統的な対立があった。これを解消するため**オランダ語，フランス語の両言語**を公用語とし，現在は**連邦制**に移行した。東部にはドイツ系住民もいるため，**ドイツ語**も公用語の一つになっている。

👆 **北アイルランド問題**　**アイルランドがイギリスから自治領として独立**（1922年）する際に，**イギリス系プロテスタントが多い北部はアイルランドの独立に反対し，イギリスに残った**。しかし，**アイルランド系カトリック教徒**の間には，アイルランドへの帰属を希望する動きもある。

👆 **パレスチナ問題**　19世紀末からユダヤ人の祖先の地であるシオンの丘（エルサレム）に**祖国を再建**しようという**シオニズム運動**が活発化した。第二次世界大戦後，長い間ユダヤ人とアラブ人が居住していたパレスチナ地方に**イスラエルが建国**され，多くのユダヤ人が移住するようになった。これに反発したエジプトなどの**アラブ諸国はイスラエルとの間に数度にわたる戦闘**をくり広げ（**中東戦争**），その

結果，多くのパレスチナ難民が発生し，周辺国へ流入した。1993年，イスラエルとPLO（パレスチナ解放機構）はパレスチナ暫定自治協定に合意し（オスロ合意），1995年には，ヨルダン川西岸地区とガザ地区で先行自治がスタートしたが，不安定な状況が続いている。近年は，パレスチナ自治政府（パレスチナ国）を構成するガザ地区がイスラーム過激派のハマスに実効支配され，イスラエルとの対立が深刻化している。

ユーゴスラビアの解体　第二次世界大戦後，セルビア，モンテネグロ，スロベニア，クロアチア，マケドニア（現・北マケドニア），ボスニア・ヘルツェゴビナにより，**ユーゴスラビア**（「南スラブ人の土地」の意）**連邦**が成立したが，その後，民族対立が激化し，スロベニア，クロアチア，マケドニア（現・北マケドニア），ボスニア・ヘルツェゴビナの4か国が独立を宣言。セルビアとモンテネグロのみでユーゴスラビアを形成するが，のちの2003年に国名をセルビア・モンテネグロと改称，2006年にはセルビアとモンテネグロが分離した。さらに，2008年にはセルビアから**コソボ**が独立したため，ユーゴスラビアから7つの独立国が生まれた。コソボは，ロシア，セルビアなどの反対により国連には加盟していない。

ボスニア問題　旧ユーゴスラビア解体の際に生じたボスニア・ヘルツェゴビナの内戦問題で，ボシュニャク人（イスラーム）とクロアチア人（カトリック）が独立を宣言したが，セルビア人（正教会）は独立には反対したため，激しい内戦が勃発した。その後，ボスニア・ヘルツェゴビナは分離独立を達成し，現在は連邦国家となっている。

スーダン内戦　北部を中心とする**アラブ系イスラーム教徒**と，南部の**アフリカ系住民（キリスト教徒**も多い）とが対立。2003年には西部の**ダルフール地方**でアラブ系によるアフリカ系住民への襲撃が頻発したため，国連とAU（アフリカ連合）が平和維持活動（PKO）部隊を派遣した。南部に**石油資源**が集中していることも対立の一因となっている。2011年に住民投票が行われて，**南スーダン**が独立した。

ロシアのウクライナ侵攻　ウクライナでは，従来から**親EU派**と**親ロシア派**が交互に政権交代を行ってきたが，近年は親EU路線が続いたため，NATOやEUの東方拡大を懸念した**ロシアがクリミア半島を併合**，さらに**2022年**には，**ウクライナに侵攻**し，戦闘が長期化している。

大地形

小地形

地形図

気候要素と
気候因子

気候区分と
植生・土壌

陸水と海洋

自然災害と
防災

農業

林業・
水産業

エネルギー・
鉱産資源

工業

地域開発と
環境問題

人口

村落と都市

商業・
観光業

交通・通信

貿易と
資本の移動

国家・民族

ポイント 民族・領土問題

❶ 民族紛争には言語，宗教をめぐる問題が背景になっている場合が多い。

❷ 言語対立を解消するため，ベルギーやカナダのように複数の公用語を定めている場合もある。

❸ 中南アフリカ諸国のように多数の民族からなる国は，特定の民族の言語を他の民族に押しつけないように旧宗主国の言語を公用語にしている国もある。

チェック問題 易 4分

❶ 世界の宗教の多様性を示すために，主な宗教の分布や人口について，展示資料Ｉにまとめた。展示資料Ｉの表中のＡ～Ｃは，イスラーム，ヒンドゥー教，プロテスタントのいずれかである。Ａ～Ｃと宗教・宗派名との正しい組合せを，次の①～⑥のうちから一つ選べ。

展示資料Ｉ 「世界の宗教」

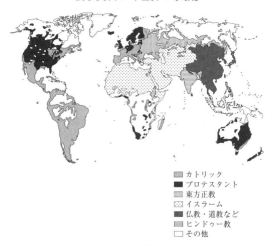

- ▨ カトリック
- ■ プロテスタント
- ▥ 東方正教
- ▩ イスラーム
- ■ 仏教・道教など
- ▤ ヒンドゥー教
- □ その他

図　主な宗教の分布

（単位：百万人）

A	1,752
カトリック	1,242
B	1,019
C	553
仏教	521
東方正教	284

表　主な宗教・宗派別人口（2016年）

図は *Alexander Schulatlas* により作成。
表は *The World Almanac and Book of Facts* により作成。

	①	②	③	④	⑤	⑥
イスラーム	A	A	B	B	C	C
ヒンドゥー教	B	C	A	C	A	B
プロテスタント	C	B	C	A	B	A

2　次の文章**ア〜ウ**は，次ページの図中の**A〜C**のいずれかの地域における民族・宗教と国家とのかかわりから生じた問題について述べたものである。**ア〜ウ**と**A〜C**との正しい組合せを，次ページの①〜⑥のうちから一つ選べ。

ア　カトリックが，後から入植したプロテスタントと対立した。その後，この地域の大部分は隣国から独立したが，北部では対立が続いてきた。

イ　イスラム教を国教とする国と，ヒンドゥー教徒の多い国とが，この地域の帰属をめぐって争い，いまだに両国の対立要因となっている。

ウ　言語，宗教の異なる民族が連邦国家を構成してきたが，社会主義体制の崩壊後，民族間の対立に起因する内戦が起こった。

系統地理

大地形
小地形
地形図
気候要素と気候因子
気候区分と植生・土壌
陸水と海洋
自然災害と防災
農業
林業・水産業
エネルギー・鉱産資源
工業
地域開発と環境問題
人口
村落と都市
商業・観光業
交通・通信
貿易と資本の移動
国家・民族

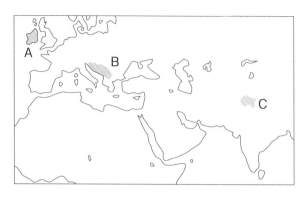

	①	②	③	④	⑤	⑥
ア	A	A	B	B	C	C
イ	B	C	A	C	A	B
ウ	C	B	C	A	B	A

3 多くの人種・民族により構成される国々では，多様な人種・民族の共存への取組みが行われている。その取組みとそれに関することがらについて述べた文章として下線部が**適当でない**ものを，次の①〜④のうちから一つ選べ。

① オーストラリアでは，長い間実施されてきた白豪主義政権が廃止され，多文化社会の実現が目指されてきた。移民が急増し，ラテンアメリカ出身者が移住者の大半を占めるようになり，先住民の復権もすすめられている。

② シンガポールでは，中国系住民のほか，インド系，マレー系住民が居住しているため，公用語は英語，タミル語，中国語，マレー語であり，教育現場では，英語が主に用いられている。

③ フランスでは，南太平洋，インド洋，カリブ海などにある海外県にも本国と同じ制度が導入されており，海外県は国会議員をパリに送り，高等学校の卒業資格試験などの国家試験を本国と同じように行っている。

④ 南アフリカ共和国では，長年にわたり白人が先住民を支配する政策が行われてきた。国際社会からの批判もあり，1991年までに人種差別に関連する法律が廃止されたが，今なお白人の経

済的優位は続いている。

解答・解説　**1**　①　世界の主な宗教の分布と宗教人口に関する問題である。世界の宗教人口は，**キリスト教**，**イスラーム**，**ヒンドゥー教**，**仏教**の順で多いが，展示資料の**図**を見ると，キリスト教は**カトリック**，**プロテスタント**，**東方正教（オーソドックス，正教会）の宗派ごとのデータ**であることがわかる。**表**中には，カトリック，仏教，東方正教が示してあり，選択肢にはイスラーム，ヒンドゥー教，プロテスタントがある。キリスト教の宗派別人口に関して，**カトリックが最も多いが**，たとえこの知識がなくても，図の主な宗教の分布を見れば，**カトリックが西ヨーロッパ諸国とメキシコ以南のラテンアメリカに広がっている**ことを読み取ることができる（つまり人口がかなり多いと考える。プロテスタントで人口が多いのはアメリカ合衆国くらい）。すると表中の**A**がプロテスタントとは考えにくく，さらに**ヒンドゥー教はインド人に対する民族宗教**であることから，インドの総人口14億人を上回るはずがないため，**A**は**イスラーム**である。すると，**B**は約10億人，**C**は約5.5億人で，**インドの総人口の約80%がヒンドゥー教徒**であることを考えると，14億人×0.8＝約11億人となり**B**が**ヒンドゥー教徒**，残る**C**が**プロテスタント**と判定できる。なお，本問の宗教人口と本書の宗教人口のデータは大きく異なっているが，宗教人口は調査法により著しく数値が異なる。

2　②　図中の**A**は**アイルランド島**，**B**は**旧ユーゴスラビア地域**，**C**はインド～パキスタン国境の**カシミール地方**である。

アは，**A**のアイルランドの説明文である。アイルランドには先住の**ケルト系カトリック教徒**が居住していたが，イギリス領となり**イギリス系プロテスタント**が北部を中心に入植した。アイルランドが独立する際に，プロテスタントが多数を占める北部（**北アイルランド**）はイギリスに残留したため，その後もアイルランドへの帰属を求める**アイルランドのカトリック教徒**と**イギリス系のプロテスタント**の間で対立が続いた〔➡ p.332 〕。

イは，**C**の**カシミール地方**の説明文である。イギリスから独立する際に，**インドはヒンドゥー教国**，**パキスタンはイスラム教国**として独立したが，カシミール地方では，カシミールの王がヒンドゥー教徒で，住民にはイスラム教徒が多かったため，インド・パキスタン間の国境が画定せず，その帰属をめぐっての対立が現在でも続いている。

系統地理

大地形
小地形
地形図
気候要素と
気候因子
気候区分と
植生・土壌
陸水と海洋
自然災害と
防災
農業
林業・
水産業
エネルギー・
鉱産資源
工業
地域開発と
環境問題
人口
村落と都市
商業・
観光業
交通・通信
貿易と
資本の移動
国家・民族

ウは，Bの旧ユーゴスラビア地域，特に**ボスニア問題**である。ボスニア・ヘルツェゴビナでは，セルビア人（正教会，**東方正教会**）がユーゴスラビアへの帰属を主張し，ボシュニャク人（**イスラム教**），クロアチア人（**カトリック**）が独立を望んだため，内戦が生じた〔➡ p.337 📖〕。

3 ①

① オーストラリアでは，**有色人種の移民を制限する**「白豪主義」が1970年代に**撤廃**され，出身地による移民の制限がなくなったため，従来のヨーロッパからの移民だけでなく，**アジア地域からの移民が増加**している。したがって，「ラテンアメリカ出身者が移住者の大半を占めるようになり」が誤り。後半の「先住民の復権もすすめられている」の部分は正しく，先住民のアボリジニーは1960年代に市民権を認められ，土地所有権など権利の復権を目指した運動が行われている。

② **シンガポール**の住民は，**中国系が約80％**で他に**マレー系，インド系**などからなるが，民族融和策として**公用語はマレー語，中国語，タミル語，英語**を指定し，特に民族の共通語として英語教育に力を入れている。したがって，下線部は正しい。

③ **第二次世界大戦前**は，**イギリス，フランス**などが多くの植民地を有していたが，その**ほとんどは独立を達成**している。独立していない地域も自治領や海外県として，広範な自治権を有していたり，ほとんど本国と同等の扱いを受けている地域が多い。したがって，下線部は正しい。

④ **南アフリカ共和国**では，少数の**オランダ系やイギリス系白人が多数の黒人を支配**する「**アパルトヘイト（人種隔離政策）**」が行われてきたが，国際的な批判を受け1991年にアパルトヘイト法が**廃止**された。しかし，依然として**富裕な白人と貧しい黒人との格差は大きい**ため，下線部は正しい。

第2講「系統地理」はここで終わりだ。
ここまで本当にがんばったねぇ。
次のページからは第3講「地誌」が始まるよ。
「系統地理」で学んだ地理的な理論や考え方をフルに活かして，世界のそれぞれの地域の特色を正確にとらえていこう。

地誌に入る前に，ここでちょっとひと休み!!

　系統地理，がんばったね！　忙しい合間をみつけて，一生懸命読んだり，ノートにまとめたりしたんだろうなぁ。第1講（地図と地理情報）で，地図の意味や使い方を学び，第2講（系統地理）では，自然環境，産業，人口，生活文化，民族などのテーマに関して，基礎的知識を習得し，空間的規則性や傾向，成因や要因について考えてきたはずだ。

　⑳からは，いよいよ地誌に入るよ。これまで君たちがやってきた系統地理の力を活かして，具体的に世界の地域や国について学んでいこう！

　地誌には，地形や農業などのテーマについて地域を考察する「テーマ地誌」，ある地域が持つ特徴的な事柄，たとえば「近年経済成長が著しいＡ国」に関して，自然も産業も文化も何でも関連づけて考察する「総合地誌」，対照的（まったく異なる）であったり，類似的（よく似ている）な地域を比較して考察する「比較地誌」など，さまざまな考察方法があるんだ。ちょっと長くなって悪かったけど，俺が君たちに言いたいのは，世界の地域や国について学びながら，今まで一緒にやってきた系統地理の知識・理論を駆使して，自分なりの新しい発見をしてほしいな，ということだよ。

　じゃあ，今日から「地誌」をがんばろうね。

20 東アジア

この項目のテーマ

❶ アジアの自然環境
アジアの地形・気候をしっかりと理解しよう！

❷ 朝鮮半島
歴史的経緯（けいい）と韓国（かんこく），北朝鮮（きたちょうせん）の現状に注目しよう！

❸ 中国
広大な国土における自然環境を理解し，近年の高度成長と今後の課題を考察しよう！

❶ アジアの自然環境

　いよいよ地誌（地域の特色や相互の関連性の勉強）の始まりだね。新しい世界がどんどん広がっていくよー！　今まで第1講地図と地理情報①，第2講系統地理②〜⑲の勉強で培（つちか）ってきた地理的な知識・理論や思考力を存分に活かして，世界の諸地域を概観していこう！　これで共通テストも完璧だ！！！

　まずは，アジア全体の自然環境を勉強してしまおう。
　大陸部分は安定陸塊（りくかい）や古期造山帯（こきぞうざんたい）が広がり，プレートの「せばまる境界」部分に，新期造山帯に属するヒマラヤ山脈やチベット高原などの大山脈・高原や日本列島，フィリピン諸島，スンダ列島（インドネシアのスマトラ島，ジャワ島）などの弧状（こじょう）列島が分布しているよ。次ページの表1にアジアの地形をまとめているので，②大地形［➡ p.36〜］を思い出しながら地図帳でチェックしてね！

　それから，アジアの大陸部には大河川が流れていることにも注意しよう！中下流には大規模な沖積（ちゅうせき）平野を形成していて，人々の重要な生活の場となっているよ。表2［➡ p.346］にアジアの大河川についてまとめておいたので地図帳でチェックしてね！

図1　アジアの地形

地誌

東アジア

東南アジア・
南アジア

西アジア・
アフリカ

ヨーロッパ

ロシアと
周辺諸国

アングロ
アメリカ

ラテン
アメリカ

オセアニア

日　本

表1　アジアの地形のまとめ　　★地図帳チェック！

大地形	特　色	分　布
安定陸塊	大平原・低平な高原	かつてのゴンドワナランドであるインド半島やアラビア半島，中国東部
古期造山帯	丘陵性の山地	中国西部のテンシャン山脈（7,000m 以上）とアルタイ山脈は，インド＝オーストラリアプレートがユーラシアプレートに衝突した際の断層運動で再隆起したため，例外的に標高が高い。
新期造山帯	高峻な山地 火山・地震活動が活発	アルプス＝ヒマラヤ造山帯（ヒマラヤ山脈，チベット高原，大スンダ列島）環太平洋造山帯（日本列島,台湾,フィリピン諸島）

表2　アジアの大河川

河川名	流　路	流域の気候
黄　河	チベット*→華北	BS
長　江	チベット*→華中	Cw・Cfa
メコン川	チベット*→タイ・ラオス→カンボジア→ベトナム	Cw・Aw
チャオプラヤ川	インドシナ北部*→タイ	Aw
ガンジス川	チベット*→インド〜バングラデシュ	Aw・Cw
インダス川	チベット*→パキスタン	BS・BW

※表中のチベットはヒマラヤ・カラコルム山系を含む。＊は水源。

図2　アジアの気候

★地図帳チェック！

　次は，**アジアの気候**だね。**図2**を見てみよう。アジアは，モンスーンの影響で，夏に降水が多い**モンスーンアジア**（**東アジア・東南アジア・南アジア**）とモンスーンの影響が少なく乾燥気候が分布する**乾燥アジア**（**西アジア・中央アジア**）に分けることができるよ。

　次ページ**図3**のモンスーンの風向きには十分注意しようね！　特に，夏になると日本など**東アジアでは南東モンスーン**，**東南アジア**，**南アジアでは南西モ**ンスーンによって多くの雨がもたらされ，農業に利用されているよ。

　モンスーンアジアでは，中国の東北地方から朝鮮半島にかけて Dw，華南に Cw，赤道から少し離れたインドシナ半島に Aw，赤道付近のマレー半島からインドネシアなどには Af が分布しているよ。

降水は，モンスーンだけでなく，熱帯低気圧の台風やサイクロンの影響もあることを忘れないようにね。

　アラビア半島や中央アジア [➡ p.431]，中国の内陸部，モンゴルなどの乾燥アジアには，BS ～ BW が広く分布しているよ。

　また，中国南西部のチベット高原は，日本とほぼ同じ緯度（30～35°N）だけど，平均海抜高度が4,000m 以上もあるため，寒冷な ET（ツンドラ気候）が分布していることに注意しよう！

図3　アジアの夏のモンスーンと5～10月の降水量

地誌

東アジア

東南アジア・
南アジア

西アジア・
アフリカ

ヨーロッパ

ロシアと
周辺諸国

アングロ
アメリカ

ラテン
アメリカ

オセアニア

日　本

ポイント　アジアの自然環境

❶　アジアの大陸部には安定陸塊，古期造山帯，新期造山帯が，島嶼部には新期造山帯が分布する。

❷　アジアは，モンスーンの影響を受ける湿潤なモンスーンアジアと，乾燥気候が卓越する乾燥アジアに大別される。

アジアにはさまざまな自然環境が目白押しだね！
地形や気候はできるだけ地図を見ながら理解を深めよう！

❷ 朝鮮半島

　朝鮮半島は，日本とほぼ同緯度にあるんだけど，南岸（Cfa・暖流の対馬海流の影響）を除いては**大陸性の気候（Dw・Cw）**が広がるから，冬季はかなり寒いし，**気温の年較差も日本より大きい**よ。冬のソウル（Cw）で風が吹いてくると，あまりの寒さに息も凍りそうなほどだ。

図4　北京・札幌・ソウル・東京の雨温図

　朝鮮半島には，南に**大韓民国**（以下「**韓国**」），北に**朝鮮民主主義人民共和国**（以下「**北朝鮮**」）が位置しているのは知っているよね？　7世紀以来一つの国家が成立していたんだけど，**日本の植民地支配**後，分断国家となってしまったんだ。東西冷戦の終結後の1991年には，国連に同時加盟を果たしたよ。

> 韓国は日本に最も近い国の一つだよね。
> やっぱり隣の国の**文化**や伝統はしっかりと勉強しておきたいな！

　なかなかいい心構えだ。そうだよね。やっぱり相手の国を理解するためには，その国の事情に精通していないとね。じゃあ，**韓国の文化**について説明しておこう。韓国には**ハングル**と呼ばれる**表音文字**があることを知ってるね。日本の街角でもよく見かけるだろ？ ［**図5**］

　韓国でもかつては日本と同様に中国の影響を受けていたため（**東アジア文化圏**），漢字が広く用いられてきたんだ。でも1948年の独立後は漢字は制限され，朝鮮民族固有の文字であるハングルが使用されているよ。また，韓国では，日本や中国以上に**儒教**の倫理観が国民生活に根づいているよ。**キリスト教**（**27.7%**）や仏教（15.5%）を信仰している人も多いしね ［➡ p.349 **図6**］。

図5　ハングル文字

アン ニョン ハ セ ヨ
안 녕 하 세 요?
（こんにちは）

今度は衣食住の話をしよう。伝統的な家屋に**オンドル**と呼ばれる**床暖房設備**があるのは，冬の寒さが厳しいからだね。民族衣装には**チマ・チョゴリ**があるけど，最近は日本の着物と同じように，結婚式やお祭りなどの行事以外は着る機会が減っているみたいだよ。

「**キムチ**」は知ってるよね？　俺はか

図6　韓国の宗教別人口（2022年）

キリスト教 27.7%
無宗教 56.1
総人口 5,163 万人
仏教 15.5
儒教，その他 0.7

（外務省および韓国統計庁HPより）

なりキムチが好きなんだけど，キムチも冬の厳しい寒さが関係しているんだ。長く寒い冬の間に野菜を保存する必要があったから，夏に採れた野菜を香辛料（とうがらし），魚介類，果物などと一緒に漬け込んで，あのおいしいキムチが生まれたんだ。自然環境の制約を人間が乗り越えて作り上げた文化だよね（**韓国は，中国と並んで1人1日当たりの野菜供給量が多いので注意！**）。

ちなみに**トウガラシ**は，韓国，日本，中国で多用されているけど，**原産地はラテンアメリカなので要注意だ！**

> **韓国はアジアNIEsの一つで，経済発展してるんだよね。よくわかってるだろ？　工業のところはちゃんと復習してるからね（＾o＾）。**

えらい！　じゃあ，独立後の経済発展についてまとめておこう！

韓国は農業の近代化と工業の育成に力を入れ，1970年代には**セマウル運動**という**農村の近代化運動**が進められたんだ。セマウル運動は，それまでの伝統的な農村の暮らしを近代化し，所得の増大を図ろうとする運動だよ。農村住宅の改良，農道の拡幅（農業機械や自動車が進入できるようにね），区画整理，灌漑など共同施設の整備などが行われ，稲の高収量品種の導入などもあって，**生産性が著しく高まった**んだ。土地生産性は，世界のトップクラス！　でも最近は，日本と同様に中国，アメリカ合衆国などからの安い農産物が大量に輸入されているので，**食料自給率は35%**くらいだよ（2019年）。

工業に関しては，**資源に乏しい**けど，積極的に外資を導入し，**輸出指向型の工業化**に努めたんだったよね。もちろん**教育水準の高さや財閥**［→ p.352 🔖］**の資本力**も，発展の原動力となったんだけどね。当初は繊維などの軽工業が中心で，1970年代には**鉄鋼・造船・石油化学**など重化学工業，1980年代にはエレクトロニクスなどの**先端技術産業**や**自動車工業**などが発展し，**アジアNIEs**と呼ばれる新興工業国に発展したんだね。**首都ソウル**や外港の**インチョン**周辺が

地誌

東アジア

東南アジア・南アジア

西アジア・アフリカ

ヨーロッパ

ロシアと周辺諸国

アングロアメリカ

ラテンアメリカ

オセアニア

日本

図7　韓国の工業地域

最大の工業地域になるよ。また，日本海沿岸には臨海の工業地域（ポハン，ウ
ルサン，プサン）が成立していることにも注意しようね！　[➡ 図7]

　1960年代後半から**高度成長**（**漢江の奇跡**）を遂げた結果，現在は先進国レベ
ルに経済が発展していて，1996年には主に先進国から成る**OECD**（**経済協力
開発機構**）にも加盟しているよ。情報教育にも力を入れていて，**インターネッ
ト利用率も先進国レベル**なんだ。総人口の約5分の1に当たる約1,000万人
（947.2万人）がソウルに居住し，**各種の機能がソウルへ一極集中している**ため，
交通渋滞などの都市問題も深刻だから，**首都機能の一部移転**が行われている
んだ。

> この前，テレビで韓国の入試当日の映像が流れてたんだけど，日
> 本どころじゃなくすごいネ！　本当に「受験戦争」って言葉がぴ
> ったりだった！

　韓国，シンガポール，日本のように資源もなく国土も狭い国は，「人を育て
る」という思いが強いよね。韓国の人々は子どもの教育にすごく熱心で，大学
や専門大学などに進学する人は100％に近いんだ。日本でも大学・短大への進

学率は57.7％くらいなのに（2023年）。ただ問題もあるんだ。あまりにも教育費が高いことや**高学歴化した女性の急速な社会進出**もあって**少子化が深刻**だよ。合計特殊出生率って覚えてる？　えっ‼　忘れた！　それはマズイから人口を復習しようネ！　日本も**1.20**（2023年）と低いけど，韓国はなんと**0.72**（2023年）と**世界で最も合計特殊出生率が低い国**の一つなんだよ。

 ＜韓国と北朝鮮は政治の仕組みが違うよね。

そうだね。**韓国**は日本と同様に**資本主義国**なんだけど，**北朝鮮**は社会主義国だよ。じゃあ，次は**北朝鮮**の説明をしよう！

北朝鮮は比較的資源も豊富なため，**計画経済**による重工業化を早くから進めたんだ。チュチェ（主体）思想と呼ばれる自力更生の考え方（他人の援助に頼らず自力で発展する）から，経済・外交・国防の自立を目指したんだ。

でも，**資本や技術の不足，軍事費の増大，自然災害**などによって**経済は不振**に陥っているんだ。

図8　朝鮮半島の土地利用

42°
40°
朝鮮民主主義人民共和国
38°
大韓民国
0　　100km
130°
36°
チェジュ島
126°　　128°

稲作地帯
畑作地帯
高原地帯
稲作と畑作の混合地帯
その他

1950年に起きた朝鮮戦争以降，南北の対立が長く続いてきたけど，2000年には，韓国と首脳会談を開いたり，日本海沿岸のラソン地域に**自由経済貿易地帯**を設定したり，UNDP（**国連開発計画**）の「トマン川開発計画」に参加するなど緊張緩和の動きがみられたんだ。ところが北朝鮮の核兵器開発や度重なる弾道ミサイルの発射などによって，アメリカ合衆国，韓国，日本との関係が再び悪化し，**国際的にも孤立化**しているよ。

表3　韓国・北朝鮮のまとめ

	自　然	社　会	経済・産業	1人当たりGNI
韓　国	北から Dw・Cw・Cfa が分布。東部は山がちだが, 南西部に平野。南西岸にはリアス海岸。	資本主義国家。人口約5,200万人。儒教思想。ハングルという表音文字。伝統的な暖房設備にオンドルがある。ソウルの人口は約950万人。都市人口率は80%以上 (2022年)。	首都ソウルが経済の中心地。日本海沿岸には, ポハン (鉄鋼), ウルサン (自動車, 石油化学, 造船), プサン (最大の貿易港) などが発達。	35,329ドル (2021年)
北朝鮮	ほぼ全域が Dw。山がちで平野が狭い。	社会主義国家。人口約2,600万人。自力更生の「チュチェ思想」。経済政策の失敗や自然災害などにより経済は停滞。	首都ピョンヤン周辺が工業の中心。	662ドル (2021年)

※「ハングル」,「オンドル」は北朝鮮も同様。

韓国の財閥と金融危機　韓国の経済発展の原動力の一つとなったのは, **財閥** (巨大な企業グループ) である。韓国では財閥の資本と安価な労働力に支えられ, 1960年代以降「**漢江の奇跡**」と呼ばれる高度成長を遂げた。しかし, **1997年のアジア経済 (金融) 危機**の影響を受けた韓国通貨「**ウォン」の下落**を契機に経済状態が悪化したため, 政府は経営効率の悪い一部**財閥の解体**や銀行の整理・統合を進め景気回復に努めた。

ポイント 朝鮮半島

❶　第二次世界大戦後, 分断国家となり, 韓国は資本主義国, 北朝鮮は社会主義国となった。
❷　韓国は, 輸出指向型の工業化が進展し, アジア NIEs (ニーズ) として成長している。

韓国は, 面積が小さく人口も少ないけど, 新興工業国としてアジア内では存在感を保っているんだね！

❸ 中　国

　いよいよ**中国**だね。国土面積はロシア，カナダ，アメリカ合衆国に次いで大きく，自然環境は地域によって大きく異なっているよ。

　まず，地図帳で**中国**を見てごらん！　どの地図帳を見ても東側が緑色，西側が茶色っぽくなってるだろう？　これを見て「瀬川先生！　中国って東側が緑色なので森林が多いんですね！」って言う人がいるんだけど，これは違うよなぁ（＾＾;）。

　君たちは東側の標高が低いってわかってるよね？　地名は覚えなくていいけど，東北地方の大シンアンリン山脈と華南のユンコイ高原をマーカーで緩やかに結んでごらん！　これがほぼ**海抜高度500m**の線で，この線より**東が低地，西が高地**と考えていいよ。中国は**東側の低地が農業，工業などの経済活動の中心**で，**人口も東側に集中**しているんだよ。

　つまり中国の**地形は西高東低**で，**気候は東部の沿岸地域が湿潤，西部の内陸地域が乾燥**しているんだ（隔海度が大きいと乾燥する）。東部のほうが人々の生活に適した自然環境だから，総人口**約14億人の90％以上が東部の平野に居住**しているんだ！

地誌

東アジア

東南アジア・
南アジア

西アジア・
アフリカ

ヨーロッパ

ロシアと
周辺諸国

アングロ
アメリカ

ラテン
アメリカ

オセアニア

日　本

図9　中国の自然環境

※大シンアンリン・ユンコイライン（500m）とチンリン・ホワイライン
　（1,000mm）に注意！

海抜500mのラインを地図帳に入れると地形がすごくわかりやすくなったよ！
中国は広いから地域によって**地形**も**気候**もかなり違いがあるよね。それを説明してくれる？

そうだね。

中国を東北，華北（かほく），華中（かちゅう），華南（かなん），内陸地域に大別して，**図9**［➡ p.353］と**表4**でまとめておこう！

最初から細かい地名にとらわれるんじゃなくて，地域の特徴を大まかにとらえてみよう！

表4　中国の自然環境のまとめ

地　域	地　　形	気　候
東　北	東北（トンペイ）平原。リヤオ川，ソンホワ川。	冬季寒冷な Dw
華　北	黄河（こうが）流域に華北（ホワペイ）平原，黄土（ホワンツー）高原	降水量が少なく BS，一部 Dw, Cw も
華　中	長江（ちょうこう）流域に長江中下流平原，スーチョワン盆地。	温暖多雨な Cfa
華　南	山がちで沿岸部に狭い平野。チュー川のデルタ。	亜熱帯性の Cw
内　陸	ゴビ砂漠（さばく），タクラマカン砂漠，テンシャン山脈，クンルン山脈，チベット高原など起伏に富む。	BS〜BW が大部分だが，チベット高原は ET

自然環境は，これで OK！

図10　中国の行政区分

じゃあ，次は**中国の社会**について説明しよう。

中国は総人口約**14億人**とインドに次ぐ人口大国だよ。国土は，**22省**（台湾を除く），**5自治区**，**4直轄市**（政府の直轄市で，**シャンハイ**，**ペキン**，**テンチン**，**チョンチン**の4大都市），**2特別行政区**（**ホンコン**，**マカオ** [➡ p.360 📖]）の行政単位に分けられているんだ。人口の**90%以上**は，中国語を話し，**漢字**を使用する**漢族**が占めるんだけど，それ以外にも**55の少数民族**がいるんだよ。**少数民族**の中には，独自の社会や言語，信仰，生活様式などの伝統文化を守り続けている人々もいるよ。特に，主要な5民族については，**少数民族の自治区**が設けられているんだね [**表5**]。近年は漢族の支配が強化されている感じがするなぁ。中国語教育を推進しているしね。

図10 [➡ p.354] を利用して，**自治区**，**直轄市**，**特別行政区**の位置を確認しよう！

地誌

東アジア

東南アジア・
南アジア

西アジア・
アフリカ

ヨーロッパ

ロシアと
周辺諸国

アングロ
アメリカ

ラテン
アメリカ

オセアニア

日　本

表5　自治区のまとめ

自治区	民族	特色
内モンゴル	モンゴル族	チベット仏教を信仰し，馬・羊の遊牧など牧畜が発達。
シンチヤンウイグル	ウイグル族	トルコ系イスラーム教徒が多い。牧畜やブドウ，綿花栽培も盛ん。
ニンシヤ回族	ホイ(回)族	イスラーム（イスラム教）を信仰する。回教とは中国ではイスラームを表す。
チベット	チベット族	チベット仏教を信仰し，ヤクの遊牧などを行う。
コワンシー壮族	チョワン(壮)族	漢族と同様に仏教，道教などを信仰。稲作や亜熱帯性作物栽培が盛ん。

次は，**中国の経済発展**の経緯を説明しておこう！

第二次世界大戦後の**1949年に社会主義革命**が起こり，**中華人民共和国**が成立すると，**計画経済**（➡ p.360 📖）のもと重工業化を進め，農業についても**人民公社による農業の集団化**が進められたよ。その後，経済が伸び悩んだため，**1970年代末**から**「改革・開放」政策**が実施されることになったんだ。これによって，工業では**外国資本や市場経済が導入**され，農業では**生産責任制**がとられるようになったため，生産が増加していったんだね。その後，経済は順調に発展し，**1990年代以降**，**高度経済成長**を遂げることになるんだよ（1人当たりGNI 12,324ドル，2021年）。1993年には，憲法でも**社会主義市場経済**を明記したしね。

人口政策に関しても，大きく変化したんだ。1960年代までは，人口増加は経済発展の原動力であると考えられていたけど，思うように生活水準が向上しな

かったため，1979年から「一人っ子政策」が採用され，人口増加率も低下し，合計特殊出生率も1.09（2022年）と日本を下回るほどに低下していて，2022年からは人口が減少しているんだ。

「一人っ子政策」によって出生率が低下し，人口抑制策は成功したと言えるよね。でも，この抑制策に問題はなかったの？

確かに「一人っ子政策」の実施によって，出生届を出さない「黒孩子（闇っ子）」が増加したり，出生の性比がアンバランス（男子の割合が高くなる）になったり，将来の急速な高齢化や若年労働力不足の不安，過保護問題も生じたんだ。特に将来の急速な高齢化と生産年齢人口の縮小による労働力不足が目の前に来ているという事実は，中国政府にとって深刻な問題になっていったんだ。そこで2015年「一人っ子政策」を廃止し，二人っ子政策（2016〜2021）へ，そして現在は三人目の子どもを出産することを認めているんだよ。

図11　中国の人口ピラミッド

歳
1950年　男　女　4.5%　62.0%　33.5%
2021年　男　女　13.1%　69.2%　17.7%
2050年（推定）　男　女　26.1%　老年人口　59.8%　生産年齢人口　14.1%　年少人口

一人っ子政策の廃止には驚いたなあ。ところで中国は日本に比べて地域による農業の違いが大きいよね。
次は，農業の説明をしてほしいな。

じゃあ農業の説明をするよ。まず，東部の低地が農業の盛んな地域だと考えよう！［➡ p.357 表6］　それから，地図帳を出して，チンリン山脈とホワイ川を緩やかにマーカーで結んでみよう！　これは年降水量1,000mmのラインとほぼ等しく，チンリン・ホワイ川ラインより北では畑作が，南では稲作が発達しているんだ。近年の農業生産は順調で，世界有数の農産物生産国だけど，人口増加と生活水準の向上による肉類需要の増加によって，トウモロコシや，大豆のような飼料穀物の輸入が増加するなど問題も生じているんだ。
　特に油脂原料として重要な大豆は，ブラジルからの輸入が増えているよ！

次は，**鉱工業**について説明しよう！

　エネルギー資源や鉱産資源の生産量は多いけど，近年の高度成長によって**石油，石炭，鉄鉱石は輸入大国**になってるよ。それから，エネルギーの消費につ

図12　中国の農業地域

地誌

東アジア

東南アジア・
南アジア

西アジア・
アフリカ

ヨーロッパ

ロシアと
周辺諸国

アングロ
アメリカ

ラテン
アメリカ

オセアニア

日　本

表6　中国の農業のまとめ

地 域	気 候	特　　徴
東 北	Dw	夏の高温を利用してトウモロコシ，大豆，春小麦の一毛作。近年は，稲作も発達。
華 北	BS	肥沃なレスが分布する華北平原では，冬小麦，トウモロコシ，コウリャン，綿花などの畑作が発達。
華 中	Cfa	スーチョワン盆地（Cw）と長江中下流平原（Cfa）では稲作が発達。華南にかけての丘陵地では茶の栽培。
華 南	Cw	稲作が中心で，一部では二期作。サトウキビなど熱帯性作物栽培。
内 陸	BS～BW ET	乾燥地域では遊牧，オアシス農業（綿花，ブドウなど）。チベット高原ではヤクの遊牧。

図13　中国の工業都市と地域格差

省別の1人当たり
域内総生産（2018年）

- 約12,900ドル以上
- 約9,680〜12,900
- 約6,450〜9,680
- 約4,839〜6,450
- 約4,839ドル未満
- 資料なし

○ [　] 経済特区　〇 主な工業地域

● 経済技術開発区　○ その他の工業都市

※1ドル＝6.37元（2021年）で換算。

[中国統計年鑑2019, ほか]

いては，石炭への依存度がとても高いこ
とに注意しようね！

　社会主義革命後，内陸などの資源開発
に力を入れ，開発された鉄鉱石や石炭を
利用して三大鉄鋼基地（アンシャン・ウ
ーハン・パオトウ）などが建設され，重
工業化が進められたんだ。しかし，国有
企業の非能率性や自由競争がないことか
ら生産意欲が低下したため，前にも説明
した経済の「改革・開放」政策が行われ
るようになったんだよ。

　これ以降，国有企業の改革や一部民営
化，個人企業や郷鎮企業（日本でいう
村・町などが経営する企業➡ p.361 📖）の活動も認められ，特に近郊農村など

表7　世界における中国の工業生産首位品目

硫酸　ソーダ灰　苛性ソーダ
はん用プラスチック　塩化ビニル
合成ゴム　自動車用タイヤ
紙・板紙　綿糸　綿織物　毛糸
絹織物　化学繊維　窒素肥料
りん酸肥料　セメント　すず
マグネシウム　亜鉛　ニッケル
アルミニウム　粗鋼　テレビ
冷蔵庫　洗濯機　カメラ　自動車
ビール　自転車　携帯電話
パソコン　工作機械

※世界の国別生産統計において中国が首位の品目。
　統計年次は2012年〜2022年。

図14　世界の各工業生産における中国の占有率（％）

品目	占有率
粗　鋼　世界計 188,502万トン	54.0
アルミニウム　世界計 6,520万トン	56.8
セメント　世界計 419,000万トン	56.8
綿　糸　世界計 5,044万トン	72.3
化学繊維　世界計 6,495万トン	68.9
薄型テレビ　世界計 22,722万台	46.3
携帯電話　世界計 177,487万台	78.6
パソコン　世界計 27,544万台	98.2

※統計年次は2015年, 粗鋼は2022年, アルミニウム, セメントは2020年, 化学繊維は2016年, 綿糸は2014年。

に設立された**郷鎮企業**は，衣類や家電の組み立てなど労働集約型の業種を中心に，農村の労働力を吸収し，著しい発展を遂げたんだ。さらには，**外国の資本と技術を積極的に受け入れ**，1980年代には**華南**に経済特区［➡ p.360 ⛏］を設置して**輸出指向型の工業**を育成したんだ。現在は豊富で安価な労働力を活かして，「**世界の工場**」と呼ばれるほど工業生産の伸びは著しいよ［表7➡ p.358, 図14］。

外国企業の進出が活発な沿海部では，所得水準も高いけど，内陸の農村部は依然として途上国の域を出ていないんだ。そこで，最近では，**地域格差解消のための大規模なプロジェクト**も実施されているよ［➡ p.361 ⛏］。

最近は，国外への投資も積極的に行われているんだ。まずは，**アフリカへの投資**だね。**資源確保**のためと**市場**としての将来性を見込んでのことだ。もう一つはメディアでもよく話題になる「**一帯一路**」だね。**中国内陸部からユーラシア大陸経由でヨーロッパにつながる陸路（一帯）**と**中国沿岸部から東南・南アジア，西アジア，アフリカ東岸を結ぶ海路（一路）**の二地域で**インフラ整備**を行い貿易や資金流通を促進し，影響力を強めようという政策なんだ。中国の勢いはとどまることを知らないね。

中国についてはかなりがんばって話を聞いてたから，わかるようになったけど，どうも**台湾**がよく理解できないなぁ？

確かに難しいよね。**台湾**は1949年に中華人民共和国が成立した際に，**資本主義（市場経済）**を支持する人々が移り住み，**独自の政府をつくって**，**大陸部とは異なる発展**を遂げてきたんだ。高度成長によって**アジア NIEs**（台湾の1人当たり GNI は，**33,756ドル**。2021年）の一つに数えられ，現在は**ICT 関連製品**の世界的な供給源になっているよ。1972年の日中国交正常化以降は，**日本と台湾の公的な交流はないけれど，経済や文化の交流は活発に行われているん**

東アジア

東南アジア・南アジア

西アジア，アフリカ

ヨーロッパ

ロシアと周辺諸国

アングロアメリカ

ラテンアメリカ

オセアニア

日　本

だ。

たとえば，**貿易額**でも，**海外旅行者の訪問先**でも，**訪日外国人の入国者数**でも上位に入っているよ。

表8　中国の工業のまとめ

地　域	特　色	主な工業都市
東　北	戦前は日本など外国資本による資源開発と重工業。アンシャン鉄山，フーシュン炭田。革命後は，ターチン油田の開発などにより重工業化がいっそう進展。	シェンヤン（東北経済の中心地），ターチン（石油関連産業），アンシャン（鉄鋼），ターリエン（造船・貿易港）
華　北	首都ペキンや外港のテンチンを中心に各種工業が発達。カイロワン炭田，タートン炭田。綿花地帯では綿工業。	ペキン（先端産業，家電），テンチン（貿易港），タンシャン（鉄鋼）
華　中	長江河口付近のシャンハイは中国経済の中心地で，都市型の消費材工業から**鉄鋼・自動車**など重工業も発達。シャンハイの**プートン（浦東）新区**の開発。	シャンハイ（**中国経済の中心地**，総合工業。郊外にパオシャン製鉄所），ウーハン（ピンシャン炭田・ターイエ鉄山による**鉄鋼**）
華　南	かつては工業化が遅れていたが，「改革・開放」後の外資導入により**沿海部を中心に急速に発展。経済特区。**	コワンチョウ（華南経済の中心地），ホンコン（**特別行政区**），シェンチェン（ホンコンに隣接する**経済特区**）
内　陸	一部では資源開発（石油，天然ガス）も行われているが，工業化は遅れる。**西部大開発。**	パオトウ（内モンゴル自治区・**鉄鋼**），ウルムチ（シンチヤンウイグル自治区・石油関連産業）
台　湾	資本主義経済による急速な工業化。アジア NIEs。**エレクトロニクス工業，IT 関連産業。**	タイペイ（台湾経済の中心地），カオシュン（輸出加工区），シンチュー（エレクトロニクス）

👆 **特別行政区**　旧イギリス領（1997年返還）の**ホンコン**（香港）と，旧ポルトガル領（1999年返還）の**マカオ**（澳門）では「一国二制度」が採用され，**従来の市場経済が認められている**。特にホンコンは，中国への返還前から，アジア NIEs として経済発展を遂げた（1人当たり GNI 52,777ドル，2021年）。

👆 **経済特区と経済技術開発区**　外国の資本・技術を導入するため，**外国企業に関税の免除・軽減**などの優遇措置を与える地域。華僑資本の誘致を期待したため，華僑出身者が多い**華南**に**経済特区**（**シェンチェン，チューハイ，アモイ，スワトウ，ハイナン島**）を設置した。このほか準経済特区として**経済技術開発区**（内外のハイテク企業，輸出産業の誘致）や沿海開放都市などが多数指定されている。

👆 **計画経済と市場経済**　**計画経済**とは，**政府が立案した計画によって農業や工業などの生産活動が行われる**仕組みで消費者への分配も政府が決める。一方**市場経済**は，企業や個人が自らの判断で生産・販売を行う仕組みのことで**市場原理**（消

費者が欲しがるものは価格が高く，欲しがらないものは価格が安くなる）が働く。

🏭 **郷鎮企業**　農村地域の郷や鎮（日本の村や町に当たる）において，**農村集団組織や農民が投資して設立された企業（工場，商店など）のことで，農村の余剰人口を吸収**することで急速に発展した。郷鎮企業の発展は，**農村地域での工業化や小都市（町）の経済を著しく発展**させたため，従来は認められていなかった農業人口から非農業人口への転籍を，ある程度認める政策に転換されていった。成長した郷鎮企業の一部は都市に本社を移転しつつある。

🏭 **西部大開発**　豊かな沿海部と発展から取り残された内陸農村部の経済格差を解消するため，2000年頃から実施されている大規模プロジェクト。**道路・鉄道**（青海省とチベット自治区を結ぶ「**青蔵鉄道**」）・**ガスパイプラインの敷設**，**情報・通信インフラの整備**などによってエネルギー資源などを開発し，沿海部に供給（天然ガスを東部に輸送する「**西気東輸**」，電力を東部に輸送する「**西電東送**」）したり，黄河の過剰取水による水位低下を補完し，**断流を防止するため，**長江から黄河へ導水する「**南水北調**」をしている。また，内外の企業を誘致したりして，経済を活性化しようとしているほか，砂漠化防止のため植林を進める「**退耕還林**」も実施されている。

> ## ポイント ▶ 中　国
>
> ❶　中国は広大な面積に**約14億人の人口**をかかえているが，総人口の**90%以上**が**漢族**である。
> ❷　中国の地形は**西高東低**で，東部の低地が経済活動の中心である。
> ❸　**年降水量1,000mm** のチンリン山脈とホワイ川を結ぶ線によって，**北の畑作地域，南の稲作地域**に分けられる。
> ❹　1970年代末の「**改革・開放**」政策によって，**高度経済成長**を成し遂げるが，**沿海部と内陸部の地域格差は拡大**している。

地誌

東アジア

東南アジア・南アジア

西アジア・アフリカ

ヨーロッパ

ロシアと周辺諸国

アングロアメリカ

ラテンアメリカ

オセアニア

日　本

図に示された地域の自然環境と人間活動とのかかわりについて述べた文として**適当でないもの**を，次の①〜④のうちから一つ選べ。

① A高原は，標高が高く，草原が広がり，ヤクやヒツジなどの家畜の放牧が行われている。

② B湖周辺は，広大な針葉樹林（タイガ）に覆（おお）われた地域であり，林業が盛んである。

③ C川は，国内最長の長さを有し，中・下流域には豊富な水資源を利用した大規模な稲作地帯が広がっている。

④ D島は，温暖な気候下にあり，平野部ではバナナやパイナップルなどの熱帯性作物が栽培されている。

解答・解説 ③

① Aは**インド゠オーストラリアプレートとユーラシアプレートの衝突**によって形成された**新期造山帯のチベット高原**である。**緯度は日本とさほど変わらないが，平均海抜高度が4,000m以上**とかなり高いことから，寒冷（ET）で作物栽培に適していないため，**ヤクやヒツジの遊牧**が行われている。したがって，正しい。

② Bは東シベリアに位置する**バイカル湖**である。地溝（ちこう）に水がたまって形成されたもので（**地溝湖**，または**断層湖**（だんそう）），水深が極めて大きい。周辺の気候は**冬季寒冷な冷帯**（亜寒帯）が広がるため，針葉樹林の**タイガ**に覆われている。したがって，正しい。

③　Cは中国を東流する黄河で，長江と並ぶ大河である。③を正しいと思っ
た読者もいるかもしれないが，記述は長江に関するもので，**黄河流域は年降水
量が1,000mm 未満の地域が大部分を占め，畑作が卓越**^{たくえつ}しているため，この文が
誤り。

④　Dは台湾島で，南部を**北回帰線**が通過している。温暖な気候（大半は
Cfa）が広がるため，**バナナなどの亜熱帯作物**が栽培されている。したがって，
正しい。

地
誌

東アジア

東南アジア・
南アジア

西アジア・
アフリカ

ヨーロッパ

ロシアと
周辺諸国

アングロ
アメリカ

ラテン
アメリカ

オセアニア

日　　本

近年の中国の存在感は，普
段のニュースを見ていても
感じるね。経済発展の著し
い中国の動きは重要だ！

21 東南アジア・南アジア

この項目のテーマ

1 東南アジア

多様な民族と文化を理解し，ASEAN（アセアン）の経済発展に注目しよう！

2 南アジア

自然環境と民族・宗教の多様性について考えよう！

1 東南アジア

東南アジアは，インドシナ半島（インドと中国の間にあるという意味）やマレー半島とスンダ列島（スマトラ島，ジャワ島，バリ島），フィリピン諸島（ルソン島，ミンダナオ島）など多くの島々からなり，大半が新期造山帯に属しているんだ。フィリピン諸島やスンダ列島付近は，火山が多いし，地震活動も活発だからね［**図1**］。近年でも**スマトラ沖地震**や**ジャワ島南西沖地震**など大地震が頻発し，**津波**による被害も大きかったんだ。大部分が低緯度（いど）にあるから熱帯（たい）気候で，赤道（せきどう）付近の**マレー半島**や島嶼部は Af，**インドシナ半島**は夏の南西モンスーンにより雨季となる Aw，Am が分布しているよ。気温が高くて，モンスーンによる降水も多いから雨季に合わせた稲作が発展してきたんだよ。

図1　東南アジアの地形

＊マーカーで0°（赤道）をなぞっておこう！

図2　モンスーンの風向と降水量（CRU データ）

降水量1961〜90年(mm)

風向

400
300
200
100
50
25
0

＊冬のモンスーンは大陸から海洋へ，夏のモンスーンは海洋から大陸へ吹いていることに注意！

東南アジアって多彩な民族・言語・宗教って感じがあるんだけど，合ってるかなぁ？

　そうだね，正しい理解だと思うよ。じゃあ，**東南アジアの社会**について説明してみよう。**インドシナ半島には，**主に**シナ＝チベット諸語を使用する民族が居住**しているけど，**マレー半島から島嶼部にかけては，マレー系民族（オーストロネシア語族）**が広く分布しているね。また，先住のマレー系民族以外にも**中国系やインド系の移住者**もいるよ。

　次は宗教だ！　**インドシナ半島**では6世紀から13世紀ごろインドから伝わった**上座仏教**（ベトナムは**大乗仏教**）が優勢で，**タイやミャンマー**などには熱心な仏教徒が多いよ。島嶼部は13世紀以降アラビア商人により伝えられた**イスラーム（イスラム教）**が広まり，**インドネシア，マレーシア，ブルネイ，フィリピンの南部（ミンダナオ島**など）などで信仰されてるんだ。**フィリピン**と**東ティモール**はキリスト教の**カトリック教徒**が多く，これは16世紀以降のスペインとポルトガルの植民地支配の影響だね。

インドネシアの**バリ島**には**ヒンドゥー教徒**が多いんだよね。友人がバリ島に行ったらしいんだけど，特色ある伝統的な文化が残っているみたいだよ。**ヒンドゥー教ってインドの宗教**じゃないの？

　バリ島ってインドネシアのジャワ島東方の島だね。日本からの観光客がとっても多いところだよ。それだけ魅力がある島なんだね。
　インドネシアにはインド商人などによって仏教，ヒンドゥー教などが伝えら

地
誌

東アジア

東南アジア・
南アジア

西アジア・
アフリカ

ヨーロッパ

ロシアと
周辺諸国

アングロ
アメリカ

ラテン
アメリカ

オセアニア

日　　本

れ，古くにはヒンドゥー教の王国が形成されていた時代もあるんだ。のちに**イスラーム**が優勢になったんだけど，バリ島の人々はイスラームに改宗(かいしゅう)しなかったんだね。だからインドネシアには特異な**ヒンドゥー文化圏(けん)**が残っているんだ。

　表1に**東南アジアの言語，宗教，旧宗主国(そうしゅ)**をまとめておくので，いっぺんに覚えなくていいから，少しずつ特徴をつかんでごらん！　できるだけ，背景と関連づけながら勉強するといいよ。

表1　東南アジアの社会

国　名	主な言語（*は公用語）	主な宗教	旧宗主国
ベトナム	*ベトナム語	大乗仏教	フランス
ラオス	*ラオス語	上座仏教	フランス
カンボジア	*カンボジア（クメール）語	上座仏教	フランス
マレーシア	*マレー語，中国語，タミル語	イスラーム（国教）	イギリス
シンガポール	*マレー語，*中国語，*タミル語，*英語	仏教，イスラーム，ヒンドゥー教	イギリス
ミャンマー	*ミャンマー語	上座仏教	イギリス
ブルネイ	*マレー語	イスラーム（国教）	イギリス
タイ	*タイ語	上座仏教	戦前からの独立国
フィリピン	*フィリピノ語，*英語	カトリック（スペイン支配の影響）	アメリカ合衆国
インドネシア	*インドネシア語	イスラーム	オランダ
東ティモール	*テトゥン語，*ポルトガル語	カトリック	ポルトガル

　最近は，テレビや新聞などでASEAN(アセアン)ってよく聞くけど，これってどんな組織なの？

　そうだよね。いろんなとこで出てくるもんね。

　ASEAN（**A**ssociation of **S**outh-**E**ast **A**sian **N**ations）は**東南アジア諸国連合**のことで，結成はベトナム戦争が激化していた**1967年**なんだ。ちょうど，アメリカ合衆国とソ連を中心とする東西冷戦(れいせん)のまっただ中だね。

　結成当初は，アメリカ合衆国の後押しによる対共産圏防衛網(もう)としての意味合いが強くて，**インドネシア，マレーシア，フィリピン，シンガポール，タイ**が原加盟国だったけど（**ブルネイ**は1984年の独立とほぼ同時に加盟），**冷戦終(れいせん)結後**の1990年代からは，東南アジア地域の経済発展に主な目的がおかれるようになったんだ。**1995年**に**ベトナム**が社会主義国家として初めて加盟し，続いて**1997年**に**ミャンマーとラオス**，**1999年**に**カンボジア**が加盟し，10か国体制になったんだよ（東ティモールは加盟を希望しているが，現在は未加盟）[➡ p.367

図3]。

最近は，政治的にも安定してきたため，**経済発展が 著 しいよ。**

かつてはほとんどの国が農林水産物や資源などの一次産品の輸出に依存（プランテーション作物中心の**モノカルチャー経済**）していたけど，近年は，**輸出加工区を多**数設けるなど，外国資本を積極的に導入し，**輸出指向型の工業化を**

図3　ASEAN諸国

推進しているよ［**表2**］。そのため工業製品の輸出が国家の経済を支えるほどの経済力を身につけている国も出てきたんだ。

特に，**シンガポールは，アジア NIEs の一員にまで成長し，マレーシア，タ**イも工業化に成功して，**フィリピンとインドネシアがこれに続いているよ。**

1993年には，**AFTA（ASEAN 自由貿易地域）**が締結（発効は2002年）され，域内の関税を撤廃して「東南アジアを一つの市場にしよう！」という取り組みも行われてきたんだ。そして**2015年**には域内の貿易自由化と市場統合を通じてさらなる連携を深化させようと AEC（ASEAN 経済共同体）が発足したよ。現在は，AEC に加えて ASC（ASEAN 安全保障共同体），ASCC（ASEAN 社会・文化共同体）を結成し，ASEAN 共同体（AC）の設立を目指しているんだよ。

表2　主な国の主要輸出品の変遷

国　名	1970年	2022年（マレーシアとタイは2021年）	1人当たりのGNI(ドル) ＊
シンガポール	天然ゴム, 原油	機械類, 石油製品, 精密機器, 金(非貨幣用), 化学薬品	58,770
マレーシア	天然ゴム, すず鉱	機械類, 石油製品, 衣類, パーム油, 精密機械	10,769
タ　イ	米, 天然ゴム	機械類, 自動車, プラスチック, 野菜・果実, 石油製品	6,818
フィリピン	木材, 銅鉱	機械類, 野菜・果実, 精密機械, ココナッツ油, 銅	3,584

＊2021年。『世界国勢図会 2023/24』などによる。

確かに**東南アジア諸国の経済発展**はめざましいよね。でも国によっていろんな事情があるし，発展にも違いがあるよね？

そうだね，じゃあ，国別に特徴をとらえてみようか？　最初に古くからの独立国であった**タイ**から説明していこう！

東アジア

東南アジア・南アジア

西アジア・アフリカ

ヨーロッパ

ロシアと周辺諸国

アングロアメリカ

ラテンアメリカ

オセアニア

日　本

タイは，**東南アジアでは戦前からの唯一の独立国**で，チャオプラヤ川の三角州などで**稲作**が盛んだよ。この地域では古くから雨季の降水と水牛の畜力に依存した直播きによる稲作が行われてきたんだ。

　でも1960年代半ばからの「**緑の革命**」による**高収量品種**の普及により，米の収穫量が増加したんだよ。特にアジア諸国では，珍しく輸出用にも米を栽培（**世界有数の米輸出国**）していることに注意しようね。タイは独立国だったから，植民地支配を受けていた他の東南アジア地域より，自由に農産物の栽培ができたんだ。だけど，土地生産性は周辺諸国と比べるとそれほど高くないんだよ。

> えーっ！　そうなんだ。緑の革命による高収量品種の導入で，タイは土地生産性がすごく高くなって，ベトナムやインドより優ってると思ってた！

　タイの土地生産性が低い理由はね，**小規模な零細農家が多く**，灌漑システムが普及していない地域もあるし，全国的には，**機械化も遅れている**からだね。

　伝統的な直播きによる稲作に比べると土地生産性はかなり上がってはいるけど，他の東南アジア諸国やインドに比べて，米の 1 ha 当たり収穫量はそんなに高くはないんだよ。

　それから**天然ゴム**（**世界最大の生産国**），**砂糖**の輸出なんかも盛んで，**エビ**などの水産物とともに重要な輸出品なんだ。

　でも最近は，**自動車産業**を筆頭に**日本企業**など外国企業の進出によって工業化も進展し，ASEAN では，マレーシアとともにシンガポールに次ぐ経済発展を遂げているんだ。

　ただ，急速な経済発展は，**首都バンコクへの人口や産業の一極集中**をもたらしているため，道路や上下水道などのインフラの整備が追いつかず，**交通渋滞**による**大気汚染**など生活環境の悪化やスラム人口の増加などが大きな問題になっているよ。

　続いて**マレーシア**の話をしよう！　マレーシアは**人口の約60％が先住のマレー系民族**なんだ。

　でも，のちに移住してきた**中国系やインド系**の住民もいて，典型的な**多民族国家**になっているんだよ。

　少数の中国系やインド系住民の中には，イギリス植民地時代に商業などで経済的に成功した人々が多くいて，生活水準が高く，逆にマレー系住民は，農業

など第1次産業に従事する人々が多く，**民族間の所得格差が大きかった**んだ。

そこでマレー人の社会的・経済的地位を向上させるために**マレー人優先政策**を実施し，**宗教はマレー系に多いイスラーム（イスラム教）を国教**に，**言語はマレー語**［➡ p.372 📖］を国語に指定したんだね。その中でもブミプトラ政策と呼ばれる教育（国立大学の入学）や雇用（公務員の採用）の優先策によって，格差は徐々にではあるけど改善されつつあるよ。ただ，この政策はマレー系以外の民族からの反発が強く，近年は見直しも行われているね。

経済的には**天然ゴムのプランテーション**と**すず鉱山**の開発に重点が置かれてきたんだ。特にイギリス人によって**アマゾン地方**から移植された天然ゴムは，欧米の自動車産業の発展により，一躍この国の経済を支える作物になったんだ。

でも，ゴムの木の**老木化**とアメリカ合衆国で発明された**合成ゴム**の台頭により徐々に衰退し，現在は**食用油（パーム油）**として重要な油ヤシの農園が増加していることに注意しよう。このほか豊富な熱帯林を伐採して，日本などへ大量に木材（**ラワン材**）を輸出してきたけど，最近は**原木の輸出規制**（丸太のままでは輸出しない）を始めているよ。

鉱工業に関しては，**石油**や**天然ガス**の生産・輸出だけでなく，近年は工業化もめざましく，「**ルックイースト政策**」といって日本や韓国をモデルとした経済政策を実施しているよ。特に1980年代以降，**日系家電メーカー**が多数進出し，**輸出指向型の工業化**が進んでいるんだ。現在は，**光ファイバー網など情報インフラの整備**や**ICT関連産業の育成**に力を入れていて，首都クアラルンプールの郊外には近代的なIT工業団地の**サイバージャヤ**などが建設されているよ。

そのマレーシアから分離独立したのが，**シンガポール**だ。

シンガポール島と周辺の小島からなる**島国**なんだ（意外にもマレー半島の先端がシンガポールだと思ってる人がいるよー！　地図をよく見て確認してごらん）。**住民の75%近くが中国系住民**で，マレー人優先政策に反発して，分離したんだ。マレーシアとの大きな違いは，**マレー語，中国語，タミル語，英語の4言語を公用語**にしてることだよ！

他の東南アジア諸国と異なり，人口も少なく（わずかに**594万人**），資源も乏しいんだけど，古くから**交通の要衝（マラッカ海峡）**であったこと，教育に力を入れ優秀な労働力の育成に励んだこと，積極的に外資を導入（東南アジア最大規模の**ジュロン工業地域**など）したことから**NIEs**と呼ばれるようになり，**貿易額でも東南アジア最大**になっているんだよ。1人当たりGNIだって**58,770ドル**（2021年）と**先進国並み**なんだからすごいよね！　いつのまにか日

東アジア

東南アジア・南アジア

西アジア・アフリカ

ヨーロッパ

ロシアと周辺諸国

アングロアメリカ

ラテンアメリカ

オセアニア

日本

本は追い抜かれちゃった……。

　最近は，工業だけじゃなく**多国籍企業の地域統括本部**（たとえばＡ社のアジア太平洋支社など）や**国際金融センター**（内外の企業に資金を調達するため，世界の主な銀行が集積）として注目されているんだ。背景には**英語圏の有利性**や政治・経済の安定，良好な治安が挙げられるよ。

　次は，シンガポールと対照的な**インドネシア**の話をしよう！

　世界有数の**多島国**で面積も広く，人口は**約2.8億人**，石油（2009年に**OPEC**を脱退したが，2015年末に再加盟。2016年生産調整に応じず再び加盟資格停止），**天然ガス**，**石炭**（オーストラリアと並ぶ**世界最大の輸出国**），ボーキサイト，すず鉱など資源にも恵まれているんだ。国民の大部分は**イスラーム**を信仰しているんだけど（**イスラーム教徒の人口が世界で一番多い国**だよ），ジャワ人，スンダ人など多数の民族や言語が存在しているんだ。**公用語は，東南アジア島嶼部の共通語であるマレー語を母体とするインドネシア語**なんだけど，日常生活の場ではそれぞれの母語が使用されているよ。**多民族国家**で各地に民族問題を抱えているのが悩みだね。政情もやや不安定だったため，外国企業の進出が進まず，マレーシアやタイに後れをとってしまったんだ。でも現在はかなり積極的に外国企業を誘致しているよ。首都ジャカルタがある**ジャワ島に人口の３分の２が集中**していて，その過密化を解消するためカリマンタン島など**他の島々への移住政策（トランスミグラシ政策）**も実施しているんだ。ただこの移住策にも問題があって，新規の移住者による，**油ヤシの農園開拓や焼畑によって熱帯林が破壊**されてしまうという負の側面もあるんだ。なんでもそう簡単にうまくいかないんだねえ。

　次は，インドネシアと同じく多くの島々からなる**フィリピン**の説明をしよう！　**アメリカ合衆国領になる前は，長くスペインの植民地支配**（16世紀から約300年間）**を受けた**ため，宗教（**キリスト教のカトリック**）や街並みにヨーロッパ文化の影響が残っているよ。

　公用語はルソン島で話されているタガログ語をもとにした**マレー系のフィリピノ語**と旧宗主国（**アメリカ合衆国**からの独立だよ）の言語である**英語**だよ。英語を話せる人が多いから，**アメリカ合衆国への移民**も多いし，**日本への出稼**ぎもしやすいんだね（海外への移民や出稼ぎを政府が支援）。ただ，南部の**ミンダナオ島**などでは**イスラーム教徒**（**モロ族**）との対立もかかえていて，反政府運動も続いていることに注意しよう！

それから，**日本のバナナの最大の輸入相手国はフィリピン**だよね。

フィリピンのバナナ農園の経営は，**アメリカ合衆国や日本の多国籍企業**が行っていて，その大部分を日本へ輸出しているんだよ。国民の生活水準も向上しつつあるフィリピンだけど，農村部では大土地所有制が残っていて，所得の格差が大きいのが問題点かな。

 インドシナ半島はタイを除いて工業化が遅れているような気がするんだけど？

地誌

東アジア

東南アジア・南アジア

西アジア・アフリカ

ヨーロッパ

ロシアと周辺諸国

アングロアメリカ

ラテンアメリカ

オセアニア

日　本

表3　東南アジア諸国のまとめ

国　名	特　色
シンガポール	マラッカ海峡 (かいきょう) に面する島国。アジア NIEs。1人当たり GNI は先進国並みの58,770ドル。
ブルネイ	石油・天然ガスに経済を依存。人口が少なく（約45万人），1人当たり GNI は31,650ドル。
マレーシア	マレー系・先住民族（62.0%），中国系（22.7%），インド系（6.9%）からなる多民族国家。ブミプトラ政策。シンガポールに次いで工業化が進展。1人当たり GNI は10,769ドル。
タ　イ	古くから農産物の輸出が盛ん（米の輸出は世界のトップクラス）。近年は，マレーシアとともに輸出指向型工業が発展。日本などの自動車メーカーが進出。1人当たり GNI は6,818ドル。
フィリピン	多島国で火山が多い（ピナトゥボ山）。バナナやココヤシ（コプラ）などの農産物が経済を支えてきたが，近年は工業化も進展。1人当たりの GNI は3,584ドル。
インドネシア	東南アジアの人口大国(約2.8億人)。日本へも石炭, LNG, 原油を輸出。近年は, 外国企業が進出。西パプア，アチェなどでは分離・独立運動。1人当たりの GNI は4,217ドル。カリマンタン島に新首都ヌサンタラを建設予定（2045年までに）。
ベトナム	社会主義国。1986年以降, ドイモイ(刷新政策)により外資を導入し市場経済化。低賃金労働力を活かし労働集約型の工業化。1人当たり GNI は3,564ドル。
ミャンマー	エーヤワディー川の沖積 (ちゅうせき) 平野で稲作。工業化は遅れる。山岳 (さんがく) 部 (ぶ) には少数民族が多い。1人当たり GNI は1,095ドル。
ラ　オ　ス	内陸国。人口の大半は農業と林業に従事。工業化は遅れる。1人当たり GNI は2,414ドル。
カンボジア	メコン川流域で稲作。内戦で経済壊滅状態になるが，徐々に回復。1人当たり GNI は1,523ドル。
東ティモール	ポルトガルが撤退後，インドネシアが併合したが，国連の介入により住民投票を実施。2002年に独立。ASEAN 未加盟。1人当たり GNI は1,842ドル。

＊統計年次は，人口が2022年，1人当たりGNIは2021年。

そうだね！　**インドシナ半島**は，第二次世界大戦後もインドシナ戦争，ベトナム戦争，カンボジア内戦など紛争が続いたため，経済は長く停滞していたんだ。でも近年は，徐々に復興・成長を始めているよ。

　ベトナムでは，古くから**メコン川の三角州で稲作**が行われてきたんだ。独立後は，**社会主義国として計画経済**を進めてきたんだけど，経済が伸び悩んだため，**1986年から「ドイモイ（刷新）」と呼ばれる経済開放政策**を打ち出したんだよ。**市場原理**を導入したから農家も生産意欲が増して，**米やコーヒーの輸出国**になり，さらに日本やアジア NIEs，他の ASEAN 諸国からの投資が増え，工業化も進展しつつあるよ。

　また，近年は，ベトナム沖に**海底油田**が開発され，**原油も重要な輸出品**になっているんだ。

👆 **マレー語**　東南アジア島嶼部では，商用語としてマレー語が広く用いられてきたため，**マレーシア，シンガポール**，ブルネイなど国語としている国が多い（アルファベット表記）。**インドネシア語**もマレー語がもとになっている。

👆 **アジア経済（金融）危機**　1997年，タイの通貨バーツの暴落から始まった経済の混乱は，インドネシア，マレーシア，韓国にまで及んだ。

ポイント▶ 東南アジア

❶　東南アジアは，**インドシナ半島，マレー半島**と**島嶼部**からなり，大部分が**熱帯気候**に属する。

❷　**タイ**以外の東南アジア諸国は，**欧米の植民地支配**を受け，第二次世界大戦後に独立を達成した。

❸　東南アジアの10か国は，**ASEAN** を結成し，近年は外資を積極的に導入することによって**工業化が進展**している。

---

❷ 南アジア

東南アジアについては，ちゃんと復習してくれたかな？　ちょっと民族・宗教などが複雑だけどがんばってね！

今度は，**南アジアの自然環境**について説明しよう。

地形的には，北部に**インド゠オーストラリアプレート**と**ユーラシアプレート**という**大陸プレートどうしが衝突してできたヒマラヤ山脈，カラコルム山脈など**の新期造山帯が分布しているよ。インド半島（旧ゴンドワナランド）は大部分が**安定陸塊**で，デカン高原が広がっているね。**スリランカがあるセイロン島も安定陸塊**だから忘れないでね。

インド半島の付け根付近には，**ガンジス川が流れるヒンドスタン平原**や，ガンジス川とブラマプトラ川の両河川が形成したガンジス**デルタ**（三角州）などの**大規模な沖積平野**が分布し，人々の活動の中心となっているよ。

地形はけっこう簡単だろう？　次は，**気候**の説明をするよ。まず，南アジアの

図4　南アジアの地形

図5　南アジアの気候

地誌

東アジア

東南アジア・
南アジア

西アジア・
アフリカ

ヨーロッパ

ロシアと
周辺諸国

アングロ
アメリカ

ラテン
アメリカ

オセアニア

日　本

^{いど}
緯度を確認してみよう！

　ちょうどインド半島の南端あたりが**北緯10度**，北端が**北緯25度**で，インド半
島北部には**温帯**（Cw）や**乾燥帯**（BS 〜 BW）も分布しているよ。夏の南西
モンスーンの影響が強くて，特に山地の^{かざかみしゃめん}風上斜面になる**インド半島西岸やヒン
ドスタン平原からアッサム丘陵**にかけては雨も多く，Am 〜 Aw（Cw）が
分布しているよ。デカン高原の西部〜**パキスタン**にかけては，南西のモンスー
ンの影響が少なく，**亜熱帯高圧帯**の影響を受けるため**乾燥気候**が^{たくえつ}卓越し，BS
〜 BW（インド・パキスタン国境付近に**大インド砂漠**）が分布していることに
注意しよう！

　図5［➡ p.373］中の**年降水量1,000mm**の線を君たちの地図帳に写しておい
てごらん！　**気候や農業がすごくわかりやすくなる**と思うよ。

　南アジアって人種・民族もよくわからないし，言語もやたらいっ
ぱいあるんだろう？　宗教もかなり難しいよー。

　そうだねぇ，君の言うのももっともだよ。じゃあ，**南アジアの人種・民族・
宗教**について説明していこう！

　もともとイン
ド半島には**ドラ
ヴィダ系**（黒色
の^{はだ}肌をもつマレ
ー系人種とかオ
ーストラロイド
とかいわれてい
るんだけど，不
明な点も多い）
の先住民がいた
んだ。のちに西
アジアから**イン
ド＝ヨーロッパ
系のコーカソイ
ド**が侵入してき
たため，^{こんけつ}混血が
進んだんだ。
図6を見るとわ

図6　南アジアの言語分布

かるけど，現在でも**北部にはインド゠ヨーロッパ系が，南部にはドラヴィダ系が多い**んだ。

　宗教分布は，**インドではヒンドゥー教**［➡ p.379 📖］，**パキスタンとバングラデシュではイスラーム，スリランカでは仏教**が有力で，**イギリスからの独立時に，宗教ごとに分かれて独立**したんだよ。

> そうかぁ，だから**インドはヒンドゥー教徒が多くて，パキスタンにはイスラーム教徒が多い**んだねえ。早く国別の特色が勉強したいなぁ！

　いいよ！　じゃあ，インドから始めようね。

　国土面積は南アジアでは一番大きく，人口は**14億人**を超え，中国と並ぶ人口大国だよ。**国民の約80％がヒンドゥー教徒**で，**イスラーム教徒も10％以上**いるんだ（**仏教徒は1％未満**と少ないことに注意！）。**公用語はヒンディー語**なんだけど，使用人口は総人口の半分にも達しないため，**準公用語に英語**を，さらに憲法公認語として20以上の言語が定められているよ。

　だから，たとえば，インド人のА君が大学に進学しようとするなら，А君は母語（これは話せて当たり前かもしれないけど），州言語，公用語のヒンディー語，そして英語ができないといけないことになるよ。これは本当にたいへんなことだよね。

　次は，**インドの農業**について説明しよう！

図7　南アジアの農業　　　　**図8　南アジアの米・小麦の生産地域**

＊地図帳にインドの年降水量1,000mmのラインをマーカーで記入してみよう！

図5［➡ p.373］のところで学習した**年降水量1,000mm 以上の地域では**，**米**（**ヒンドスタン平原〜ガンジスデルタ**），**ジュート**（**ガンジスデルタ**を中心に栽培されている繊維作物で，黄麻（おうま）とも呼ばれ，袋や敷物になる），**茶**（**アッサム丘陵**（きゅうりょう））の栽培（さいばい）が盛（さか）んで，**年降水量1,000mm 未満のやや降水量が少ない地域では**，**綿花**（めんか）（デカン高原西部の肥沃なレグールの分布地域が中心），**小麦**（**パンジャブ地方**）の畑作が行われているよ。**米と小麦の生産は中国に次いで世界第2位**だからね（もちろん人口が多いから，国内の需要（じゅよう）を満たすため生産が多くなるんだよ）［➡ p.373 図5，➡ p.375 図7］。

1960年代後半から，「緑の革命」によって小麦，米などの**高収量品種**が導入されたから，**1980年ごろには食料自給が達成された**といわれているんだ。2012年以降は，**タイと並ぶ世界最大の米輸出国**になったんだよ。スゴイね！ 今はインドが群を抜く首位だけどね。さらに牛乳や乳製品の生産も世界有数で，**牛乳はアメリカ合衆国を抜いて1位**，**バターも世界一**なんだよ。近年は，飼料生産の増大，**酪農協同組合の設立**などにより，生乳（牛と水牛）の生産量が急増したからなんだね（「白い革命」）。ただ**緑の革命で高収量品種を導入できたのは，地主や富裕な農家が中心**だったから，貧富の差がますます拡大するという問題も生じているよ。なかなかすべてがうまくはいかないよなぁ……。

図9 南アジアの鉱工業と主な都市

今度は，鉱工業の発展についてやってみよう！ [➡ p.376 図9]

第二次世界大戦前は，デカン高原の綿花を利用した伝統的な綿製品の生産とジャムシェドプルの鉄鋼業くらいしか発達していなかったんだけど，戦後，政府主導の工業化政策のもとダモダル川総合開発が実施されたんだ。多目的ダムから供給された電力と近隣で産出する石炭と鉄鉱石を利用して，北東部のジャムシェドプルやラウルケラなどに重工業地域が形成されたんだ。

そして，近年は豊富で良質な低賃金労働力と英語圏の有利性を活かして，デカン高原南部（バンガロール）ではコンピュータソフトの開発などハイテク産業の集積地（「インドのシリコンヴァレー」）が形成されているよ。早くから英語教育と理数教育に力を入れてきた成果だ！　インドは1991年から外資の積極的な導入，関税引き下げを行う経済開放政策を実施し，自国産業の国際競争力を高める努力をしているんだ。工業化も進みつつはあるんだけど，経済の格差がとっても大きくて，貧困人口が世界最大なのが，大きな問題だね（1人当たりGNIは2,239ドル）。

> パキスタンとバングラデシュは，もともと一つの国だったんだよね。人口が多いこととイスラーム教徒が多いことくらいしか思いつかないんだけど。

それじゃあ，まずいな（＾_＾;）！

確かに，人口はともに1億人以上で，国民の大部分がイスラーム教徒っていうところは当たってるけどね。

パキスタンは，パンジャブ人，パシュトゥーン人などからなる多民族国家で多くの言語が使用されているんだけど，ウルドゥー語（アラビア文字を使用するが，インド＝ヨーロッパ系の言語でヒンディー語と類似）が国語，英語が公用語に指定されているよ（国語と公用語はほぼ同じ扱いなので公用語が2つあると思っていい）。

国土の大部分が，乾燥気候だけど，イギリス植民地時代から灌漑設備が整備されていたため，パンジャブ地方を中心に小麦や綿花の栽培が盛んで，インダス川流域では米（輸出国であることに注意！）も栽培されているよ。インドとの国境付近にはカシミール地方の領土問題をかかえていることも思い出してよ！ [➡ p.336 図8]

一方，パキスタンから分離独立した**バングラデシュ**は，人口の大部分がベンガル人で，**公用語はインド＝ヨーロッパ系のベンガル（ベンガリー）語**だよ。バングラデシュとは「ベンガル人の国」という意味だからわかりやすいね。

国土の大部分がガンジスデルタに位置するため，**米とジュート**栽培が農業の中心になっているよ。近年は，日本をはじめ外国企業が多数進出していて，**輸出額の70％以上が衣類や繊維品**になっているんだ。国土はさほど大きくないから，人口密度が非常に高かったことを覚えてる？　1,000人/km² 以上だ！［**➡** p.250 表1］

ただし，低平な国土はしばしば**サイクロン**の来襲による**洪水**や**高潮**などの自然災害に見舞われ，**温暖化による国土の水没**も心配されているんだ。

 そうかぁ，似てるようでそれぞれ特色をもっているんだなぁ。**スリランカ**といえば，茶の栽培で有名だよね？

そうだね。

スリランカは，インド洋に浮かぶ島国で，**夏の南西モンスーン**の影響を強く受け，国土の南西部はかなり降水量が多いよ。**茶は温暖多雨で水はけのよい斜面を好む**ので，栽培には好適な国だよね。**衣類**に次いで**重要な輸出品**になっているよ。

表4　南アジア諸国のまとめ

国　名	人口(万人)	主な言語 (*は公用語, 国語)	主な宗教	特　色
イ ン ド	141,717	*ヒンディー語, 英語, その他の 22 の憲法公認語	ヒンドゥー教	インド半島の大部分を占める。鉱産資源が豊富で工業化も徐々に進展。カースト制度。1 人当たり GNI 2,239 ドル。
パキスタン	23,583	*ウルドゥー語, *英語, パンジャビー語	イスラーム	インダス川流域で小麦，綿花栽培。1 人当たり GNI 1,584 ドル。
バングラデシュ	17,119	*ベンガル語, 英語	イスラーム	ガンジスデルタで米, ジュート栽培。人口密度1,153人／km² 以上。1 人当たり GNI 2,579 ドル。
スリランカ	2,183	*シンハラ語, *タミル語, 英語	仏　教	多数派の仏教徒と少数派のヒンドゥー教徒の対立。茶の輸出。1 人当たり GNI 3,823 ドル。
ネ パ ー ル	3,055	*ネパール語, マイティリー語	ヒンドゥー教	ヒマラヤ山中の内陸国。1 人当たり GNI 1,212 ドル。
ブ ー タ ン	78	*ゾンカ語, ネパール語	チベット仏教	ヒマラヤ山中の内陸国。1 人当たり GNI 2,809 ドル。
モルディブ	52	*ディヴェヒ語	イスラーム	インド洋上のサンゴ礁島。観光収入。1 人当たり GNI 9,391 ドル。

※統計年次は，人口が2022年，1 人当たり GNI は2021年。『世界国勢図会 2023/24』による。

住民は，インド半島から移住してきた**インド＝ヨーロッパ（アーリア）系の**
シンハラ人とドラヴィダ系タミル人からなるけど，**多数を占めるのは仏教徒が**
多い**シンハラ人（シンハラ語）**で，**ヒンドゥー教徒が多いタミル人（タミル語）**
との**対立がみられる**よ。

☞ **ヒンドゥー教**　特定の教祖や 経 典がない**多神教**である。霊魂の不滅と生まれか
わり（**輪廻思想**）を信じ，**不殺 生 主義**をとるため**菜 食 主義者**が多い。**カースト**
制度はヒンドゥー教の根幹をなし，カーストの一員としての宗教的義務を果たす
ことこそ，よりよい来世に至るという考え方にもとづいて生活している。

☞ **カースト制度**　**カーストはインドの伝統的な身分制度**でバラモン（祭司），クシ
ャトリヤ（王族・貴族），ヴァイシャ（庶民），シュードラ（隷属民）からなるヴ
ァルナ（身分）と，3,000以上のジャーティと呼ばれる社会集団からなる。イン
では人は生まれながらにして，いずれかのカーストに属し，同じカーストに属す
る者は先祖を同じくし，**職業も原則的には同じ**である。**憲法ではカーストによる**
差別を禁止しているが，カースト制度そのものを禁じてはいない。しかし，**近年**
の都市化と工業化により従来のカーストの規定にない職種（ICT 産業など）が現れ
たり，異なるカースト間での交流も徐々に行われつつある。

地誌

東アジア

東南アジア・
南アジア

西アジア・
アフリカ

ヨーロッパ

ロシアと
周辺諸国

アングロ
アメリカ

ラテン
アメリカ

オセアニア

日　本

ポイント ▶ **南アジア**

❶ 　南アジアの地形は，北部に**新期造山帯**，南部に**安定陸塊**が分布し，
その間にガンジス川やインダス川の **沖 積平野**が形成されている。

❷ 　夏の**南西モンスーン**の影響を受ける**インド半島西岸**と**北東部の**
ヒンドスタン平原，ガンジスデルタ，アッサム 丘 陵には，降
水量が多い**温帯・熱帯気候**が分布するが，**インド西部からパキス**
タンにかけては，乾燥気候が広がる。

❸ 　第二次世界大戦後，**ヒンドゥー教のインド，イスラームのパキ**
スタン（のちにバングラデシュが分離独立），仏教のスリランカと
して**イギリスから独立**した。

1 次の表1は，いくつかの国の1965年と2018年における日本への輸出品について，金額の上位3品目とそれぞれ輸出総額に占める割合を示したものであり，A～Cは，インドネシア，タイ，マレーシアのいずれかである。A～Cと国名との正しい組合せを，あとの①～⑥のうちから一つ選べ。

(単位：%)

	1965年		2018年	
A	原 油 天然ゴム 石油製品	52.4 22.8 4.2	石 炭 液化天然ガス 機械類	12.4 14.7 11.1
B	木 材 鉄鉱石 す ず	32.8 31.1 19.8	機械類 液化天然ガス 合 板	29.2 30.5 3.4
C	トウモロコシ 天然ゴム 米	27.7 21.9 12.2	機械類 肉類 プラスチック	38.0 7.9 5.0

『日本国勢図会』により作成。

表1

	A	B	C
①	インドネシア	タ イ	マレーシア
②	インドネシア	マレーシア	タ イ
③	タ イ	インドネシア	マレーシア
④	タ イ	マレーシア	インドネシア
⑤	マレーシア	インドネシア	タ イ
⑥	マレーシア	タ イ	インドネシア

2 次の図は，インドと中国*における2000年と2017年の産業別GDPの割合を示したものである。図中の**A**と**B**はインドと中国のいずれか，凡例**ア**と**イ**は運輸・通信業と農林水産業のいずれかである。インドと運輸・通信業との正しい組合せを，後の①〜④のうちから一つ選べ。

*台湾，ホンコン，マカオを含まない。

■ サービス業　◩ ア　▨ 鉱・工業　⊡ 卸売・小売業　目 イ　□ 建設業

『世界国勢図会』により作成。

図

	①	②	③	④
インド	A	A	B	B
運輸・通信業	ア	イ	ア	イ

解答・解説　**1**　② インドネシア，タイ，マレーシアなどのASEAN諸国では，近年工業化が著しく進展しているため，輸出額が増加していることと主要輸出品目においては，**一次産品の割合が低下し工業製品の占める割合が上昇**していることに注意したい。

　Aはかつて原油，天然ゴムの輸出がメインであった**インドネシア**である。2016年では，**石炭**と**液化天然ガス**（LNG）が上位を占めることに注目しよう。インドネシアは**OPEC加盟国**であったが，近年は原油の国内需要が増加し，輸入が輸出を上回ってしまったため**OPECから脱退**した。

　Bはかつて木材やすずなどの鉱産資源が主要輸出品であった**マレーシア**である。**ASEAN**ではシンガポールに次いで工業化が進んでおり，**機械類の輸出割合が高い**が，原油や天然ガスの産出国でもあるため，輸出品に**液化天然ガスが入**

地誌

東アジア

東南アジア・
南アジア

西アジア・
アフリカ

ヨーロッパ

ロシアと
周辺諸国

アングロ
アメリカ

ラテン
アメリカ

オセアニア

日　本

21　東南アジア・南アジア｜**381**

っている。

　Cはかつてトウモロコシ，米などの穀物が主要輸出品であったことから，**チャオプラヤ川**流域に広大な**沖 積平野**が発達する**タイ**である。マレーシアとともに工業化は進展しているが，マレーシアに比べ現在でも**農業や水産業が盛んで**，近年は**機械類**だけでなく，**肉類や魚介類の輸出も多い**。また，**天然ゴムの生産は世界最大で**，ゴム製品の輸出も多い。

２　②　インドと中国における2000年と2017年の産業別GDPの割合から，国名と業種を判定させる問題である。図中の**A**と**B**（インドか中国のいずれか）を見ると，**B**の方が，サービス業の割合が高くなり，鉱・工業の割合が低くなっていることを読み取ることができる。つまり，**B**の方が，**経済発展が進み**，徐々にではあるが**サービス経済化が進行している**ということである。BRICSの一員であるインドも中国も，近年急速に経済発展を遂げているが，中国が1990年代以降高度成長を遂げているのに対して，**インドは2000年代から経済成長が著しい**。その結果，1人当たりGNIも中国が約10,000ドル，インドが約2,000ドルと5倍の開きがあり，産業構造も中国の方が高度化している。したがって，**A**が**インド**，**B**が**中国**である。グラフ中の**ア**と**イ**は，運輸・通信業と農林水産業のいずれかで，**ア**は**A**（インド），**B**（中国）ともに割合が低下（**特に中国での低下が著しい**）していることから，**農林水産業**と判定する。経済発展とともに産業構造が高度化し，**第1次産業→第2次産業→第3次産業へと移行**していくことに注意したい。残る**イ**は，**A**（インド）で著しく増加していることから，**ICT関連産業**などを中心とする**運輸・通信業**である。インドは，英語圏の有利性，豊富な理系大学卒業者，国際的に低い賃金水準をいかして，ICT関連の欧米先進国企業が多数進出しており，特に**アメリカ合衆国のICT関連企業は，時差（およそ12時間）を利用して，24時間体制の研究開発・営業・サービスが可能である**ことから，インドに多数進出している（デカン高原南部の**バンガロール**は，**「インドのシリコンヴァレー」**として知られる）。

南アジア各国の主要な宗教はバッチリかな？　インドはヒンドゥー教，パキスタンはイスラーム，スリランカは仏教，これらはメチャメチャよく出るポイントだからね！

22 西アジア・アフリカ

この項目のテーマ

1 西アジア
　アラブ民族の伝統的な生活と石油産業の発展による変化を考えてみよう！

2 アフリカ
　北アフリカと中南アフリカの自然環境・文化の違いに注目しよう！

1 西アジア

　西アジアは，**東はアフガニスタン，西はアラビア半島，北はトルコ**に至る地域を指すんだ。

　地形的には**アラビア半島**が**安定陸塊**（旧ゴンドワナランド）で北部の**トルコ**（アナトリア高原）〜**イラン**（イラン高原，ザグロス山脈，エルブールズ山脈）〜**アフガニスタン**にかけて，新期造山帯のアルプス＝ヒマラヤ造山帯が位置しているよ。その間には，**ティグリス＝ユーフラテス川**が形成した**沖積平野のメソポタミア平原**が広がっているね。

図1　西アジアの地形

小アジア半島　ティグリス川　エルブールズ山脈
地中海　ユーフラテス川　ザグロス山脈
死海　　　　　　　　　　イラン高原
ネフド砂漠　　　ペルシャ湾
北回帰線
アラビア半島
紅海　　　　ルブアルハリ砂漠

新期造山帯　　古期造山帯　　山脈
安定陸塊　　　　　　　　　　地溝

　気候は，大部分が乾燥気候（BS〜BW）だよ。アラビア半島のほぼ中央部を**北回帰線（23°26′N）が通過**していることがわかれば，**亜熱帯高圧帯の影響を強く受けている**ということが理解できるよね！

　ただ，**トルコの沿岸部やイスラエルなどは地中海に面している**から，地中海性気候（Cs）地域になっていることに注意しよう。

厳しい**乾燥気候**が分布しているっていうことだよね。人々はどのようにして生活を営んでいるのかなぁ？

やっぱり，**遊牧**とオアシス農業が西アジアの人々の伝統的な生活手段だろうね。

特に，**アラビア半島ではベドウィン**という**遊牧民族**が，**羊**やラクダなどを飼育する遊牧生活を送ってきたんだ。また，**ティグリス＝ユーフラテス川**など外来河川の沿岸では，**オアシス農業**も行われているからね。

ところで，ずーっと前に**⑨農業**［➡ p.158〜］のところで勉強した**灌漑用の地下水路**のこと覚えている？　そうだよねぇ。もちろん大丈夫だよね！　イランでは……，**カナート**と呼ばれているんだったね。**オアシスでは灌漑**によって**小麦，ナツメヤシ，野菜，果実などを栽培**しているよ。

伝統的な暮らしも**油田開発**や**石油産業**の発展によって，大きく変化してるんだよね？

うん，現金収入を求めて都市へ移り住む人々も多いよ。

特に**1970年代の石油危機以降**，産油国では豊富なオイルマネー（石油収入）を運用して，**工業化やインフラ**（道路，上下水道などの社会基盤）**の整備**を始めたから，都市が多くの労働力を必要とするようになったんだね。だから，**サウジアラビアでは都市人口率が80％以上**と先進国並みなんだ。

うーん，ちょっと**石油**のところを忘れかけてるから，**⑪エネルギー・鉱産資源**［➡p.198〜］を復習しなくちゃ!!!
ところで**西アジア**といえば，**アラブ民族がイスラーム**にもとづいた生活を送っているっていうイメージが強いんだけどなぁ？

そうだね。

アラビア半島はイスラームの発祥地で，アフリカ＝アジア（アフロ＝アジア）**語族のアラブ民族を中心としてイスラーム教徒**［➡ p.389 👆］が多いよ！

でも，ここで注意して！　イランから東側もイスラーム教徒が多いんだけど，**イラン以東はアラブ民族**（アラビア語を話す人々）**ではなくて**，**インド＝ヨーロッパ語族の民族が居住**しているんだよ。

それから**トルコもイスラーム教徒**［➡ p.389 👆］が多い国だけど，**アルタイ諸語の民族でアラブ人ではない**から注意してね！

また，**イスラエルにはユダヤ教徒**が多く，言語もアフリカ＝アジア語族のヘ

ブライ語を使用する人々が多いんだよ［➡ p.332，333］。

図2　西アジア・中央アジアの言語分布

地
誌

東アジア

東南アジア・
南アジア

西アジア・
アフリカ

ヨーロッパ

ロシアと
周辺諸国

アングロ
アメリカ

ラテン
アメリカ

オセアニア

日　本

　西アジアは石油の埋蔵がとても多いって勉強したけど，やっぱり経済の中心は石油産業なのかなぁ？

　君の言うとおり，西アジアの産油国は，石油依存型の経済だね。特に，**1970年代の石油危機以降は，石油産業の国有化も進み**，石油収入をもとに少しずつだけど工業化を進めているよ。

　サウジアラビア（3,641万人），**UAE**（**アラブ首長国連邦**，944万人），**クウェート**（427万人）（それぞれ2022年）など人口が少ない国では労働力が不足しているから，**インド，パキスタン，バングラデシュ，エジプト，フィリピンなどから外国人労働者が多数流入**（特に男性）しているのも特徴だね。

　じゃあ，西アジアの国々についてその特色を説明していこう！

　まず，アラブの石油大国の**サウジアラビア**だ。
　国土の大部分が砂漠なんだけど，**原油埋蔵量，生産量，輸出量ともに世界最大級**だよ。**ペルシャ湾岸**では多くの油田が開発され，莫大な石油収入をもとに，

石油関連産業をはじめとする工業化を進めているんだ。

　もともとアラビア半島には，**ベドウィン**と呼ばれる**遊牧民**が居住していたよね。現在は，都市生活者や定住農業を行っている人々もいるけど，伝統的な遊牧生活を営んでいる人々がいることを忘れないでね。

　それから，**イスラーム教徒の巡礼の町・メッカ**もサウジアラビアにあることに注意しよう！

　イラクも**サウジアラビアと同様にアラブ人国家**で，イスラームのスンニ派が実権を握ってきたんだ（フセイン政権）。でもフセイン政権の崩壊以降は，シーア派，スンニ派などさまざまなグループ間で将来を模索する動きがあるよ。国土の大半は，**ティグリス＝ユーフラテス川**が流れる**メソポタミア平原**（古代文明の発祥地）に位置していることに注意しよう！

　石油資源も豊富なんだけど，**イラン＝イラク戦争**（1980〜88年），**クウェート侵攻**（1990年），**湾岸戦争**（1991年），**イラク戦争**（2003年）と紛争が続いたため，石油生産は低下し経済も大きな打撃を受けたんだ。現在は，国際的な援助活動などにより，石油の生産は回復しつつあるよ。

　イラクの東（シャトル＝アラブ川が国境）に位置する**イラン**は，インド＝ヨーロッパ系（**ペルシャ語**）の民族が多数を占め，イスラームの**シーア派**が実権を握っているところが，周囲のイスラーム諸国とは，事情が違うね。国土の大部分が**イラン高原**，**ザグロス山脈**，**エルブールズ山脈**など新期造山帯に位置しているけど，油田は南部のペルシャ湾岸付近に多数分布しているよ。最近は，核保有問題などで欧米との関係が悪化していて，特に**アメリカ合衆国からは厳しい経済制裁**を受けているんだ。

　前からずーっと疑問なんだけど，**トルコはアジアの国なの？それともヨーロッパの国なの？**

　そうだよねえ（＾_＾），サッカーのワールドカップが近づくと必ず生徒から質問されるもんね。「先生！　トルコは西アジアなのに，なんでヨーロッパ予選に出るんですかー？」って。

　トルコはかつてアジア，ヨーロッパ，アフリカにまたがる大帝国を築いていたんだ。その名残で，現在の国土は，**アナトリア半島**（アジアトルコ）と**バルカン半島の一部**（**ヨーロッパトルコ**）からなっていて，**ロシアと同じようにヨ**

ーロッパとアジアにまたがる国なんだよ。ボスポラス海峡（最大の都市イスタンブールが面することに注意）がアジアとヨーロッパの境界線となることも忘れないでね！

　もう一つ興味深い点があって，トルコはイスラーム国家なんだけど，ヨーロッパ型の近代化を進めてきたし，東西冷戦時代も西側資本主義諸国との連携を深めてきたんだ（NATO，OECDに加盟）。さらには現在，EUへの加盟申請もしていることから，ヨーロッパの一員になりたいと思っていることがわかるよね。公用語は，アルタイ諸語のトルコ語なんだけどラテン文字を使用してるんだ。

　また，西アジアの中では，農業の近代化や工業化も進んでいる（1人当たりGNI 9,519ドル）ことにも注目しよう！

⑲の❸「民族・領土問題」の項［➡p.334〜］で勉強したけど，イスラエルは第二次世界大戦後に建国したユダヤ人国家だったよね？

　そうだよ。1948年，ユダヤ人による民族国家をパレスチナに建設したんだ。イスラエル建国の歴史を振り返ってみよう。

　ヨーロッパ各地に居住していたユダヤ人は，さまざまな迫害を受けたため，19世紀後半からシオニズム運動と呼ばれる祖国再建運動が活発化したんだよ。祖先の地であるエルサレムに，もう一度ユダヤ人の国を建設しようというこの運動を支持したのがイギリスで，これにアメリカ合衆国の支援も得て，第二次世界大戦後の1948年，パレスチナにイスラエルが建国されたんだ［パレスチナ問題については➡ p.336 ⛏］。

　国内にはヘブライ語を話すユダヤ人とアラビア語を話すパレスチナ人が居住しているけど，多数のパレスチナ人が難民として周辺諸国に流出し，帰国できない状態にあるんだよ。工業化も比較的進んでいて，ダイヤモンド研磨工業，ハイテク産業が発達しているし，OECD加盟国でもあるんだ（1人当たりGNI 53,302ドル）。ユダヤ人が多く居住しているアメリカ合衆国から多額の軍事援助があるのも大きいね。

地誌

東アジア

東南アジア・南アジア

西アジア・アフリカ

ヨーロッパ

ロシアと周辺諸国

アングロアメリカ

ラテンアメリカ

オセアニア

日　本

図3　パレスチナにおけるユダヤ人とアラブ人

1947年
国連のパレスチナ分割案

シリア
ヨルダン川
テルアヴィヴ
地中海
エルサレム
死海
ヨルダン
エジプト

0　50km

■ アラブ人地域
▨ ユダヤ人地域
■ 国際管理地域
○ 主要な都市

1948年
イスラエル独立宣言前

シリア
テルアヴィヴ　エルサレム
パレスチナ
（イギリス委任統治領）
ヨルダン
エジプト

■ アラブ人地域
▨ ユダヤ人地域
（ユダヤ人地域には占領地を含む）

2010年

シリア
ゴラン高原
ジェニン
トゥールカーム
テルアヴィヴ　ナブルス
カルキリヤ　イェリコ
エルサレム　ラマラ
ベスレヘム
ガザ地区　ヘブロン
ヨルダン
エジプト

------ 国　境
‥‥‥ 未確定の国境
▨ イスラエル
■ イスラエル占領地域
▨ 主なパレスチナ暫定自治区
● 主なパレスチナ自治都市

表1　西アジア諸国のまとめ

国　名	主な宗教	主な民族・言語	特　色
サウジアラビア	イスラーム	アフリカ゠アジア語族 アラビア語	OPEC加盟国。世界最大級の石油生産・輸出国。1人当たりGNIは23,642ドル。
イ　ラ　ン	イスラーム	インド゠ヨーロッパ語族 ペルシャ語	イスラームのシーア派。OPEC加盟国。1人当たりGNIは6,556ドル。
イ　ラ　ク	イスラーム	アフリカ゠アジア語族 アラビア語	OPEC加盟国。紛争により経済停滞していたが回復傾向。1人当たりGNIは4,645ドル。
クウェート	イスラーム	アフリカ゠アジア語族 アラビア語	OPEC加盟国。1990年イラクによる侵攻を受けるが，経済は回復。1人当たりGNIは36,453ドル。
アラブ首長国連邦 (UAE)	イスラーム	アフリカ゠アジア語族 アラビア語	OPEC加盟国。日本へ原油輸出。ドバイは脱石油化を目指し，観光開発，金融センター。ハブ空港，国際物流拠点。1人当たりGNIは43,217ドル。
ト　ル　コ	イスラーム	アルタイ諸語 トルコ語	NATO，OECD加盟国。政教分離による近代化。EU加盟申請中。1人当たりGNIは9,519ドル。
イスラエル	ユダヤ教	アフリカ゠アジア語族 ヘブライ語 アラビア語	戦後，シオニズム運動により建国。PLO（パレスチナ解放機構）と暫定自治合意。OECD加盟国。1人当たりGNIは53,302ドル。
キプロス	ギリシャ正教 イスラーム	インド゠ヨーロッパ語族 ギリシャ語，トルコ系	北部のトルコ系が独立宣言（北キプロス゠トルコ共和国），分断国家。2004年，キプロス共和国がEU加盟。1人当たりGNIは29,554ドル。

※統計年次は，1人当たりGNIは2021年。『世界国勢図会2023/24』による。

🏛 **イスラーム教徒（ムスリム）の生活**　聖典の『**コーラン（クルアーン）**』には日常生活のきまりが詳細に記されており、唯一神**アッラー**を信じるだけでなく、生活の中で具体的な行為を示すことによって信仰をあきらかにする。神に対する**信仰告白**、**礼拝**、**喜捨**（貧しい者への施し）、**断食**、**巡礼**が義務とされる。また、**飲酒**、**ギャンブル**、**豚肉を食すること**、**女性が人前で肌を露出させる**ことは**禁忌（タブー）**として禁じられている。

🏛 **クルド人**　トルコ、イラク、イランなどにまたがる**クルディスタン地方**に居住する民族で、多くが**インド＝ヨーロッパ系のクルド語**を使用する**イスラーム教徒**である。3,000万人以上の人口がありながら、国家を形成することができず、周辺諸国で抑圧された生活を強いられてきた。独立の気運も高いが、イラクでは政府の弾圧により、多くの**難民**が発生したため、国連がクルド人の保護を決議した。

図4　クルド人の分布

地誌

東アジア

東南アジア・南アジア

西アジア・アフリカ

ヨーロッパ

ロシアと周辺諸国

アングロアメリカ

ラテンアメリカ

オセアニア

日　本

ポイント　西アジア

❶　西アジアの地形は、北部が**新期造山帯**の山脈や高原、南部の**アラビア半島**は**安定陸塊**である。

❷　西アジアの気候は、**亜熱帯高圧帯**の影響を強く受け、BS〜BW気候が分布し、古くから**遊牧**や**オアシス農業**が営まれてきた。

❸　第二次世界大戦後、大規模な油田開発が進み、**1970年代の石油危機**以降、石油収入により人々の**生活水準は向上**した。

❹　**中東戦争**をはじめ紛争が続き、現在でも**パレスチナ問題**、**クルド人問題**など民族・領土問題をかかえている。

西アジアの産油国、たとえばサウジアラビアやクウェート、UAEなどは人口が少なくて、労働力は外国人に頼らざるを得ないんだよね！　おさえておこう。

❷ アフリカ

アジアが終わったねぇ。量が多いからけっこうたいへんだったかな？　地理的な考え方や見方をしっかり身につければ大丈夫だからしっかり復習しようね！

さぁ，今度は**アフリカ**だよ。**アフリカ大陸**は大部分が**安定陸塊**（旧**ゴンドワナランド**）で，やや高めの**高原状の大陸**だ。図5を見てみよう！

ほとんどが高原か台地で**高度200〜1,000mの割合が大きい**。しかも**低地の割合がヨーロッパと比較にならないほど小さい**から，ナイル川やコンゴ川などの下流には滝が多く，**外洋船の航行が困難**だったね（忘れてない？ [➡ p.297〜298]）。北部には新期造山帯のアトラ

図5　平均海抜高度の比較

アフリカ 平均海抜高度 750m	9.7%	38.9	28.2	19.5	2.7 1.0
ヨーロッパ 平均海抜高度 340m	52.7%		21.2	15.2	2.0 5.0

- ⬚ 200m 未満
- ⬚ 200〜500m
- ⬚ 500〜1,000m
- ⬚ 1,000〜2,000m
- ⬚ 2,000〜3,000m
- ⬚ 3,000〜4,000m

※『理科年表』1958年による。

図6　アフリカの地形

ス山脈が，南部には古期造山帯のドラケンスバーグ山脈が分布しているよ。

　そして，忘れてはいけないのが，リフトヴァレー（アフリカ大地溝帯）だよね。②のところでくわしくやったのでここでは軽くやるけど，プレートの「広がる境界」に当たるんだ。

　南北6,000kmにわたるリフトヴァレー沿いには，**キリマンジャロ山**（5,895m）や**キリニャガ**（ケニア）**山**などの火山が分布し，赤道直下だけど標高が高いので，山頂付近には**山岳氷河**や万年雪もみられ，**断層湖**（タンガニーカ湖，マラウイ湖など）もたくさん形成されているよ。

②大地形［➡p.36〜］や⑰交通・通信［➡p.290〜］でやったことがどんどんつながっていくから面白いよね！　今まで説明してもらったことがどんなに大切かわかったよ。

　そんなに言ってくれるとうれしいな＼（＾o＾）／。じゃあ，そのおもしろさを**気候**に活かしていこう！　最初に**アフリカの位置関係**をしっかり把握しておくと，気候がわかりやすいよ。地図帳のアフリカのページを開いてみてよ！そして**赤道をマーカーで引っぱってごらん！**

　それから**北緯35度**と**南緯35度**の線をなぞってごらん！　**アフリカは北端と南端の緯度がほぼ同じ**だということがわかるよね。

　これがわかれば気候は簡単だよね？　だって**赤道周辺**は**赤道低圧帯**の影響を年中受けるから**Af**になるはずだ。赤道からちょっと高緯度側に離れたら**Aw**になるし，**緯度20〜30度**のあたりは，**亜熱帯高圧帯**の影響を受けるから**BW〜BS**が分布しているはずだよ。北端と南端はほぼ**緯度35度**だったよね？　緯度35度って，**東京とほぼ同じ緯度**なんだ。

　ということは，**C**（温帯）が分布しているというのも納得できるだろう？つまり，**赤道を挟んで南北ほぼ対称的に気候が分布**しているんだ！　アフリカには，**亜寒帯**（D）や**寒帯**（E）の分布はなく，**気候帯別の面積割合**は，**B＞A＞C**の順になっていることに注意してね。

すごーい！　めちゃめちゃ簡単だ（＾o＾）！
今の説明以外に気候で注意しておくべきところはないのかなぁ？

　そうだね，あとは**北回帰線**付近に**サハラ砂漠**，南回帰線付近にカラハリ砂漠が広がること，南西岸には**寒流**（ベンゲラ海流）の影響で**ナミブ砂漠**が分布していること，**リフトヴァレー**沿いは隆起量が大きいので，**エチオピア〜ケニア**などの東部地域は海抜高度が高く，**Cw**も分布していることくらいかな。

地誌

東アジア

東南アジア・南アジア

西アジア・アフリカ

ヨーロッパ

ロシアと周辺諸国

アングロアメリカ

ラテンアメリカ

オセアニア

日本

それと，北端と南端には
Csが分布していること
も重要だ！　念のために，
赤道に近い**東アフリカの
ソマリア付近はAじゃ
なくてBW〜BSの乾
燥気候が広がっている**こ
とも伝えておこうかな。

図7　アフリカの気候

　アフリカの人々の生活
は，北アフリカと中南ア
フリカでかなり異なって
いるから比べてみよう。
　**サハラ以北の北アフリ
カは大部分が乾燥気候で，**
古くから**遊牧**やオアシス
農業が行われてきたんだ。
西アジアと似ているよね。
　民族・言語・宗教の面でも
違いがみられるよ。
　北アフリカは，「**ホワイト
アフリカ**」と呼ばれていて，
住民は**コーカソイドのアフリ
カ＝アジア系**（大部分がアラ
ブ人）で，**アラビア語**が使用
され，**イスラーム教徒**が多い
んだ。
　これに対して，**サハラ以南
の中南アフリカ**は，熱帯が広
がり，農業も**コンゴ盆地**では
焼畑（キャッサバ・ヤムイモ
などイモ類），**ギニア湾岸**な
どでは**プランテーション**（カ

図8　アフリカの言語分布

カオ・油ヤシなど）が行われているのが特徴的だね。

住民は**ネグロイド**が多く，「**ブラックアフリカ**」と呼ばれてきたんだ。今は，「**サブサハラ**」と呼ばれることが多いね。**宗教**は，祖先や自然を崇拝する**伝統宗教**や**キリスト教**，**イスラーム**など多様だよ。

> アフリカの国々は，ヨーロッパ諸国によって，長く**植民地支配**を受けてきたので，独立が遅かったんだよね？

そうだよ。

第二次世界大戦前に独立をしていたのは，わずかに4か国しかなく，エジプト，エチオピア，リベリア，南アフリカ共和国だけだったんだよ！

フランス（アフリカ北部・西部が中心），**イギリス**（アフリカ東部が中心），**ベルギー**（コンゴ民主共和国，ルワンダ，ブルンジ），**イタリア**（リビア，ソマリア），**ポルトガル**（アンゴラ，モザンビーク）などが植民地支配を行っていたんだね。なかなか植民地支配が頭に入らない人も，**西はフランス領が多くて，東はイギリス領が多かった**ということだけは覚えておきたいな。

図9　アフリカの旧宗主国

※エジプトは1922年（第二次世界大戦前に独立。

1914年のアフリカ
- 独立国
- フランス領
- イギリス領
- イタリア領
- ベルギー領
- スペイン領
- ポルトガル領
- ドイツ領

＊ドイツは，第一次世界大戦後に植民地を放棄。

第二次世界大戦後に独立が相次ぎ，特に**1960年**は「**アフリカの年**」と呼ばれるほど多くの国（**17か国**）が独立し，現在は**54か国**（西サハラのみ未独立）からなるんだ。

アフリカの国々は**AU**（**アフリカ連合**）[➡ p.326] を組織し，地域の経済発展を目指しているんだよ。

> アフリカは他の地域に比べ，**経済発展が遅れている**よね。農業以外に，産業は発達していないの？

地誌

東アジア

東南アジア・南アジア

西アジア・アフリカ

ヨーロッパ

ロシアと周辺諸国

アングロアメリカ

ラテンアメリカ

オセアニア

日　本

そんなことはないよ。

　特に**北アフリカ**の**エジプト**，**リビア**，**アルジェリア**やギニア湾岸の**ナイジェ**<ruby>湾岸<rt>わんがん</rt></ruby>**リア**は産油国<rt>さんゆこく</rt>だし，**コンゴ民主共和国～ザンビア**にかけての**カッパーベルト**（Copper Belt：銅地帯<rt>どう</rt>）のように資源が豊富な国々もあるよ。ただ，**南アフリカ共和国**を除いては，工業化があまり進んでいなくて，これが今後の課題となっているんだ。アフリカ諸国にみられる経済的な地域性は，**階級区分図**などでよく問われるから，「**北アフリカと南部アフリカは比較的豊か**だけど，**中南アフリカは発展が遅れている！**」ということに注意しておくと正答できるからね。

　アフリカの概観はわかってくれたかな？　じゃあ，今度は，地域別に**各国の特色**を確認していこう！

　まずは，**北アフリカ**だ。北アフリカは，産油国が多く，**ヨーロッパへの出稼ぎやヨーロッパからの観光客も多いため，アフリカの中では，比較的豊かな国が多い**よ。

　サハラ砂漠<rt>さばく</rt>を中心に自然環境が厳しいんだけど，**エジプト**では，**外来河川**の**ナイル川**を利用して古くから農業が発達していたよ。だから，乾燥地域の国にしては，かなり人口も多いんだ（約**1億人**）。現在は，**石油製品・天然ガス・原油**などが経済を支えているよ。**アスワンハイダム**に関しては，**⑬**で復習をしておいてね！　［➡ p.234］

　リビア，**アルジェリア**は**OPEC**<rt>オペック</rt>**加盟国**で，**アフリカの中では1人当たりGNIも高いほうだ**よ（特に，リビアは人口が674万人と少なく，1人当たりGNIは5,839ドルとアフリカではまぁまぁだよ）。

表2　北アフリカ諸国のまとめ

国　名	特　色
エジプト	人口約1億人でアフリカ3位。ナイル川を利用し，古代エジプトより栄える。OAPEC加盟国で，石油製品，天然ガス，原油，綿製品などを輸出。スエズ運河。アスワンハイダム。1人当たりGNI 3,778ドル。
リビア	旧イタリア領で，イタリアとの貿易が盛ん。OPEC加盟国。1人当たりGNI 5,839ドル。
アルジェリア	旧フランス領。OPEC加盟国。1人当たりGNI 3,618ドル。
モロッコ	旧フランス領。化学肥料の原料となるりん鉱石を産出。チュニジアとともに観光収入が大。1人当たりGNI 3,801ドル。

※統計年次は，人口が2022年，1人当たりGNIは2021年。『世界国勢図会 2023/24』による。

次は**西アフリカ**だ。**ギニア湾岸諸国**では，夏の**南西モンスーン**の影響で雨も多く，**プランテーション農業**が発達しているよ。**コートジボワールは旧フランス領**で，**カカオ**（**世界最大の生産国**）とコーヒーの栽培が盛んだよ。隣のガーナは旧イギリス領でカカオが重要な輸出品だよ。

ナイジェリアは，アフリカ最大の人口大国（約2.1億人）で，**OPEC 加盟国**でもあるんだ。ただ人口が多いこともあって，北アフリカの OPEC 加盟国ほど生活水準が高くないよ（**1人当たり GNI は1,868ドル**）。**多民族国家**の典型で，**東部にはキリスト教徒，北部から西部にはイスラーム教徒が多いんだ**。民族対立により，東部（**イボ人**）が独立宣言をしたため，**内戦**（**ビアフラ戦争**：1967～70年）に突入し，双方に大きな犠牲者が出たんだ。そこで内戦終結後，**州の細分化**による各民族の自治権拡大や，首都を**ラゴス**（西部のヨルバ人の中心地で，現在でも**人口最大都市**）から民族分布の境界付近にある**アブジャに遷都**するなど**民族の融和策**に努めているけど，まだまだ問題も多いんだよ。

表3　西アフリカ諸国のまとめ

国　　名	特　　色
リベリア	アフリカ最古の黒人国家。**便宜置籍船国**。
コートジボワール	旧フランス領。カカオ（世界最大の生産国），コーヒーの栽培。
ガ　ー　ナ	旧イギリス領。カカオの栽培。ヴォルタ川の総合開発。
ナイジェリア	旧イギリス領。アフリカ最大の人口大国。OPEC 加盟国。
マリ，ニジェール，チャド	旧フランス領。**サヘル諸国**と呼ばれ，**砂漠化**が深刻。アフリカ最貧地域。

次は**東アフリカ**の説明をしよう！　東アフリカは**高原状**で，**リフトヴァレー**が通過するため，**火山**や**地溝湖**が多いんだったね。

まず，**エチオピア**だ。**アフリカ最古の独立国**（紀元前5世紀ごろ）で，ほとんど植民地支配を受けていない珍しい国だ。しかも混血が進んでいるから，現在はほとんどネグロイドにみえるけど，もともとエチオピアを建国したのはアラビア半島から移住してきたコーカソイドだったんだよ。さらに**キリスト教徒が約60％と多い**ところもアフリカでは異色だね。国土の大部分は**エチオピア高原**で，Aw ～ Cw が広がっているんだ。**コーヒーの原産地**でもあったよね。ただ，この国の問題は干ばつ，内戦，紛争（エリトリア，ソマリア）などで経済が圧迫され，**世界の最貧国**の1つとなっているところなんだ（**1人当たりGNI は821ドル**）。最近は，少しずつ経済発展してるけどね。

エチオピアの南にあるケニアも**高原状の国**で，赤道直下に位置するわりには過ごしやすいんだね。Aw 〜 Cw が分布し，南の**タンザニア**と同じように野生動物も多くいるんだ。

イギリス領だった関係から茶やコーヒーのプランテーションが多く開かれ，**首都ナイロビ**周辺の白人入植者の居住地域は「**ホワイトハイランド**」と呼ばれる高原地域なんだよ。近年は，温暖な気候を活かして，ヨーロッパの園芸産業が進出し，**輸出用の花卉の栽培も盛ん**になっているから注意してね。

 | インド洋に**マダガスカル**っていう国があるよね。ここでは，アジアと同じような**水田稲作**をしているって聞いたことがあるんだけど，ほんと？

よく知ってるなぁ（°〜°）。マダガスカルは自然環境も人々の生活も興味深いものがあるよ。まず，**自然環境**の話をしよう！

地形的には安定陸塊なんだ。古い時代にアフリカとともにゴンドワナランドから分離したんだよ。

気候もかなりおもしろくて入試では頻出だから注意しよう！

ちょうど**国土の南部を南回帰線が通過**しているんだけど，通常だったらこれくらいの緯度は，Aw，BS，BW が分布する地域だよね。

でも**国土の東岸は Af** なんだ。これは，**南東貿易風が一年中卓越**するため，年中降水がみられるからなんだね。ところが，中央部を南北に走る山脈の風下に当たる**西側は北から順に Aw，BS，BW が分布**しているんだよ。

民族は，もちろんアフリカ系やアラブ系住民もいるんだけど，7 世紀ごろに東南アジアから移り住んできた**マレー（オーストロネシア）系住民**が総人口の約 4 分の 1 を占めていて，彼らはアジア型の**水田稲作**を営んでいるんだ。東南アジアからアフリカまで渡ってきた人々の子孫が，伝統的な生活を伝えてきたっていうのは，すごいことだよね！

表4　東アフリカ諸国のまとめ

国　名	特　色
エチオピア	アフリカ最古の独立国。キリスト教（エチオピア正教）。コーヒー栽培。人口は約 1.2 億人でナイジェリア（約 2.1 億人）に次いでアフリカ 2 位。アフリカの最貧国の 1 つ。
ケ ニ ア	旧イギリス領。茶，コーヒーの栽培。**赤道直下**。首都ナイロビは高原上に位置。公用語は英語とスワヒリ語。1 人当たり GNI 2,051 ドル。
マダガスカル	旧フランス領。マレー系民族による**水田稲作**。コーヒー，香料栽培。

※統計年次は，人口が2022年，1 人当たりGNIは2021年。『世界国勢図会 2023/24』による。

最後は，サブサハラと呼ばれる**中南アフリカ**だね。

赤道直下には，国土の大部分を**コンゴ盆地**が占めるコンゴ民主共和国があるよ。ベルギーから独立したのも珍しいけど，**公用語がフランス語**っていうのもおもしろいね（ベルギー語ってないもん！ [➡ 📖 p.336]）。

アフリカ最大の流域面積を有するコンゴ川が流れ，気候は Af・Aw が大半で，**焼畑**などによって**キャッサバ**などの**イモ類**（**主食**になるんだよ）の栽培が盛んだね。アフリカ有数の資源大国で，ダイヤモンド，銅鉱やコバルトなどの**レアメタル**など**多種類の鉱産資源**が産出するよ。特に，ザンビアにかけての**カ**ッパーベルトは**銅鉱**の産出地として知られているね。

カッパーベルトが続く**ザンビア**は，イギリスから独立した高原状の内陸国だよ。経済は，**銅鉱**への依存度が高いね。

そして最後は，**南アフリカ共和国**だ。

この国は他のアフリカ諸国と違って，**温帯気候**（Cs・Cw・Cfa・Cfb）や**ステップ気候**（BS）が広がり，ヨーロッパ人にとって快適な気候だったので，17世紀に**オランダ人**が，19世紀には**イギリス人**が**入植**（移住）したんだよ。そしてこれら**少数のヨーロッパ系白人が多数のアフリカ系黒人を支配する**という構造ができあがったんだ。

イギリス領から白人主導の国家として独立した**南アフリカ共和国**は，悪名高い「**アパルトヘイト（人種隔離政策）**」を実施し，多数の黒人を部族ごとにホームランドと呼ばれる不毛の地に押し込め，低賃金の労働力として鉱山労働などに利用してきたんだね。

国際的な非難によって，**1991年にはアパルトヘイト法が廃止**され，現在はアフリカ系黒人が大統領を務めているよ。

ただし，**少数の白人と多数の黒人の間の経済格差が依然**として大きいことは忘れてほしくないな！

産業は，アフリカ諸国の中ではかなり発達していて，農業も**地中海式農業**（南西部の**ケープタウン**付近は Cs）や**企業的牧畜**など欧米型の農業が行われているよ。

それから，**資源が豊富**だということも忘れちゃいけないね。

石炭（**古期造山帯**があるもんね），金，ダイヤモンド，鉄鉱石など各種資源のほか，先端技術産業には欠かせない**レアメタル**も産出するよ。工業も鉄鋼，自動車などが発達し，**アフリカ最大の工業国**になっているんだ（**1人当たり**

GNI は6,920ドル）。最後にもう１つアドバイス！　南アフリカ共和国は，アパルトヘイト廃止後民主化も進み経済発展を続けているので BRICS の一員として注目されているんだ（大文字の S は South Africa のこと）。ところが**1990年代から HIV が急速に蔓延**していて，生活が豊かになっているのに成人の死亡率が上昇し，平均寿命が短くなるという普通は考えられないことが起こっているんだ。国連や NGO の努力によって徐々に改善はされているけどね。

表5　中南アフリカ諸国のまとめ

国　　名	特　　色
コンゴ民主共和国	旧ベルギー領。赤道直下の**コンゴ盆地**に位置する。鉱産資源が豊富。１人当たり GNI 541ドル。人口は約１億人で，アフリカでは，ナイジェリア，エチオピア，エジプトに次ぐ人口大国。
ザンビア	旧イギリス領。コンゴ民主から続くカッパーベルトで銅鉱が産出。ザンベジ川総合開発。１人当たり GNI 1,062ドル。
南アフリカ共和国	少数の白人がアフリカ系黒人にアパルトヘイトを実施。1991年，アパルトヘイト法廃止。鉱産資源が豊富で，アフリカ最大の工業国。BRICS。１人当たり GNI 6,920 ドル。

※統計年次は，人口が2022年，１人当たりGNIは2021年。『世界国勢図会 2023/24』による。

> ## ポイント アフリカ
>
> ❶　アフリカの地形は，大部分が**安定陸塊**（旧ゴンドワナランド）だが，北端に**新期造山帯**（アトラス山脈），南端に**古期造山帯**（ドラケンスバーグ山脈）の山脈が分布し，東部には**リフトヴァレー**（アフリカ大地溝帯）が通過している。
>
> ❷　アフリカの気候は，赤道を中心に**南北ほぼ対称的な気候帯**（A→B→C）になるが，東部は海抜が高いため Cw も分布。
>
> ❸　サハラ以北の**北アフリカ**は，主としてアフリカ＝アジア系の**コーカソイド**が居住するため「**ホワイトアフリカ**」，サハラ以南の**中南アフリカ**は，主としてネグロイドが居住するため「**ブラックアフリカ**」と呼ばれてきた。
>
> ❹　アフリカは，大部分が**ヨーロッパの植民地支配**を受け，第二次世界大戦前の独立国は，**エジプト，エチオピア，リベリア，南アフリカ共和国の４か国**だけだったが，現在は**54の独立国**からなる。

チェック問題

1 次の図1を見て，西アジアとその周辺地域に関する下の問い（問1・2）に答えよ。

図1

東アジア

東南アジア・
南アジア

**西アジア・
アフリカ**

ヨーロッパ

ロシアと
周辺諸国

アングロ
アメリカ

ラテン
アメリカ

オセアニア

日　本

問1 次の表1中①～④は，イラク，カタール，サウジアラビア，トルコにおける，外国からの年間訪問者数*と日本からの1週当たり直行航空便数を示したものである。トルコに該当するものを，**表1**中の①～④のうちから一つ選べ。

*観光客以外の短期入国者数を含む。

	外国からの年間訪問者数（万人）	日本からの1週当たり直行航空便数（便）
①	3,780	14
②	1,577	0
③	261	14
④	89	0

統計年次は2013年。UNWTOの資料などにより作成。

表1

問2 次の**サ～ス**の文は，図1中の**X～Z**のいずれかの国で第二次世界大戦後に発生した紛争（戦争）について述べたものである。**サ～ス**と**X～Z**との正しい組合わせを，下の①～⑥のうちから一つ選べ。

サ　アメリカ合衆国で発生した同時多発テロ事件をきっかけに，イスラーム原理主義組織が支配する地域での戦闘が開始された。

シ　北部のトルコ系住民と南部のギリシャ系住民との対立が激化し，ギリシャへの併合の動きに対するトルコ軍の介入によって北部が独立を宣言した。

ス　領土と資源をめぐって隣国の侵攻を受けたことから，アメリカ合衆国を中心とした多国籍軍が介入する大規模な戦争に発展した。

	①	②	③	④	⑤	⑥
サ	X	X	Y	Y	Z	Z
シ	Y	Z	X	Z	X	Y
ス	Z	Y	Z	X	Y	X

2　アフリカの自然と人々の生活に関する次の問い（**問1・2**）に答えよ。

問1　次の図2中の**ア〜ウ**は，標高500〜800m，1,100〜1,400m，1,600m以上のいずれかの標高の範囲を濃く示したものである。**ア〜ウ**と標高の範囲との正しい組合せを，あとの①〜⑥のうちから一つ選べ。

United States Geological Survey の資料により作成。

図2

	①	②	③	④	⑤	⑥
500〜800m	ア	ア	イ	イ	ウ	ウ
1,100〜1,400m	イ	ウ	ア	ウ	ア	イ
1,600m以上	ウ	イ	ウ	ア	イ	ア

問2　アフリカでは，国・地域ごとに特徴ある音楽がみられ，その背景は多様である。次の**エ〜カ**の文章は，エチオピア，ガーナ，南アフリカ共和国のいずれかの国にみられるポピュラー音楽の特徴について説明したものである。**エ〜カ**と国名との正しい組合せを，あとの①〜⑥のうちから一つ選べ。

エ　植民統治下で起こった西欧音楽と在来音楽との混合を背景に，力強い合唱を中心として発達した音楽である。人種差別撤廃運動が高まった1960年代からは，特にアメリカ合衆国の黒人系ポピュラー音楽から強い影響を受けた楽曲が多く生まれた。

オ　植民統治を受けずに栄えた王国であったこの国では，歌に弦楽器や太鼓を伴奏させる伝統的なダンス音楽を基礎とする現代音楽がみられる。古くから信仰されてきたキリスト教のほか多様な宗教が存在するが，その音楽様式には宗教の違いを超えた共通の特徴も認められる。

カ　貿易のために立ち寄る諸民族と地元住民との交流を背景としてつくられた音楽を起源として，歌にギターや管楽器などを加えた演奏に特徴がある。近隣にはフランスの植民統治を受けた国々も多いが，この音楽はイギリスの統治を受けた国の都市を中心に発達した。

	エ	オ	カ
①	エチオピア	ガーナ	南アフリカ共和国
②	エチオピア	南アフリカ共和国	ガーナ
③	ガーナ	エチオピア	南アフリカ共和国
④	ガーナ	南アフリカ共和国	エチオピア
⑤	南アフリカ共和国	エチオピア	ガーナ
⑥	南アフリカ共和国	ガーナ	エチオピア

地誌

東アジア

東南アジア・南アジア

西アジア・アフリカ

ヨーロッパ

ロシアと周辺諸国

アングロアメリカ

ラテンアメリカ

オセアニア

日本

解答・解説 **1** 問1 ①

　イラク，カタール，サウジアラビア，トルコにおける**外国からの年間訪問者数**と**日本からの１週当たりの直行航空便数**のデータからトルコを判定する問題である。やや判定に迷ったかもしれないが，**日本からの直行便数が決め手**になる。①は，外国からの年間訪問者数（難民は含まれていない）が表中では最も多く，日本からの直行便数も多い（日本人が多数訪れる国がどこか考える）ため，**トルコ**と判定する。2019年の統計では，ロシア，ドイツ，ブルガリア，イギリス，イラン，ジョージア，ウクライナなどからの訪問者が多く，**アジアとヨーロッパ，キリスト教圏とイスラーム圏**の双方からトルコを訪れている。世界遺産など**観光資源も豊富**で，**気候にも恵まれる**ため，**日本からの観光客も多く**，観光業は重要な外貨獲得源となっている。③は，日本との関係が深いことから**カタール**である。カタールと日本の経済的な結びつきは強く，**カタール最大の貿易相手国は日本**である。このため，日本からも石油・天然ガス関連企業や商社などが進出し，駐在員も多い。②と④の判定は難しいが，**イスラーム最高の聖地メッカ**を有する**サウジアラビア**は外国からの**巡礼者**（＊に観光客以外の短期入国者も含むとある）がみられるため，④の**イラク**より年間訪問者数が多いと判定する（②）。また，イラクについては，イラク戦争後の治安の乱れなどから訪問者数が少ないと考えても良い。

問2　⑤

　図中の X（**キプロス**），Y（**クウェート**），Z（**アフガニスタン**）において，第二次世界大戦後に発生した紛争についての問題である。**サ**は，「アメリカ合衆国の同時多発テロ」，「イスラーム原理主義組織が支配する地域」から **Z のアフガニスタン**である。アフガニスタンでは**イスラーム原理主義**組織が勢力を拡大し，**2001年に同時多発テロが発生**したアメリカ合衆国は，首謀者といわれるウサマ・ビンラディンの引き渡しを要求するが，拒否されたため空爆を行った。**シ**は，「北部のトルコ系住民と南部のギリシャ系住民との対立」から，**X のキプロス**である。キプロスでは，**多数を占めるギリシャ系住民（ギリシャ正教）**と**少数のトルコ系住民（イスラーム）**の間で古くから対立がみられ，ギリシャへの帰属を求める運動が活発化する中で，トルコが後押しする北部のトルコ系住民と南部のギリシャ系住民との対立が**内戦**に発展し，北部が1983年「**北キプロス・トルコ共和国**」の独立を宣言（トルコ以外は未承認）したため，南の「**キプロス共和国**」と事実上の分断国家となっている（**EU はキプロス共和国の単独加盟**）。**ス**は，「領土と資源をめぐって隣国の侵攻を受けた」から，**クウェート**である。**1990年に隣国イラクによるクウェート侵攻**が行われ，1991年にはアメ

リカ合衆国を中心とした**多国籍軍とイラク**との間で**湾岸戦争**に発展した。

2 問1 ②

　アフリカは大陸別では南極，アジアに次いで平均海抜高度が高く（**約750m**），全体的に**高原状**で，**200m以下の低地は極めて少ない**。したがって，**ア**が500〜800mに該当する。さらにアフリカは東部の**リフトヴァレー**（大地溝帯）周辺の隆起量が大きいため，**東高西低**の地形であることから，**ウ**が1,100〜1,400mとなり，残る**イ**がその中でも特に高い1,600m以上の標高分布地域だと判定できる。赤道付近には**キリマンジャロ**や**キリニャガ**などのような6,000m近い標高の火山も分布していることに注意しよう。

問2 ⑤

　「音楽は好きだけど，アフリカのポピュラー音楽なんてまったく知らない！！！」と思った人も多いだろう。共通テストでは**世界遺産**，**ノーベル賞**，**音楽**などを題材に出題されているが，必ずしもこれらの題材について知らなくても，**国や地域の特色が判定できれば解答できる**ようになっているので心配しないでいい。

　エ　「**人種差別**」，「**黒人系ポピュラー音楽**」などから，**南アフリカ共和国**である。南アフリカ共和国では，イギリスの植民地支配以降，**少数のオランダ系とイギリス系の白人**によって**多数のアフリカ系黒人**を支配する構図がみられた。さらに第二次世界大戦後は**アパルトヘイト**（人種隔離政策）を法制化し白人優越主義を前面に押し出したが，人種差別撤廃運動の高まりや国際的な批判によって，**1991年にアパルトヘイト法を撤廃**した。

　オ　「**植民統治を受けず**」，「古くから信仰されてきた**キリスト教**」などから，**エチオピア**である。アフリカ諸国は，**エチオピア**，**エジプト**，**リベリア**，**南アフリカ共和国**を除いてヨーロッパ列強の植民地支配を受けてきた。またエチオピアには，西アジアで生まれた**キリスト教**が早くから伝わり広く普及している。

　カ　いろいろとヒントになる箇所もあるが，受験生としては「**イギリスの統治を受けた**」，「近隣には**フランス**の植民統治を受けた国々も多い」から**ガーナ**と判定する。**ギニア湾**に面するガーナは，古くからアラブ民族とのサハラ交易で栄え，後にはヨーロッパ諸国との間で金や奴隷の貿易が行われ，イギリスの植民地支配を受けることになる。

地誌

東アジア

東南アジア・南アジア

西アジア・アフリカ

ヨーロッパ

ロシアと周辺諸国

アングロアメリカ

ラテンアメリカ

オセアニア

日　　本

23 ヨーロッパ

❶ 自然環境と民族・社会
自然環境の地域的特色と民族・宗教の分布を理解しよう！

❷ EUの設立と発展
国境を越えて結びつくEU諸国の発展に目を向けよう！

❸ 産業と生活
世界をリードしてきたヨーロッパ諸国の経済力に注目しよう！

❶ 自然環境と民族・社会

図1　ヨーロッパの大地形

| 新期造山帯 | 古期造山帯 | 安定陸塊 | 主な山脈 |

※アイスランド島は、いずれの区分にも当てはまらない。

さぁ，いよいよ**ヨーロッパ**だね。ボリューム満点（＾_＾;）のところだけど，今までの復習部分もあるから大丈夫だよ！

まず，いつものように**自然環境**から説明していこう！　地図帳のヨーロッパのページを開けてごらん。中国のときにもやってみたけど，色を見るだけでも概観がわかるよ。

南部のピレネー山脈～アルプス山脈～カルパティア山脈（ピレネー・アルプス・カルパティアライン）から南側は，色が茶色っぽいだろう？　つまり海抜高度が高い**新期造山帯**に属する**アルプス＝ヒマラヤ造山帯**の山脈群が分布していることがわかるね（**マーカーでこの3つの山脈を緩やかに結んでごらん**）。これより北にある山脈はみんな**古期造山帯**の山脈と思っていいよ（だからイギリス，ドイツ，ポーランドには**炭田**がたくさんあったんだ）。

バルト海沿岸からスウェーデン～フィンランド付近には**安定陸塊（バルト楯状地**，ロシア卓状地）が広がっているよ。フランス～ドイツ～ポーランド～ロシアにかけては，かなり海抜高度が低くて，**構造平野（パリ盆地**には**ケスタ**[➡ p.54 **図2**] も発達）と呼ばれる**侵食平野**の一種が広範囲に分布してい

図2　ヨーロッパの小地形

ることにも注意してね！

最近，安定陸塊，古期造山帯，新期造山帯とか出てきても，まったく動じなくなったよ。「またかぁ」って感じだもん（・∀・）。

それは，君に実力がついてきた証拠だよ！

じゃあ，次は大地形以外の**特色ある地形**について勉強してみよう。

ヨーロッパといえば，やっぱりかつて（更新世）の**大陸氷河**の最大拡大範囲を確認しておかないとね。前ページの**図2**を見てみよう！

およそ**北緯50度**のあたりまで**大陸氷河**が覆っていたことがわかるよね（ドイツやポーランドの北部まで広がっていたことを絶対に忘れないように！）。ということは，これらの地域には**氷河地形**（**U字谷**，**フィヨルド**，**モレーン**，**氷河湖**など）が発達しているはずだし［➡ p.61］，**氷食**を受けているから，**土壌**も薄くやせているところが多いんだ（フランスはほとんど氷食を受けていないから，農業には有利だということを忘れないでね）。

このほか，**スペイン北西部**にはリアス海岸［➡ p.60］の語源となったリアス地方があるし，**北海やバルト海に流れ出る河川の河口**には，**エスチュアリー**［➡ p.61］も発達しているよ。

ここでちょっとだけ復習を！（笑）**北海・バルト海に注ぐ河川は，安定陸塊の構造平野などの大平原を流れるから土砂の運搬量が少なく，エスチュアリーになりやすいんだ。でも地中海に注ぐ河川は，険しい新期造山帯の山地を侵食しながら流れるから，土砂の運搬量が多く，三角州になりやすいんだね。例外は，ライン川だ！ ライン川は①流域面積が広く②険しいアルプス山脈から流出するから，北海に注いでいるけど河口は三角州なんだよ！ 要注意！！**

また，地中海沿岸には**石灰岩**が豊富に分布しているため，雨水による**溶食地形**（**カルスト地形**）がみられるんだ。特にスロベニアの**カルスト地方**はカル

表1 ヨーロッパとユーラシア東部の比較

緯　度	ヨーロッパ	ユーラシア東部
北緯70度付近	スカンディナヴィア半島北端 （ノルウェー沿岸部は不凍港）	シベリア北極海沿岸
北緯60度付近	イギリス北端〜スカンディナヴィア半島南端	北東シベリア(寒極)〜カムチャッカ半島基部
北緯50度付近	ロンドン，パリ，プラハ	モンゴル北部〜中国東北地方北部
北緯40度付近	スペイン中央部〜イタリア南端〜ギリシャ	ペキン〜北朝鮮〜秋田

スト地形の語源となった
ところだったね〔➡
p.66〕。

さて，次は**気候**をやろ
うか！「**ヨーロッパは高
緯度のわりに，冬でも温
暖だ！**」っていうことを
気候のところで勉強した
よね？　どうしてだっ
た？……これは絶対に忘
れてはいけないポイント
だったよ！　つまり**大陸
西岸の緯度50～70度付近**
は，**偏西風の影響が強い**
から，**海洋の影響を受け
やすく，冬の気温が下が
りにくい**んだよね。それ
からもう一つ。偏西風の
影響とともに，**北大西洋
海流（暖流）**が温暖な

図3　ヨーロッパの気候区分

気候をもたらすことも忘れないでね！　じゃあ，ユーラシア大陸の東部と比べ
てみようよ！　**表1**〔➡ p.406〕を見てごらん！　たとえ同緯度でも，ヨーロ
ッパに比べるとユーラシア東部は冬季はかなり寒冷な気候になるよ。

じゃあ，**図3**を見ながら気候の説明をしよう。

ヨーロッパは，偏西風の影響が大きいため大部分が Cfb **（西岸海洋性気候）**
になっているよ。本来は**亜寒帯（D）**になる緯度なのにね。ヨーロッパは**海抜
高度が低く**，南北に連なる**高峻**な山脈がほとんどなくて，**偏西風が内陸部分
まで入り込んでくる**から，Cfb の分布地域が東西に広がっているんだ。

他の大陸と比べて，ヨーロッパだけ Cfb が広い範囲に分布しているのも納得
だろ？

でも，**地中海沿岸地域は，夏になると亜熱帯高圧帯が北上するため，夏季に
乾燥する** Cs **（地中海性気候）** が分布しているんだ。

また，**ノルウェーの西岸（西岸海洋性気候）を除くスカンディナヴィア半島**

地誌

東アジア

東南アジア・
南アジア

西アジア・
アフリカ

ヨーロッパ

ロシアと
周辺諸国

アングロ
アメリカ

ラテン
アメリカ

オセアニア

日本

（スウェーデン）やフィンランドは，偏西風や暖流の影響が小さいため，大陸性のDf（亜寒帯湿潤気候）になっていることにも注意しようね！　偏西風が南北に走るスカンディナヴィア山脈にじゃまされるからだよ。

　ヨーロッパは，北と東に行くと寒くなるということを忘れないでね！　また，**北緯66.6度以北の北極圏では夏季に一日中日が沈まない白夜，冬季に一日中日が昇らない極夜がみられる**地域もあるから驚きだね！

表2　ヨーロッパの気候のまとめ

地　域	気候区分	特　色	分　布
北西ヨーロッパ	Cfb（西岸海洋性気候）	年中偏西風の影響を受けるため，平均的な降水。夏季もCfaに比べると冷涼。	イギリス，フランス，ドイツ，ノルウェーなど
地中海沿岸	Cs（地中海性気候）	夏季は亜熱帯高圧帯の影響で高温乾燥，冬季は寒帯前線（偏西風）の影響で温暖湿潤。	スペイン，ポルトガル，イタリア南部など
スウェーデンフィンランド	Df（亜寒帯湿潤気候）	偏西風や暖流の影響が及ばず**冬季寒冷**。	スカンディナヴィア半島（南部と西岸を除く）

　次にヨーロッパの**伝統的な住居**と気候との関係を考えてみよう！

　スウェーデンやフィンランドなど北部には針葉樹林（タイガ）が広がるため，伝統的な住居は**木造家屋**が多いんだ。

　その中でも**ノルウェーは，偏西風の風上に当たるから，降水量はヨーロッパ有数**（年降水量2,000mmを超えるところもある）で，**急勾配の屋根**をもつ家屋が多いんだよ。

　イギリスやフランスなど中部では木造の住宅や木材の不足を補うため，レンガづくりの家屋や**ドイツ**にみられる木材に石や土などを組み合わせた**木骨づくりの家屋**も多いよ［**図4**］。

　スペインやギリシャなど地中海沿岸は植生に乏しいことから，豊富な**石灰岩**を利用した**石づくりの家屋**が多く，強い陽射しと暑さを避ける

図4　木骨づくりの民家

図5　地中海の石づくりの民家

ため，漆喰（塗壁材料）などで白く塗られ，窓も小さい場合が多いんだ［➡ p.408 図5］。

共通テストでは，写真やイラストを使って出題されそうなところ だねえ(^_^)。次は，僕の得意な**民族・宗教**について説明してく れる？

おーっ，すごい！ ついに民族や宗教が得意になったんだ（^_^）。確かに ヨーロッパを理解するには不可欠の分野だもんね。

じゃあ，**民族**や**宗教**についてやっていこう！

ヨーロッパには**インド゠ヨーロッパ語族**が多く居住していて，北西ヨーロ ッパには**ゲルマン語派**（以下「**ゲルマン系**」）の民族が多く，南ヨーロッパに は**ラテン語派**（以下「**ラテン系**」），東ヨーロッパからロシアにかけては**スラブ 語派**（以下「**スラブ系**」）民族が居住しているんだったね。これら三民族の人 口が多いんだけど，それ以外にも同じインド゠ヨーロッパ語族の**ギリシャ系** （ギリシャなど）や古代ヨーロッパの先住民である**ケルト系**（**アイルランド**， イギリスのスコットランド，ウェールズ，フランスのブルターニュ）民族もい るから注意しておこうね！ それから**ルーマニア**（Romania）は東ヨーロッパ に位置しているんだけど，国名からもわかるように「ローマ人の土地」という 意味で，**ラテン系**だから，これもまた要注意！

ちょっと待って！ ヨーロッパにはずっと以前に**アジア**から移住 してきた民族もいたよね？

さすがだ！ ちゃんと覚えてるねえ。

フィンランドのフィン人や，スカンディナヴィア半島北部（ラップランド） に居住している少数民族の**サーミ人**，ハンガリーの**マジャール人**のことだね。 彼らは，インド゠ヨーロッパ語族ではなく**ウラル語族**なんだよ。

表3 ヨーロッパの民族・言語のまとめ

民族・言語	分　布
ゲルマン語派	北西ヨーロッパ中心。ドイツ，イギリス，オランダ,北欧(フィンランドを除く)など
ラテン語派	南ヨーロッパ中心。スペイン，ポルトガル，イタリア，フランス，ルーマニアなど
スラブ語派	東ヨーロッパ中心。ポーランド，チェコ，スロバキア，セルビア，ロシアなど
その他のインド゠ヨーロッパ語族	ギリシャ（ギリシャ語派），アイルランド（ケルト語派）など
ウラル語族	フィンランド，エストニア，ハンガリーなど

地誌

東アジア

東南アジア・南アジア

西アジア・アフリカ

ヨーロッパ

ロシアと周辺諸国

アングロアメリカ

ラテンアメリカ

オセアニア

日　本

図6 ヨーロッパの言語の分布

地図中のラベル:
アイスランド語
フィンランド語
ロシア語
スウェーデン語
ノルウェー語
アイルランド語
北　海
エストニア語
ラトビア語
リトアニア語
大西洋
デンマーク語
オランダ語
英語
ベラルーシ語
ドイツ語
ポーランド語
ウクライナ語
チェコ語
スロバキア語
ポルトガル語
バスク語
フランス語
ドイツ語　ハンガリー語
ルーマニア語
スロベニア語
黒　海
セルビア語
ブルガリア語
スペイン語
クロアチア語
イタリア語
ギリシャ語
アルバニア語
地中海

0　500km
※図中の黒文字は主な公用語を示す

主な言語
ゲルマン語派　　　スラブ語派
ラテン語派　　　　その他

　よし，今度は**宗教**の分布についてやってみよう！
　一般に，**ゲルマン系はキリスト教のプロテスタント**（新教），**ラテン系はカトリック**（旧教），**スラブ系はオーソドックス**（東方正教，正教会）を信仰している人が多いんだったね。
　ただし，カトリックはラテン系民族の枠を越えてかなり広範囲に分布していて，**スラブ系のポーランド**（総人口の約90％がカトリック！），**クロアチア，スロベニア，ウラル系のハンガリー，ケルト系のアイルランドなどもカトリック教徒が多い**から注意してね。
　それからもう一点！
　以前，**トルコ**がヨーロッパの一部を支配していたっていう話をしたよね。バルカン半島に支配が及んでいた時代にトルコの影響を受け，イスラーム（イスラム教）に改宗した人々がいたんだ。
　だから**アルバニア**（約70％）や**ボスニア＝ヘルツェゴビナ**（約40％），コソ

図7 ヨーロッパの宗教の分布

キリスト教
- ▨ プロテスタント
- ▨ カトリック
- ▨ 正教会（東方正教）

イスラーム ▨ （スンニ派）

○ 宗教に関係した主な都市 ★ キリル文字を使う国

地誌

東アジア

東南アジア・南アジア

西アジア・アフリカ

ヨーロッパ

ロシアと周辺諸国

アングロアメリカ

ラテンアメリカ

オセアニア

日　本

ボ（約90%）にはイスラーム教徒が多いんだよ！

ポイント ▶ 自然環境と民族・社会

❶ ヨーロッパの地形は，南部に新期造山帯，北東部に安定陸塊，中部に古期造山帯と構造平野が広がる。ピレネー・アルプス・カルパティアラインに注意！

❷ ヨーロッパの気候は，偏西風の影響が大きく，大部分が Cfb だが，地中海沿岸は Cs，北東部には Df が分布する。

❸ 民族・宗教分布は，北西ヨーロッパにはゲルマン語派のプロテスタント，南ヨーロッパにはラテン語派のカトリック教徒，東ヨーロッパにはスラブ語派の正教徒が多く居住しているが，一部イスラーム教徒が多数を占める国もある。

❷ EU の設立と発展

　次は，EU（ヨーロッパ連合）の成立と今日に至るまでの発展についてきっちり学習してみよう！

　第二次世界大戦後，ヨーロッパ諸国は２度の世界大戦で戦場になったため，経済は大きな打撃を受けてしまったんだ。そのため市場をアメリカ合衆国に奪われてしまい，**ヨーロッパの国際的な地位は著しく低下**してしまったんだね。

　そこで，なんとかもう一度かつての栄光を取り戻そうと，1952年，フランスの提唱により ECSC（European Coal and Steel Community：ヨーロッパ石炭鉄鋼共同体）が設立されたんだ。戦前からのドイツとフランスの資源がらみの対立（当時ドイツは石炭が豊富で，フランスは鉄鉱石が豊富だった）を解消するため，加盟国間での**石炭と鉄鋼の流通の自由化**を図ったんだ。

　この成功を受けて，1958年に**共同市場**と**経済統合**を目標に掲げた EEC（European Economic Community：ヨーロッパ経済共同体）が，そして原子力産業の共同開発を推進する EURATOM（European Atomic Energy Community：ヨーロッパ原子力共同体）が設立されたんだね。

　1967年，この３組織が統合し，EC（European Community：ヨーロッパ共同体）が結成され，本格的に経済統合と政治統合を目指すことになったんだ。

　そしてついに**1993年**，市場統合がほぼ完成し，今度は**通貨統合**を目指す，より強力な組織である EU（European Union：ヨーロッパ連合〔**本部はブリュッセル**〕）がマーストリヒト条約の発効に伴って発足したんだよ。2002年には**イギリス，デンマーク，スウェーデンを除く**12か国で共通通貨である EURO（ユーロ）の流通が始まり，2004年以降の新しい加盟国でも徐々に導入が進んでいるため，EURO 流通国は**27か国中20か国**になっているよ。今後も拡大する傾向にあるんだ（**図8**）。

　　EC（現EU）は経済統合に向かって，具体的にどんなことをやってきたのかなぁ？

　まず，**域内関税の撤廃**と**対外共通関税の設定**を行ったんだ。前者は加盟国間では貿易の際の関税を廃止すること，後者は加盟国以外との貿易をする際に課税する関税の割合を統一することを実現させたんだ。

　そして1993年には EU 域内での**人，物，資本，サービスの移動を自由化する**

図8　EU加盟国の変遷

```
■ 原加盟国⇨フランス，ドイツ，イタリア，ベルギー，ルクセンブルク，オランダ
□ 1973年⇨イギリス，アイルランド，デンマーク
■ 1981年⇨ギリシャ
□ 1986年⇨スペイン，ポルトガル
□ 1995年⇨オーストリア，スウェーデン，フィンランド
□ 2004年⇨ポーランド，チェコ，スロバキア，ハンガリー，スロベニア，エストニア，ラトビア，リトアニア，マルタ，キプロス
□ 2007年⇨ルーマニア，ブルガリア
□ 2013年⇨クロアチア
※加盟国候補⇨北マケドニア，トルコ，アイスランド，モンテネグロ，セルビア
※2016年，イギリスはEUからの離脱を表明し，2020年に正式脱退。
```

地誌

東アジア

東南アジア・
南アジア

西アジア・
アフリカ

ヨーロッパ

ロシアと
周辺諸国

アングロ
アメリカ

ラテン
アメリカ

オセアニア

日本

ことを決定したんだよ（**市場統合**）。特に**人の移動の自由化**については**シェンゲン協定**が締結され，EU加盟国のうちアイルランドを除く27か国では**国境管理**（国境でのチェック）が**廃止**されているんだ〔➡ p.415 📖〕。

　つまりEU域内（いきない）では，労働者・観光客などの人の移動，製品や資源・農産物などの物の移動，通貨などの資本の移動，運輸・通信・免許・資格などサービスの移動がほぼ自由化されているということなんだね。これなら**域内の経済活動が活発**になるはずだよねえ。**域内貿易**はものすごくやりやすくなるんだけど，**域外との関係が保護貿易的**になりがちだという批判もあるよ。

EUの共通農業政策っていうのが，よくわからないんだけど？

EU 諸国でもイギリス，フランスなどでは大規模化や機械化が進んでいて土地生産性が高いけど，ポルトガルやギリシャなどの地中海地方は小規模で生産性が低いんだ。

また，フランス，ドイツ，イギリスなどは小麦の栽培が盛んだけど，やや高緯度にあって冷涼なイギリスやドイツでは，野菜や果実の栽培があまり得意じゃないよね。でも地中海地方は逆で，温暖だから果実や野菜の栽培が盛んなんだ。

つまり，EU 域内でも地域差が大きいんだね。そこでたとえ国内では自給できなくても，域内で食料を自給できるようにしようとして実施されたのが共通農業政策なんだよ。

じゃあ，次に共通農業政策（CAP：Common Agricultural Policy）の内容について説明しよう。

EU 域内の移動には農産物に対して関税がかからないため（域内関税撤廃による農業市場の統一），もし何も手を打たなければ，生産性の高い国から安価な農産物が流入してくるから，生産性の低い国の農業は成り立たなくなってしまうよね。そこで主要な農産物に統一価格を定めて，国際価格より高い価格で農家から買い上げるんだ。域外からの安価な農産物に対しては，域内農産物との差額を課徴金として課すことによって，できるだけ生産された域内で農産物を消費しようとしたんだね。

そうすると各国の農家はやる気満々になるよね。つまり生産意欲が高まって，農産物の生産が促進されることになるんだよ。

もし仮に，需要と供給のバランスが崩れて，農作物が値下がり（これが市場経済の自然な形だよね）したら，EU が補助金を出して買い支えるんだ。この政策によって生産性の低い国の農業は保護され，生産性の高い国の農業はより発展し，EU 域内での自給率が上昇したり，農家の所得が向上したりしたんだね。

表4　EU のまとめ

年	発展の経緯
1945	第二次世界大戦終結
1952	ECSC設立
1958	EEC，EURATOM設立
1967	ECとなる
1968	域内関税撤廃
	対外共通関税設定
	共通農業政策実施
1993	EUとなる
	市場統合完成
2002	共通通貨EURO流通
2013	28か国体制になる
2020	イギリスがEUを離脱

いいことずくめみたいだけど，生産過剰（「バターの山」，「ワインの池」と呼ばれるほど農産物が余ってしまった）になると，そのぶんEU の農業関連支出が膨らむし，農業が得意な国ばかりが，すごく恩恵を受けるから，加盟国間で不公平感が出るなどの問題もあるんだ。だから現在は，生産調整（減反）や

輸出のための補助金撤廃なども実施されているよ。農家に対する補助金も，生産性だけじゃなく品質や環境保護に対する基準をクリアした個別の農家に直接支払うようになったんだ。

　ちょっとややこしく感じたかもしれないけど，結局のところ，**EU域内の農業の衰退を防ぐため，①農家の所得保障，②品質向上・適正価格の維持，③農業の構造改革・農業環境政策を実施**したんだということがわかればいいんだよ。

　最後に，**EUの組織**についても，説明しておこう。政策の立案をする**ヨーロッパ委員会**（本部：ブリュッセル），選挙により議員が選出される**ヨーロッパ議会**（ストラスブール），政策を決定する**EU理事会**，司法機関としての**EU裁判所**（ルクセンブルク），金融政策を行う**ヨーロッパ中央銀行**（フランクフルト）などがあるよ。EU憲法についても議論が行われていて，2009年には，リスボン条約が発効しEUの権限が強化されたんだ。

地誌

東アジア

東南アジア・南アジア

西アジア・アフリカ

ヨーロッパ

ロシアと周辺諸国

アングロアメリカ

ラテンアメリカ

オセアニア

日　本

👆 **シェンゲン協定**　EU域内での国境通過の際，**人々がパスポートの提示なしで自由に通過することを認める協定**で，ルクセンブルクのシェンゲン村で締結(ていけつ)された。これによってヨーロッパ諸国の大部分では**国境管理が廃止**され，自由な往来が可能になり，域外の人々も1か国に入国すれば，その後はシェンゲン協定締結国内ならば自由な移動が可能となる。ただし，**イギリス**（EU非加盟）と**アイルランド**は北アイルランド問題をかかえていることもあり，協定の締結に至っていない。

👆 **EFTA**（エフタ）　**ヨーロッパ自由貿易連合**のことで，1960年，イギリスを中心に結成された，**工業製品のみ域内関税を撤廃**(てっぱい)した緩(ゆる)やかな経済組織で，政治統合の性格は持たない。近年は，EFTAを脱退(だったい)してEUに加盟する国が相次いだため弱体化し，EUとの間に**EEA**（**ヨーロッパ経済地域**）を発足(ほっそく)させ，共同市場を形成している。現在の加盟国は，ノルウェー，スイス，アイスランド，リヒテンシュタイン。

ポイント　EUの設立と発展

❶　第二次世界大戦後，国際的地位回復を目指し，ECSC，EEC，EURATOM（ユーラトム）が結成され，のちに統合されEC（ヨーロッパ共同体）となった。

❷　ECは**経済統合**（**市場統合・通貨統合**）と政治統合を目指す組織で，1993年，より強力なEU（**ヨーロッパ連合**）に発展した。

❸　EU域内では，**共通通貨のEURO（ユーロ）が流通**し，**人・物・資本・サービスの移動**が原則として**自由化**されている。

❸ 産業と生活

　ここからは，**ヨーロッパの産業**について学習しよう！　系統地理でやったことを思い出そうね！

　まずは，**自然環境**とのかかわりが深い**農業**について説明するよ。

図9　ヨーロッパの農業地域

　図9を見てごらん！

　ヨーロッパの中部から北部にかけては Cfb が分布し，**北海からバルト海沿岸のやや冷涼で氷食を受けている地域**では，酪農が発達しているよ。特に，**デンマーク，オランダ，イギリス**で盛んだよ。

　デンマークはかつて穀物の輸出に依存していたんだけど，**19世紀後半，新大陸（アメリカ合衆国）から安価な穀物（小麦）が流入**するようになったので，国家規模のプロジェクトとして酪農や畜産を始めたんだ。そのために**農業教育**を普及させ，**農業協同組合**を組織したのは画期的だね。つまり各農家が搾乳までを担当し，乳製品への加工や出荷を協同組合で実施して農家の負担を軽減させたんだね。「酪農王国」と呼ばれるゆえんだよ。

オランダは海岸砂丘地帯などで，チューリップなどの花卉や野菜の栽培を行う園芸農業があまりにも有名なので，意外に知られていないけど，ポルダーを中心に酪農も盛んなんだ。それからデンマークと同様に養豚業も発達していることも忘れないでね。チーズ，バター，肉類など畜産物の生産・輸出では，デンマークに決してひけをとらないよ。

イギリスは酪農だけじゃなく，小麦の生産や豊富な牧草（偏西風の影響で年中湿潤なため）を利用した牧羊（羊の飼育頭数はヨーロッパ最大だよ）も発達していて，国土の半分近くが牧場や牧草地なんだ。農業就業人口が1％くらいなのに，農用地は国土の約70％もあって，フランスとともに経営規模が大きく生産性も高いのが特徴的だね。

ドイツの北部は，やや冷涼で，氷食を受けたやせ地（ハイデ）が広がっていたんだけど，土壌改良などで農業が可能になったんだ。酪農と，ライ麦・ジャガイモなどを組み合わせた混合農業が行われ，豚の飼育頭数はヨーロッパでは，スペインに次いで2番目だよ（ハム，ソーセージ，ベーコンっていえば，ドイツの伝統産業って感じがしない？）。中南部は温暖で肥沃なレスも分布するため，小麦やブドウの栽培も行われているよ。ヨーロッパの農業といえば，フランスやスペインなどが頭に浮かぶと思うけど，ドイツやオランダの方が農産物の輸出額は大きいんだよ！　それは畜産や園芸作物のように，高付加価値な農産物の生産が得意だからだよ（小麦やトウモロコシなどの穀物は安い！）。

フランスは「EUの穀倉」と呼ばれるだけあって，小麦，トウモロコシともにヨーロッパ（旧ソ連諸国を除く）最大の生産国だね。特に小麦は世界的な輸出国だよ。第二次世界大戦後，農家の経営規模の拡大に努めたんだ。パリ盆地での小麦栽培は大規模だよ。

（アルプス山中のスイスやオーストリアでは，移牧形態の酪農が行われているんだ［➡ p.169］）

これに対して，Csが分布するイタリア，スペインなどの地中海沿岸諸国は，果実や野菜の栽培を中心とする地中海式農業が行われているんだ。ブドウ，オリーブ，オレンジ類などの生産が多いのが特徴的だね。ただし，経営規模が小さく，生産性が低いという問題点もかかえているんだ。

地誌

東アジア

東南アジア・南アジア

西アジア・アフリカ

ヨーロッパ

ロシアと周辺諸国

アングロアメリカ

ラテンアメリカ

オセアニア

日本

ヨーロッパって工業が発達してるってイメージがあって，なんだか農業は手を抜いているような勘違いをしてたなぁ。反省！　農地が狭かったり，土地がやせていたり，気候に恵まれなかったりと苦しい状況にあっても，みんな努力して，**経営規模の拡大や生産性の向上に努めた**んだね。だから，現在のヨーロッパ諸国があるんだ。僕もがんばろうっと！

反省したところで（^^;），久しぶりに統計資料の分析をしてみようか？
表5の土地利用に関する統計を見てごらん！

表5　ヨーロッパの土地利用

国　名	面積 （万 km²）	農業人口率 （%）	耕地率 （%）	牧場・牧草地率 （%）	森林率 （%）
イ ギ リ ス	24.4	1.0	24.9	46.4	13.2
ド イ ツ	35.8	1.3	34.0	13.5	32.7
フ ラ ン ス	55.2	2.5	34.6	17.5	31.5
デ ン マ ー ク	4.3	2.0	59.9	5.6	15.7
イ タ リ ア	30.2	4.1	31.3	12.6	32.3
ス ウ ェ ー デ ン	43.9	2.0	6.2	1.1	68.7
ポ ー ラ ン ド	31.3	8.4	36.8	10.4	31.0
ハ ン ガ リ ー	9.3	4.4	45.7	8.0	22.5

※統計年次は2021年。土地利用は2020年。『世界国勢図会 2023/24』などによる。

フランスは，国土面積が大きく耕地率も高いので，広大な農地をもっていることがわかるよ！　さすが**ヨーロッパ最大の農業国**だね。
農業人口率を見てみよう！

農業人口率は，経済の発展が進むと低くなるので，ヨーロッパ諸国はだいたい**10%未満**になるんだけど，**ギリシャ，ポルトガル，ポーランドなど東欧諸国はやや高くなる**ことに注意しようね！

ねぇ，君たちは，**デンマークの耕地率が高い**のに驚かなかった？　デンマークって酪農が盛んだから，つい牧場の割合が高いように思うんだけど，デンマークって面積が狭いだろう？　だから**多くの家畜を飼うために，農地は畑に利用して飼料作物を栽培し，家畜は畜舎で飼う**んだ（舎飼い）。単位面積当たりの家畜飼育頭数は，牧場での放牧より，畜舎での舎飼いの方が多くなるんだよ。これは，絶対に見逃してはいけないポイントだ！

北欧の**スウェーデンは寒冷なため耕地率も牧場・牧草地率も低い**よね。つまり，あまりにも寒いから農牧業が苦手なんだよ。森林を切って農地に転換する

より，**豊富な森林を林産資源として利用**したほうが有利なんだね（**フィンラン
ド**も同じ理由だ）。おもしろいだろう？

その点，**イギリス**なんかは，かつては国土の大部分が森林だったのに伐採し
てしまって，現在は**国土の半分近くが牧場・牧草地**になっているんだ！　デー
タの分析って楽しいだけで，難しいことなんか一つもないよ！

> やっぱりデータの分析からいろんなことを読み取るのはおもしろ
> いねえ。フランスはだいたいわかったけど，**デンマークの土地利
> 用にはマジで驚いたよ！　だって『デンマーク➡酪農➡乳牛➡
> 牧場・牧草地率が高い』**って完全に思いこんでた……。それから，
> **スウェーデンの農用地率が低いのは寒冷だからぁ**。当たり前の
> ことなんだけどわかんなかった。もっと復習してデータの分析力
> を身につけるぞ～！

地誌

東アジア

東南アジア・南アジア

西アジア・アフリカ

ヨーロッパ

ロシアと周辺諸国

アングロアメリカ

ラテンアメリカ

オセアニア

日本

表6　ヨーロッパの農業のまとめ

国　名	特　色	農業従事者1人当たりの農地面積(ha)
フランス	ヨーロッパ最大の農業国。小麦，トウモロコシなど穀物輸出国(EUの穀倉)。ブドウ栽培。牛の飼育頭数はヨーロッパ最大。	44.3
ド　イ　ツ	小麦，ライ麦，ジャガイモを組み合わせた混合農業。豚の飼育頭数は，ヨーロッパではスペインに次ぐ。	30.2
イギリス	経営規模が大。小麦栽培。羊の飼育頭数はヨーロッパ最大。	50.2
デンマーク	乳牛飼育と飼料栽培を組み合わせた酪農が発達。養豚も発達。	43.4
オランダ	酪農と園芸農業が発達。養豚も発達。	9.6
イタリア	北部（Cfa）では混合農業，南部（Cs）では地中海式農業。ブドウの生産はヨーロッパ最大。	14.3
スペイン	地中海式農業。オリーブの生産は世界最大。メセタでの牧羊（移牧）。ヨーロッパでは豚の飼育頭数が最大。	34.0

※統計年次は2020年。『データブック・オブ・ザ・ワールド』により作成。

さて，いよいよ**鉱工業**だよ。

18世紀後半イギリスで産業革命が起こって以降，ヨーロッパは世界の経済を
リードしてきたんだ。その原動力の一つが石炭の産出だね。**イギリス，ドイツ
（ルール炭田），ポーランド（シロンスク炭田）などヨーロッパ中北部の古期造
山帯地域には炭田が多く分布**しているよ（イギリス，ドイツの炭田は大部分が
閉山）。

ヨーロッパの国々は，**石炭**以外あんまり資源が豊富じゃないという イメージがあるんだけど，本当はどうなの？　石油とかはとれるの かな？

図10　ヨーロッパの主要工業地域

そうだね，**石油の産出が多いのは**，北海油田(ほっかいゆでん)がある**ノルウェー，イギリス**だ ね！　この2か国は輸出量も多いよ。

天然ガスは，**ノルウェー，オランダ，イギリス**での生産が多いんだ。 **鉄鉱石**(てっこうせき)については**スウェーデン**ぐらいしか産出せず，ほとんどの国で枯渇(こかつ)し かかっているから，**輸入鉄鉱**(てっこう)を利用している国が多いことに気をつけてね。現

在ヨーロッパは，**大量のエネルギーや鉱産資源を輸入に依存**しているんだよ。

　ヨーロッパの工業化は，イギリスをはじめドイツ，フランスなど北西ヨーロッパを中心に進展したんだ。第二次世界大戦後，ヨーロッパの工業を支えたのは，「重工業三角地帯」（**北フランス，ルール，ロレーヌ**）で，資源立地型の鉄鋼業［➡ p.218］を中心とする重工業地域だったんだよ。

　1960年代のエネルギー革命以降は，臨海の製鉄所の建設が相次いだんだけど，1970年代の石油危機後，日本の高品質な鉄鋼製品や韓国，中国など発展途上地域の安価な製品の流通により，鉄鋼業自体が不況業種となったんだ。

　そこで，現在は中心的な工業が，**従来の鉄鋼業から自動車，エレクトロニクスなどの機械工業や先端産業に移行**し，工業拠点もフランスのパリ，イギリスのロンドン，ドイツのミュンヘンなどの大消費地周辺に移動しているのが特色だね。最近，注目を集めているのが**ロンドンからベネルクス三国，ライン川沿岸，北イタリア**にかけての地域で，ヨーロッパ経済の中軸を占めるため，「**ブルーバナナ**」とか「**ヨーロッパのメガロポリス**」とか呼ばれているよ［➡ p.420 図10］。

　ふ～ん，そうかぁ。ドイツ，フランス，イギリスがヨーロッパでトップクラスの工業国だというのはわかったけど，それ以外のヨーロッパ諸国では，あんまり工業が発達していないのかなぁ？

　確かに，地中海沿岸諸国は工業化が遅れていたけど，**イタリアやスペイン**では工業化も進展し，両国とも**自動車生産や高級服飾品**など特色ある産業を発展させているよ。特に服飾や家具など高いデザイン性と**中小企業のネットワーク**をいかして**伝統産業**が発達する「**サードイタリー**」（第三のイタリア）は有名だね。

　特に北イタリアから南フランス，スペイン北東部のカタルーニャ地方にかけては「**ヨーロッパのサンベルト**」と呼ばれ，**先端産業や観光産業の発展**が著しいんだ。

　また，北欧も工業化は進んでいて，**ノルウェーはアルミニウム**（水力発電が盛ん），**スウェーデンは自動車，鉄鋼**（鉄鉱石が産出），**フィンランドは製紙・パルプ**（森林資源が豊富）など**特色ある工業**が発達し，人々の生活水準も高いのが特徴だね（だから**社会保障**制度が充実しているんだ）。最近は，フィンラ

地誌

東アジア

東南アジア・南アジア

西アジア・アフリカ

ヨーロッパ

ロシアと周辺諸国

アングロアメリカ

ラテンアメリカ

オセアニア

日　本

図11　ヨーロッパ諸国の 1 人当たり GNI

※キプロスは，キプロス共和国の単独加盟。

表7　ヨーロッパの主な工業国のまとめ

国　名	特　　色
ド イ ツ	ヨーロッパ最大の工業国。ライン川やルール川の水運とルール・ザールなどの石炭を利用して古くから鉄鋼業が発達。ルール地方（エッセン，ドルトムント）が最大の重工業地域だが，近年は衰退傾向。南部のバイエルン地方（ミュンヘン）を中心にエレクトロニクスなど先端産業も発達。
フランス	資源には乏しいが，輸入鉄鉱を利用し，北海沿岸（ダンケルク），地中海沿岸（フォス）に鉄鋼業が立地。パリ大都市圏では衣類や化粧品などの消費財から自動車など重工業まで立地し，最大の工業地域を形成。マルセイユ（最大の貿易港），トゥールーズ（航空機）。
イギリス	18世紀後半，世界で最初に産業革命（マンチェスターを中心とするランカシャー地方）。各地の炭田を背景にミッドランド地方（バーミンガムの鉄鋼，コヴェントリの自動車）やヨークシャー地方（リーズの毛織物，シェフィールドの刃物）などに工業地域を形成。北海には油田，ガス田。ロンドン周辺は，先端産業も発達する最大の工業地域。
イタリア	資源には乏しいが，北部の平野（ミラノ，トリノ，ジェノヴァ）を中心に工業が発達。南北の経済格差が大。フィレンツェ，ボローニャ，ヴェネツィアなどの伝統的皮革・服飾産業が注目され，「第三のイタリア（サードイタリー）」と呼ばれている。
スペイン	工業化はやや遅れていたが，近年は，EU 諸国企業の進出により自動車工業（カタルーニャ地方のバルセロナ）などが急速に発達。

※都市名を地図帳でチェックしよう！

ンドやスウェーデンなどが携帯電話で有名になったように，ICT 関連産業にも力を入れているよ。

　一方，東欧では長く社会主義経済が続き，1990年前後の民主化革命以降，工業化を進めているけど，資本・技術力の不足もあって工業化が遅れているんだね。最近は，新しく EU に加盟した国々に，外国企業が進出し成長を始めているよ。特に，ポーランド，チェコ，スロバキア，ハンガリーなどには多数の自動車メーカーが進出していて，自動車産業の発展が著しいんだ。

　さて，ヨーロッパの各地域の特徴をマスターしてくれたかな？

　最後になるけど，表8 に主なヨーロッパ諸国のデータをまとめておくので，よく見ておいてね。

地誌

東アジア

東南アジア・
南アジア

西アジア・
アフリカ

ヨーロッパ

ロシアと
周辺諸国

アングロ
アメリカ

ラテン
アメリカ

オセアニア

日　本

表8　主なヨーロッパ諸国の基本データ

国　名	面　積 （万km²）	人　口 （万人）	1人当たり GNI（ドル）
フランス	55.2	6,463	45,535
ド イ ツ	35.8	8,337	52,885
イギリス	24.4	6,751	46,338
オランダ	4.2	1,756	56,574
イタリア	30.2	5,904	36,216
スペイン	50.6	4,756	30,216
ポルトガル	9.2	1,027	24,353
ギリシャ	13.2	1,039	20,481
スウェーデン	43.9	1,055	62,469
ノルウェー	32.4	543	93,149
デンマーク	4.3	588	70,390
ス イ ス	4.1	874	90,045
ポーランド	31.3	3,986	16,908
ハンガリー	9.3	997	18,139
ルーマニア	23.8	1,966	14,416

- **面積**➡ヨーロッパ（旧ソ連諸国を除く）で日本より面積が大きいのは，フランス，スペイン，スウェーデンだけ。ドイツは日本よりやや小さい。
- **人口**➡ドイツが約8,337万人と最大で，イギリス（6,751万人），フランス（6,463万人），イタリア（5,904万人）が次ぐ。
- **1人当たり GNI（国民総所得）**➡他地域に比べると産業が発達しているため，高い数値を示す。特に，北欧は人口が少ないため1人当たりの GNI が高く，ドイツ，フランス，イギリス，オランダなど西欧が続く。ポルトガル，ギリシャなど南欧は，やや経済発展が遅れているため2万ドル前後で，東欧は数千ドル〜1万ドル台と，アジア NIEs より低いことに注意！

※統計年次は面積2021年，人口2022年，1人当たりGNIは2021年。『世界国勢図会 2023/24』による。

❶ ヨーロッパの農業は，**畑作と牧畜が基本**で，北海，バルト海沿岸の**デンマーク**，**オランダ**では酪農，中北部の**フランス**，**ドイツ**などでは混合農業が発達し，地中海沿岸の**イタリア**，**スペイン**などでは**地中海式農業**が発達している。

❷ 18世紀の後半の産業革命以降，**イギリス**，**ドイツ**，**フランス**など北西ヨーロッパがヨーロッパの工業を支えてきたが，近年は，**イタリア**，**スペイン**などでも工業生産が伸びている。

❸ **スウェーデン**，**ノルウェー**などの北欧は工業が発達しているわりには人口が少ないため，**1人当たりのGNIが大きく**，生活水準も高いため，**社会保障制度が充実**している。

❹ **ポーランド**，**チェコ**などの東欧は社会主義時代の影響で生産性が低く，**経済発展が遅れている**。

フランスは，農業国であると同時に工業国でもあるんだね。どうりでよく出題されるわけだ～！

チェック問題

1 次の図1を見て，ヨーロッパに関する下の問いに答えよ。

図1

地誌

東アジア

東南アジア・
南アジア

西アジア・
アフリカ

ヨーロッパ

ロシアと
周辺諸国

アングロ
アメリカ

ラテン
アメリカ

オセアニア

日　本

問1　次の①〜④の文は，図中のA〜Dのいずれかの地域における自然環境と土地利用について述べたものである。Dに該当するものを，次の①〜④のうちから一つ選べ。

① 河川の堆積作用によって形成された平野で，稲作を含む穀物生産や酪農を中心に豊かな農業地域となっている。

② 侵食作用によって緩斜面と急斜面が交互に現れる地形を示し，緩斜面上では小麦の大規模栽培が行われている。

③ 石灰岩の分布する地域で，ポリエと呼ばれる溶食盆地が貴重な農耕地となって小麦やジャガイモの栽培が行われている。

④ 断層運動によって生じた低地帯では酪農や混合農業が発達し，高地では粗放的な牧羊などの土地利用がなされている。

問2 次の①～④の文は，図1中のJ～Mに示したライン川また
はドナウ川に面する都市について述べたものである。Jに該当す
るものを，次の①～④のうちから一つ選べ。

① 強大な帝国の中心地として成長を遂げた都市で，各種工業が
栄えたほか，今日では「音楽の都」として観光客を集めている。
② ヨーロッパでも有数の連接都市（コナベーション）を後背地に
もち，外国企業や金融機関など中枢管理機能の集積がみられる。
③ 隣国との間で帰属の移り変わりがあった都市で，独自の文化
が育まれ，多国籍企業や国際機関を引きつけてきた。
④ 連邦国家を構成していた時代からの首都で，1990年代の政情
不安や紛争により都市の経済発展は停滞した。

2 ヨシエさんは，3か国の産業の違いが自然環境や資源の違いに
よると考え，3か国の発電のエネルギー源の割合を調べた。次の図
2中の**ア**～**ウ**は，火力，原子力，水力のいずれかである。エネルギ
ー源と**ア**～**ウ**との正しい組合せを，下の①～⑥のうちから一つ選べ。

統計年次は2016年。
IEA "World Energy Statistics"（2018年版）により作成。

図2

	①	②	③	④	⑤	⑥
火　力	ア	ア	イ	イ	ウ	ウ
原子力	イ	ウ	ア	ウ	ア	イ
水　力	ウ	イ	ウ	ア	イ	ア

3 ミノルさんは，労働力の不足を補うために外国から労働者を受け入れている国があることを学んだ。次の表は，イギリスにおける1990年，2005年，2019年の外国生まれの人口について上位5か国を示したものである。表中の**ア**〜**ウ**は，アイルランド，インド，ポーランドのいずれかである。国名と**ア**〜**ウ**との正しい組合せを，後の①〜⑥のうちから一つ選べ。

地
誌

東アジア

東南アジア・
南アジア

西アジア・
アフリカ

ヨーロッパ

ロシアと
周辺諸国

アングロ
アメリカ

ラテン
アメリカ

オセアニア

日　本

表

（単位：万人）

順　位	1990年		2005年		2019年	
1位	ア	61.2	イ	54.9	イ	91.8
2位	イ	40.0	ア	46.3	ウ	91.4
3位	パキスタン	22.8	パキスタン	38.0	パキスタン	60.5
4位	ドイツ	21.3	ウ	32.9	ア	44.3
5位	アメリカ合衆国	14.2	ドイツ	26.1	ドイツ	34.8
総　計		365.0		592.6		955.2

総計には6位以下も含む。
International Migrant Stock 2019 により作成。

	①	②	③	④	⑤	⑥
アイルランド	ア	ア	イ	イ	ウ	ウ
イ　ン　ド	イ	ウ	ア	ウ	ア	イ
ポ ー ラ ン ド	ウ	イ	ウ	ア	イ	ア

解答・解説　**1**　問1　③

　図中のA〜DはA（スコットランド），B（パリ付近），C（バダノヴェネタ平野），D（カルスト地方）で，それぞれの自然環境と土地利用について問うている。

　①　「河川の堆積作用によって形成された平野」から**ポー川**が形成した**沖積平野**（ちゅうせき）のCと判定する。気候はヨーロッパにしてはかなり珍しい**Cfa**（本来はCfbだろうが，やや緯度が低く最暖月平均気温が22℃になる）で，温暖な気候を利用して**米や小麦などの穀物栽培**が行われ，近年は大市場向けの**酪農**（らくのう）も発達している。

　②　**ケスタ**の説明なのでBである。**パリ盆地**は**ロンドン盆地**と並び頻出のケスタ地形なので注意したい。「ケスタってなんだっけ？」という人は，今からす

ぐに**第2講 系統地理③小地形**を読み直すこと！

③ 「石灰岩の分布地域」ということで D のカルスト地方と判定する。**スロベニアのカルスト地方**は，**石灰岩の溶食地形**である**カルスト地形**の語源となった地方名で，**ドリーネ，ポリエ，鍾乳洞**など特異な地形が多く発達し，世界自然遺産にも登録されている。石灰岩台地が広がるため，平野に恵まれず，溶食盆地のポリエが農業の中心になっている。盆地底部には，**テラロッサ**が堆積していることにも注意してもらいたい。

④ この文は，やや難しいが「断層運動によって生じた低地帯」から**スコットランド地溝帯**が東西に走る A である。地溝帯の南北に広がる高地では牧羊が行われている。

問2 ②

学習指導要領の現行課程で強調されている**歴史的背景**に触れた都市の特徴を問う設問である。**ライン川**に面する J（**デュッセルドルフ**），K（**ストラスブール**），**ドナウ川**に面する L（**ウィーン**），M（**ベオグラード**）が図に示され，説明文をしっかり読まないと判定を誤るので注意しよう。

① 「強大な帝国の中心地（オーストリア＝ハンガリー帝国）」，「音楽の都」から**オーストリアの首都ウィーン**である。

② 「**コナベーション**」，「外国企業や金融機関など中枢管理機能の集積」から，**ルール地方**にある**ドイツ**経済の中心地の一つである**デュッセルドルフ**である。ライン川本流には，ルール川との合流点に位置するライン川最大の河港**デュースブルク**，前述のデュッセルドルフが立地するほか，ルール川沿岸には**エッセン，ドルトムント**など古くから**鉄鋼業**で栄えた都市が多数立地している。

③ 「隣国（ドイツ）との間で帰属の移り変わり」，「国際機関（**欧州議会**）」から，**フランス**のアルザス地方の**ストラスブール**である。

④ 「連邦国家（**ユーゴスラビア**）を構成」，「1990年代の政情不安や紛争（連邦解体，コソボ独立など）」から，**セルビアの首都ベオグラード**である。

2 ⑤ 3か国の**発電エネルギー源の割合**から国名を判定させる問題である。ノルウェーは，偏西風に対してスカンディナヴィア山脈の風上側に位置することから，**ヨーロッパ有数の降水量**に恵まれ，氷食による急崖などを利用しての**水力発電（イ）**が盛んである。北海で**原油，天然ガスを産出**するが，これは主に輸出による外貨獲得に利用されている。**スウェーデン**は，化石燃料に乏しいことから**水力発電と原子力発電（ア）**に力を入れてきた。近年は，電源の多様化を図るためバイオマス（木質）発電，廃棄物発電，風力発電など**再生可能**

エネルギーにも力を入れている。フィンランドは，他の２か国と異なり平坦な地形もあって水力発電の占める割合があまり高くない。火力発電（**ウ**）が最も大きな割合を占めているが，**化石燃料の大半を輸入に依存**している。

3 ①　イギリスにおける1990年，2005年，2019年の外国生まれの人口について，出身国（アイルランド，インド，ポーランド）を判定させる問題である。外国生まれの人口とは，「**移民**」，「**外国人労働者**」などを示すこと，統計資料は flow（ある年次における外国人流入人口数）ではなく，**stock（ある年次における外国生まれの人々の累計人口数）**であることに注意して判定したい。現在は，イギリスの人口の約14% が外国生まれの人口で，首都ロンドンでは30% 以上を占めており，年間に約50万人ほどの外国人を受け入れている（2019年の flow は，インド18.1%，中国11.2%，ルーマニア，イタリア，スペイン）。イギリスへの移民は，古くにはイギリス領の**アイルランド**，**インド**などから行われていたが，移民数が急増したのは第二次世界大戦後で，**英語が堪能な技術者・医師などの高度人材や工場労働者が旧イギリス領のアイルランド，インド，パキスタンなどの南アジア，アフリカ諸国，カリブ諸国**から流入するようになった。さらに**2004年の EU の東方拡大**により，東欧諸国からの移民も急速に増加していった。イギリスでは，**社会保障制度**が（移民に対しても）充実しており，**英語はヨーロッパ諸国の第二言語**（母語に次ぐ言語）**として普**及していることから，イギリスへの移民は人気が高く，EU 市民であればイギリス政府が移民数を制限したり，調整することができなかったため，イギリス政府は悩まされることになり，EU 離脱（2020年）の一因になった。このような背景を考慮して，表中の国々を判定すると，1990年で上位にくる**ア**と**イ**はインドかアイルランドであるが，**ア**は移民数が減少しており，**イ**は逆に増加している。**インド（14.1億人）とアイルランド（約500万人）**では人口規模が大きく異なり，雇用機会と高所得を求めての移民数が増加しているのはインドであることから，**ア**が**アイルランド**，**イ**が**インド**である。残るポーランドは，**2004年の EU 加盟**後にイギリスへの移民が増加するはずなので，2005年，2019年で上位にきている**ウ**と判定できる。

地誌

東アジア

東南アジア・南アジア

西アジア・アフリカ

ヨーロッパ

ロシアと周辺諸国

アングロアメリカ

ラテンアメリカ

オセアニア

日　本

24 ロシアと周辺諸国（旧ソ連諸国）

この項目のテーマ

1 **ロシアと周辺諸国の自然環境**
広大な国土にはさまざまな地形と気候が分布！

2 **ロシアと周辺諸国の社会と産業**
ソ連解体後のロシア連邦や周辺諸国の人々の生活の変化に注目！

1 ロシアと周辺諸国の自然環境

　ロシア連邦（以下「ロシア」）と日本との関係は，東西冷戦のため「近くて遠い国」だった時期もあったけれど，経済交流の活性化が望まれているよ。でも日本とロシアの間には，**北方領土問題**があるし，ロシアの**ウクライナ侵攻**が続いているからなかなか思うようにいかないのが現状だね。「『ソ連』って何だった？」という人は，p.435を先に読もう。

図1　ロシアと周辺諸国の地形

図1を見てごらん。ロシアの国土面積は，約1,700万 km^{2}と，とにかく広い！

どれぐらい広いかというとカナダ，アメリカ合衆国，中国の２倍近く，**日本だったら約45倍**もあるんだからね。

ここではロシアを含めた旧ソ連諸国の**自然環境**を勉強していこう！

地図帳で，**ロシア**とその他の**旧ソ連諸国**の位置を確認しておいてね。

じゃあ，いつものように，**図1**［➡ p.430］を見ながら**地形**からやるよ！

広大な**ロシア**と周辺諸国の地形を勉強するためには，いくつかのポイントになる場所をチェックしたいな。

地図で**東経60度**のあたりを見てごらん！　ちょうど**古期造山帯のウラル山脈**があるよね。**ウラル山脈〜アラル海にいたるラインがほぼ東経60度**になるから注意しよう！　**ウラル山脈から西側をヨーロッパ＝ロシア，東側をシベリア**（サハ共和国とアムール州以東を**極東ロシア**としてシベリアから区別する場合もある）と呼んでいるんだよ。つまり**ウラル山脈はヨーロッパとシベリアやアジアの境界になっている**んだね。さらにウラル山脈の南側が**中央アジア**ということも要注意だよ。

じゃあ，話を戻そう！　ウラル山脈西側の**ヨーロッパ＝ロシアは大部分が安定陸塊**（ロシア卓状地）で，**東ヨーロッパ平原**と呼ばれる**構造平野**が広がっているんだ。標高の低い大規模な平野なんだけど，中央部がやや高くなっていて，そこからいろいろな方向に河川が流れているよ。**ヴォルガ川**（カスピ海へ）や**ドン川，ドニプロ川**（黒海へ）は南に流れてるから注意してね！

ウラル山脈東側の**シベリア**は，全体としては**南高北低**で，**オビ，エニセイ，レナ**などの大河が**北極海に向けて流れている**んだ。エニセイ川を境として西側を**西シベリア**といい，低平な**西シベリア低地**（構造平野）が分布しているよ。東側の**東シベリア**は安定陸塊に属する**中央シベリア高原**（**シベリア卓状地**）や**新期造山帯**（**環太平洋造山帯**）に属する山脈など（**ヴェルホヤンスク山脈やカムチャツカ半島**）も分布しているからね。カムチャツカ半島には多数の**火山**が分布していて，入試頻出だよ。

> ウラル山脈がヨーロッパ＝ロシアとシベリアを分ける**境界線**なんだね。ところで，ロシアはヨーロッパの国なの，それともアジアなの？

これはトルコでも問題になったよね（^_^;)。

ロシアは，自分の国をヨーロッパの国だと思ってるみたいだね。今後もヨー

地誌

東アジア

東南アジア・
南アジア

西アジア・
アフリカ

ヨーロッパ

ロシアと
周辺諸国

アングロ
アメリカ

ラテン
アメリカ

オセアニア

日　　本

ロッパの国々と連帯を深めていきたいと考えているようだよ。共通テストに出題されるような**統計でもロシアはヨーロッパに入れてあることが多い**から注意しておこう！　ロシアをヨーロッパに入れるかどうかで，面積，人口，資源の産出なども著しく変わってくるので，特に統計問題を解くときは十分に注意しようね！

　次は，**図2**を見ながら**気候**についてやってみよう！

図2　ロシアと周辺諸国の気候

　旧ソ連地域は東西に長いので，**気候帯も東西に帯状に分布**しているよ。北から順に見ると，**北極海沿岸がET**，その南側に**Df・Dw**が広く分布し，ウラル山脈以南の**中央アジアは大部分が乾燥気候**で，**BS・BW**が分布しているからね。温帯はほとんど分布していないので，気候環境としてはかなり厳しく，**寒冷**や**乾燥**に対応した生活を営む必要があるんだ。特に，**⑤**[➡ p.93⤴] でもやった**シベリア東部**は，**冬季にシベリア高気圧が発達するため，極寒のDwが分布**しているよ。「北半球の寒極」と呼ばれるのが**レナ川**の東にある北東シベリアだね。冬季に雨や雪があんまり降らないから（比熱の大きな水の影響を

受けにくい），どんどん気温が低下していくんだ。冬季は−60〜−70℃にもなることがあるんだからびっくり！

　よくロシア人の国民性を表現するとき「忍耐強い」っていうのを聞いたことない？　この厳しい自然環境に対応するには，長い冬が去るのをじっと耐えて待つくらいの気持ちが必要だったんだろうね。

確か，⑦陸水と海洋 [➡p.129〜] のところで，シベリアの河川について勉強したとき，初夏（６月ごろ）に融雪洪水が起こるって勉強したよね？

やるなぁ！（ﾟ〜ﾟ）そのとおりだ！

　シベリアの河川は，下流部で約半年間は凍結してると思っていいよ。しかも温暖な南部から寒冷な北部に向かって流れているので，上流で雪解けが始まっても，下流ではまだ凍結してるから洪水が起こってしまうんだよ（初夏の融雪洪水）。

　夏季は平常通り緩やかに流れるので，内陸水路として利用され（船が使えるのは，河口付近では100日くらい），冬季の船舶航行は無理だけど，自動車道路として利用されたり，臨時の滑走路に使用されたりすることもあるんだ。驚きだねえ!!!　ロシアの一部では，地球温暖化による北極の氷の融解によ

図3　レナ川の流量変化

万㎥/秒
年平均流量
1万6871㎥/秒
（キュシュル付近）
1　3　5　7　9　11月
[UNESCO資料 (1999)]

って，北極航路が利用しやすくなるという期待もあるみたいだね。地球温暖化にはいろいろな見方があるんだなぁ。

シベリアには永久凍土が分布しているよね。これってどんなものなの？

　永久凍土というのは，土壌の凍結層（氷河とはぜんぜん違うものだから要注意！）で，数百メートルの厚さに達するものもあるんだ。まるで岩盤みたいに固いんだよ。

　ロシアの半分近くが永久凍土の分布地域になるんだけど，夏には比較的高温となるＤ（亜寒帯）気候地域では，年間を通じて表層だけは凍結していないので，ポドゾルという土壌が分布していて，タイガと呼ばれる針葉樹林が覆っているよ。北極海沿岸などのＥＴ（ツンドラ気候）地域では，夏季だけ表層がわずかに融解し，コケ（蘚苔類）などの湿性植物が繁茂しているんだね。次

地誌

東アジア

東南アジア・
南アジア

西アジア・
アフリカ

ヨーロッパ

ロシアと
周辺諸国

アングロ
アメリカ

ラテン
アメリカ

オセアニア

日　本

図4　永久凍土の南限

ページの**図4**に**永久凍土の南限**を示してあるから見てごらん！　エニセイ川以東の**東シベリア**ではかなり南まで**永久凍土**が分布しているだろう？　冬の寒さが厳しい**大陸性のDwの分布**と似ていることに注意しようね！

　それからもう一つ君たちに話しておきたいのは，**永久凍土がシベリアの開発の大きな障害**になっているということなんだ。

　たとえば，建物やパイプラインを新たに建設したとするよね。するとそこから発する熱で地下の**永久凍土が融け**，**建造物が沈下**してしまうんだ。これは鉄道の線路や道路を建設するときにも，同じ問題が起こるんだよ。

　凍土の融解を防ぐには熱を遮断する必要があるから，工場や高層建築物なども**高床式**にするなどいろいろな工夫が行われているんだ〔**図5**〕。高床式っていうのは熱帯地域の家屋〔➡ p.112〕だけじゃないんだねぇ。

　また，近年は**針葉樹の大量伐採**により，地表に直射日光が到達し，下層の**永久凍土が融解**することによって**湿地**ができ，そこから発生する**メタンガス**が**地球温暖化**を促進しているという問題点も指摘されているよ。

図5　高床式の建物

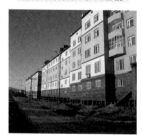

©Doctor Digger Shrew Sinister

地誌

東アジア

東南アジア・
南アジア

西アジア・
アフリカ

ヨーロッパ

ロシアと
周辺諸国

アングロ
アメリカ

ラテン
アメリカ

オセアニア

日　　本

> **ポイント** ロシアと周辺諸国の自然環境
>
> ❶ 古期造山帯で丘陵性のウラル山脈はヨーロッパ＝ロシアと
> シベリアやアジアの境界線をなす。
> ❷ 国土は全体的に低平で，ヨーロッパ＝ロシアや西シベリアには構
> 造平野が広く分布するが，東シベリアの太平洋岸には環太平洋造
> 山帯に属する山脈群が南北に走る。
> ❸ 気候は，北から ET ➡ Df・Dw ➡ BS・BW と帯状に分布する
> が，偏西風の影響が少ないウラル以東のシベリアは冬に寒冷で，特に
> シベリア高気圧が優勢な東シベリアは Dw（「北半球の寒極」）
> が分布している。

2 ロシアと周辺諸国の社会と産業

　現在の**ロシア**を理解するためには，ソ連時代からの流れを知らないとわかり
にくいよね。今から，簡単に**ソ連の成立➡解体➡ロシア連邦の成立**についての
話をしておこう。

　ロシア革命によって1922年，世界で最初の**社会主義国**である**ソ連**（ソヴィエ
ト社会主義共和国連邦）が成立したんだ。現在のロシアやウクライナなど15の
共和国からなる連邦国家だったんだよ。**計画経済**のもと**重工業化**や**農業の集団
化**を推し進めていったんだけど，自由競争がないから生産意欲が低下し，先進
資本主義諸国から資本や技術を導入しなかったので経済は停滞していったんだ。

　これを解消するため，徐々に市場経済を導入するなど**改革（ペレストロイカ）**
を進めていったんだけど，1991年，**バルト三国の独立**をきっかけに，**ついにソ
連は解体し，15の共和国が生まれた**んだ。

　ソ連解体後，**バルト三国（エストニア，ラトビア，リトアニア）を除く12の
共和国は，ロシアを中心として CIS（独立国家共同体）を組織**し，安全保障
や資源開発などで協力体制をつくり上げたんだよ（**ジョージアとウクライナ**は，
脱退）。

図6　旧ソ連諸国

そうかぁ，ということは**ロシアやその他の旧ソ連諸国**はもう**社会主義国**ではなくて，今は日本と同じような**市場経済**の国なんだね。なんかこのへんがごちゃごちゃしてたからすっきりしたよ！

　よかった！　でも，注意したいのは，**計画経済**から市場経済へ十分な準備もないまま急激に変化したので，かなり**社会は混乱し，失業，インフレ，物資不足などが深刻になった**ことだ。巨額（きょがく）の富を築く者もいる反面，以前より厳（し）しい生活を強いられる者も出てしまって，著しく経済格差が拡大してしまったんだね。現在は，**原油**や**天然ガス**の資源価格が高騰し，収入が増えたため，1999年頃から，高度成長が始まったよ。2008年に起こった世界同時不況では大きな打撃を受けたけど，**経済活動や人々の生活は少しずつ回復していった**んだ。ところが，2022年の**ウクライナ侵攻で欧米などとの対立が激化**し，経済は停滞しているよ（**ロシアの1人当たり GNI は11,960ドル，2021年**）。

図7　ロシアの民族分布

0　　　1000km

スラブ系民族　　トルコ系民族　　カフカス系民族
フィン＝ウゴル系民族　　その他の民族　　人口希薄地域
※主として言語による分類
------ は自治州・自治管区内

地

誌

東アジア

東南アジア・
南アジア

西アジア・
アフリカ

ヨーロッパ

ロシアと
周辺諸国

アングロ
アメリカ

ラテン
アメリカ

オセアニア

日　　本

図8　キリル文字

ズドラーストヴィチェ

Здравствуйте!

（こんにちは）

ロシアに居住しているのは，やっぱりスラブ系の人々なのかなぁ？

　ロシアの人口は**約1.45億人**（2022年）で，**約80％がスラブ系ロシア人**だよ［**図7**］。**ロシア語**を話し，ラテン文字（アルファベット）とは異なる**キリル（ロシア）文字**［**図8**］を使用するんだ。宗教は**正教会**（ロシア正教）を信仰している人が多いね。でも，**シベリアの先住民はモンゴロイド**だし，ロシア人以外にも100を超える少数民族が居住しているんだ。人口のところでも説明したけど，ソ連解体後の急速な市場経済への転換は，経済の停滞や社会不安をもたらし，その結果，**出生率は低下**，**死亡率は上昇**したため，**ロシア**，**ウクライナ**，**ベラルーシ**，**バルト三国などでは自然減**が生じたんだ。

　図7と**表1**［➡ p.438］に，ロシアを含めた旧ソ連地域について民族・宗教をまとめておいたよ。特に**中央アジア**には，**アルタイ（トルコ）系イスラーム教徒**が多い点に注意しようね！

表1　旧ソ連諸国の民族・宗教のまとめ

国　名	主な民族	主な宗教	国　名	主な民族	主な宗教
ロ　シ　ア	スラブ系	正教会	アルメニア	インド=ヨーロッパ系	正教会
ウクライナ	スラブ系	正教会	アゼルバイジャン	トルコ系	イスラーム
ベラルーシ	スラブ系	正教会	カザフスタン	トルコ系	イスラーム
モルドバ	ラテン系	正教会	ウズベキスタン	トルコ系	イスラーム
エストニア	ウラル系	プロテスタント	トルクメニスタン	トルコ系	イスラーム
ラトビア	バルト系	プロテスタント	キルギス	トルコ系	イスラーム
リトアニア	バルト系	カトリック	タジキスタン	インド=ヨーロッパ系	イスラーム
ジョージア	カフカス系	正教会			

　じゃあ，最後に，**ロシアと周辺諸国の産業**の発展についてまとめていこう！

　まず，**農業**の説明をしようね。ソ連時代には，集団農場のコルホーズや国営農場のソフホーズが農業生産の中心だったけど，市場経済移行後は**企業経営**（農業法人）や**個人経営**に変化しているよ。ソ連

表2　旧ソ連諸国の農産物生産量上位生産品目

農産物	生産上位国（世界における順位）
小　麦	ロシア (3)，ウクライナ (6)，カザフスタン (15)
大　麦	ロシア (1)，ウクライナ (5)，カザフスタン (16)，ベラルーシ (26)
ライ麦	ロシア (3)，ベラルーシ (4)，ウクライナ (6)
ばれいしょ	ウクライナ (3)，ロシア (5)，ベラルーシ (17)，カザフスタン (19)
てんさい	ロシア (1)，ウクライナ (8)，ベラルーシ (16)，セルビア (21)
綿　花	ウズベキスタン (6)，トルクメニスタン (9)，タジキスタン (16)，カザフスタン (18)

※統計年次は2021年。

時代からある菜園つきの別荘地（**ダーチャ**）で，野菜などの**園芸作物**なども栽培されているしね。

　次は農業地域の説明だ。**気候環境**を考えれば簡単なので，がんばってね！
　北極海沿岸には ET が分布し，アジア系の先住民（モンゴロイド）などが**トナカイの遊牧**や**漁労・狩猟生活**を送っているよ。

　ヨーロッパ=ロシアでは，**酪農**やライ麦・ジャガイモなどを栽培する**混合農業**が行われているんだ。

　さらに南に行くと**ウクライナ～カザフスタン～ロシアの西シベリア南部**にかけて，**肥沃なチェルノーゼム** [➡ ⑥の ❸ p.123] が分布していて，大規模な小麦栽培が行われているんだよ。

　中央アジアでは，大部分が**乾燥気候**（BW ～ BS）だから，羊などの**放牧**や**オアシス農業**が行われているんだ。近年は**灌漑**によって**綿花栽培**が盛んになり，**ウズベキスタン**や**トルクメニスタン**では生産量もかなり多くなっているから注意しようね！ [**表2**] ただアラル海に注ぐシルダリア川やアムダリア川か

図9　ロシアと周辺諸国の農業地域

凡例：
穀物栽培　酪農　遊牧（トナカイ）　森林　○綿花
混合農業　灌漑農業　放牧（牛・羊など）　非農耕地　——現在の農耕の北限

ら**過剰に取水したため**，アラル海の縮小を招き，消失の危機にあるんだったよなあ。

　黒海とカスピ海の間は**カフカス地方**と呼ばれるんだけど，ここは旧ソ連地域の中では気候的に恵まれていてね（だって旧ソ連地域は寒いか，乾燥しているかのどちらかだもんねぇ），**B〜C**など温暖な気候が分布しているんだ。だから茶，果実（ぶどう，オレンジなど），米の栽培も行われているんだよ。

　ロシアは穀物生産量が多くて［➡ p.438 表2］，**小麦については世界最大の輸出国**に成長しているけど，**トウモロコシなどの飼料作物はかなり多く輸入**をしていることに注意しようね！

　次に**鉱工業**についての特色を確認していこう！

　まずは資源についてだ。

　ロシアはエネルギー・鉱産資源が豊富で，**石油，天然ガス，石炭**などの化石燃料の産出量が多く，**自給率も高い**よ。特に，**石油はサウジアラビアとならぶ輸出国**で，シベリアの**チュメニ油田**やヨーロッパ＝ロシアの**ヴォルガ＝ウラル油田**の産出が多いんだ。近年は，原油価格の高騰による石油収入の増加で，経済はかなりうるおっているよ。

　ロシアだけでなく，その他の旧ソ連諸国でも，**カスピ海沿岸**（アゼルバイジャンの**バクー油田**）などは古くから油田開発が行われているし，近年は，中央アジア諸国でも**石油（カザフスタン）**や**天然ガス（ウズベキスタン）**の開発が

地誌

東アジア

東南アジア・南アジア

西アジア・アフリカ

ヨーロッパ

ロシアと周辺諸国

アングロアメリカ

ラテンアメリカ

オセアニア

日本

図10　ロシアと周辺諸国の工業地域

記号	凡例
⊕ 油田	▲ 鉄鉱石
⊗ ガス田	■ 炭田

工業地域　　　鉄道
工業都市　　　原油パイプライン

進んでいるよ。シベリアや中央アジアの資源開発は，今後が楽しみだね！

　じゃあ，次は**工業**の説明をしようね。

　ロシア，ウクライナ，バルト三国を中心に工業化が進んでいるよ。ソ連時代から，計画経済によって**石炭や鉄鉱石**など資源立地型の**工業地域が多数立地**していたんだ。特に，**ヨーロッパ＝ロシアとシベリア鉄道沿線**には，いくつもの工業地域（**コンビナート**〔➡ p.442 📖〕）が成立したんだよ。

　ただし，**軍需産業中心の重化学工業化**が行われたため，国民の生活に必要な食料・衣類・家電などの供給が十分ではなかったんだね。

図11　ロシアにおける鉱産資源の輸出額の推移

[UN comtrade]

　例えば，ロシアは**粗鋼**，**アルミニウム**など素材の生産は世界のトップクラスなんだけど，**ハイテク（先端技術）産業は先進諸国からかなり遅れている**んだ。

　ただし，近年は**計画経済から市場経済への移行で経済は混乱**したものの，好調な**石油輸出**などに支えられて経済も徐々に回復し，ほかの先進資本主義諸国

からの**投資もヨーロッパ＝ロシアを中心に増加**しつつあるよ。

旧ソ連地域の中で，比較的1人当たりGNIが高いのは，**バルト三国，ロシア，カザフスタン**だから忘れないでネ！

表3　旧ソ連の工業地域のまとめ

工業地域	特　色
モスクワ・サンクトペテルブルク	モスクワやサンクトペテルブルクなど大消費地に立地。最も古くからの工業地域。
ドニプロ（ドニエプル）	豊富な石炭（ドネツ炭田）・鉄鉱石（クリヴォイログ鉄山）を利用し，重工業の中心となる。ウクライナ共和国。ドニエツク，クリヴォイログで鉄鋼業。
ヴォルガ	ヴォルガ＝ウラル油田の石油を利用し，ヴォルゴグラード，サマーラなどで重化学工業が発達。
ウ ラ ル	**鉄鉱石**をはじめ豊富な鉱産資源を利用。マグニトゴルスクはロシア有数の鉄鋼業地。チェリャビンスク，エカテリンブルクなどで工業が発達。
クズネツク	クズネツク炭田の石炭，オビ川の水力を利用し重工業が発達。ノヴォシビルスクはシベリア開発の拠点。ノヴォクズネツクは鉄鋼業の中心。
アンガラ・バイカル	各種鉱産資源と**林産資源**。アンガラ川の水力を利用。バイカル湖南西岸のイルクーツクが中心。
極　　東	豊富な石炭，石油，林産資源。日本など外国からの投資も増加。ウラジオストクは重要な港湾都市。ハバロフスクは極東開発の拠点。
バ ク ー	カスピ海沿岸の石油（バクー油田）。アゼルバイジャン共和国。
中央アジア	綿花地帯。タシケントを中心に**綿工業**が発達。**ウズベキスタン共和国**が中心。
カラガンダ	豊富な石炭を利用し，金属工業が発達。カザフスタン共和国。

地誌

東アジア

東南アジア・南アジア

西アジア・アフリカ

ヨーロッパ

ロシアと周辺諸国

アングロアメリカ

ラテンアメリカ

オセアニア

日　本

☞**旧ソ連の民族問題**　旧ソ連地域はロシア，ウクライナなど**スラブ系民族の人口**が多いが，100を超える少数民族も居住している。特に**ソ連の解体後**，各地で**民族運動が激化**し，カフカス地方の**アゼルバイジャン共和国**（**アルタイ系イスラーム教徒**中心）内にある**ナゴルノ＝カラバフ自治州**（アルメニア人自治区）の**アルメニア共和国**（**インド＝ヨーロッパ系キリスト教徒**中心）への帰属問題や，ロシア連邦内**チェチェン共和国**（**カフカス系イスラーム教徒**中心）の独立問題，ジョ

ージア共和国（**カフカス系正教徒**中心）からの**南オセチア**（イラン系イスラーム教徒中心）分離問題など，未解決の問題を多数かかえている。またロシア・ウクライナ間には，**クリミア半島**の帰属問題（ウクライナ領だが，現在はロシアが併合し，実効支配）もある。また，ロシアはウクライナ東部に位置する親ロシア派の「ドネツク人民共和国」と「ルガンスク人民共和国」の国家独立承認を行い，**2022年**には**ウクライナに侵攻**したため，多数のウクライナ人難民が生じている。

集団制農業　ソ連時代には，農業の集団化が行われ，集団農場の**コルホーズ**や国営農場の**ソフホーズ**により農産物は生産されていた。現在は民営化が進む。

コンビナート　原料，燃料などの**資源を工場と計画的に結びつけた工業地域**で，ソ連時代には各地にコンビナートが配置された。

ポイント　ロシアと周辺諸国の社会と産業

❶　世界最初の社会主義国家であるソ連は1991年に解体し（東西冷戦終結），ロシア連邦など15の共和国となる。

❷　**計画経済から市場経済**への急速な転換は，社会・経済を混乱させ，生産力は落ち込むが，近年は徐々に回復する傾向にある。

❸　**ロシア，ウクライナ**などには**スラブ系**で**キリスト教の正教**を信仰する人が多いが，中央アジアを中心に**トルコ系イスラーム教**徒も多数居住している。

❹　農業地域は，気候帯に沿って**ほぼ帯状に分布**し，北極海沿岸では**トナカイの遊牧**，ヨーロッパ＝ロシアでは**酪農**，**混合農業**が発達し，**ウクライナから西シベリア**にかけての**チェルノーゼム地帯**には**小麦地域**が分布している。

❺　ソ連時代には**重化学工業が中心**で，**コンビナート方式**の工業地域が**資源産地**に多数立地していたが，資本や技術の不足により**ハイテク産業**（先端技術）などでは先進諸国に後れをとっている。

ロシアを苦手にしている
受験生が多いけど，君たち
なら得意になれる！
がんばれ！

チェック問題 　　　　　　　　　　　　　標準 ②分

　ロシアと周辺諸国の自然環境について述べた文として正しくない
ものを，次の①〜④のうちから一つ選べ。

① 　ロシアと周辺諸国の大半は，安定陸塊と古期造山帯からなる
　が，太平洋沿岸やカフカス地域では，地震や火山の活動もみら
　れる。
② 　黒海北岸から東にのびる穀倉地帯の土壌は肥沃なチェルノー
　ゼムである。
③ 　ロシアに接する海域は，黒海沿岸を除いて，冬の期間，流氷
　や結氷によって閉ざされる。
④ 　永久凍土は，ツンドラ地帯のみでなくタイガ地帯にも分布し
　ている。

地
誌

東アジア

東南アジア・
南アジア

西アジア・
アフリカ

ヨーロッパ

ロシアと
周辺諸国

アングロ
アメリカ

ラテン
アメリカ

オセアニア

日　本

解答・解説　　③　　スカンディナヴィア半島に沿って，暖流の北大西洋海流
が北上するため，ムルマンスクなど北極海沿岸の一部は凍結せず不凍港となる。
また，極東でも日本海沿岸のウラジオストク付近は，冬の間中，ずっと氷に閉
ざされることはない。よって，③が誤り。
　①　国土の大部分は，安定陸塊と古期造山帯からなるが，太平洋岸は新期造
山帯（環太平洋造山帯）に属し，カムチャツカ半島などには多くの火山が分布
している。よって正しい。
　②　黒海北岸のウクライナ〜カザフスタン〜西シベリア（ロシア）にかけて
は，肥沃なチェルノーゼムが分布し，小麦栽培の中心をなしている。よって，
正しい。
　④　永久凍土は，ツンドラだけでなく，冬季寒冷な東シベリアでは，タイガ
地帯の地下にも分布している。よって，正しい。

25 アングロアメリカ

この項目のテーマ

1 **アングロアメリカの自然環境と人々の生活**
広大な大陸に広がる自然の多様性に触れてみよう！

2 **アメリカ合衆国の社会と産業**
世界の経済をリードし，国際社会に影響を与えるアメリカ合衆国の産業と人々の生活について考えよう！

3 **カナダの社会と産業**
広大な国土，豊富な資源を持つカナダの特色を理解しよう！

1 アングロアメリカの自然環境と人々の生活

いよいよ**地誌分野**も**新大陸**（ヨーロッパ人にとっては，新たに発見した大陸のことで，**南北アメリカ大陸**，**オーストラリア大陸**を指す）だね。

アングロアメリカ（Anglo America）とは，アングロサクソン（Anglo Saxon）系の人々（**イギリス人**と考えていいよ）が開拓（かいたく）した**カナダ**と**アメリカ合衆国**のことを指すので，トップクラスの**先進地域**と考えなくっちゃね。

では，まず最初に**アングロアメリカの地形**の話をしよう。

北東部の**カナダ楯状地**（たてじょうち）（**五大湖からラブラドル半島にかけて**）から**中央平原**（ミシシッピ川流域の構造平野だ）にかけては**安定陸塊**が広がっているよ。

ここで質問！　五大湖からカナダのラブラドル半島にかけて多く分布している**資源**は？……，もちろん**鉄鉱石**（てっこうせき）だよね。全員正解（＾_＾）！

じゃあ，次に行こう！

東部の**アパラチア山脈**は**古期造山帯**（こきぞうざんたい）の**低くなだらかな丘陵性山地**（きゅうりょう）だね。西部の**ロッキー山脈**や**シエラネヴァダ山脈**などは**新期造山帯**に属していて，険（けわ）しい山々が南北に連なっているよ。

先生！　ちょっと待ってくれる？　確か，**アメリカ合衆国の太平洋岸**は，なんとかっていうプレートの境界になってたよね。忘れてしまった（ToT）。

図1 アングロアメリカの地形

*新期造山帯と更新世の大陸氷河の分布地域に注意!!

地誌

東アジア

東南アジア・
南アジア

西アジア・
アフリカ

ヨーロッパ

ロシアと
周辺諸国

アングロ
アメリカ

ラテン
アメリカ

オセアニア

日　　本

大丈夫だよ!　アメリカ合衆国の太平洋側にある**カリフォルニア州付近は**，**太平洋プレートと北アメリカプレート**の「ずれる境界」にあたっていて，**サンアンドレアス断層**〔➡ p.38〕が走り，**地震**も多く発生しているよ。

それから，**ハワイ諸島は火山島**だけど，プレートの境界付近に生じた火山ではなく，プレートの内部にある火山（**ホットスポット**）だから注意してね!〔➡ p.42〕

ヨーロッパのところでもやった**大陸氷河の最大拡大範囲**を，**図1**で復習しておこう!　ちょうど更新世の氷期には，**五大湖のあたりまでが大陸氷河に覆われていた**んだよね。ということは，今，君たちが想像したとおり，五大湖は**氷河湖**だよ!

また，**アラスカやカナダの太平洋岸**って海岸線が複雑に入り組んでいるだろう?　これは**フィヨルド**だね。ノルウェーの西岸と同じように，**氷期には偏西風の影響で積雪が多く，氷河が発達していた**から，フィヨルドが多く分布して

いるんだよ。

アメリカ合衆国の**大西洋岸からメキシコ湾岸にかけて**は，浅海底が離水して<ruby>湾岸<rt>わんがん</rt></ruby><ruby>離水<rt>りすい</rt></ruby>できた**海岸平野**が広がっているよ。

地形は十分理解できたかな？　君たちだったら大丈夫だよね！

表1　アングロアメリカの大地形のまとめ

大地形	分布	特色
安定陸塊	五大湖〜カナダ北東部	カナダ楯状地。鉄鉱石の埋蔵に恵まれる。氷期には**大陸氷河**に覆われていた。
古期造山帯	東部のアパラチア山脈	石炭の埋蔵に恵まれる。<ruby>丘陵<rt>きゅうりょう</rt></ruby>性山地。アパラチア山脈東部には滝が線状に連なる（滝線）。
新期造山帯	西部のロッキー山脈，シエラネヴァダ山脈など環太平洋造山帯	<ruby>高峻<rt>こうしゅん</rt></ruby>な山脈が南北に連なる。太平洋岸はプレートの「ずれる境界」。**サンアンドレアス断層**が分布し，**地震も多発**。

図2　アングロアメリカの気候

よし，では次に**気候**の説明をするよ〔**図2**〕。

まず，地図帳を開いて，**アメリカ合衆国のほぼ中央部を通過する**<ruby>西経<rt>せいけい</rt></ruby>**100度**（**100°W**）の線をマーカーでなぞってみよう！　これは**年降水量ほぼ500mm**に等しいんだ。このラインより**東側に**<ruby>湿潤<rt>しつじゅん</rt></ruby>**気候，西側に乾燥気候**が広がっていることは，絶対に忘れないでね！

北に行けば寒冷になり，南に行けば温暖になるので，<ruby>北極海沿岸<rt>ほっきょくかいえんがん</rt></ruby>はET，

カナダから五大湖にかけては Df，アメリカ合衆国の東半分は Cfa，西半分は BS（グレートプレーンズ）〜 BW（グレートベースン）が分布しているよ。アメリカ合衆国の西半分に乾燥気候が分布しているのは，**南北に走るロッキー山系が太平洋側からの湿潤な偏西風をさえぎってしまうから**だね。

ただし，**偏西風の風上になる太平洋岸は，アメリカ合衆国が Cs，カナダ〜アラスカが Cfb**（一部 Cfc）になっているから注意してね。

> へぇー。カナダは Df と ET だけで，温帯はないと思ってた。太平洋岸は Cfb なんだ。だからアジアからの移住者にとっても過ごしやすい気候なんだね。

そうだよ。**アメリカ合衆国とカナダとの国境はおよそ北緯49度（49°N）**だから，ヨーロッパで言えば，**ロンドンやパリあたりの緯度**だもんね。そう考えればわかりやすいだろう？ ⑤，⑥を勉強してきた君たちにとっては，こんなこともう常識だよね（^_^）。

それから，アメリカ合衆国本土で最も低緯度にある**フロリダ半島の南端だけは熱帯**（海岸リゾート地として知られる**マイアミは Am**）なので注意してね！

また，カナダから五大湖周辺は**ブリザード**と呼ばれる吹雪が襲い，中央平原では**トルネード**と呼ばれる大きな竜巻が発生し，**フロリダ半島やメキシコ湾岸にかけては熱帯低気圧のハリケーン**も襲来するよ。

👆 **プレーリーとグレートプレーンズ**　**西経100度（年降水量500mm）**をほぼ境界として，西にはグレートプレーンズと呼ばれる大平原が，東にはプレーリーと呼ばれる Cfa の草原が広がる。前者では**企業的牧畜**，後者では**企業的穀物農業**や**混合農業**が行われている。本来，グレートプレーンズは地形名を，プレーリーは植生名を表す用語である。

ポイント　アングロアメリカの自然環境と人々の生活

❶ アングロアメリカの地形は，**北東部から五大湖周辺にかけて安定陸塊，東部のアパラチア山脈が古期造山帯，西部のロッキー山系が新期造山帯**となる。

❷ 中央部の**ミシシッピ川流域は構造平野**で，メキシコ湾岸から大西洋岸にかけては**海岸平野**が広がる。

❸ アメリカ合衆国の**西経100度の線**は，ほぼ**年降水量500mm** に当たり，これより**東部は湿潤気候（Df，Cfa など），西部は乾燥気候（BS，BW）**が広がる。

地誌

東アジア

東南アジア・南アジア

西アジア・アフリカ

ヨーロッパ

ロシアと周辺諸国

アングロアメリカ

ラテンアメリカ

オセアニア

日本

❷ アメリカ合衆国の社会と産業

さぁ，アメリカ合衆国の説明に入ろう！

まず，**アメリカ合衆国の成立過程**について話をしておこうかな。

もちろん先住民は**イヌイット（エスキモー）**，**インディアン**などのネイティブアメリカンであることは知っているよね（**氷期にユーラシア大陸から移動してきたモンゴロイドの子孫**）。でも，**アメリカ合衆国の建国と発展の原動力**となったのは，**ヨーロッパからの移民**だったんだ。15世紀のコロンブスのアメリカ大陸到達に始まり，**図3**のように**イギリス**，**フランス**，**スペイン**などが入植していったよ。

図3　アメリカ合衆国の成立

> **イギリス**だけじゃなくて，**フランス**や**スペイン**も入植していったんだね。どのあたりに入植していったの？

ヨーロッパ系移民は**大西洋岸**を中心に植民地を建設したよ。**イギリスは東部，フランスはミシシッピ川流域，スペインはフロリダ半島と西部**（のちにメキシコ領）を植民地化したんだね。だから，現在でもそれぞれの文化が残っているんだよ。アメリカ合衆国の地図と地名を眺めてみると，このことが伝わってくるよ（たとえば，Louisiana はフランス語起源だし，San Francisco はスペイン語起源だ）。

では，話の続きを進めよう。

イギリス領だった**東部13州**が，1783年に**イギリスから独立**を果たすんだ（独立宣言は1776年）。その後，買収や割譲によって領土を拡大し，**アラスカ**をロシアから買収，さらに**ハワイ**を併合し，現在の**50州**になるんだね。

移民の出身国は，**17世紀以降**，**イギリス**（アングロサクソン系）や**アイルランド**（当時は**イギリス領**）からが多く，初期の開拓の中心となっていたんだ。**イギリス系白人**は，WASP（**W**hite **A**nglo-**S**axon **P**rotestant）と呼ばれ，長い間アメリカ合衆国の政治や経済の主導権を握っていたんだよ。多数派であるヨーロッパからの移民に対して，17世紀末からサトウキビや綿花の**プランテーション労働力**として移住させられた**アフリカ系黒人**や，第二次世界大戦後急増した**メキシコ**など**中南米からの移住者で，スペイン語を母語とするヒスパニック**も，現在では一定数いるよ（**図4**）。アメリカ合衆国の人口は約3.4億人で，典型的な**多民族国家**なんだけど，民族構成の多数派はさっきも説明したように**ヨーロッパ系白人**で，**総人口の約60%**を占めるんだ。

このほか，少数派民族集団（**マイノリティ**）として，**アフリカ系黒人**，**ヒスパニック**，**アジア系**，**先住民**（インディアンなどネイティブアメリカン）などがいるよ。特に近年は，**ヒスパニックとアジア系の移民が増加**しているね〔**表2**〕。

図4　アメリカ合衆国の住民構成

ネイティブアメリカン 1.3
その他 3.8
アジア系 6.0
アフリカ系 12.4
ヒスパニック 18.7
ドイツ系 12.3%
イギリス系 7.2
アイルランド系 9.2
ヨーロッパ 4.9
その他のヨーロッパ系 20.7
イタリア系
ポーランド系 1.3
フランス系 2.2
57.8%

総人口３億3,829万人
※統計年次の総人口は2022年。住民構成は2020年。ヨーロッパ系の内訳は 2019年推計。四捨五入しているため，合計が100にはならない。

表2　アメリカ合衆国の移民の変化

年代	総数(千人)	1位(%)	2位(%)	3位(%)	4位(%)
1951〜60	2,515	ドイツ(13.7)	メキシコ(12.7)	カナダ(10.9)	イギリス(8.3)
1961〜70	3,322	メキシコ(13.3)	カナダ(8.6)	キューバ(7.7)	イギリス(6.9)
1971〜80	4,493	メキシコ(14.2)	フィリピン(8.0)	キューバ(6.2)	韓国(6.1)
1981〜90	7,256	メキシコ(22.8)	フィリピン(6.8)	ベトナム(5.5)	中国(5.4)
1991〜00	9,081	メキシコ(24.8)	フィリピン(5.6)	中国(4.7)	ベトナム(4.6)
2001〜10	10,501	メキシコ(16.1)	インド(6.3)	中国(6.3)	フィリピン(5.6)
2011〜20	10,298	メキシコ(14.4)	中国(7.4)	インド(6.1)	フィリピン(4.8)
2021	704	メキシコ(13.9)	インド(12.3)	中国(6.5)	フィリピン(3.3)

図5　アメリカ合衆国の出身地別移民数の変化

百万人

凡例：
- その　他
- アジア諸国
- 中南米諸国
- 旧　ソ　連
- ヨーロッパ諸国

（年表ラベル）インディアン強制移住法／ゴールドラッシュ／ホームステッド法／第一次世界大戦／（排日移民法）割当移民法／第二次世界大戦／公民権法／ベトナム戦争終結

1820 30 40 50 60 70 80 90 1900 10 20 30 40 50 60 70 80 90 2000 10 年

> 今でも1年間に100万人近い移民を受け入れているんだね。びっくりした!!　**アメリカ合衆国**では，地域ごとの**住民構成は差がない**のかなぁ？　なんとなく**大都市**にはいろんな**人種・民族**がいるような気がするんだけど。

　よくわかってるねぇ。でもその前に地域ごとの特色を考えてみよう。

　ヨーロッパ系白人は全域で多いけど，初期の入植の影響で特に**北部や中西部の農業地域でその割合が高い**よ（**ハワイ州**だけは**アジア系**の割合のほうが高

い）。アメリカ合衆国は広大な土地を所有する**自作農**が中心だから，農業を営んでいるのは，開拓時代に**ホームステッド法**［➡ p.462 ］などによって無償(むしょう)で農地を得られた白人が多いんだね。

　アフリカ系黒人は，奴隷(どれい)解放後も**南東部のコットン**

図6　アメリカ合衆国の民族分布

サンフランシスコ／ロサンゼルス／シカゴ／ニューヨーク／ワシントンD.C.／ニューオーリンズ

州人口における割合
- ■ ネイティブアメリカンの人口が15%以上
- ■ アジア系の人口が5%以上
- ■ アフリカ系の人口が15%以上
- ■ ヒスパニックの人口が15%以上
- □ その他の地域
- ネイティブアメリカン指定居住区

ベルトに居住している人が多く，一部は雇用機会を求めて北部の**大都市へ移住**しているよ。だからさっき君が言ったように，大都市には移民をはじめいろんな人種・民族が住んでいるんだね。

　中南米からの移住者であるヒスパニック（スペイン語を話す人々）は，**メキシコに近い南西部に多く居住している**よ。これはメキシコからの移住者が多い証拠で，**大都市**にも多く移住しているのは，やっぱり雇用機会が多いからだね。また，**フロリダ半島にキューバ系，ニューヨークにはプエルトリコ系のヒスパニックが多い**から注意してね。

　太平洋側には，**中国系，韓国系，東南アジア系，日系**などアジアからの移住者が多いことは，かなり有名な話なので知ってるだろう？　アジアとアメリカ合衆国の太平洋岸は近いと言えば，近いもんね。1960年代に**公民権法**が成立したことにともなって**移民法が改正**され，アジアからの移民制限が大幅に緩和されたこともあって，ヒスパニックとともに移民の増加が続いているよ。

ほーら，やっぱり大都市には新規の移民やヒスパニック，アフリカ系の人々が多いんだ o(^_^)o。

　⑮でも説明したように，アメリカ合衆国の大都市では，**人種・民族・所得階層**などにより**住み分け（セグリゲーション）**が進んでいるんだ。一般に，**インナーシティに黒人，ヒスパニック**やその他の移民などが集中し，**スラム**も形成されているよ。新しく流入してきた移民も**民族ごとの集団をつくり，居住地区を形成**している場合が多いんだ。そのほうが母語も通用するし，出身国の生活習慣を変えずに生活できるので心地いいんだろうね。

　君たちがもし留学したら，日本人どうしで固まらず，いろんな人々と交流を深めるといいよ。よく日本人ばかりとつきあって，失敗したって話を留学した学生たちから聞くから（^_^;）。

　アメリカ合衆国は，世界各地から移民を受け入れながら発展してきたんだけど，残念なことに**少数派（マイノリティ）**に対する**多数派（マジョリティ）**からの差別や偏見が存在したんだ。そこで1960年代に公民権法が施行され，**法的には平等な権利が保障され差別は禁じられるようになった**んだよ。歴史的にはかなり最近のできごとだよね。現在は，アメリカ合衆国のさまざまな集団の文化的伝統を尊重しながら共存していこうという**多文化主義**的な意識が高まっているんだよ。これを「**サラダボウル論**」（➡ p.463 📖）っていうんだ。

やっぱりアメリカ合衆国にも都市問題ってあるんだよね？

さっきも話したけど，アメリカ合衆国の大都市では，**インナーシティ**問題が深刻化しているところがあって，発展から取り残された地域には**低所得層や高齢者などの社会的弱者が集住するスラム**が形成されているんだ。よくいわれている**インナーシティに低所得層，郊外に中高所得層**という構図だよ。近年はこの状況を打破するために，**再開発によって高級化し，高所得層がインナーシティに回帰する**という現象（ジェントリフィケーション）が生じているところもあるよ。ニューヨークのハーレムなんかが有名だね。

表3　アメリカ合衆国の人種構成 (%)

白人*	黒人	アジア系	その他	ヒスパニック**
75.5	13.6	6.3	4.6	19.1

*ヒスパニック系白人を含む。
**ヒスパニックは人種構成に含まれず。ラテンアメリカからの移住者のうちスペイン語を母語とする者の割合。

統計年次は2022年。

そろそろ**アメリカ合衆国の産業**について勉強しなくっちゃね！

まず，「**世界の食料倉庫**」と呼ばれるほど発達している**農業**についてやっていこう。**機械化された大規模な経営**が行われているので，生産性が非常に高く，特に**労働生産性は極めて高い**から注意してね［➡ p.160］。つまり安価で大量に生産できるから，国際競争力が強く，農業は重要な**輸出産業**になっているんだよ。**適地適作**の傾向が強いため，**図7**のように比較的単純な農業地域の分

図7　アメリカ合衆国の農業地域区分

地誌

東アジア

東南アジア・南アジア

西アジア・アフリカ

ヨーロッパ

ロシアと周辺諸国

アングロアメリカ

ラテンアメリカ

オセアニア

日本

化がみられるのがアメリカ合衆国の特徴だよ。ヨーロッパや日本と大きく違う点かな。

　農業地域区分でも年降水量500mm（西経100度）のラインが重要！　湿潤な東側では北から酪農，混合農業，園芸農業など作物栽培が盛んだ。

　一方，西側はやや降水量が少ないため企業的牧畜が発達し，大規模に肉牛の飼育が行われているよ。年降水量500mmの等雨量線付近のプレーリーからグレートプレーンズにかけては肥沃な黒色土（プレーリー土）

図8　主な農産物の総生産量に占めるアメリカ合衆国の割合

● トウモロコシ(12.1億t)

アメリカ 31.7%	中国 22.5	7.3	5.0	その他 30.1

（7.3・5.0の上：アルゼンチン／ウクライナ 3.4、下：ブラジル）

● 大豆(3.72億t)

ブラジル 36.3	アメリカ 32.5	12.4	その他 18.8

（12.4の上：アルゼンチン）

● 綿花(2420万t)

インド 25.3	中国 24.4%	13.1	11.3	4.9	その他 21.0

（13.1の上：ブラジル、下：アメリカ、11.3の下：パキスタン）

● 小麦(7.71億t)

中国 17.8	インド 14.2	9.9	5.8	4.7	その他 47.6

（5.8の上：フランス、9.9の下：ロシア、5.8の下：アメリカ）

● 米(7.87億t)

中国 27.0%	インド 24.8	7.2	6.9	5.6	その他 27.4

（7.2の上：インドネシア、6.9の下：バングラデシュ、5.6の上：アメリカ 1.1、下：ベトナム）

※統計年次は，2021年。綿花は2020年。（　）内の数値は世界計。

が分布していて，春小麦（寒冷な北部）や冬小麦（温暖な南部）の企業的穀物農業が発達しているんだ。降水量が少ないグレートプレーンズでは，地下水を汲み上げ散水用のパイプを使って自動的に灌漑を行うセンターピボット方式が導入されていて，小麦や飼料の栽培に利用されていることも忘れないでね。穀物の集荷・運搬・販売は穀物メジャー[➡ p.462 p.462]と呼ばれる巨大穀物商社が独占的に行い，価格決定にも大きな影響力を与えているんだ。最も重要なポイントは，アメリカ合衆国の農業生産力が世界でも群を抜いているという点だ。

そうかぁ，工業だけじゃなくアメリカ合衆国の農業が世界に与える影響はとっても大きいんだね。もう少しくわしく，東部の農業地域の説明が聞きたいなぁ？

　OK！　まず，酪農地帯（デイリーベルト：Dairy Belt）から説明しよう！分布地域はやや冷涼（Df）で，氷食により土壌がやせている五大湖沿岸からニューイングランド地方だよ。付近には，大都市も多いから消費地に近い有利さがあるよね。

　その南側のプレーリーにはコーンベルト（Corn Belt）が広がっているんだ。ここでは，トウモロコシ，大豆などの飼料作物栽培と肉牛の飼育（フィード

ロット）や養豚が行われていて，典型的な商業的混合農業地域になっているよ。
フィードロット（feedlot）とは，肥育場のことで，トウモロコシ，大豆など栄
養価が高い飼料を与え，短期間で肥育するところだ。

　大西洋岸のメガロポリス周辺ではニューヨークなどの大都市に野菜などを出
荷するため園芸農業が発達しているよ。南東部のコットンベルト（Cotton
Belt）は，もともとプランテーションとして成立し，綿花の単一栽培が行われ
ていたんだけど，現在は大型の綿花収穫機などが導入され，大豆などを組み
合わせての混合農業形態に変化しつつあるよ。

　表4でアメリカ合衆国の農業地域をまとめておくから，しっかりと地域の特
徴をつかんでおこう！

表4　アメリカ合衆国の農業のまとめ

農業地域	立地条件・分布	特　色
酪農地帯（デイリーベルト）	冷涼で，氷食によるやせ地が広がる五大湖沿岸やニューイングランドに立地。	牛乳，チーズ，バターなど乳製品を都市へ出荷。
コーンベルト	アイオワ州，イリノイ州を中心とする肥沃なプレーリー。	トウモロコシ，大豆，肉牛飼育（フィードロット），養豚。商業的混合農業地域。
春小麦地帯	カナダにまたがるやや冷涼な地域に分布。ノースダコタ州，サウスダコタ州，モンタナ州。集散地はミネアポリス。	年降水量500mm前後の西経100度付近。経営規模が大きく，大型機械を導入。労働生産性が非常に高い。
冬小麦地帯	カンザス州を中心とする温暖なプレーリー。集散地はカンザスシティ。	
コットンベルト	ジョージア州，ミシシッピ州，アラバマ州など。温暖な南東部に立地。	かつては黒人奴隷を使用したプランテーションとして発達。現在は，連作障害や土壌侵食が激しく，混合農業に転換傾向。灌漑の普及により，綿花栽培地はテキサス州，カリフォルニア州など西方へも拡大。
園芸農業	大西洋岸のメガロポリス近郊。	野菜・果実などを都市へ出荷。フロリダでは，亜熱帯性作物栽培。
企業的牧畜	年降水量500mm未満のグレートプレーンズ～ロッキー山麓。	牧牛が中心だが，近年はセンターピボット灌漑の導入により作物栽培など多角化。大規模フィードロットも増加。
地中海式農業	太平洋岸の地中海性気候地域。カリフォルニア州のセントラルヴァレーが中心。温暖な気候を利用。	灌漑設備（シエラネヴァダ山系の融雪水を利用）が整備され，大規模な機械化農業が行われる。野菜，果樹。カリフォルニア州は全米最大の農業生産州。収穫はメキシコ（ヒスパニック）系の労働者に依存。

図9　アメリカ合衆国の主な農産物の州別生産上位5州（2022年）

小　麦

トウモロコシ

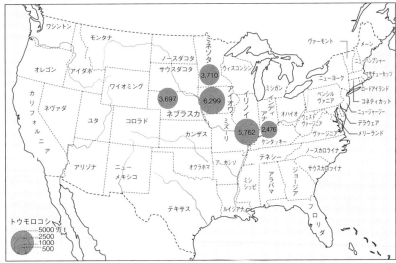

地
誌

東アジア

東南アジア・
南アジア

西アジア・
アフリカ

ヨーロッパ

ロシアと
周辺諸国

アングロ
アメリカ

ラテン
アメリカ

オセアニア

日　本

大 豆

綿 花

牛

※肉牛，乳用牛など，すべてを含めた牛の飼育総数。

豚

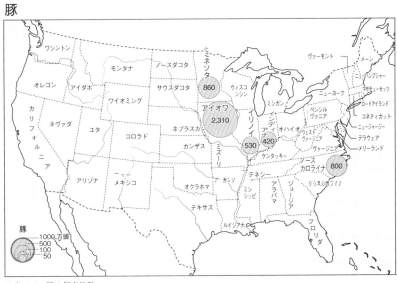

※すべての豚の飼育総数。

地
誌

東アジア

東南アジア・
南アジア

西アジア・
アフリカ

ヨーロッパ

ロシアと
周辺諸国

アングロ
アメリカ

ラテン
アメリカ

オセアニア

日　本

次は，アメリカ合衆国の鉱工業についてだよ。

エネルギーや鉱産資源は豊富なんだけど［**図10**］，以前も話したようにあまりにも消費量が大きいので，**1次エネルギーの自給率は105.9％**（2020年）ぐらいなんだ。

ただ最近は，技術革新によって採掘が可能になった**シェールガスやシェールオイル**（ともに地中の頁岩に閉じ込められている天然ガスや原油）という非在来型の天然ガスや原油の生産が増加していて（**シェール革命**），**天然ガスとともに原油も世界一の生産国に！！**（2022年）　エネルギー自給率も以前よりだいぶん上昇しているなあ。かなりアメリカ合衆国の経済を潤しつつあるよ。**エネルギー，鉱産資源**については**表5**［➡ p.459］にまとめておくね！

図10　エネルギー資源の主要生産・埋蔵国

表5 アメリカ合衆国の資源

資　源	分布・特色
石　油	生産量はロシア，サウジアラビアと並ぶが，消費量が多く，中国に次ぐ輸入国。メキシコ湾岸，テキサス，アラスカ，カリフォルニアなどで産出。
石　炭	東部のアパラチア炭田，西部のロッキー炭田を中心に産出が多い。
天然ガス	ロシアとともに産出が多いが，消費量も多い。近年は，非在来型天然ガスのシェールガスが注目。
鉄鉱石	安定陸塊の五大湖沿岸（メサビ）を中心に産出するが，近年は，カナダ，ブラジルからの良質な輸入鉄鉱への依存度が高まる。
銅　鉱	西部の新期造山帯地域を中心に分布。

地誌

東アジア

東南アジア・南アジア

西アジア・アフリカ

ヨーロッパ

ロシアと周辺諸国

アングロアメリカ

ラテンアメリカ

オセアニア

日　本

　アメリカ合衆国は，巨大な資本，豊富な資源と労働力に支えられ，**20世紀には世界最大の工業国として発展してきた**ということは知ってるよね？

　北東部のメガロポリスや五大湖沿岸を中心に工業化が進展し，**世界の経済をリードする存在**となったんだ。

　1950年代〜1960年代にかけては鉄鋼，石油化学，自動車など重工業が飛躍的な発展を遂げるんだけど，ヨーロッパや日本の工業化が進んだ**1970年代は，国際競争力が低下**し，工業地域も停滞し始めるんだ。

　その背景にはそれまでの圧倒的な工業力に対するおごりがあったんだろうな。技術革新が遅れ，賃金水準も高かったので，安くて優秀な日本やヨーロッパの製品に押され始めたんだ。だから，アメリカ合衆国としても**産業構造の転換**を図る必要があったんだね。

　そこで，停滞する北東部や五大湖沿岸の古くからの工業地域（**スノーベルト**または**フロストベルト**）ではなく，**南部や西部のサンベルト**（**カリフォルニア州を含む北緯37度以南**）に**エレクトロニクスや航空宇宙産業など先端技術産業が多数立地**することになったんだ［**図12** ➡ p.460］。

図11　アメリカ合衆国の地域別工業生産額の変化

	北東部	中西部	南部	西部
1965年	27.1%	37.4	23.4	12.1
1980年	20.9	31.8	32.0	15.3
1995年	16.4	32.2	34.8	16.6
2020年	12.5	32.1	37.8	17.6

〈Annual Survey of Manufactures 2016 ほか〉

図12 アメリカ合衆国の工業

※シリコンヴァレーは37°N以北にも広がるが，サンベルトに含む。シリコンヴァレーは主な先端産業の集積地。

図13 アメリカ合衆国の資源分布

日本やヨーロッパの発展により，五大湖沿岸や東部の工業地域が停滞したのはわかるんだけど，どうして先端技術産業はサンベルトに進出する必要があったの？　すでに発展している北部でもいいような気がするんだけど。

　たくさんの要因があるんだけど，鉄鋼業などと異なり，先端技術産業に資源立地の必要性はあまりないことはわかるだろう？

　もちろん**南部に石油や天然ガスが豊富**だということは有利な条件ではあったんだけどね。重要なのは，どうせ新たに工場を建設するなら，**広くて安い用地**，**豊富で安い労働力**（アフリカ系黒人やヒスパニックなど），**温暖で快適な気候**が存在する南部のほうがよかったんだ。しかも**州政府などの行政による優遇措置**もあったからなおさらだよ。

　カリフォルニア州のシリコンヴァレー［➡ p.462 ］，**テキサス州のシリコンプレーン**，ノースカロライナ州のリサーチトライアングルパークなどはアメリカ合衆国の経済の活力源となり，コンピュータ，インターネットの開発によ

表6　アメリカ合衆国の主な工業地域

工業地域	特　色
ニューイングランド	産業革命の発祥地で，最も古くからの工業地域。かつては繊維工業が中心であったが，近年はボストンを中心にエレクトロニクスなど先端産業が発達（エレクトロニックハイウェイ）。
中部大西洋岸	アメリカ合衆国最大の都市ニューヨーク（シリコンアレー）やフィラデルフィア，ボルティモアなど大消費地をひかえ，各種工業が発達。臨海部には輸入鉄鉱を利用した製鉄所（スパローズポイント）も立地。
五大湖沿岸	五大湖周辺で産出する鉄鉱石（メサビ鉄山）とアパラチアの石炭を五大湖の水運で結びつけ，**鉄鋼（ピッツバーグ）・自動車（デトロイト）**などの重工業が発達。同国最大の工業地域だが，相対的地位は低下。
南　　　部	当初は，滝線都市での綿工業やTVAによる原子力・アルミニウム工業程度しか発達していなかったが，現在は石油化学・航空宇宙産業（ヒューストン），エレクトロニクス（ダラス～フォートワースにかけてのシリコンプレーン）などが発達。
太 平 洋 岸	コロンビア川，コロラド川流域の開発による電力を利用して，シアトルやロサンゼルスには航空機工業が発達。サンフランシスコ郊外には，シリコンヴァレーと呼ばれる先端産業の集積地。

※都市名を地図帳でチェックしよう！

地誌

東アジア

東南アジア・南アジア

西アジア・アフリカ

ヨーロッパ

ロシアと周辺諸国

アングロアメリカ

ラテンアメリカ

オセアニア

日　　本

り**情報化社会**を実現させ，1990年代のICT（情報通信技術）革命以降，ICT産業を中心に経済力は急速に回復していったんだ。コンピュータのCPU（中央処理装置），ソフトウェア，Googleなどの検索エンジンなど事実上の世界基準になるほど，アメリカ合衆国の**ICT関連産業が世界市場に占めているシェアは大きい**んだよ！

アメリカ合衆国は，再びパワーを取り戻したみたいだけど，問題点はないの？

本当にいいとこに気づくよね（＾o＾）。確かに，問題はあるよ。

北部の停滞した工業地域に関しては，ITやバイオテクノロジーなどの分野にも力を入れ，徐々に復活のきざしがあるからまだいいよ。

大きな問題は，**NIEs**，**ASEAN**，**中国**などの安価な製品に対抗するために，多くの企業が生産拠点を海外に移してしまうことにあるんだ。つまり**国内産業の空洞化**が生じてしまうんだね。そうなると，アメリカ合衆国の企業は好調でも，国内では失業者は増え，財政も苦しくなるよね。

それに加えて，2008年末の**世界同時不況**（世界金融危機）は，アメリカ合衆国の経済に大きな打撃を与えたんだよ。最近では，これまで海外にばかり進出していた**企業を国内に再誘致**して，国内生産を増加させようと努力しているみたいだ。「**メイドインアメリカの復活**」を目指しているよ。

ホームステッド法　19世紀，**自作農を創設**し，**アパラチア以西の開拓を促進**するため制定された法律で，5年間農業開拓に従事した者に約64 ha の土地を**無償供与**することを決めた。内陸部の開拓は進んだが，これによって先住民は西部の不毛地に追いやられることになった。

アグリビジネスと穀物メジャー　広大な国土で大規模に農業が営まれているアメリカ合衆国では，**農産物の集荷**，**貯蔵**，**運搬**，**販売**などを独占的に行っている**アグリビジネス**（農業関連企業）が発達している。アグリビジネスは農産物の流通だけでなく，高収量品種などの種子の開発，**肥料や農薬の生産**，**農業機械の開発・製造**，農場経営などを幅広く行い，農家に対する影響力は大きい。

近年は，小麦などの穀物の流通を担っている**穀物メジャー**と呼ばれる**多国籍企業**がアグリビジネスにも進出している。穀物メジャーは世界的規模で高度な情報を収集し，収穫量を予測することができるため，**穀物の価格決定にも大きな影響力**を持っている。

シリコンヴァレー　カリフォルニア州**サンフランシスコ**南部（**サンノゼ**郊外）

にある**先端産業の集積地**。**大学の研究施設，広大な用地，快適な生活環境**に恵まれることに加え政府の優遇措置などにより，多数の研究機関や半導体工場が立地している。一般に研究開発にはハイテクが必要だが，生産は比較的ローテクで可能なため，研究開発施設だけをシリコンヴァレーに残し，量産型の工場はよりコストダウンが可能な他のサンベルト（テキサス州のシリコンプレーンなど）へ移動する傾向がみられる。

👆 **多文化主義**　かつては，アメリカ人になるということは，WASP の生活様式にできるだけ近づくということを意味していたが，近年は「**民族のサラダボウル**」という考え方に代表されるように，それぞれの民族の文化を尊重しながら，**調和していこうという多文化主義的な傾向**にある。

ポイント アメリカ合衆国の社会と産業

❶　**アメリカ合衆国**の総人口約**3.4億人**のうち，**ヨーロッパ系白人**が約**60%**と多数を占めるが，少数派集団の中では，**アフリカ系黒人**と**ヒスパニック**が大きな割合を占めている。

❷　主として**アフリカ系黒人**は**南東部**，**ヒスパニック**は**南西部**に居住するが，雇用機会の多い**大都市**への流入も多い。

❸　**アメリカ合衆国**は，**世界最大の農業国**で，大量の農産物を世界へ供給している。

❹　**アメリカ合衆国**は，**世界的なエネルギー資源の産出国**だが，消費量がきわめて多く，特に**石油**は**世界最大の輸入国**となっている。

❺　**アメリカ合衆国**は，**世界最大の工業国**で，**ICT 関連**など**先端技術産業**で世界をリードしているが，企業の海外進出による**産業の空洞化**が問題となっている。

よくがんばったねえ！　アメリカ合衆国は分量が多いからたいへんだっただろ？
人生いつもがんばり続けなきゃいけないわけじゃないけど，生きてる間に何回かは本気でチャレンジしなきゃいけないときがある。今がそのときだから，君にとってやれることは何でもやってみよう！
君なら必ずやれる‼　自分の力に自信を持ちなさい。

地誌

東アジア

東南アジア・南アジア

西アジア・アフリカ

ヨーロッパ

ロシアと周辺諸国

アングロアメリカ

ラテンアメリカ

オセアニア

日本

3 カナダの社会と産業

　カナダは，ロシアに次ぐ広大な国土（約999万 km²）をもってるんだけど，大部分が寒冷(かんれい)な Df だから，**人口は少なく**（**約3,800万人**で日本の約３分の１だよ），その大部分は比較的温暖なアメリカ合衆国との国境付近に居住(きょじゅう)しているんだ。

　カナダの**先住民**といえば**イヌイット**だよね。彼らは古くから**北極海沿岸地方**などで海獣漁やカリブー（トナカイ）猟を生業としてきたんだ。

　カナダもアメリカ合衆国と同じように**ヨーロッパからの移民(いみん)によって建国**された国だけど，アメリカ合衆国と違って最初に入植したのはフランス人だったんだ。17世紀に**フランス**が**ケベック**に植民地を建設したけど，イギリスとの植民地争奪戦で負けてしまったから18世紀にカナダは**イギリス領**になり，このころから**フランス系とイギリス系の対立**がみられるんだよ。

　その後，イギリスから独立するけど（**イギリス連邦**に加盟），両民族の対立を緩和(かんわ)するため，**英語とフランス語を公用語**にするなど努力がなされてきたんだ。

　現在は，かつての**二国文化主義**（**イギリス系**と**フランス系**）から**多文化主義**に転換(てんかん)を図り，**アジア**などからの移民(いみん)も積極的に受け入れているんだね。

　また，近年初めて**先住民のイヌイット**が多数を占める**ヌナブト**（「私たちの土地」という意味）**準州(じゅんしゅう)が成立**したことも，要注意だよ！

 ケベック州って人口の大部分がフランス系住民で，フランス系の文化が色濃く残っているんだよね？

そうだね。現在でも分離独立の気運が高いよ。

　フランス系住民の中には**イギリス系**主導型のやり方をきらっていて，できればケベック州を独立させたいと願う人々もいるんだ。

　首都を決定するときも大変だったんだよ。

　カナダの二大都市は，**トロント**（**297万人**）と**モントリオール**（**178万人**）で，**モントリオール**は**ケベック州**にあってフランス系の中心地なんだ。この都市を首都にするとイギリス系はおもしろくないよね。だけど**トロント**は**オンタリオ州**にあってイギリス系の中心地だから，ここを首都にすると今度はフランス系がおもしろくないよね。そこで，この二大都市の間をとって**オタワ**（**106万人**）**に首都を建設**することにしたんだ（以上2021年）。**フランス系住民が約81％**

図14　カナダの人口密度と言語別人口構成

1km² 当たり人口密度 (2016年)
- 100 人以上
- 10〜100
- 1〜10
- 0.3〜1
- 0.3 未満

言語別人口構成 (2016年)
その他　英語
フランス語
（数字）は人口（万人）

オンタリオ（1331.3）
2.3 17.2
80.5%

ケベック（806.7）
8.6 10.7%
80.6

ニューファンドランド・ラブラドル（51.6）
0.2 1.5
98.3%

プリンスエドワードアイランド（14.1）
1.7 3.7
94.6%

ブリティッシュコロンビア（459.8）
0.5 18.1
81.5%

アルバータ（402.7）
0.8 14.2
85.0%

サスカチュワン（108.3）
0.4 8.9
90.6%

マニトバ（126.1）
1.5 13.9
84.6%

ニューブランズウィック（73.6）
2.0 28.6
69.5%

ノヴァスコシア（91.2）
1.7 3.0
95.3%

クガラック（ペリーベイ）、エドモントン、カルガリー、リジャイナ、ウィニペグ、ヴァンクーヴァー、ケベック、モントリオール、オタワ、ハリファクス、トロント、ハミルトン、ウィンザー

（2016年）**を占めるケベック州では**，現在でもカナダからの**分離独立を求める動き**（ケベックナショナリズム）があるんだよ。

　　カナダはなんでも輸出できて，アメリカ合衆国との経済的な結びつきが強いっていう印象があるんだけど，これって合ってる？

　うん，なかなかいい線いってるよ (^_^)。

　カナダは，石油，天然ガス，ウランなどの**エネルギー資源**も鉄鉱石などの**鉱産資源も豊富**で，人口が少ないから国内消費はあんまり大きくないだろう？だから**輸出余力が大きい**んだね。小麦なんかについても同じことが言えるんだけど，**農産物や資源などの一次産品は自給率が高く**，輸出の上位にくる品目も多いよ。

　工業についてもアメリカ合衆国資本が多く進出していて，特に**自動車工業**なんかではそれが顕著だね。

　1994年に，**アメリカ合衆国，メキシコ**と**NAFTA**（**北米自由貿易協定**，現**USMCA**）**を結成**し［➡ p.316 ］，共同市場（加盟国間の貿易障壁撤廃を目指すこと）の形成に取り組んでいるんだよ。

　もちろん，カナダの**最大の貿易相手国はアメリカ合衆国**だ！［➡ p.466 表7］

地誌

東アジア

東南アジア・南アジア

西アジア・アフリカ

ヨーロッパ

ロシアと周辺諸国

アングロアメリカ

ラテンアメリカ

オセアニア

日本

表7 アメリカ合衆国・カナダ・メキシコの主な貿易相手国 (2022年)

● アメリカ合衆国の貿易相手国

	輸 出	%	輸 入	%
1位	カ ナ ダ	17.3	中 国	16.5
2位	メキシコ	15.7	メキシコ	14.0
3位	中 国	7.5	カ ナ ダ	13.5
4位	日 本	3.9	日 本	4.6
5位	イギリス	3.7	ド イ ツ	4.5

● カナダの貿易相手国

	輸 出	%	輸 入	%
1位	アメリカ	77.0	アメリカ	49.1
2位	中 国	3.7	中 国	13.5
3位	イギリス	2.3	メキシコ	5.5
4位	日 本	2.3	ド イ ツ	3.0
5位	メキシコ	1.2	日 本	2.3

● メキシコの貿易相手国

	輸 出	%	輸 入	%
1位	アメリカ	81.8	アメリカ	43.8
2位	カ ナ ダ	2.7	中 国	19.6
3位	中 国	1.9	韓 国	3.7
4位	ド イ ツ	1.4	ド イ ツ	3.1
5位	韓 国	1.3	日 本	3.0

※アメリカ合衆国は中国に対して大幅な貿易赤字であること，カナダとメキシコはアメリカ合衆国への貿易依存度が極めて高いことに注意！

表8 アメリカ合衆国，カナダ，メキシコの主要輸出入品目と輸出入額 (2021年)

● アメリカ合衆国

輸出品	輸出額	輸入品	輸入額
機械類	4,005	機械類	8,432
自動車	1,181	自動車	2,777
石油製品	919	医薬品	1,585
医薬品	818	原油	1,384
精密機器	732	衣類	1,063

● カナダ

輸出品	輸出額	輸入品	輸入額
原油	819	機械類	1,185
機械類	460	自動車	650
自動車	437	医薬品	195
金(非貨幣用)	156	金属製品	148
木材	142	石油製品	143

● メキシコ

輸出品	輸出額	輸入品	輸入額
機械類	1,711	機械類	1,764
自動車	1,117	自動車	373
自動車部品	307	自動車部品	260
原油	240	石油製品	260
野菜・果実	186	プラスチック	207

単位：億ドル

東アジア

東南アジア・南アジア

西アジア・アフリカ

ヨーロッパ

ロシアと周辺諸国

アングロアメリカ

ラテンアメリカ

オセアニア

日　本

ポイント　カナダの社会と産業

❶　**カナダ**はロシアに次ぐ**広大な国土**をもち，**総人口約3,800万人**のうちイギリス系とフランス系の占める割合が高いが，フランス系住民の多い**ケベック州**では分離独立の動きもある。

❷　近年は，二国文化主義から**多文化主義**に転換しつつある。

❸　経済的には**アメリカ合衆国**との結びつきが強く，近年は**カナダ，アメリカ合衆国，メキシコ**の間で **NAFTA**（**北米自由貿易協定**，現 USMCA）を結成している。

チェック問題　　　　　易　3分

1　図1中のミシガン州とワシントン州は，ほぼ同緯度に位置しており，面積もほぼ同じである。次の図2中の**ア**と**イ**は，図1中の**X**と**Y**のいずれかの地点における月平均気温と月降水量をハイサーグラフで示したものである。また，下の表1中の**A**と**B**は，ミシガン州とワシントン州のいずれかにおける小麦とテンサイの年間生産量を示したものである。地点**X**に該当するハイサーグラフとワシントン州に該当する作物の年間生産量との正しい組合せを，下の①〜④のうちから一つ選べ。

ワシントン州

ミシガン州

U.S. Census Bureau の資料などにより作成。

図1

	ア	イ

気象庁の資料により作成。

図2

	小麦（万ブッシェル）	テンサイ（千トン）
A	15,321	87
B	3,572	4,278

ブッシェルは穀物の計量単位で，1ブッシェルは約35リットルに相当する。

統計年次は2017年。USDAの資料により作成。

表1

	①	②	③	④
ハイサーグラフ	ア	ア	イ	イ
作物の年間生産量	A	B	A	B

2 次の図は，アメリカ合衆国（アラスカ州とハワイ州を除く）の各州の人口に占めるアメリカインディアン，黒人，中国系，ヒスパニックのいずれかの割合を相対的に示したものである。中国系の割合を示したものとして正しいものを，図中の①～④のうちから一つ選べ。

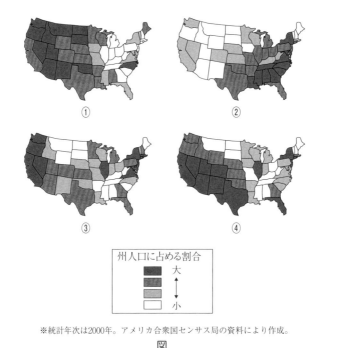

地誌

東アジア

東南アジア・
南アジア

西アジア・
アフリカ

ヨーロッパ

ロシアと
周辺諸国

アングロ
アメリカ

ラテン
アメリカ

オセアニア

日　本

州人口に占める割合

大

↑↓

小

※統計年次は2000年。アメリカ合衆国センサス局の資料により作成。

図

解答・解説　　**1**　①　　ミシガン州とワシントン州の気候と小麦・テンサイ
の年間生産量を比較する問題である。まずは，図1中のワシントン州のX（州
都オリンピア）とミシガン州のY（州都ランシング）の**ハイサーグラフ**（図2）
を判定する。Xの方が高緯度に位置するが，北緯47度付近の**大陸西岸**に位置す
るため，冬季は偏西風の影響を受けることから，気温があまり低下せず，気温
の年較差が小さくなる。したがって，ハイサーグラフの**ア**に該当する。夏季は
偏西風が北上するため，降水量が減少し，**Cs**（地中海性気候）になる。

　Yは，大陸内部に位置するため，気温の年較差が大きく，冬季は低温になる
ため，ハイサーグラフの**イ**に該当する（Df）。隔海度が大きいため，降水量が
少ないことに注目してもよい。

　表1では，**A**が小麦の生産量が多く，**B**がテンサイの生産量が多いことを読
み取る。アメリカ合衆国の**小麦生産の中心**は，モンタナ州，ノースダコタ州な
どの春小麦地帯とカンザス州，オクラホマ州などの冬小麦地帯だが，太平洋岸
のワシントン州も肥沃な土壌（レス）が広がるコロンビア盆地を中心に小麦生
産量が多い。したがって，**A**がワシントン州である。テンサイは、ヨーロッパ

原産で冷涼な気候を好む作物である。糖分が多い種類は**砂糖原料**になるが，牛などの**飼料作物**としても重要である。**ミシガン州を含む五大湖地方は、更新世の氷期に大陸氷河に覆われていたため、やせ地が広がること，冷涼な気候（Df）であること，大消費地に近いことから、酪農が発達しており、テンサイなどの飼料作物栽培も盛んである。したがって、B はミシガン州である。**

2　**③**　アメリカ合衆国の州別分布図であるが，共通テストでは細かくすべての州名を覚える必要はないので，分布の概観をとらえることができればよい。**中国系住民**は，アジアから比較的近い**太平洋岸諸州**に多い。よって**③**が該当する。日系，韓国系，東南アジア系など他のアジア系も同様である。

　①　西部内陸に多いので，ヨーロッパ系白人の入植・開拓により西部の不毛地に追いやられた**アメリカインディアン**が該当する。

　②　南東部に多いため，**黒人**が該当する。黒人は，かつて**綿花のプランテーション**における奴隷労働力として，アフリカから連れて来られた。現在でも南東部の**コットンベルト**や**雇用機会が豊富な大都市**での割合が高い。

　④　メキシコと国境を接する南西部の州に多いため，**ヒスパニック**が該当する。ヒスパニックは，メキシコ系が多いが，**フロリダ州にはキューバ系**も多い。フロリダ半島はキューバと近く，特に**1959年のキューバ革命**以降，亡命者や難民が流入した。参考までに，キューバの社会主義革命後，国交断絶し長く対立関係にあったが，**2015年にアメリカ合衆国とキューバの国交回復**という歴史的事件が起こった。

「カナダ・ケベック州＝フランス系住民多数」ってホントによく出題される事柄だよね〜。最近は，USMCA に関する設問も多いから注意しようね！

26 ラテンアメリカ

地誌

この項目のテーマ

1 ラテンアメリカの自然環境と人々の生活
多様な自然環境を理解すれば，ラテンアメリカが見えてくる！

2 ラテンアメリカの社会と産業
ラテン系の文化が広がる各国の社会と経済発展を理解しよう！

1 ラテンアメリカの自然環境と人々の生活

図1　ラテンアメリカの地形

ラテンアメリカっていうのは，**メキシコ以南のアメリカ大陸**（島嶼部を含む）を指すんだったよね。さらに**メキシコ～地峡部諸国**（グアテマラとかコスタリカとか，聞いたことはあるよね？），**西インド諸島**（**キューバ**とか**ジャマイカ**などの島々だよ）にかけてを**中央アメリカ**（**中米**），それより南を**南アメリカ**（**南米**）に分けることがあるんだ。**中央アメリカと西インド諸島をまとめて，カリブ諸国**って呼ぶこともあるけどね。

　最初に**ラテンアメリカ**（**中南米**）の地形をしっかり学習しよう！

　中米は大部分が新期造山帯に属する環太平洋造山帯の一部なので，**メキシコ**や**西インド諸島**では，**地震や火山活動が活発**だ。

　次は，**南米**の説明だね。ここで一つ質問していいかなぁ？

　南米はかつてアフリカ，インド，オーストラリアなどとともに一つの巨大な大陸を形成していたよね。なんという名前だった？

> かなり簡単な質問だなぁ（＾o＾）。
> もちろん「**ゴンドワナランド**」だよ。ということは，**南米は大部分が安定陸塊**だということになるよね？

　そうだね。

図2　ラテンアメリカの気候

ブラジル高原や北部のギアナ高地などが安定陸塊だよ。ブラジル高原は高いところで1,000m，大半は300〜500m程度の低平な高

図3　ラテンアメリカの断面図（南緯20度付近）

原だ。これに対して，ギアナ高地は標高も高く断崖絶壁に囲まれたテーブルマウンテンがたくさんあるんだ。マジにスゴイ！！　外部と隔絶されているから開発は遅れているけど，その分独自の生態系が残されているよ。

でも，太平洋側から**海洋プレートが沈み込んでいる**ので，大陸の西側は**新期造山帯**に属する**アンデス山脈**が南北に連なっているよ。ここは，**プレートの「せばまる境界」**になってるから，**地震や火山活動**もみられるんだ。

南米は全体として**西高東低**なので，多くの河川は大西洋側に流れているよ。**アマゾン川**［➡ p.477 ⬜］，**オリノコ川**，**ラプラタ川**は構造平野上を緩やかに流れる大河川なので，地図でだいたいの位置を確認しよう！

それから，**ラプラタ川の河口はエスチュアリー**，**チリ南部にはフィヨルド**が発達しているから，これも地図帳に書き込んでおこう！

> 地図を見ると，南米の太平洋岸沿いの海洋部分は色が濃いよね？これは，**海洋プレート（ナスカプレート）**が**大陸プレート（南アメリカプレート）**の下に沈み込んでいて，**海溝がアンデス山脈に沿って分布している**っていうことなの？

君もかなり力がついてきたね。まったくそのとおり！

南米の**太平洋岸**には**ペルー海溝**，**チリ海溝**などが大陸に沿って分布しているよ。北米との大きな違いだね。ここでは大規模な**地震**が生じやすく，かつては**チリ沖の地震**で発生した**津波**が遠く日本にまで到達し，**三陸海岸**などに大きな**被害**を与えたこともあるんだ。

じゃあ，次は**気候**と人々の生活のかかわりについて説明しよう！

まず，地図帳を出して，**赤道**をマーカーでなぞってみよう！　赤道はエクアドル（スペイン語で「赤道」のことだよ。英語で equator だよね？）とアマゾン川の河口付近を結んだあたりだね。

次に，**緯度20度の線**をマーカーで南北それぞれなぞってみよう！　およそ赤道から南北緯度20度の範囲に分布するのが**熱帯（A）気候**になるよ。

地誌

東アジア

東南アジア・南アジア

西アジア・アフリカ

ヨーロッパ

ロシアと周辺諸国

アングロアメリカ

ラテンアメリカ

オセアニア

日　本

ここで大切なことが見えてくるだろう？

……そのとおり！　ラテンアメリカは**A気候の面積割合がとても大きい**ことがわかるよね。これはめちゃめちゃ大切だよ（図4）。

図4　大陸別気候区の割合

赤道付近の**アマゾン川流域は Af** が分布し，**熱帯雨林**のセルバが広がっていたね？　ここでは，**多種類の常緑広葉樹が密林を形成**していて，ヤシ類，ゴム，マングローブなどの樹木が生育している。さらにその南北両側には**雨季と乾季が明瞭**な Aw が分布していて，北半球側には**リャノ**（**オリノコ川流域**），南半球側には**カンポ**（**ブラジル高原**）と呼ばれる**熱帯草原**が広がっているよ。

ブラジルの熱帯雨林地域では**キャッサバ**（ブラジルではマニオクと呼ぶ）などの自給用作物を栽培する**焼畑**，輸出用の商品作物を栽培する**プランテーション農業**，サバナ地域では**牛の放牧**（牛の飼育頭数は世界一！），**大豆**，**トウモロコシ**などの栽培が行われているよ。

ブラジルは南部を除いて大部分が**熱帯**になるけど，その南側の**アルゼンチン**は違うよ！　**アルゼンチンの首都ブエノスアイレスは，東京とほぼ同緯度**なんだ。ということは？　そうだね，**緯度35度**で**大陸の東岸**にあるから，東京と同じ Cfa（**温暖湿潤気候**）になるよ。やや内陸に入ると，降水量が減少し，BS が分布しているけどね。

ラプラタ川流域の Cfa ～ BS の地域には，パンパと呼ばれる**草原**が広がっていて，**肥沃な黒色土**（**パンパ土**と呼ばれるプレーリー土の一種）が分布しているんだ。

パンパでは，**混合農業や企業的牧畜**などが大規模に行われているし，アルゼンチンは，**南米で数少ない小麦の輸出地域**だということも重要なポイントだね（小麦は熱帯があんまり好きじゃないから）。

このほか**チリ中部**には Cs（地中海性気候）が分布し，果樹（ブドウなど）や野菜の栽培が盛んだよ。**チリ南部は偏西風の影響を年中受ける Cfb（西岸海洋性気候）**が分布していて**降水量もすごく多い**んだ！

> ここまですんなり気候の説明はすんだけど，**BW（砂漠気候）**がまったく登場しないよ。どうして？

　そうだね。ラテンアメリカは，BW が分布する緯度20〜30度付近の東西幅が狭く，海洋の影響を受けるから砂漠があまり発達していないんだ。でも，**ペルー沿岸部からチリ北部（アタカマ砂漠）にかけては砂漠（海岸砂漠）**が分布しているし，**アルゼンチン南部のパタゴニアにも砂漠（地形性砂漠）**があるよ。

　砂漠の成因については，⑤ [➡ p.97] で確認しておこうね！

> うん，わかった！　復習しておくね。
> ところで話は変わるけど，中央アンデスって地形も気候も複雑だよね。人々は自然環境のさまざまな特色をうまく利用して生活を営んでいるって聞いたことあるんだけど？

　ペルー〜ボリビアにいたる地域を**中央アンデス**って呼ぶんだけど，この地域は，古くからインディオの文明が栄えたところだよね（**インカ文明**）。この地域は勉強するとかなりおもしろいよ。地形的には，**太平洋岸の海岸地域，アンデスの山岳地帯，アンデス東麓のアマゾン盆地**に分けることができるんだ。

　ペルー〜チリ北部の海岸沿いには砂漠が広がっているという話はしたよね。**寒流**の**ペルー海流（フンボルト海流）の影響**で，**降水量が少ない**だけでなく，低緯度のわりに気温もあまり高くないから，過ごしやすい気候なんだね。それとまったく水が得られないように思えるこの地域でも，アンデスの雪解け水によって，小規模な**外来河川**が多数流れているので，灌漑が可能なんだ。**南米の低緯度地域では暑さを避けるため，首都の標高が高い**（**高山都市** [➡ p.477 ⛰]）場合が多いんだけど，**ペルーの首都リマ（寒流の影響で BW）**は，あまり気温が高くないから（1月22.6℃，7月17.0℃）低地にあるんだ。

　アンデスの山岳地帯は，ヨーロッパからの入植者も少なかったため，今でも**インディオが伝統的な生活**を送っているよ。海抜が高くなると気温は低下し，植生も乏しくなるため，住居は**日干しレンガで造られた家**が多くみられるんだ。紫外線も強くなるから，帽子をかぶっている人々が多いよね（本やテレビで見たことない？）。

地誌

東アジア

東南アジア・
南アジア

西アジア・
アフリカ

ヨーロッパ

ロシアと
周辺諸国

アングロ
アメリカ

ラテン
アメリカ

オセアニア

日　本

高度によって気温・植生・土壌が変化するため，人々の生活も変化に富み，標高が比較的低いところでは，トウモロコシ，小麦などが栽培されるけど，標高が高く冷涼なところではジャガイモ[➡ p.477]が栽培され，さらに標高が高くなるとリャマ，アルパカなどの放牧が行われてるんだよ。

表1の統計資料から国名を判定してみよう！

表中のA～Dは，アルゼンチン，チリ，ブラジル，ペルーのいずれかの国土面積に対する耕地，牧場・牧草地，森林，その他の割合を示したものだよ。

表1　ラテンアメリカ諸国の土地利用

国名	耕地率(%)	牧場·牧草地率(%)	森林率(%)	その他*(%)
A	7.4	20.3	58.3	14.0
B	12.1	26.8	10.3	50.8
C	4.4	14.5	56.3	24.8
D	2.2	18.5	24.1	55.2

※統計年次は2021年。　　　*砂漠など不毛地を含む。

これを見て，B国が耕地率，牧場・牧草地率が高いので，C～BSが広がるアルゼンチンであることは簡単にわかるよね。

でもC国をブラジルにしたくならないかなぁ？　だって，ブラジルは熱帯雨林のセルバが広がっているから，森林率が高いはずだもんね。

だけど，C国はペルーなんだ。ペルーは海岸沿いだけが砂漠で，中央にアンデス山脈が走り，東部はセルバなんだよ（セルバとはポルトガル語やスペイン語で「密林」の意）。だから森林の割合が大きいんだ！　危うく間違えそうになるだろう？　前も言ったように「ペルー➡砂漠」，「ブラジル➡セルバ」っていうような機械的な暗記だけでは高得点がとれないからね！

A国がブラジルで，トウモロコシ，大豆，米など農作物の栽培に恵まれた条件を備えているから，C国（ペルー）より耕地の割合も大きいんだね。森林率も4か国中で最も高いしね。D国はチリだよ。その他の割合が大きいのは，北部に砂漠（アタカマ砂漠）が広がるからなんだ。アタカマ砂漠は，もちろん「海岸砂漠」だ!!

南アメリカ大陸は，低緯度地域の面積割合が大きいから，全大陸中熱帯気候の割合が最大なんだ！

👆 **アマゾン川** 多くの**支流**からなり，**世界最大の流域面積**を誇る。流域には**熱帯雨林気候（Af）が広がる**が，支流は**サバナ気候（Aw）**地域から流れ出てくるものも多く，**流域が南半球に広がっている**ため，季節による流量の変化も大きく**洪水**が生じる。支流には滝や早瀬が多く，**ダムも建設されている**が，**本流は非常に緩やかに流れ**，3,500kmの上流部と河口部の水面標高差が100mもない。

👆 **高山都市** **低緯度のアンデス諸国**では，暑さを避け（標高が高いと気温が低下），快適な気候を求めて高山都市が発達している。**エクアドルのキト**，**コロンビアのボゴタ**，**ボリビアのラパス**などはその好例である。

👆 **チューニョ** ジャガイモの**保存食**（凍結乾燥・**フリーズドライ**）。ジャガイモなどの**イモ類は穀類と異なり保存に適さない**ため加工が必要となる。中央アンデスでは**気温の日較差が大きい**という気候特性を活かし，ジャガイモを夜間，屋外に放置して凍結させ，これを昼間に踏みつけることによって水分を飛ばし，乾燥させて保存食とする。日中が高温になり夜間が低温になることを利用した**インディオ**の生活の知恵である。

ポイント ▶ ラテンアメリカの自然環境と人々の生活

❶ **ラテンアメリカの地形**は，大部分がかつての**ゴンドワナランド**で安定陸塊が広がるが，**メキシコからアンデス山脈にかけては新期造山帯**に属する高原や山脈が連なる。

❷ **南アメリカ大陸**は，赤道付近の東西幅が広く，**熱帯（A）気候**が最も大きな割合を占めているが，**乾燥（B）気候の割合は小さい**。

❸ **中央アンデス**などでは自然環境の**垂直的な変化**に応じて，人々がさまざまな農業や生活を営んでいる。

「ラテンアメリカ」の地形と気候はわかったかな？ 強引に「覚えよう！」とするより，しっかり「理解しよう！」と思えばすんなり頭に入るよ！
もうちょっとがんばろうね！

2 ラテンアメリカの社会と産業

ラテンアメリカ（Latin America）には，**先住のインディオ（インディヘナ）**が居 住していて，メキシコからアンデスにかけては，**アステカ**（メキシコ高原），**マヤ**（ユカタン半島），**インカ**（ペルー〜ボリビア）など高度な文明が栄えていたんだ。でも，16世紀に**スペイン人やポルトガル人に征服され，ほとんどがスペインとポルトガル（ブラジルのみ）の植民地**になったんだね。

でも，第二次世界大戦までに多くの国々が独立を達成したんだ。

長期間の植民地支配によって，**言語（ラテン系のスペイン語やポルトガル語），宗教（カトリック）**などに大きな影響を受け，**ラテン文化圏**を形成しているよ。ただし，西インド諸島の**ハイチはフランス領**，ジャマイカは**イギリス領**，それからギアナ高地の**ガイアナはイギリス領**，スリナムは**オランダ領**だったことに注意してね！

> ラテンアメリカの人種・**民族構成も複雑**だよね？
> 「**人種のるつぼ**」と呼ばれているんでしょう？

そうだね。先住民の**インディオ**，ヨーロッパから移住してきた**ラテン系**を中心とする**白人**，奴隷として強制的に移住させられた**アフリカ系黒人**の間でそれ

図5 ラテンアメリカの人種・民族

それ混血が進み，メスチソ（白人とインディオ）やムラート（白人と黒人）などの混血人種も多いんだ。

　そして，**先住民や移民の文化や伝統が混じり合い**，ラテンアメリカ社会を形成しているよ。人種的な偏見は少ないと言われているけど**経済的な格差は日本よりはるかに大きい**んだ。

　前ページの**図5**を見てごらん！

　比較的過ごしやすい地域は人口密度が高く，ヨーロッパ系白人や混血人種が多いけど，熱帯雨林やアンデスの高山地域にはインディオが多いことがわかるね。

　次は，これを国別に考えてみよう！　日本とほぼ同じくらいの緯度にある**アルゼンチンやウルグアイには温帯が分布**していて，ヨーロッパ系白人にとって快適な気候だよね。だから**国民の大部分がヨーロッパ系白人**なんだよ。**ブラジルもヨーロッパ系白人が半数を占める**けど，熱帯地域での**プランテーション**に**アフリカ系黒人の労働力を導入**したため，白人と黒人との混血（**ムラート**）もいるよ。ブラジル南部の温帯地域などには，第二次世界大戦前後に，**農業開拓**のため移住した**日系人**がいることも忘れないでね！

　これに対して，**アンデスの高地や熱帯雨林が広がるペルーやボリビア**では，**インディオの割合が高く**，公用語にはスペイン語とともに**インディオの言語**も指定されているんだよ。また，**西インド諸島のハイチやジャマイカにはアフリカ系黒人が多数居住**していることにも注意しておこうね！　彼らは，サトウキビなどの**プランテーション労働力**として強制的に移住させられた人々の子孫なんだね。

地誌

東アジア

東南アジア・南アジア

西アジア・アフリカ

ヨーロッパ

ロシアと周辺諸国

アングロアメリカ

ラテンアメリカ

オセアニア

日　本

じつは前から疑問に思ってたんだけど，どうしてわざわざ遠いアフリカから黒人を奴隷として連れてきたの？

　当初は，インディオの奴隷化も行われたんだけど，**熱帯地域**での過酷な労働や，白人がヨーロッパから持ち込んだ病気などによりインディオが激減してしまって，労働力不足に陥ったんだ。

表2　ラテンアメリカの人種・民族構成のまとめ

先住民が多い国	ペルー，ボリビア
ヨーロッパ系白人が多い国	アルゼンチン，ウルグアイ，ブラジル
アフリカ系黒人が多い国	ハイチ，ジャマイカ
混血が多い国	メキシコ，ベネズエラ，チリ

　そこで，代わりに**アフリカ系黒人を奴隷として移住**させたり，奴隷制廃止後は，ヨーロッパや日本をはじめとするアジアから新規の移民を労働力として受

け入れたんだね。

ラテンアメリカでは，大土地所有制によるプランテーション（大
農園）の経営など特定の農産物に依存するモノカルチャー経済の
国が多いよね。どうしてなの？

　もともとラテンアメリカでは，欧米市場向けの**プランテーション**経営が行わ
れてきたのが一因だね。**スペイン人**や**ポルトガル人**が進出当時に持ち込んだ**大
土地所有制**［➡ p.482 ☞］によって，少数の白人地主が大部分の土地を所有し，
多数の小作人や農業労働者を使用して大規模なプランテーションを経営したん
だよ。地主は収益性の大きい**輸出用作物**の栽培に力を入れたから，今でも**モノ
カルチャー**（monoculture：**ある特定の一次産品に経済や社会が依存すること**）
の傾向が強く残っているんだね。

　独立後，**メキシコでは大農園のアシエンダを解体**したり，**ブラジルでは農業
の多角化**を行ったり，**キューバでは農園の国有化**をしたりと改革は行われてい
るんだけど，依然としてラテンアメリカの大部分の国では**大土地所有制が残っ
ている**し，モノカルチャーから脱却できない国も多いんだ。

　もちろん工業化が進んできたとはいっても，**ブラジル**にとって農業はまだま
だ大切な産業の一つだよ。特に注目して欲しいのは，**大豆**，**サトウキビ**，**牛肉**
の生産だね。ぜんぶ**1970年代以降**なんだけど，大豆は日本の**ODA**によるカ
ンポ・セラードの開発で，灌漑の整備によって大規模な大豆畑に変化している
よ。**1990年代以降**は，アメリカ合衆国の**穀物メジャー**なんかが進出していて，
主に中国に輸出してるんだ。**サトウキビ**は北東部や南東部が中心で世界のなん
と約**40%**も生産しているよ。砂糖の原料としてだけでなく，バイオエタノール
の原料としても重要だね。**牛の飼育頭数**（１位）や**牛肉の生産**（アメリカ合衆
国に次いで**２位**）もかなり増加しているけど，背景には大企業による**カンポ**や
セルバの大牧場造成があるかな。というふうにブラジルの農業もかつての**コー
ヒーのモノカルチャー**からずいぶん変化していることがわかるね。けっこうお
もしろかっただろ？（笑）農業は，ブラジルにとって重要な輸出産業だ！

徐々に農業の近代化も行われているんだね。最近は，ラテンアメ
リカの国々でも**工業化**が進展してるよね。特に**メキシコとブラジ
ル**は NIEs として経済発展してたよ。ちゃんと復習してるだろ
う？（＾ω＾）

　うん，立派なもんだ（＾ω＾）。では，**メキシコとブラジルの工業化**とそれ

に伴う社会の変化について勉強してみよう！

　メキシコは，比較的早くから**メキシコ湾岸**で石油の開発が行われていて，途上国の中では国有化の時期も早かったよね。だから**OPECには加盟していない**［➡ p.207］よ！　現在は，アメリカ合衆国，カナダとUSMCAを結成し，アメリカ合衆国資本などを積極的に導入することによって工業化政策を推進しているんだ。

　ブラジルもメキシコと同様，**鉄鉱石**など豊富な資源があるんだけど，開発が遅れ，**コーヒーのモノカルチャー**からなかなか脱却できずにいたんだ。第二次世界大戦後，先進国の資本・技術を導入し，**鉄鉱石などの鉱産資源やダム建設による電源開発**などを実施し，現在は**自動車，鉄鋼**などの分野で急成長を遂げているよ。当初は**輸入代替型**の工業化を行ったんだけど伸び悩んでしまって，**1990年代からは経済開放政策を採ったため，輸出指向型工業への転換に成功し**つつあるね。**サンパウロ（人口最大都市）**，リオデジャネイロ，ベロオリゾンテなど大都市が集中する**南東部が工業の中心**だ。工業のところでも説明したけど，最近は中国，インド，ロシアなどとともに**BRICS**として注目されているしね。近年は，リオデジャネイロ沖などで**海底油田**の開発も進み，**ラテンアメリカ有数の原油生産国**になっているよ。

　それから**1995年**に設立された**MERCOSUR（南米南部共同市場）**にも注目しよう！　**ブラジル，アルゼンチン，ウルグアイ，パラグアイ**などが加盟していて，ラテンアメリカの経済統合を目指し，**自由貿易市場**を確立しようとしているんだ。

　地図帳を見ると，ブラジルの都市って沿岸部には多いけど，内陸の，特にアマゾン地方には少ないよね。やっぱり開発が遅れているんだよね？

そのとおり！ブラジルだけじゃないけど，ラテンアメリカ諸国では，スペインやポルトガルの植民地時代に開発拠点として建設された港湾都市が多く，内陸部は開発から取り

表3　メキシコとブラジルの主要輸出品

国　名	主要輸出品	輸出総額(億ドル)	1人当たりGNI(ドル)
メキシコ	機械類・自動車・自動車部品・原油・野菜・果物	4,946	9,956
ブラジル	鉄鉱石・大豆・原油・肉類・機械類	2,808	7,305

※統計年次は2021年。『世界国勢図会 2023/24』による。

地誌

東アジア

東南アジア・南アジア

西アジア・アフリカ

ヨーロッパ

ロシアと周辺諸国

アングロアメリカ

ラテンアメリカ

オセアニア

日　本

残されてきたんだ。特にアマゾンはその典型だよ。**アマゾン地方は19世紀末の**ゴムブームのときに開発が始まったけど，本格的な開発は，1960年代以降だね。

君の言うとおり，**ブラジルはリオデジャネイロなど沿岸部だけが早くから発**展をしていたんだ。そこで**1960年，内陸部を開発するために，首都をリオデジ**ャネイロから内陸部の**ブラジリアに遷都**するという思い切った方法をとったんだ。

さらにアマゾン川流域の**マナオス（エレクトロニクス産業）を自由貿易地域**に指定したり，**アマゾン横断道路**（トランスアマゾニアンハイウェイ）や**縦断道路**などの道路や，鉄道の建設，**鉄鉱石などの資源開発（カラジャス鉄山），**製鉄所の建設，**土地を持たない農民の入植**などを実施してきたんだよ。

でも，開発に伴い**熱帯林の破壊**が進むなど深刻な**環境問題**が発生したので，現在は環境に優しい開発を進めようと努力しているんだ。

ポイント ▶ **ラテンアメリカの社会と産業**

❶ ラテンアメリカは，**スペイン，ポルトガルの植民地支配を受けた**ため，言語（スペイン語，ポルトガル語），宗教（カトリック）などラテン系の文化的影響が強い。

❷ **大土地所有制が残存**し，**特定の農産物などに依存するモノカルチャー経済の国が多い。**

❸ **メキシコ，ブラジル**などは，**工業化の進展**により**NIEs** となり，輸出上位品に一次産品だけでなく工業製品も入る。

大土地所有制 ラテンアメリカには**植民地時代に導入された大土地所有制**（大農牧場）**が残存**しており，**ブラジルではファゼンダ，アルゼンチンではエスタンシア，アンデス諸国ではアシエンダ**と呼ばれている。メキシコでは20世紀の前半に土地改革が実施され，アシエンダを解体し，かつてのインディオの共有地制度に似た「新エヒード制」を導入した。大土地所有者は，農地に十分な投資をせず，先住民やアフリカ系の農業労働者を安価な賃金や小作料でまかなってきたため，**生産性が低い**レベルにとどまっている。

メキシコシティの大気汚染 メキシコシティは，急速な都市化と工業化に伴い，大気汚染をはじめとする環境問題が深刻である。**プライメートシティ**であるメキシコシティに工業生産が集中していて，工場の排煙，自動車の排ガスなどがその原因となっている。また，公害対策が未整備であること，**盆地**構造であるため汚染物質が滞留し拡散しにくいこと，**標高が高い**（2,309m）ため不完全燃焼を起こしやすいことなど，悪条件が重なっている。

表4 ラテンアメリカ諸国のまとめ

国 名	主な言語(*公用語)	1人当りGNI	特 色
メキシコ	*スペイン語	9,956 ドル	マヤ，アステカなどインディオの古代文明が栄える。人口約1.3億人。OPEC非加盟の産油国。NIEs として工業化が進展。アメリカ合衆国，カナダと NAFTA（現 USMCA）を結成。OECD 加盟国。
キューバ	*スペイン語	11,086	第二次世界大戦後，社会主義国となる。サトウキビのプランテーションは国有化され，砂糖が主要輸出品。
ジャマイカ	*英語	5,023	アフリカ系黒人が多い。ボーキサイトの産出。コーヒー栽培（ブルーマウンテン）。
ハ イ チ	*フランス語，クレオール語	1,665	アフリカ系黒人が多い。世界初の黒人共和国。熱帯低気圧による暴風雨やハイチ大地震による復興途上。
パ ナ マ	*スペイン語	14,012	便宜置籍船国。パナマ運河。
ベネズエラ	*スペイン語	3,528	OPEC加盟の産油国。マラカイボ湖や，オリノコ川流域に油田。オリノコ川流域のリャノで牧牛。
コロンビア	*スペイン語	6,003	コーヒー栽培。石油・石炭輸出国。OECD 加盟国。
エクアドル	*スペイン語	5,873	赤道直下に位置する産油国。バナナの輸出は世界最大。2020 年 1 月に OPEC を脱退。
ペ ル ー	*スペイン語(1)	6,446	世界的な漁獲高。フィッシュミール，銅を輸出。
ボ リ ビ ア	*スペイン語(2)	3,266	アンデス山中の内陸国。首都ラパスの標高は3,600m 以上。
チ リ	*スペイン語	15,320	南北に長い国土。気候は北からB〜Cで南端にET。銅鉱の産出は世界最大。OECD 加盟国。
ブラジル	*ポルトガル語	7,305	ラテンアメリカでは，面積・人口（約2.2億人）とも最大。かつてはコーヒーのモノカルチャーであったが，NIEs として工業化も進展。首都は計画都市のブラジリアだが，サンパウロとリオデジャネイロが二大都市。近年，大規模な海底油田が開発され産油国に。BRICS。
アルゼンチン	*スペイン語	10,590	住民の大部分がヨーロッパ系白人で，ブエノスアイレスなどヨーロッパ風の都市を建設。パンパでは肥沃な黒色土に恵まれるため企業的穀物農業（小麦）や企業的牧畜（牛・羊）。

※(1)他にインディオの言語であるケチュア語，アイマラ語も公用語。(2)他に36の先住民族の言語も公用語。
　1 人当たり GNIは2021年。人口は 2022年。『世界国勢図会 2023/24』による。

地誌

東アジア

東南アジア・南アジア

西アジア・アフリカ

ヨーロッパ

ロシアと周辺諸国

アングロアメリカ

ラテンアメリカ

オセアニア

日　本

チェック問題

標準 3分

1 各国の電力の供給源は，経済力や得られる資源などにより異なる。次の図は，ラテンアメリカのいくつかの国におけるエネルギー源別の発電量の割合を示したものであり，凡例 A ～ C は，火力，再生可能エネルギー*，水力のいずれかである。エネルギー源と A ～ C との正しい組合せを，後の ① ～ ⑥ のうちから一つ選べ。

*太陽光，地熱，風力などを含み，水力を除く。

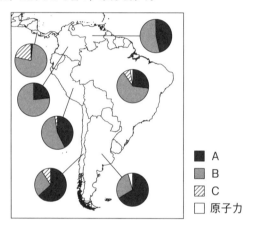

■ A
■ B
▨ C
□ 原子力

統計年次は 2017 年。
Energy Statistics Yearbook などにより作成。

図

	①	②	③	④	⑤	⑥
火　力	A	A	B	B	C	C
再生可能エネルギー	B	C	A	C	A	B
水　力	C	B	C	A	B	A

2 次の図1は，ブラジルの農産物の輸出額と，輸出総額に占める農産物の割合の推移を示したものであり，後の図2は，1971年と2019年におけるブラジルの農産物の輸出品目の内訳を示したものである。図1と図2から読み取れることがらとその背景について述べた文章中の下線部 ① ～ ④ のうちから，**適当でないもの**を一つ選べ。

図1

UN Comtrade により作成。

FAOSTAT により作成。

図2

　ブラジルでは，農産物が重要な外貨獲得源であり，1970年代初頭の農産物の輸出は，①大土地所有制を背景とした商品作物の生産に支えられていた。1990年代にかけては，②工業化が進展して輸出に占める農産物の割合は低下した。2000年代には，③農業が輸出指向型産業の性格を強めていった。1971年と比較すると，2019年には穀物や肉類の輸出額が増加するとともに，④コーヒー豆の輸出額は減少し，モノカルチャー経済からの脱却が進んでいる。

解答・解説　　**１**　②　　ラテンアメリカ諸国（コスタリカ，コロンビア，ペルー，チリ，アルゼンチン，ブラジル，ベネズエラ）におけるエネルギー源別の発電量の割合から，エネルギー源（火力，再生可能エネルギー，水力を判定

地誌

東アジア

東南アジア・南アジア

西アジア・アフリカ

ヨーロッパ

ロシアと周辺諸国

アングロアメリカ

ラテンアメリカ

オセアニア

日　本

させる問題である。図中のBは，**ブラジル**での割合が高いことから**水力**である。ブラジルは，南部の**パラナ川**，北部の**アマゾン川**を中心に水力発電の割合が高い。Aは，**アルゼンチン**，**チリ**，**ベネズエラ**（オリノコ川の水力発電も盛んで，火力と水力が均衡）などで高いため**火力**である。アルゼンチンは**国内で産出する天然ガス**，チリはアルゼンチンからパイプラインで輸送される**天然ガス**（近年は安定供給を目指し，水力発電にも力を入れる），ベネズエラは**国内で産出する石油**を利用した発電が盛んである。残る**C**が**再生可能エネルギー**である。再生可能エネルギーは，**環境負荷が小さい**が，巨額な資本・高度な技術が必要であり，**大量生産が困難**で，**コスト高**なこともあって，**途上国では先進国ほど導入されていない**。中米のコスタリカで，比較的割合が高いのは，風力発電と地熱発電に力を入れているからである。

2 ④　ブラジルの農産物の輸出額，輸出総額に占める農産物の割合の推移と1971年と2019年におけるブラジルの農産物の輸出品目の内訳を示した統計資料から，読み取れる事柄とその背景を問う問題である。

　図1からは，輸出総額に占める農産物の割合が1971年から1990年にかけて**急速に低下**し，その後は一定の割合を保っていること，**2000年頃から農産物の輸出額が急速に増加**していることを読み取ることができる。さらに**図2**からは，**1971年ではコーヒー豆，粗糖（サトウキビ），カカオ豆などのプランテーション作物の輸出割合が高い**が，**2019年には大豆，トウモロコシ，牛肉，鶏肉などの割合が高まっている**ことを読み取ることができる。

　①「（1971年初頭）**大土地所有制**を背景とした商品作物の生産に支えられていた」は，正しい。ブラジルは，**ポルトガル**によってプランテーション作物の栽培地として開発が行われてきたため（ヨーロッパで行われていた大土地所有制を導入），第二次世界大戦前から1970年代までは，**熱帯性のプランテーション作物の輸出を中心に**，**外貨を獲得**していた。大土地所有制は，ポルトガルがブラジルを植民地支配する際に，貴族などに広大な土地を分け与え，農園主の管理の下，多数の労働者を雇い農作物を生産させる制度のことで，ブラジルでは**ファゼンダ**と呼ばれ，現在でも残存している。

　②「（1990年代にかけては）**工業化が進展**して輸出に占める農作物の割合は低下した」も正しい。第二次世界大戦前から**輸入代替型の工業化**を図り，**1990年代には経済自由化政策による企業の民営化，外資導入などを積極的に行い，輸出指向型の工業化を進めた。あくまでも工業化が進み，農産物の輸出割合が低下しただけで，農産物の輸出額が減少したわけではない。

③「(2000年代には) **農業が輸出指向型産業の性格を強めていった**」も正しい。**1980年代の日本の ODA によるセラードの開発**（大豆畑の造成），**1990年代以降のアメリカ合衆国の穀物メジャーの進出**（大規模機械化や農薬・化学肥料の投下による生産性向上を目指すとともに，穀物メジャーによる**中国**などの海外市場の開拓）などにより，大豆，トウモロコシ，牛肉，鶏肉などを中心として，**重要な輸出産業に転換**していった。

④「(2019年には) コーヒー豆の輸出額は減少し」は，誤り！　1971年の農産物の輸出額は，**図1**から読み取ると約**20億ドル**，2019年では約**470億ドル**。一方，**図2**からは，1971年のコーヒー豆の輸出割合は約**50%**，2019年の割合は**10%弱**であることを読み取ることができる。したがって，1971年のコーヒー豆の輸出額は，20億ドル×50%＝およそ**10億ドル**，2019年のコーヒー豆の輸出額は，470億ドル×10%＝およそ**47億ドル**で，はるかに**2019年のコーヒー輸出額が多い**ことがわかる。

東アジア

東南アジア・南アジア

西アジア・アフリカ

ヨーロッパ

ロシアと周辺諸国

アングロアメリカ

ラテンアメリカ

オセアニア

日　本

27 オセアニア

1 オセアニアの自然環境と人々の生活

　オセアニアっていうのは，**オーストラリア大陸とニュージーランド**，その他の**太平洋の島々**をさすんだ。**Oceania** って何かに似てない？　そう，**Ocean**（大洋）だよ。オセアニアは大洋州という意味なんだ。

　では，**オーストラリアとニュージーランドの地形**を勉強していこう。

図1　オセアニアの国々

オーストラリアは世界の大陸の中では最も小さくて，大陸別の平均海抜高度もヨーロッパと並んで最も低いよ。図2を見てごらん。**大部分がかつてのゴンドワナランドで安定陸塊**だね。ただし，**東部には古期造山帯のグレートディヴァイディング山脈**が南北に走っていて，オーストラリアの分水界（オーストラリ

図2 オーストラリアとニュージーランドの位置と地形

アに降った雨を東西に分ける境界）になっているんだ。それから，**北東部の海岸沿いには大堡礁**（グレートバリアリーフ：Great Barrier Reef）と呼ばれる世界最大規模の**サンゴ礁海岸**が広がっているよ（世界自然遺産に登録）。

ニュージーランドは，オーストラリアと違って大部分が**新期造山帯に属する島国**だよ。日本列島から続く**環太平洋造山帯の一部**で，**地震や火山活動も活発**だね。**北島**と**南島**が主な島で，**高緯度側の南島南西岸にはフィヨルド**もみられるから注意してね（フィヨルドランドに，機会があったら行ってみてごらん。ものすごくきれいなところだ！）。

オセアニアの島々は，大部分が**サンゴ礁島**や**火山島**だよ。
前ページの**図1**にあるように，おおよそ**経度180度以西では赤道以北をミクロネシア**（「小さい島々」の意），**赤道以南をメラネシア**（「黒い島々」の意），**経度180度以東はポリネシア**（「多い島々」の意）と呼んでいるんだ。比較的**独立が新しい国**が多いんだよ。
ミクロネシアにはナウル（りん鉱石を産出）やアメリカ合衆国領の**グアム**，メラネシアには**パプアニューギニア**やフランス領の**ニューカレドニア**（ニッケルを産出），ポリネシアには**ニュージーランド**やアメリカ合衆国の**ハワイ諸島**，それに**タヒチ**などの**フランス領ポリネシア**などが含まれるよ。**観光収入**や援助に依存する国が多いのが特徴だ。

> オセアニアってオーストラリアだけのことをいうんだと思ってたよ。反省だね!!（^_^;)。
> 共通テストでオセアニアの統計が出題されたら，どんなふうに考えればいいのかなぁ？

　オセアニアには16の独立国があって，**地域人口は4,400万人**くらいだよ。そのうち**オーストラリアが約2,600万人**，**ニュージーランドが約510万人**だから，オセアニアの人口の約70%をこの２か国が占めるし，国土面積でもこの２か国が広いことから，**地域別の統計では先進国の色合いが濃く出る**ということになるね。

　国別に考える場合には，**オーストラリアとニュージーランドは先進国**，**他のオセアニア諸国は発展途上国**と考えよう。

　地形が終わったので，次は**気候**をやりたいんだけど，その前に**図3**でオーストラリアとニュージーランドの**位置**を確認しておこう！

　まず**赤道**はオーストラリア大陸の北にあるよね（南半球だから北が暑くて南が寒いし，季節も**12〜1月が夏**で，**7〜8月が冬**だよね！　オーストラリアのクリスマスは暑いんだよ!!!）。

　そしてオーストラリア大陸のほぼ中央部を**南回帰線（23°26′S）**が通過しているよ。つまり**亜熱帯高圧帯の影響を受ける緯度20〜30度の面積が広い**から，**乾燥気候（B）**の割合が高いということがわかるはずだ。**オーストラリアはすべての大陸の中で最も乾燥気候の割合が高いから，「乾燥大陸」って呼ばれている**んだ。内陸になればなるほど降水量は減少し，逆に沿岸部では降水量が多くなってくるよ。

　北部の半島部分は，最も低緯度にあるから，**熱帯気候**

図3　オーストラリアとニュージーランドの気候

（Aw，Am）が分布しているんだ。さらに**東岸には Cfa，南西岸に Cs が分布**
しているのは，その**緯度帯**を見るとユーラシアやアングロアメリカの気候で学
習した理由と同じだということがわかるよね？

　図3［➡ p.490］の**大陸西岸**を見て「あれーっ！」と思わなかった？　ふつ
う中高緯度の大陸西岸には Cfb が分布しているはずだよね。ところがないもん
なぁ……，と思ったら，**南東部に Cfb（西岸海洋性気候）があるよー！**

　これは，オーストラリアが右下がりの大陸なので，**偏西風**の影響が南東部の
ほうに大きく表れているんだね。かなりおもしろいよねぇ。気候の分布がわか
れば，人々の生活にとって快適な気候である**南東部に人口が集中**し，**シドニー**
（Cfa，536.7万人），**メルボルン**（Cfb，515.9万人）**の二大都市が立地**している
ことも理解しやすいだろう？　二大都市だけで**総人口の約40％を占めている**ん
だ。すごいよね！

> わかった!!　だから，**ニュージーランド**は**大陸の東岸**に位置して
> いるのに Cfb になるんだ。日本とほぼ同緯度で，大陸の東岸に
> あれば普通は Cfa になるはずだもんね。
> すごーい！　自分で答えて感激してる（＾o＾）。

　気候の最後に**オセアニアの島嶼部**の話をしよう。
　低緯度に位置し，海洋の影響も強いので，大部分が**熱帯気候**に属しているよ。
恵まれた自然環境をうまく利用して，**焼畑**などの農業や**漁業**を営み，伝統的な
生活を営んでいる人々も多いよ。

ポイント　オセアニアの自然環境と人々の生活

❶　**オーストラリアの大部分は安定陸塊**（旧ゴンドワナランド）で，東
　部の**グレートディヴァイディング山脈とタスマニア島は古期造山帯**
　に属するが，**ニュージーランドは新期造山帯に属している**。
❷　オセアニアの島嶼部は，**火山島やサンゴ礁島**からなり，**ミクロネ**
　シア，メラネシア，ポリネシアに大別される。
❸　**オーストラリア**は，全大陸中で最も**乾燥気候の割合が高い**。内陸
　には**砂漠気候（BW）やステップ気候（BS）などの乾燥気候**が，
　沿岸部には**熱帯気候（A）や温帯気候（C）が分布している**が，**ニ**
　ュージーランドはほぼ全域が西岸海洋性気候（Cfb）である。

地
誌

東アジア

東南アジア・
南アジア

西アジア・
アフリカ

ヨーロッパ

ロシアと
周辺諸国

アングロ
アメリカ

ラテン
アメリカ

オセアニア

日　本

❷ オーストラリア・ニュージーランド

> 自然環境をマスターしたところで，次はオーストラリアとニュージーランドの社会について説明してくれる？

　そうだね。**社会や産業**についてこの2か国を比較しながら勉強するとよりいっそうおもしろくなるよ。

　オーストラリアには，アボリジニーと呼ばれる**先住民**がいて，**狩猟・採集生活**を営んできたんだ（**牧畜や農耕はやっていなかった**ことに注意！）。ところが18世紀末から**イギリス人**をはじめとする**ヨーロッパ系の入植**が始まるんだ。当初は**流刑移民**による農業開拓を行い，後に**自由移民**を受け入れるんだね。その後，ゴールドラッシュに代表される**鉱産資源の発見**に伴って，**中国系**などアジアからの労働者が多数流入したんだよ。

　だけど本来，イギリスはアメリカ合衆国に代わる移民先としてオーストラリアに期待していたから（イギリス本国と同様に，みんなが英語を話し，キリスト教文化を共有できる社会を望んでいたんだね），見知らぬアジアからの貧しい労働者が増加するのを好まなかったんだ。

　そこで実施されたのが，**有色人種の移民を制限**する「**白豪主義**」だよ。同じ移民の国でも，アメリカ合衆国と違って人口が増えなかった理由の一つだね（そのため慢性的な労働力不足に陥り，工業の発展が遅れるんだ）。

　でも，**1970年代にイギリスがEC（現EU）に加盟**したことや，**労働力不足**によって日本，韓国，シンガポールなどのアジア諸国の経済発展から大きく立ち遅れたことがきっかけとなり，方向転換を図ることになるんだよ。

　つまり，今までのようにイギリスからの快適な移民受入先として，まるで「イギリスの家族」のように生きるのではなく，これからはアジア・太平洋諸国の一員として生きていこうと決意したんだ（**APEC：アジア太平洋経済協力会議**を提唱したのもオーストラリアだよ！　意気込みを感じるだろう？）。

　1970年代の「白豪主義」撤廃（超重要！！）によって，これまでのイギリス系住民への同化政策ではなく，**移民の出身地の文化を尊重していこうという「多文化主義」政策**に切り換えたんだ（1975年に人種差別禁止法制定）。だから，最近は**アジア系移民**（**難民**の受け入れにも積極的）が増加しているんだね。多文化主義のもとでのオーストラリアは，「移民して来た人々は，ちゃんとオーストラリアの文化（英語など）を受け入れてください。だけど母国の文化も大切にしてくださいね」という姿勢を打ち出しているんだ。すると英語が使いこ

なせて，なおかつ出身国の言語も使える人々（**バイリンガル**）がたくさんいるから，世界中から人々がオーストラリアを訪れやすい環境が整ってくるよね。最近はそのことを利用して，**留学生・観光客・多国籍企業など**を積極的に**誘致**してるんだ。特に，**多国籍企業におけるアジア・太平洋の拠点**として注目されているよ。

図4　オーストラリアに移住する人の出身地

　また，**先住民のアボリジニー**は，現在，都市部に**居住**する人が多いんだけど，かれらの生活水準を向上させるための**援助**や**土地所有に関する復権も徐々に進められている**よ。2000年のシドニーオリンピックの最終聖火ランナー（世界中の人々が注目！）にアボリジニーの選手を起用したのもその表れだね。

 ＜ オーストラリアの成り立ちはかなりおもしろかったよ。歴史的な背景を少しでも理解していると，わかりやすいよね。ところで，**ニュージーランドの先住民もアボリジニーと呼ばれる人々なの？**

　それは，違うよ！　ニュージーランドの先住民は，**ポリネシアから移住してきたマオリ**と呼ばれる人々なんだ。彼らは，古くから**農業**や**漁労**を営んできたよ。
　ニュージーランドの人口は**約510万人**で，オーストラリアと同様に**イギリス系住民**が多いけど，ニュージーランドの総人口の１割以上はマオリ人だよ。**公用語は英語だけでなくマオリ語も指定されている**のがオーストラリアと違う点だ。

　最後に**オーストラリアとニュージーランドの産業**について説明しよう。話はそれるけど，「オーストラリアもニュージーランドも主な産業は農業だから，先進国ではなく発展途上国ですよね？」という質問をよく受けるけど，どう思う？
　確かに，**オーストラリアの主な上位輸出品は石炭，鉄鉱石，液化天然ガス，金，原油**だし，**ニュージーランドは酪農品，肉類，木材，野菜・果実**などだからどちらも**一次産品中心**だよね。

ともに人口が少なく労働力が不足しているからヨーロッパや日本ほど工業化が進んでないのは事実なんだけど，**大規模経営による農業や機械化された鉱業**は生産性が高く，**1人当たりGNI**も高いから（オーストラリアは

図5　オーストラリア・ニュージーランドの農業地域

凡例：
肉牛の大牧場　羊の集約的飼育　サトウキビなど熱帯・亜熱帯の換金作物　その他（非農業地）
羊の大牧場　混合農業
酪農　小麦などの穀物農業　野菜・果樹栽培

アリススプリングス　ブリズベン　パース　アデレード　シドニー　メルボルン　ウェリントン

—— 等降水量線(mm/年)

64,490ドル，ニュージーランドは47,876ドル，以上2021年)，やっぱり**先進国**なんだ！　**OECDにも加盟しているし**ね。共通テストで先進国か途上国かを考えさせる問題が出たら，**日本，アメリカ合衆国，カナダ，EU，オーストラリア，ニュージーランドは自信を持って「先進国」だと判定しよう!!**

　話を戻して，**オーストラリアの農業**から話そう。
　北部や内陸では企業的牧畜が行われているんだ。
　牧牛は北部から内陸にかけて**盛ん**で，牛肉を日本にも輸出していることは知ってるだろう？　オージービーフ（Aussie beef：オーストラリア産の牛肉）って聞いたことあるんじゃないかなぁ？
　牧羊はグレートアーテジアン盆地やマリーダーリング盆地が代表的な地域だよ。グレートアーテジアン盆地は降水量が少ないBS〜BWなんだけど，豊富な**被圧地下水**に恵まれているため，**掘り抜き井戸**を利用して地下水を汲み上げ，羊や牛の飲み水に使っているんだ。地下水の**塩分濃度が高いから灌漑用水には適してない**ので注意してね。良質な羊毛がとれる**メリノ種**が多く飼育されているよ。被圧地下水全般が灌漑に使えないわけじゃなくて，アメリカ合衆国やサウジアラビアではバリバリ使っているよ。オーストラリアのグレートアーテジアン盆地ではダメ!!　ということを忘れないでね。
　南部の**マリーダーリング盆地**もBSが分布するんだけど，ここには外来河川の**マリー川やダーリング川**が流れているから**河川水を利用した灌漑が可能**で，

小麦の栽培と牧羊が行われているから注意してね！　この地域がオーストラリアの小麦栽培の中心だよ。なんといっても**オーストラリアは世界的な小麦の生産・輸出国**なんだから。

　乳牛飼育を中心とする**酪農**は，東部の山脈以東の降水量が多い地域で，特に**南東部の大都市**（シドニー〔Cfa〕やメルボルン〔Cfb〕）周辺で発達しているんだ。ここでは，酪農だけじゃなくて日本向け牛肉を生産する**フィードロット**も行われているよ。北東部（Am，Cw）には古くからメラネシア系の人々や移民の労働力を活かした**プランテーション農業として発達したサトウキビ栽培地域**があって，ここから日本へも砂糖を輸出しているよ。

　次は，**ニュージーランドの農業**だ。

　オーストラリアの多様な気候環境とは異なり，偏西風の影響を年中受けるため，**全土が温暖湿潤な Cfb**（西岸海洋性気候）の分布地域となっていたよね？
　だから**牧草**の生育が盛んで，一年中牧草が生えている**永年牧草地**が多いよ。羊はほぼ全域で飼育されているけど，より**湿潤な北島には乳牛が多く，酪農が発達している**から注意してね！

表1　オーストラリア・ニュージーランドの世界の農畜産物輸出に占める割合

● 小麦（世界計 1.98 億トン）

国　名	％
ロシア	13.8
オーストラリア	12.9
アメリカ合衆国	12.1
カナダ	10.9
ウクライナ	9.8

● 砂糖（世界計 8,761 万トン）

国　名	％
ブラジル	31.3
インド	12.7
タイ	5.0
オーストラリア	4.5
フランス	3.7

● 綿花（世界計 948 万トン）

国　名	％
アメリカ合衆国	31.4
ブラジル	21.3
インド	13.6
オーストラリア	7.6
ギリシャ	4.0

● 羊毛（世界計 56 万トン）

国　名	％
オーストラリア	35.7
ニュージーランド	26.4
南アフリカ共和国	5.5
イギリス	3.2
トルコ	3.0

● バター（世界計 191 万トン）

国　名	％
ニュージーランド	22.3
オランダ	16.8
アイルランド	15.3
ドイツ	7.1
ベルギー	6.7

● 牛肉（世界計 968 万トン）

国　名	％
ブラジル	16.1
アメリカ合衆国	11.4
オーストラリア	10.1
ニュージーランド	8.2
アルゼンチン	5.8

※統計年次は2021年。バターは2020年。牛肉に水牛肉は含まない。『世界国勢図会2023/24』などによる。

オーストラリアは**資源大国**っていうイメージが強いんだけど？

そうだねぇ。
オーストラリアは資源の宝庫だよね。特に**国内消費が少ないため**（1人当た

図6　オーストラリアとニュージーランドの資源分布

凡例:
- ■ 炭田
- ▲ 鉄鉱石
- Ⓤ ウラン鉱
- Ⓐ ボーキサイト
- Ⓖ 金鉱
- ▨ 工業地域
- ○ 工業都市
- ‒‒‒ 鉄道
- ● 首都

地名: ゴヴ、ウェイパ、ピルバラ地区、マウントホエールバック（マウントニューマン）、カルグーリー、パース、アデレード、メルボルン、モウラ、ブリズベン、ニューカースル、シドニー、キャンベラ、オークランド、ウェリントン

りの消費量が多くても，人口が少ないと総消費量はたいしたことないからね），カナダと同じように**輸出余力が大きい**んだ。**石炭も鉄鉱石も世界最大級の輸出国**だよ！

じゃあ，**鉱工業**についての説明をしていこう！

オーストラリアの資源の分布は，東部の古期造山帯地域で石炭，北西部の侵食が進んだ安定陸塊（楯状地）で鉄鉱石，北部の熱帯地域でボーキサイトというように，たとえ鉱山名なんて暗記していなくても，君たちが今まで勉強してきた地理的な考え方を駆使すれば簡単にわかってしまうよね！

ニュージーランドは，オーストラリアよりむしろ日本とよく似ているよ。**資源に乏しい**もんね。ただ，**偏西風の影響で降水量が多い**から，**水力発電が盛ん**で，……ということは？

そのとおり！　**アルミニウム工業**が発達してるんだ。また，新期造山帯に属するので，**地熱発電**も行われているよ（**水力54.3％，地熱18.9％，火力18.5％，風力5.9％**，バイオ燃料1.8％，太陽光0.5％，2021年）。**再生可能エネルギーの割合が80％**とすごく高いことに注意しよう！

工業に関しては，オーストラリア，ニュージーランドとも国内での需要を満たす範囲でしか工業化を行ってこなかったから，工業の発達が十分ではなかったんだ。そこで，現在は徐々に外国企業を誘致するなど輸出指向型の工業化も進めようとしているんだ。

また，**貿易**に関しても，**イギリスの地位が低下し，中国，日本，アメリカ合衆国などアジア・太平洋地域との関係が深まっている**ことには，十分に注意しようね！

地誌

表2 オセアニアの島嶼部のまとめ

国・地域	特　色
ナ ウ ル	ミクロネシア系。りん鉱石が産出していたが，近年は枯渇。1人当たり GNIは 17,434ドルと高い。
パプアニューギニア	メラネシア系。銅鉱，原油などの鉱産資源や林産資源が豊富。
フィジー	先住のメラネシア系住民とインド系との対立。サトウキビ。
ニューカレドニア(フランス領)	メラネシア系。ニッケルなど鉱産資源が豊富。
フランス領ポリネシア	ポリネシア系。タヒチ島は観光業が発展。

※統計年次は2021年。『世界国勢図会 2023/24』による。

東アジア

東南アジア・南アジア

西アジア・アフリカ

ヨーロッパ

ロシアと周辺諸国

アングロアメリカ

ラテンアメリカ

オセアニア

日　本

ポイント▶ オーストラリア・ニュージーランド

❶　**オーストラリアの先住民はアボリジニー**で，**ニュージーランドの先住民はポリネシア系マオリ人**であるが，両国とも全人口に占める**ヨーロッパ系移民の割合が高い。**

❷　オーストラリアでは，1970年代に**「白豪主義」を撤廃**し，多文化主義政策を実施したため，現在は，**アジア系などの移民が増加**している。

❸　オーストラリアは，**資源が豊富**で輸出も盛んだが，ニュージーランドは**資源に乏しい**。

❹　オーストラリア，ニュージーランドともに**輸出額に占める一次産品の割合が高い。**

1 南半球において，北半球の日本とほぼ同緯度帯にあるニュージーランドの自然と人々の生活について述べた文として最も適当なものを，①〜④のうちから一つ選べ。

① 北島では夏季にウィリーウィリーと呼ばれる高温のフェーンが吹き，農作物に害を与えることが多い。

② 北島はハリケーンの影響で降水量が夏に集中し，冬にはしばしば干ばつにみまわれている。

③ 南島は日本の北海道と同様，亜寒帯（冷帯）気候が広く分布し，山地では林業が盛んである。

④ 南島は東西での降水量の違いが大きく，降水量の少ない東岸部の平野では小麦の栽培や羊の放牧が行われている。

2 次の**表**は，いくつかの都市における外国人居住者の割合，外国人居住者に占める留学生の割合，年間労働時間を示したものであり，①〜④は，コペンハーゲン，シドニー，ソウル，ホンコンのいずれかである。シドニーに該当するものを，**表**中の①〜④のうちから一つ選べ。

表

	外国人居住者の割合（％）	外国人居住者に占める留学生の割合（％）	年間労働時間（時間／人）
東京	4	10	1,997
①	13	4	1,658
②	9	25	1,747
③	7	2	2,295
④	2	6	2,312

統計年次は2009年。*Global Power City Index* などにより作成。

3 　下の**表**は，次の**図1**中の太平洋島嶼国の旧宗主国または国際連合の信託統治の旧施政権国を示したものである。また，次ページの**図2**は，太平洋島嶼国に対するいくつかの国からのODA（政府開発援助）供与額を示したものであり，**ア〜ウ**はアメリカ合衆国，オーストラリア，日本のいずれかである。国名と**ア〜ウ**との正しい組合せを，次ページの①〜⑥のうちから一つ選べ。

パラオ　　　ミクロネシア連邦　マーシャル諸島

パプアニューギニア　　　　　キリバス

ナウル

ソロモン諸島　　ツバル

サモア

バヌアツ　　　　　　ニウエ

フィジー

トンガ　　　クック諸島

図1

表

旧宗主国または 国際連合信託統治の旧施政権国	太平洋島嶼国
アメリカ合衆国	マーシャル諸島，ミクロネシア連邦，パラオ
イギリス	トンガ，フィジー，ソロモン諸島，ツバル，キリバス
オーストラリア	パプアニューギニア
ニュージーランド	サモア，クック諸島，ニウエ
2国（イギリス・フランス）	バヌアツ
3国（イギリス・オーストラリア・ ニュージーランド）	ナウル

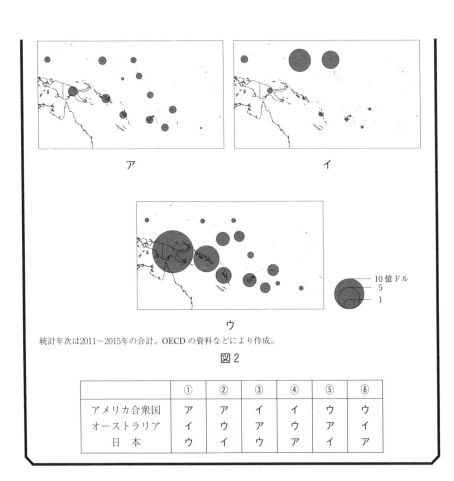

ア

イ

ウ

10億ドル
5
1

統計年次は2011～2015年の合計。OECD の資料などにより作成。

図2

	①	②	③	④	⑤	⑥
アメリカ合衆国	ア	ア	イ	イ	ウ	ウ
オーストラリア	イ	ウ	ア	ウ	ア	イ
日　本	ウ	イ	ウ	ア	イ	ア

1 ④　ニュージーランドは，ほぼ全域が Cfb（西岸海洋性
気候）だが，南島の西部にはサザンアルプスが南北に走るため，山脈の東側は
偏西風の風下になり，やや降水量が少なくなる。そのため，小麦栽培や牧羊が
発達している。よって，④が正しい。

　①　ウィリーウィリーは，オーストラリアを襲う熱帯低気圧の一種である（サ
イクロンのこと）。フェーンは地方風で，もともとはアルプス地方に吹く高温乾
燥風のことであったが，高温乾燥風が卓越する一般的な気象現象を「フェーン
現象」と呼んでいる。ウィリーウィリーは，フェーンではないので，誤り。

　②　ハリケーンは，カリブ海付近で発生し，メキシコ湾岸など北中米を襲う
熱帯低気圧で，ニュージーランドとは無関係である。さらにニュージーランド
は，偏西風の影響で年中平均的に降水があるため，降水量が夏に集中したり，
冬に干ばつにみまわれることはない。よって，誤り。

　③　前述のように，ニュージーランドはほぼ全域が Cfb である。また，南半
球には亜寒帯（冷帯）気候は存在しない。よって，誤り。

2 ②　外国人居住者の割合，外国人居住者に占める留学生の割合，年間労
働時間から，コペンハーゲン（デンマーク），シドニー（オーストラリア），ソ
ウル（韓国），ホンコン（中国の特別行政区）の4都市を判定する問題である。
都市の性格というより，ここでは4都市が位置する国の状況を考えて判定すれ
ばよい。最もわかりやすい指標は，年間労働時間（時間／人）である。労働時
間は経済発展とともに短くなる傾向があり，逆に余暇時間は増加する。

　したがって，表中の東京より短い①と②が先進国の都市のシドニーかコペン
ハーゲン，③と④が発展途上国の都市のホンコンかソウルである。①の方が②よ
り外国人居住者の割合が高いことから，EU 加盟国で域内における人の移動が
自由化されているデンマークのコペンハーゲンである。オーストラリアは移民
受け入れ国であることから，「外国人が多いに違いない！」と判定した受験生が
多いようだが，移民は外国人ではなく，外国生まれのオーストラリア人である
ので，オーストラリアへの移民者を外国人と考えてはいけない。

　②は外国人居住者に占める留学生の割合が高いことから，オーストラリアの
シドニーである。オーストラリアは英語圏であることから，日本などからの留
学生も多く，さらに多文化主義を政策として打ち出していることから，留学生
を受け入れやすい環境が整っている。

　③と④は判定できなくてもよいが，外国人居住者の割合がやや高い③がホンコ
ンである。ホンコンには東南アジア国籍の中国系住民（華人）などが居住して

地誌

東アジア

東南アジア・
南アジア

西アジア・
アフリカ

ヨーロッパ

ロシアと
周辺諸国

アングロ
アメリカ

ラテン
アメリカ

オセアニア

日　本

いるため，東京やソウルより高い値を示している。

　一方，④は留学生の割合が高いことから，韓国の**ソウル**である。韓国は，アメリカ合衆国指向が強いこともあって，英語教育が徹底しており，さらに国策として北東アジアにおける高等教育機関のハブ（拠点）を目指しているため，21世紀に入って留学生が急激に増加している。

3　④　　**アメリカ合衆国，オーストラリア，日本からの太平洋島嶼国に対するODA供与額を判定させる問題**である。ODA（政府開発援助）は，OECD（経済開発協力機構）のDAC（開発援助委員会）を通じて，先進国から途上国へ供与される。供与先は，**歴史的に関係が深い国**（旧宗主国と旧植民地など），**地理的に近い国**などであることが多い。したがって，**図2**だけでの判定は難しいが，**図1と表**を見れば，正答にたどり着くのは容易である。**図2**を見ると，**ア**は供与額も少なく，さらに偏りなく各国にODAが実施されているため，**日本**である。日本は，アメリカ合衆国，ドイツ，イギリス，フランスに次いでODAの供与額が多いが，二国間援助の供与相手国としては，**インド，バングラデシュ，ベトナム，モンゴル，ミャンマー，イラクなどアジア諸国が上位**を占めており，オセアニア島嶼部への供与額は多くない。これに対して，**イ**は旧アメリカ合衆国領である**ミクロネシア連邦，マーシャル諸島，パラオ**へ対する供与額が大きいことから，**アメリカ合衆国**である。残る**ウ**は，この地域への**ODA総額が多い**こと，旧オーストラリア委任統治領であった**パプアニューギニアへの供与額が多い**ことから**オーストラリア**と判定する。

国土が広くて資源大国のオーストラリア，国土がせまくて資源に乏しいニュージーランド，その対比が面白いよね！

28 日　本

地誌

東アジア

東南アジア・
南アジア

西アジア・
アフリカ

ヨーロッパ

ロシアと
周辺諸国

アングロ
アメリカ

ラテン
アメリカ

オセアニア

日　本

この項目のテーマ

1 **日本の自然環境**
自然環境と人々の生活とのかかわりを理解しよう！

2 **日本の人口と都市**
高齢化・少子化の進行と都市問題について考えよう！

3 **日本の産業と社会**
経済の発展と社会の変化に注目しよう！

1 日本の自然環境

なんか，あっと言う間に最後になってしまったねぇ。さびしいなぁ（；＿；）。でも，君たちが入試で大成功するように，最後まで気合い入れてがんばろうね！　入試が迫ってきて苦しい人もいるだろうけど，夢をあきらめるには早すぎる！！

まず，**日本の地形**について確認をしていこう！

日本列島は，プレートの「せばまる境界」付近に形成された弧状列島（島弧）だったよね？　**環太平洋造山帯に生じた火山や褶曲山脈**などの集まりだよ。

なんといっても４枚のプレートがひしめきあうんだから，世界でもまれな**地殻変動の激しい地域**なんだ。**地震や火山活動も非常に活発**で**自然災害も多い**よ。でも悪いことばかりじゃなくて**温泉**による観光・保養地も多く発達しているし，**地熱発電**にも利用されているんだ。

次のページの**図1**を見てごらん！　日本は国上の大部分が**北アメリカプレートとユーラシアプレート**の上にあるよね。

二つのプレートの境界には**フォッサマグナ**（「大きな溝」の意）があり，その西縁の**糸魚川・静岡構造線**と呼ばれる大断層によって**東北日本と西南日本**に**分けられる**んだ。さらに諏訪湖付近で糸魚川・静岡構造線と交わる**中央構造線**（メディアンライン）が**西南日本を外帯と内帯に分けていて，外帯の山地は険しく，内帯は丘陵や高原状の緩やかな山地が多い**よ。

図1　日本の地体構造

フォッサマグナの話に戻ろう！

この付近は大陸プレートどうしの境界で，特に糸魚川＝静岡構造線付近は<ruby>隆<rt>りゅうき</rt></ruby>起量が大きく，**西側には「日本アルプス」**（<ruby>飛驒山脈<rt>ひだ</rt></ruby>，<ruby>木曽山脈<rt>きそ</rt></ruby>，<ruby>赤石山脈<rt>あかいし</rt></ruby>）と呼ばれる3,000m級の山々が南北に連なっていて，**氷河地形**もみられるよ。

 日本は，新期造山帯に属しているから，とっても山がちだよね。確か，**国土の約60％が山地**だったと思うんだけど？

そうだったね。しかも，<ruby>壮年期<rt>そうねんき</rt></ruby>の険しい山が多いよね。**降水量が多い**から，河川の<ruby>侵食<rt>しんしょく</rt></ruby>，<ruby>運搬<rt>うんぱん</rt></ruby>，<ruby>堆積<rt>たいせき</rt></ruby>作用も活発で（だいぶ前に勉強したよね。<ruby>懐<rt>なつ</rt></ruby>かしい感じがするなぁ），山地には**V字谷**を<ruby>刻<rt>こく</rt></ruby>み，<ruby>山麓<rt>さんろく</rt></ruby>には**<ruby>扇状地<rt>せんじょうち</rt></ruby>**もたくさん発達しているよ。河口部分には**<ruby>三角州<rt>さんかくす</rt></ruby>**も多いしね。

<ruby>関東<rt>かんとう</rt></ruby>平野などに多い**台地**も各地でみられるよ［➡ p.57］。

図2を見るとわかるように日本の国土は，**山地の占める割合が高く（約60％，丘陵を加えると70％）**，小規模な平野しか発達していないから，生活の場の確保がなかなか大変だねぇ。

図2　国土の地形区分別構成

山地 61.0%	丘陵地 11.8	台地 11.0	低地 13.8	その他 2.4

0　10　20　30　40　50　60　70　80　90　100

地誌

東アジア

東南アジア・南アジア

西アジア・アフリカ

ヨーロッパ

ロシアと周辺諸国

アングロアメリカ

ラテンアメリカ

オセアニア

日　本

　ところで，**系統地理**分野で勉強した**扇状地**，**三角州**や**（洪積）台地**のこと，忘れてないよね？（＾_＾）

> 先生，大丈夫だよ！　平野は完璧なんだから（＾o＾）。じゃあ，次は僕の得意な気候を説明してくれる？

　なんか余裕だなぁ（＾o＾）。

　では，日本の気候について説明していくよ。共通テスト頻出のテーマだからがんばってね！

　ケッペンの気候区分では，**日本の大部分が温暖湿潤気候（Cfa）**になるけど，**北海道は亜寒帯湿潤気候（Df）**だよ。

　ユーラシア大陸の東岸に位置していて（**北端が北緯45度，南端が北緯20度**で，**南北25度の緯度差**があるね），**夏は南東季節風，冬は北西季節風の影響**を受けるよ。

　熱帯地域とは違って**四季の変化**が明瞭だから，洋服も季節ごとの衣替えが必要だよね（俺は昔から洋服大好きで，自分でも信じられないくらいのストックなので，衣替えは大仕事です（＾＾;)）。一般に**梅雨，台風**などの影響で**夏に雨が多い**よ！　東日本では**秋雨（秋霖）**による雨もなかなか多いからね。

　太平洋側と日本海側では，冬の天候に大きな違いがみられるよ。**東北，北陸，山陰の日本海側**では，**シベリア高気圧（シベリア気団）からの寒冷で乾燥した季節風**が，**日本海上で水蒸気を供給され（暖流の対馬海流の影響），日本海側に多量の降水や降雪をもたらす**んだ。逆に，**太平洋側は山越えした乾燥風**が吹き込むので，**晴天が多くなる**んだよ（➡ p.506 図4）。日照時間のデータを使って，太平洋側と日本海側の気候を判定させる問題は頻出なので要注意！特に，**日本海側は冬季の日照時間が短い**ことを忘れないようにね！

図3　日本の気候区分

図4　冬の大気現象の断面図

図5　日本各地の気温と降水量（月平均）

札幌（北海道の気候）
亜寒帯で冬の寒さは厳しい。
梅雨がないことに注意！

横浜（太平洋側の気候）
夏の降水量は多いが，冬は晴
天の日が多く降水量が少ない。

福井（日本海側の気候）
冬の降水・降雪量が多く，年
降水量も多い。

高松（瀬戸内の気候）
中国山地と四国山地にはさまれ，
季節風がさえぎられるため，晴天
の日が多く年降水量がやや少ない。

松本（内陸性の気候）
夏・冬の気温差（年較差）が
大きく，年降水量はやや少ない。

那覇（南西諸島の気候）
亜熱帯性気候で，年中気温が
高く降水量も多い。年較差が
小さい。梅雨入りは 5 月だと
いうことに注意！

＊日本各地における雨温図は，入試頻出なので要注意！

図6 日本の代表的な気圧配置

表1 季節による気候の変化

季節	特色
春	長江気団の勢力が強まり，移動性高気圧を伴うため，天候が変化しやすい。
初夏	オホーツク海高気圧と北太平洋（小笠原）高気圧との間で梅雨前線が生じる。梅雨前線の停滞（北海道を除く）で長雨をもたらし，集中豪雨による災害も発生する。太平洋側ではやませによる冷害。
夏	北太平洋（小笠原）高気圧の北上により，高温となり晴天をもたらすが，海洋性気団であるため湿度が高い。
秋	秋雨（秋霖）前線の停滞や台風の接近・襲来により，降水量が多い。
冬	シベリア高気圧（シベリア気団）が発達し，低温で乾燥した北西季節風が日本列島に吹き込むため，厳しい寒さをもたらす。太平洋側は乾燥するが，日本海側の一部では多量の降雪がみられる。

日本は地形も気候も変化に富んでいるよね。だから日本中どこに遊びに行っても，なんか新鮮でウキウキする感じがあるんだなぁ（^_^）。でもその反面，さまざまな災害も起こりやすいと思うんだけど？

うん，そうだね。，⑧自然災害でも学んだように，**地震や火山活動による災害も多いけど，天候の不順による気象災害も多い**よ。

たとえば，**夏にオホーツク海高気圧の勢力が強いと**，北海道から東北地方の**太平洋側では冷涼・湿潤なやませ（山背）が吹いて**，**冷害が生じる**ことがあ

よ。稲などの農作物に大きな被害を与えるんだ。やませの被害については,小学生の時からやっているのにもかかわらず（笑）太平洋側と日本海側を間違える人がとっても多いから要注意！

梅雨による雨が例年より少ないと,**西日本の瀬戸内地方**や**九州**では**水不足**の心配があるし,大河川がない**沖縄**なんかではなおさら深刻なんだよ。

それから最近は「**都市型災害**」も増加しているんだったね。

都市化の進展によって,従来はあまり利用されていなかった後背湿地や河口付近の低湿地などの開発も進んだよね。ここで,もし人工堤防が決壊すれば,被害は甚大なものになるだろうね。

舗装化によって地面を人工物で覆ってあるため,**集中豪雨**などが起こった場合,雨水が地下に**浸透せず**に,短時間に**小河川**に流れ込んで**洪水**を起こしたり,低いところ（たとえば地下街や地下鉄など）に流れ込んだりする都市独特の災害が実際に発生しているんだ。

このような**開発に伴う災害**に対して,早急な対策が必要だね。そこで現在は,**雨水を浸透させる舗装の開発・導入**,**洪水対策用の地下河川や地下調整池の建設**が始められているという説明を以前したはずだよ。

地誌

東アジア

東南アジア・南アジア

西アジア・アフリカ

ヨーロッパ

ロシアと周辺諸国

アングロアメリカ

ラテンアメリカ

オセアニア

日　本

ポイント　日本の自然環境

❶　日本は,**環太平洋造山帯**に属する**弧状列島**で,**火山や地震**が多い。

❷　日本は,**ユーラシアプレート**,**北アメリカプレート**,**太平洋プレート**,**フィリピン海プレート**の四つのプレート境界に位置し,**北アメリカプレートとユーラシアプレートの境界付近にはフォッサマグナ**が走る。

❸　国土の大部分は **Cfa**,北海道は **Df** に属し,**季節風（モンスーン）**の影響が大きく,**四季の変化も明瞭**である。

❹　国土は南北に広がり,地形も複雑で,**気候的な地域差が大きい**。

❷ 日本の人口と都市

　現在は**先進国**となった**日本**も，明治の初めには人口が3,000万人しかいなくて，発展途上国のようにピラミッド（富士山）型の人口構成をしていたんだよ（現在の日本の人口ピラミッドは**つぼ型**）。その後，**死亡率が徐々に低下して人口が増え始め**，第二次世界大戦後の**第1次ベビーブーム** [➡ p.513 ✍] （1947〜49年）で急増するんだ。でも，**家族計画の普及や生活水準の向上**によって今度は**出生率が低下**し，特に**第2次ベビーブーム**（1971〜74年）以降，出生率の低下は深刻な問題になっているよ [図7]。ベビーブームの年代を忘れないように！

　日本の出生率は世界でも最低レベルなんだ。1997年には**老年人口が年少（幼年）人口を上回ってしまってる**からね。それに1人の女性が生 涯に産む子どもの平均数を示す**合計特殊出 生 率** [➡ p.261 ✍] も**1.20**（2023年）と先進国中最低レベルで，2005年にはついに……**自然増減率がマイナス**となり2010年代から長期的な**人口減少社会**に突入してしまったんだ。2040年には，老年人口が全人口の約3分の1を占めると予測されているよ。

　急速な少 子 化と高齢化に対応することが今後の大きな課題だということを⑭の❸ [➡ p.260] で学習したよね？（復習しておこうね！）。

表2　日本の人口統計

総人口 （万人）	人口密度 （人/km²）	出生率 （%）	死亡率 （%）	乳児死亡率 （人）	自然増加率 （%）	老年人口率 （%）	合計特殊出生率 （人）
12,203 (*12,495)	335	6.6	11.7	1.7	−5.1	28.9	1.20

※統計年次は2021年。総人口，人口密度，合計特殊出生率は2023年。　＊外国人人口を含む。

図7　日本の人口ピラミッド

日本も他の先進国と同じように，**都市への人口集中が進んでいる**よね。いつごろからこんなにたくさんの人が都市に集まるようになったの？

都市への人口集中が急速に進むのは，やっぱり**第二次世界大戦後**だね。特に，1950年代後半から1960年代の高度経済成長期に**東京**，**大阪**，**名古屋**の三大都市圏に**人口が流入**したんだ。都市で急速に工業化が進み，農村より高水準の現金収入が得られるから，**農村から都市への移動**が活発になったんだよ。その後，**都市の過密化と農村の過疎化**が問題となるんだ。

　首都圏を例にとれば，高度成長期の前半は**東京**に人口が流入するんだけど，後半は**東京周辺の神奈川**，**埼玉**などに流入が急増するんだね。

　ところが，**1970年代の石油危機以降**は，都市の経済が停滞し始めたので，**U ターン現象** [➡ p.513] などの**大都市圏から地方都市への人口移動**も始まるんだ。現在（2015～2020年）は，人口が増加したのがたったの8都県（**沖縄・東京・埼玉・愛知・神奈川・福岡・滋賀・千葉**）で，減少したのはなんと39道府県なんだ（2022～2023年は，全ての都道府県で減少）！

　最近は，東京にまた**人口が流入**してるって聞いたんだけど，これはおかしいよね。**地価がすごく高い**んだから，**居住人口は減少**するはずだよね？

　それがさぁ，最近は人口が減っていた**東京**にも人が戻ってきているんだ。1990年代初めの**バブル経済崩壊**以降，**不況**が長引いていて，地価が下がってきたので，**1990年代後半からは徐々に東京（特に都心部）に人口が流入**してるんだよ。

表3　都道府県別の人口増加率

上位		下位	
東　京	0.20%	秋　田	−1.59%
沖　縄	−0.01	青　森	−1.39
神奈川	−0.04	岩　手	−1.32
埼　玉	−0.05	山　形	−1.31
滋　賀	−0.11	高　知	−1.22

※2021年の1年間。

　これを**都心回帰**というんだ。最近は，**大阪市**や**名古屋市**でも同じような現象がみられるよ。たとえば，以前は神奈川や埼玉に住んでいて，都心に通勤や通学をしていたけど，地価や家賃が下がってきたから東京都内に住んでもいいじゃないかという人々が増えているんだよ。

　もちろん，都心部の**昼間人口**はもともととっても多いけど，昼間人口っていうのは居住している人（**夜間人口**，**常住人口**）のことじゃなくて，通勤などで一時的にそこにいる人を含んでいるから，混同しないでね。だから都心部の**昼夜間人口比率**（（**昼間人口／夜間人口**）×100）は，とっても高いことに注意！

　それから，**沖縄**にも注意してほしいな！　**都道府県別の人口増加**を考えると

地誌

東アジア

東南アジア・南アジア

西アジア・アフリカ

ヨーロッパ

ロシアと周辺諸国

アングロアメリカ

ラテンアメリカ

オセアニア

日　本

き，**1980年代の後半以降は，出生率の低下**によって自然増加率がすごく低くなっているから，人口増加の大部分が**社会増加**によるものだ。

ただし，**沖縄**だけは，社会増加率は低いんだけど，出生率が高くて自然増加率が高いので，人口増加率の上位にくるんだよ［➡ p.511表3］。

ただ，日本全体の

図8　主な都市の人口

800万人
300万人
200万人
100万人

住民基本台帳人口
による上位20市と
東京23区。

札幌 196
新潟 78
仙台 107
大阪 273
さいたま 133
東京23区 952
神戸 152
京都 139
北九州 94
広島 119
岡山 70
千葉 98
川崎 152
横浜 376
福岡 157
熊本 73
堺 83
名古屋 230
浜松 80
静岡 69
相模原 72
沖縄県

※2022年1月1日現在。

図9　過疎地域の全国に占める割合

市町村数

51.5%

人　口

9.3%

面　積

63.2%

※統計は2022年4月1日現在。
　総務省調べ。
　人口と面積は2020年国勢調
　査による。

図10　都道府県別の人口増加率

0.0〜1.0
−1.0〜0.0
−1.0未満

※2021〜2022年。

人口が減少しているから，人口増加率が高いっていっても，たいしたことないんだけどね。

📖 **ベビーブーム** **一時的な出生数の急増現象**のことで，日本では第二次世界大戦直後の**1947〜49年**がこれに当たる（**第1次ベビーブーム**）。**第2次ベビーブーム**は**1971〜74年**で，これは第1次ベビーブームの際に生まれてきた子どもたちが出産適齢期（てきれいき）を迎えたため生じた。戦争や革命（かくめい）などが起きて社会が混乱すると，出生率は低下し，安定すると上昇するため，欧米（おうべい）諸国などでも同様な現象が生じた。

📖 **Uターン現象** **大都市から地方への人口移動現象**。地方から大都市へ移動した人が再び地方の出身地に戻（もど）ることをさす。「**Jターン現象**」とは，大都市へ移動した人が，地元に近い地方の中心地に移住することである。

ポイント 日本の人口と都市

❶ **日本の総人口は約1.2億人**であるが，**出生率が低く**，近い将来人口の減少が予測されている。

❷ **合計特殊出生率が1.20（2023年）**と少子化が深刻である。

❸ **老年人口率は28.9%（2021年）**で，**急速な高齢化（こうれいか）**に対するさまざまな取り組みが行われつつある。

❹ **1950年代後半〜1960年代の高度経済成長期**に，**三大都市圏（けん）への人口集中**が進み，**1970年代の石油危機**以降，やや沈静化（ちんせいか）する。

❺ **近年**は，**不況（ふきょう）による地価の下落（げらく）**などによって，**都心回帰（かいき）**が生じ，東京の人口が増加しつつある。

地誌

東アジア

東南アジア・南アジア

西アジア・アフリカ

ヨーロッパ

ロシアと周辺諸国

アングロアメリカ

ラテンアメリカ

オセアニア

日　本

「日本」の地理では小中学校で学んできたこともいっぱいあるよ。忘れてることもあると思うので気分を新たにしてもう一度がんばってみよう！

❸ 日本の産業と社会

さて，本当に最後のテーマになってしまったよ。ここでは，日本の**農林水産業，鉱工業**などの特色についてマスターしようね！

まず，**農業**についてやってみよう！　前にも話したように，日本は**国土の約60%が山地**で，**農業に適した平野が狭い**よね。だから農地の割合は国土の約12%にしかならないんだ。**家族労働中心で，零細経営の農家が多い**んだよ。**農業従事者1人当たりの農地面積は約2.0ha**で，**欧米に比べて著しく小さい**んだ〔➡ p.165〕。**主業農家**（農業所得が主➡ p.520 📈）だと約4 haとけっこう規模が大きいんだけどね。

でも，多くの労働力や資本，高い技術を導入してるから，**土地生産性はとても高い**のが特徴だよ〔➡ p.160〕。ただ，**人件費**などの生産コストが高いから，**安い輸入農産物**に押されがちなんだね。

しかも，国内の他産業より労働生産性が低いため，特に高度成長期以降は**農業就業人口，専業農家数などが激減**し，現在も**後継者不足**に頭を悩ませているんだよ。**高齢化による耕作放棄地の増加**も深刻で，耕作放棄地の総面積は埼玉県や滋賀県と同じくらいの面積になっているよ。特に**中山間地域の耕作放棄地面積が多い**んだ。このままではいけない，なんとかしなくちゃ。

> 日本は**海外の安い農産物**に対して**農業保護政策**を実施してきたよね。

うん，そうだよ。**農業生産を維持し，農家を保護**するため，国内の生産物と競合する農産物に関しては，長い間**食糧管理法**にもとづいて**輸入制限を実施**してきたんだ。でも**GATT**（現**WTO**）や**アメリカ合衆国**から強く**市場開放を要求され**，徐々に**輸入自由化を実施**してきたんだね。

ここでは，自由化が最も遅かった米を例にとって説明していこう！

第二次世界大戦後，農地改革が実施され，**多くの自作農が生まれた**んだ（それまでは，少数の地主が多くの小作農を使って農業生産をしていた）。自作農は自分の耕地で，自分のために農作物を栽培するから生産性も向上したんだよ。また，米の自給をできるようにするために，**食糧管理制度**によって農家の生産した米を，政府が高い値段で買い取る**価格支持政策**を行ってきたんだよ。こうすれば農家は思い切ってたくさんの米を生産できるよね（作りすぎても政府が買い取ってくれるから安心だろう？）。流通も，「農家➡政府➡政府指定の業者

➡消費者」と渡るため，農家は安定した収入を得ることができるようになったんだ。ところが，高度成長による**生活水準の向上と食生活の変化**によって，**米の生産過剰**が問題となってきたんだね。米の1人当たり年間消費量は，1962年には118.3kgだったのが，2020年には50.8kgとすごい減少だ！

そこで1970年ごろから生産調整（減反や畑作への**転作奨励**）を実施し，需要と供給のバランスを保とうとしたんだよ。小中学生のころ，授業で聞いたことがあるよね！　生産調整の開始の年代は要注意だよ!!　2018年には，**減反を廃止**したけどね。

一方，海外からの輸入米については，厳しく**輸入制限**をしていたんだ。これに対して，アメリカ合衆国など米の輸出国からは相当たたかれたんだね。「なんでこんなにたくさん自動車を日本から買ってやってるのに，日本はアメリカの米を買わないんだ！」と……。

そこで1995年，やっと米の輸入の**部分自由化**（ある最低限度の量は必ず輸入をするという約束をしたんだ。これを**ミニマムアクセス**というよ）を実施し，1999年からはついに関税化による自由化にふみきるんだね。**国内での米流通も1995年からは新食糧法によって自由化**され，今ではスーパーやコンビニでも自由に米を売ってるよ。君にとってはあたりまえかな。

輸入が自由化されるということは，外国からの安い農産物がたくさん国内に入ってくるから，食料自給率はどんどん落ちていくんじゃないのかなぁ？

そうだね。次の**食料自給率**（p.520⛰）に関する統計を見てごらん！

表4　日本の食料自給率（%）の推移

	1970	1980	1990	2000	2010	2015	2021
穀類(食用＋飼料用)	46	33	30	28	27	29	29
米	106	100	100	95	97	98	98
小麦	9	10	15	11	9	15	17
豆類	13	7	8	7	8	9	7
野菜	99	97	91	81	81	80	79
果実	84	81	63	44	38	41	39
肉類	89	81	70	52	56	54	53

表5　各国の食料自給率（%）

	穀類	食用穀物	豆類	野菜類	果実類	肉類	卵類	牛乳・乳製品
日本	29	63	8	79	39	53	97	63
アメリカ合衆国	116	167	172	84	61	114	104	101
イギリス	91	94	53	42	12	75	94	89
ドイツ	101	114	13	41	31	120	70	106
フランス	187	183	79	68	64	102	98	104
イタリア	61	72	39	151	104	81	99	86
オランダ	11	17	0	325	39	326	166	162
オーストラリア	181	191	198	93	103	166	98	106

※統計年次は2019年（日本は2021年概算）。

地誌

東アジア
東南アジア・南アジア
西アジア・アフリカ
ヨーロッパ
ロシアと周辺諸国
アングロアメリカ
ラテンアメリカ
オセアニア
日　本

特に，米以外の穀物や豆類の自給率がすごく低いよね。

それから，1991年に牛肉とオレンジ類の輸入自由化が行われたため，1990年代から肉類と果実の自給率が低下していることにも注意！ [➡ p.515 表4]　日本の食料自給率は先進国の中で最も低い水準で [➡ p.515 表5]，大量の食料を海外に依存している**食料の輸入大国**だという自覚が俺たちには必要なんだね。

 そうかぁ。これからの**日本の農業**も大変だなぁ。安い輸入農産物も魅力はあるけど，まったく**自給**できないっていうのもなんか不安だよねぇ。

そうだね。日本の農家もいろいろと努力をしているよ。

農地の借り入れなどによって**経営規模の拡大**に努めたり，日本人の嗜好にあった高品質な農産物の生産や，無農薬，有機栽培をするなど**安全性の高い農作物の栽培**にも力を入れ，輸入品との差別化を図ろうとしているね。**食料の自給と農産物の輸入問題**は今後の大きな課題だな。それから，地域の貿易自由化を目指す**TPP**（**環太平洋経済連携協定**または**環太平洋パートナーシップ**）[➡ p.316 👍] の進め方も気になるところだね。

図11　地域別の農業産出額の割合（2021年）

北海道　1兆3,108億円

| 7.9% | 16.0 | 58.4 | 17.7 |

東北　1兆3,592億円

| 26.7% | 18.0 | 34.0 | 21.3 |

北陸　3,687億円

| 55.8% | 14.7 | 19.8 | 9.7 |

関東・東山　1兆8,951億円

| 12.3% | 34.7 | 29.7 | 23.3 |

東海　5,094億円

| 11.2% | 29.6 | 31.7 | 27.5 |

近畿　4,572億円

| 23.3% | 24.0 | 22.1 | 30.6 |

中国　4,650億円

| 19.6% | 19.3 | 43.0 | 18.1 |

四国　4,035億円

| 10.7% | 35.7 | 24.3 | 29.3 |

九州　1兆7,905億円

| 8.2% | 23.1 | 48.9 | 19.8 |

沖縄　922億円

| 0.5% | 12.9 | 45.6 | 41.0 |

　米　　　野菜　　　畜産　　　その他

※統計年次は2021年。北陸は新潟・富山・石川・福井の4県，東山は山梨・長野の2県，東海は岐阜・静岡・愛知・三重の4県。

日本の林業や水産業については，系統地理分野でやったけど，簡単にまとめておいてくれる？

　じゃあ，**林業**と**水産業**について，**表6**にまとめておくよ！　特に，農業には十分復習の時間をとろうね！

表6　日本の林業・水産業のまとめ

	特色と現状
林　業	国土の約 70%が森林。木材需要の約 60%を輸入に依存。世界的な輸入国。かつては，フィリピン，インドネシア，マレーシアなど**東南アジアへの依存度**が高かったが，**原木の輸出規制**により，近年は，カナダ，アメリカ合衆国などへの依存度が高まる。
水産業	世界的な漁獲国だが，沿岸漁業，沖合漁業，遠洋漁業ともに不振。世界最大級の輸入国。輸入急増の原因は，円高による輸入の容易さ，生活水準の向上による高級化・多様化，流通革命による輸送技術の発達など。マグロやエビ，サケ，マスなど高級魚の輸入が多い（**図12**）。

図12　主な輸入水産物（2021年）

エビの輸入先（合計1,784億円）

インド	ベトナム	インドネシア	その他
22.3	19.4%	16.4	41.9

マグロの輸入先（合計1,824億円）

（台湾）	中国	韓国	その他
19.9%	13.3	10.9	55.9

輸入額 1兆5,158億円
その他 32.5
エビ 11.7%
マグロ 12.0
サケ・マス 14.5
魚介類の調製品 21.2
イカ 3.7
カニ 4.4

日本貿易表を用いて算出。(生)は生鮮・冷凍および生きているもの。調製品は加工したものなど。財務省「貿易統計」
サケ・マス輸入先1位はチリ（全体の約60%）。

　では，最後に**鉱工業**について説明しよう。
　エネルギー・鉱産資源については，極端に**自給率**が低いっていうことを知ってるだろう？　石炭，石油，天然ガスなど化石燃料はほとんどを輸入に依存しているんだったね。**1970年代の石油危機**以後は，石油に代わる**代替エネルギーの開発**を積極的に進め，**原子力発電**や**太陽光**，**地熱**，**風力**など**再生可能エネルギー**の利用に取り組んでいるよ。
　また，世界でもトップクラスの省エネルギー化が進んでいて，これは世界に誇れる部分だね。**コージェネレーションシステム**って聞いたことないかな？ちょっとだけ，話を聞いてくれる？
　たとえば，重油やLNGを燃料として火力発電を行ったとするだろう？するとエネルギーの40%が電力となり，残りのエネルギーは廃棄されてしまう

んだ。もったいないよねぇ。

　そこで，このとき発生する熱を回収し，冷暖房や給湯などに利用することによって，エネルギーの80%を利用することができるというシステムを**コージェネレーションシステム**っていうんだ。

　これは徐々に実用化が進んでいるよ。まだまだ問題は多いけど，君たちの中からもっとすばらしいエネルギーシステムを考え出す人が出るんじゃないかなぁ？　期待しているよ!!!

　工業に関しては，**第二次世界大戦前まで日本は発展途上国レベルの工業化**しか進んでいなかったんだよ。主な工業製品は**繊維品**で，一部の軍需産業が成長していた程度だったんだ。

　第二次世界大戦後，急速に工業化が進み，1950年代後半から1960年代にかけての高度経済成長期には鉄鋼，石油化学，造船などの重化学工業**が基幹産業になっていったんだね。

　でも**1970年代の石油危機以降**，資源を大量に消費するタイプの鉄鋼業や造船業は不況業種となり，より**付加価値が高い自動車などの機械工業や先端技術産業に移行**していくことになるんだ。

　1980年代後半からは，円高の影響（輸出が不利になるよ）や**人件費**，地価の高騰により生産費が上昇したため，**コストダウン**を図る目的で，**アジアNIEs，ASEAN，中国など**の発展途上地域へ生産拠点が移動しているんだ。さらにアメリカ合衆国など**先進国**との間で**貿易摩擦**が生じたため，これを解消するために現地に日本企業を設立し，生産を行うようになったんだ［**図15 ➡ p.519**］。すると**海外の日系企業は発展するけど，日本国内の産業は衰退するという，産業の空洞化が生じる**んだね。これ

図13　製造業における大規模事業所と中小規模事業所

企 業 数		98.4%（1.6%）
従業者数	33.0%	67.0%
出 荷 額	大企業 51.1%	中小企業 48.9%

※従業者300人未満の事業所を中小規模事業所とした。
統計年次は2020年。従業者数は2021年6月現在。

に対応するため，今後はさらに**知識集約化**［**➡ p.521** 📖］を進め，より一層製品やサービスの付加価値を高める努力が必要になるんだ。だから企業や大学が連携（**産学連携**）して研究開発を行ったり，高度な知識や技術を要する**ベンチャービジネス**［**➡ p.521** 📖］の育成などが求められているんだね！

　かんばれ，日本!!

図14　日本の工業製品の出荷額とその変化

	機械	金属	化学	食料品	繊維（紡織）	その他
1930年 60億円	11.7%	8.4	15.1	16.0	36.5	12.3
1955年 6兆 3960億円	14.7%	17.2	14.9	18.8	繊維 16.0	18.4
1980年 214兆 6998億円	31.8%	15.5	16.6	10.5	5.2	19.9
2020年 303兆 5547億円	45.0%	13.1	13.1	12.9	1.2	14.7

図15　日本のアメリカ合衆国への自動車輸出と現地生産

現地生産　輸出

万台　400　350　300　250　200　150　100　50　0
1970　75　80　85　90　95　2000　05　10　15　22年

地誌

東アジア

東南アジア・南アジア

西アジア・アフリカ

ヨーロッパ

ロシアと周辺諸国

アングロアメリカ

ラテンアメリカ

オセアニア

日　本

表7　工業製品出荷額における工業地域の変化

3大工業地帯	京　浜	中　京	阪　神	計	北九州(参考)
1980 出荷額（10億円） 全国比（％）	37,613 17.5	25,102 11.7	30,263 14.1	92,978 43.3	5,834 2.7
1990 出荷額（10億円） 全国比（％）	51,591 15.8	44,503 13.6	40,573 12.4	136,667 41.8	7,779 2.4
2000 出荷額（10億円） 全国比（％）	40,253 13.3	42,747 14.1	32,552 10.7	115,552 38.1	7,426 2.4
2010 出荷額（10億円） 全国比（％）	25,771 8.9	48,144 16.6	30,139 10.4	104,054 35.9	8,249 2.8
2020 出荷額（10億円） 全国比（％）	23,119 7.6	54,630 17.9	32,451 10.6	110,200 36.1	8,995 2.9

主な工業地域	関東内陸	京　葉	東　海	瀬戸内	計	全国計 （その他含む）
1980 出荷額（10億円） 全国比（％）	18,053 8.4	9,899 4.6	9,525 4.4	20,803 9.7	58,281 27.1	214,700 100.0
1990 出荷額（10億円） 全国比（％）	33,632 10.3	12,262 3.7	16,465 5.0	26,688 8.2	89,047 27.2	327,093 100.0
2000 出荷額（10億円） 全国比（％）	30,482 10.0	11,519 3.8	16,781 5.5	24,203 8.0	82,985 27.3	303,582 100.0
2010 出荷額（10億円） 全国比（％）	29,018 10.0	12,414 4.3	15,885 5.5	29,278 10.1	86,595 29.9	290,803 100.0
2020 出荷額（10億円） 全国比（％）	29,150 9.6	11,977 3.9	16,515 5.4	27,991 9.2	65,633 28.1	303,555 100.0

※総務省・経済産業省「経済センサス―活動調査」より作成。京浜は東京都・神奈川県の全域，中京は愛知・三重県の全域，阪神は大阪府・兵庫県の全域（以上，3大工業地帯），北九州は福岡県の全域，関東内陸は栃木・群馬・埼玉県の全域，京葉は千葉県の全域，東海は静岡県の全域，瀬戸内は岡山・広島・山口・香川・愛媛県の全域とした。

現在，日本企業は**国内**では高級品，新素材・バイオテクノロジーを利用した製品，ICT 関連製品などを生産し，**海外**では量産型の家電などを生産する傾向が強くなっているよ。**研究開発部門**では，アメリカ合衆国やヨーロッパ諸国とのハイテク競争があるし，**量産部門**では中国や ASEAN（アセアン），アジア NIEs（ニーズ）との**価格競争**を勝ち抜かなければならないなど問題は多いね。**つまり日本の未来は，本書を読んでいる君たちにかかっているということだよ!!!**

表8　地域開発のまとめ

地域開発	時　期	特　色
特定地域総合開発計画	1951年，戦後復興期	TVA型の電源開発。多目的ダムを多数建設。
全 国 総 合 開 発 計 画	1962年，高度経済成長期前半	太平洋ベルトへの産業・人口集中を是正。拠点開発方式により，新産業都市，工業整備特別地域を指定し，地方に産業を分散。
新全国総合開発計画	1969年，高度経済成長期末期	太平洋ベルトと地方との格差是正。大規模プロジェクト方式により各地に大規模工業基地を建設。
第三次全国総合開発計画	1977年，石油危機後の安定成長期	地方への人口定着を図る。定住構想により，自然との調和がとれた産業や地方都市の育成。
第四次全国総合開発計画	1987年，バブル景気	東京一極集中を是正するため，多極分散型の国土形成をめざす。交流ネットワーク構想。
21世紀の国土のグランドデザイン	1998年，平成不況	太平洋ベルト以外の国土軸の形成を目標。多軸型国土構造を形成。

農家の分類　農家の分類には，明治以来の**専業農家**，**兼業農家**の分類法と，1995年農業センサスによって導入された**主業農家**（農業所得が主），**準主業農家**（農業外所得が主で，65歳未満の農業従事者がいる），**副業的農家**（農業外所得が主で，65歳未満の農業従事者がいない）の分類法がある。

日本の工業地域（p.528 **図4**）　第二次世界大戦までは，**阪神工業地帯**（金属，繊維中心）が最大の工業地帯であったが，戦後，**京浜工業地帯**（機械，出版など）に首位の座を奪われた。近年は，自動車工業を中心とする**中京工業地帯**の伸びが著しく，工業生産額ではトップである。このほか，**関東内陸（北関東）工業地域**（自動車，家電など）の発展が著しく，**北九州工業地帯**の地位は低下している。参考までに，**工業統計において，2002年から出版がはずされたため**，出版が大きな地位を占めていた京浜工業地帯の生産額が著しく減少している［p.519 **表7**］。

食料自給率　国内の食料消費が国産食料でどれくらい賄（まかな）えているかを示す指標。

総合食料自給率と品目別自給率がある。品目別自給率は重量ベースで算出されるが，総合自給率には，生産額ベース，重量ベース，カロリーベースによる算出方法がある。日本の総合食料自給率（2021年）は，**生産額ベースで63％**，**カロリーベースで38％**となっている。

👆 **産業の知識集約化**　知識が価値を持つ産業構造への転換を図ることで，先端技術産業だけでなく，全ての産業がそれぞれの分野で人間の知的活動が製品やサービスに付加されること。

👆 **ベンチャービジネス**　高度な知識，新技術，独創的なアイデアを生み出す**知識集約型・創造型の小企業**。

ポイント 日本の産業と社会

❶　日本の農業の特色は，労働集約的で**土地生産性が高い**が，国際競争力が弱いため，安価な輸入農産物が多く流入している。

❷　**農産物の自給率**は先進国の中できわめて低く，特に近年の輸入自由化以降，**自給率は低下**を続けている。

❸　林業，水産業ともに不振で，国内需要をまかなうことができず，輸入が増加している。

❹　高度経済成長期に，先進工業国の仲間入りを果たし，**重化学工業化**が進展した。

❺　**石油危機後**，産業構造の転換を図り，高度な知識や技術を利用して高付加価値製品の製造に力を入れている。

❻　近年は，日本企業の多国籍化が進み，**企業の海外進出による産業の空洞化**が生じている。

東アジア

東南アジア・南アジア

西アジア・アフリカ

ヨーロッパ

ロシアと周辺諸国

アングロアメリカ

ラテンアメリカ

オセアニア

日　本

チェック問題 　　　　　　　　　標準 4分

1 焼津市の防災施設を見て防災について関心をもったサクラさんは，静岡県中部で防災に関する地域調査を行い，地理の先生に報告した。次の図は静岡県中部のある地域の地形図（左）と，同範囲の地形分類図（右）である。下のサクラさんと先生との会話文中の下線部ア〜ウの正誤の組合せとして正しいものを，次ページの①〜⑧のうちから一つ選べ。

地理院地図，土地条件図により作成。
地形分類図は小面積のものを一部省略してある。

先　生　「興味深い調査をしてきましたね。図や，サクラさんが調べたことをもとに，この地域の防災上の注意事項を考えてみましょう。たとえば K 地点は地形から見て，建物を建てるときには液状化の対策が必要かもしれないですね。他の地点についてはどう思いますか？」

サクラ　「はい，まずこの地区のハザードマップを見たところ，この図の範囲内に洪水の危険性がある箇所は描かれていませんでした。M 地点付近は谷で土石流の危険性があると描かれており，ア主に土砂災害の危険性があるので砂防ダムなど

の対策が必要だと思いました。ハザードマップでL地点付近は急傾斜地崩壊危険箇所となっていました。L地点付近に30年前から住んでいるという方から話を聞いたのですが，このあたりで洪水を経験したことはないそうです。しかし，地形分類図も参考にすると，L地点付近では，ィ土砂災害とともに洪水にも注意が必要だと思います。N地点付近では，下の写真のように，川の水面からは少し高く，道路より低い所が駐車場やテニスコートになっていました。N地点付近ではゥ洪水の危険性があり，大雨の際には近づかないほうがいいと思いました」

先　生　「みなさんはどう思いますか？」

地
誌

東アジア

東南アジア・
南アジア

西アジア・
アフリカ

ヨーロッパ

ロシアと
周辺諸国

アングロ
アメリカ

ラテン
アメリカ

オセアニア

日　本

	①	②	③	④	⑤	⑥	⑦	⑧
ア	正	正	正	正	誤	誤	誤	誤
イ	正	正	誤	誤	正	正	誤	誤
ウ	正	誤	正	誤	正	誤	正	誤

2 幹線道路沿いに工業団地が造成されていることに気づいたケイタさんは，次に北上市の工業の変遷について調べることにした。次の表は，1960年，1985年，2010年の各年次について北上市における製造品出荷額の上位5業種と総従業員数を示したものであり，**ア〜ウ**は電気機械器具，輸送用機械器具，窯業・土石製品のいずれかである。業種名と**ア〜ウ**との正しい組合せを，下の①〜⑥のうちから一つ選べ。

表

順位	1960年	1985年	2010年
1位	木材・木製品 (55.6)	イ (30.6)	イ (41.8)
2位	食料品 (17.7)	一般機械器具 (12.6)	ウ (14.3)
3位	ア (13.5)	鉄鋼 (11.6)	パルプ・紙・紙加工品 (12.3)
4位	金属製品 (5.5)	パルプ・紙・紙加工品 (11.5)	一般機械器具 (8.7)
5位	一般機械器具 (1.6)	ア (6.1)	金属製品 (8.3)
総従業員数(人)	1,432	8,224	13,909

括弧内の数値は，製造品出荷額全体に占めている割合（％）を示す。
業種名は1985年の分類に統一してある。
『工業統計表』により作成。

	①	②	③	④	⑤	⑥
電気機械器具	ア	ア	イ	イ	ウ	ウ
輸送用機械器具	イ	ウ	ア	ウ	ア	イ
窯業・土石製品	ウ	イ	ウ	ア	イ	ア

3 交通網と地域の産業や生活とのかかわりをみるために，ケイタさんは岩手県全体の主題図を作成することにした。次の図は岩手県の主な交通網と，岩手県におけるいくつかの指標を市町村別に示したものであり，**ア〜ウ**は1km²当たりの事業所数，1世帯当たりの自動車保有台数，通勤・通学者数に占める他市町村への通勤・通学者の割合のいずれかである。指標名と**ア〜ウ**との正しい組合せを，次ページの①〜⑥のうちから一つ選べ。

岩手県の主な交通網

	高速道路
	幹線道路
	鉄道

0 20km

高位
中位
低位

ア

イ

ウ

統計年次は，1km²当たりの事業所数が2009年，1世帯当たりの自動車保有台数と，
通勤・通学者数に占める他市町村への通勤・通学者の割合が2010年。
岩手県の主な交通網は2010年。
経済センサスなどにより作成。

図

	①	②	③	④	⑤	⑥
1km² 当たりの事業所数	ア	ア	イ	イ	ウ	ウ
1世帯当たりの自動車保有台数	イ	ウ	ア	ウ	ア	イ
通勤・通学者数に占める他市町村への通勤・通学者の割合	ウ	イ	ウ	ア	イ	ア

地誌

東アジア

東南アジア・
南アジア

西アジア・
アフリカ

ヨーロッパ

ロシアと
周辺諸国

アングロ
アメリカ

ラテン
アメリカ

オセアニア

日　本

解答・解説　**1**　① 　静岡県中部の防災に関する地域調査についての会話
文である。M地点は，**東部の山地に向かう谷**に位置しているため，斜面崩壊な
どの土砂災害が生じた場合には土石流が発生する可能性があり，土砂の流下を
堰き止めるために「**砂防ダム**」などの防災対策は必要となる。したがって，ア
の下線部は正しい。L地点は，会話文中にあるように「**急傾斜地崩壊危険箇所**」
となっていることから，「土砂災害」が発生する危険性があるとともに，**地形分**

類図からは谷底平野であり，河川の水位が著しく上昇した場合には水害の恐れもあるため，イの下線部も正しい。N地点は，写真からすると河川よりは高いが，地形分類図では河川敷（かせんしき）と示されている。河川敷とは，常に河川が流れている河道に対して，増水時に冠水する平坦地であるため，平時には写真のように安全に見えても，増水時は洪水の危険性がある。したがって，ウの下線部も正しい。

2 ④　北上市における製造品出荷額の上位業種と総従業員数のデータから，電気機械器具，輸送用機械器具，窯業・土石製品を判定させる問題である。ア（窯業・土石製品）が順位を下げていることは，日本の産業構造の変化から判定はできる。窯業とは，粘土や石灰岩などを高熱で処理し，陶磁器，ガラス，瓦，セメントなどを生産する業種である。新素材などのハイテク分野に進出している企業もあるが，伝統産業としての性格が強い。イ（電気機械器具）とウ（輸送用機械器具）の判定はやや難しい。輸送用機械器具は，自動車，航空機，船舶，鉄道車両などを含むが，入試の際には自動車と考えてよい。電気機械器具は，家庭電化製品，情報通信機器，電子部品・デバイスなどいろいろあるが，特に（注）がないかぎりはこれらの製品と考える。表中では，イが1980年代から首位で，2010年でも40％以上と首位を保っているので電気機械器具とし，近年は自動車産業が三大工業地帯以外の北関東，東北，九州などに進出していることからウを輸送用機械器具と判定する。参考までに北上市には，トヨタグループが進出したため輸送用機械器具の出荷額が増加している。

3 ④　まず岩手県の主な交通網の図を見てみよう。北上盆地に位置する盛岡駅から北上駅にかけては平野に恵まれ鉄道，高速道路，幹線道路が整備され，経済の中心となっていることがわかる。したがって盛岡市～北上市にかけて高位を示すイが1㎢当たりの事業所数（企業数）である。アは岩手県の県庁所在地である盛岡市が低位で，その周辺地域が高位，中位になっていることから，通勤・通学者数に占める他市町村への通勤・通学者の割合である。周辺から盛岡市に通勤・通学している人々が多いと考える。残るウは盛岡市が低位で，西部の奥羽山脈付近で高位を示していることから1世帯当たりの自動車保有台数である。公共交通機関が整備されていないため，自動車を保有していなければ生活に支障をきたすと考えれば判定ができる。

日 本 の 現 況

図1 日本の面積と地方区分

北海道地方

中部地方

中国地方

東北地方

九州地方

関東地方

おきなわ
沖縄

四国地方

近畿地方

日本の面積
37万2,973km²
(37万7,976km²)

九州・沖縄	四国	本州 23万1,235km²	北海道 7万8,421km² (8万3,424km²)

4万4,514km²

1万8,803km²

カッコ内は北方領土をふくむ面積。

図2 日本の山地・山脈と主な火山の分布

てしお
天塩山地

きたみ
北見山地

ひだか
日高山脈

ひだ
飛騨山脈

でわ
出羽山地

きたかみ
北上高地

えちご
越後山脈

おう
奥羽山脈

きそ
木曽山脈

あぶくま
阿武隈高地

たんば
丹波高地

関東山地

中国山地

つくし
筑紫山地

あかいし
赤石山脈

四国山地

すずか
鈴鹿山脈

きい
紀伊山地

九州山地

主な
火山

地
誌

東アジア

東南アジア・
南アジア

西アジア・
アフリカ

ヨーロッパ

ロシアと
周辺諸国

アングロ
アメリカ

ラテン
アメリカ

オセアニア

日　本

図3　日本の主な河川と平野

石狩川
天塩川
石狩平野
津軽平野
秋田平野
庄内平野
越後平野
（新潟）
播磨平野
（姫路）
岡山平野
讃岐平野
筑紫平野
筑後川
富山平野
木曽川
最上川
信濃川
十勝川
十勝平野
北上川
仙台平野
阿武隈川
関東平野
利根川
高知平野
淀川
宮崎平野
熊本平野
吉野川
大阪平野
濃尾平野
天竜川

沖縄県

図4　主な工業地帯と工業地域

北海道
関東内陸
北九州工業地帯
阪神工業地帯
北陸
瀬戸内
常磐
鹿島臨海
京葉
大分臨海
東海
中京工業地帯
京浜工業地帯

図5 主な火力発電所（2023年10月末現在）

最大出力180万kW以上の
火力発電所

- 姫路第二 292万kW
- 川越 480万kW
- 舞鶴 180万kW
- 新名古屋 305万kW
- 碧南 410万kW
- 上越 238万kW
- 東新潟 486万kW
- 原町 200万kW
- 広野 180万kW
- 常陸那珂 200万kW
- 東扇島 200万kW
- 川崎 342万kW
- 横浜 302万kW
- 千葉 438万kW
- 橘湾 210万kW
- 西名古屋 238万kW
- 堺港 200万kW
- 御坊 180万kW
- 新大分 283万kW
- 姉崎 315万kW
- 袖ヶ浦 360万kW
- 富津 516万kW

沖縄県

＊太平洋ベルトなど大消費地付近に立地。

図6 主な水力発電所（2023年10月末現在）

最大出力
60万kW以上の水力発電所
カッコ内は水系名

- 新高瀬川 128万kW（信濃川）
- 大河内 128万kW（市川）
- 安曇（信濃川）62.3万kW
- 奥清津 160万kW（信濃川）
- 俣野川 120万kW（旭川，日野川）
- 奥多々良木 193.2万kW（市川，円山川）
- 奥清津第二 60万kW（信濃川）
- 南原 62万kW（太田川）
- 奥美濃 150万kW（木曽川）
- 下郷 100万kW（阿賀野川）
- 天山 60万kW（六角川，松浦川）
- 沼原 67.5万kW（那珂川）
- 塩原 90万kW（那珂川）
- 今市 105万kW（利根川）
- 玉原 120万kW（利根川）
- 本川 61.5万kW（吉野川）
- 奥吉野 120.6万kW（新宮川）
- 新豊根 112.5万kW（天竜川）
- 神流川 94万kW（信濃川，利根川）
- 葛野川 160万kW（富士川，相模川）
- 小丸川 120万kW（小丸川）
- 奥矢作第二 78万kW（矢作川）

沖縄県

＊有効落差が得られる山間部に立地。

地
誌

東アジア

東南アジア・南アジア

西アジア・アフリカ

ヨーロッパ

ロシアと周辺諸国

アングロアメリカ

ラテンアメリカ

オセアニア

日　本

図7　原子力発電所の所在地（2023年9月15日現在）

●運転中（廃炉になるまで運転中扱）
⊗廃炉　△審査中　⚡未申請
○建設中　◎再稼働の許可
カッコ内は原子炉の数

日本原子力産業協会資料による。

泊△△△207.0万kW（3）

柏崎刈羽
⊗⊗⊗⊗⊗○○
821.2万kW（7）

大間△
138.3万kW（1）

敦賀
△⊗116.0万kW（2）
○307.6万kW（2）

高浜●●●●339.2万kW（4）
美浜●⊗⊗166.6万kW（3）
大飯●●⊗⊗
471.0万kW（4）

東通△110.0万kW（1）

志賀△⚡
551.9万kW（2）

女川⊗◎⚡
217.4万kW（3）

島根
⊗◎82.0万kW（2）
○137.3万kW（1）

福島第二⊗⊗⊗⊗
440.0万kW（4）
（楢葉，富岡）

東海第二◎110.0万kW（1）

伊方●⊗⊗202.2万kW（3）
川内●●178.0万kW（2）

浜岡△△⚡361.7万kW（3）

沖縄県

玄海●●236.0万kW（2）
　　⊗⊗111.8万kW（2）

＊2023年現在，再稼働の許可を受けた原子炉は18基（＝●◎）で，そのうち12基が運転中。

全部のデータを丸暗記する
必要はないけど，知ってい
れば，共通テストの問題を
解くときに楽になるよ。

図8　主な鉄鋼工場所在地（2022年7月1日現在）

高炉一貫製鉄所

室蘭市
（日本製鉄）

倉敷市
（水島）
（JFEスチール）

福山市
（JFEスチール）

姫路市
（日本製鉄）

加古川市
（神戸製鋼所）

神戸市
（神戸製鋼所）

北九州市
（日本製鉄）

鹿嶋市
（日本製鉄）

千葉市
（JFEスチール）

東海市
（日本製鉄）

君津市
（日本製鉄）

大分市
（日本製鉄）

和歌山市
（日本製鉄）

川崎市
（JFEスチール）

沖縄県

日本鉄鋼連盟資料,「全国製鉄所見学MAP」および各社ホームページによる。

図9　主な自動車組立工場所在地（2022年3月31日現在）

- 四輪車の組立工場
- 二輪車の組立工場

トヨタ車体
（いなべ）

三菱ふそう（富山）

ホンダ（鈴鹿）

スズキ（相良）

トヨタ自動車東日本（岩手）

ダイハツ（滋賀）

トヨタ（元町）

トヨタ自動車東日本（宮城大衡）

ダイハツ（京都）

トヨタ（高岡）

日産（栃木）

ダイハツ（池田）

トヨタ（堤）

SUBARU（本工場）

日産自動車九州
（苅田）

三菱
（水島）

SUBARU（矢島）

日野（古河）

トヨタ自動車
九州（宮田）

UDトラックス（上尾）

ホンダ（寄居）

トヨタ車体（富士松）

三菱ふそう（川崎）

トヨタ車体（吉原）

いすゞ（藤沢）

トヨタ車体（刈谷）

日産（追浜）

ホンダ（熊本）

マツダ（本社）

カワサキ
（明石）

マツダ（防府）

日野（羽村）

ダイハツ九州（大分）

トヨタ（田原）

ヤマハ（本社）

トヨタ自動車東日本（東富士）

三菱（岡崎）

スズキ（磐田）

スズキ（湖西）

スズキ（浜松）

日本自動車工業会HP「日本の自動車工場分布図」による。

地
誌

東アジア

東南アジア・
南アジア

西アジア・
アフリカ

ヨーロッパ

ロシアと
周辺諸国

アングロ
アメリカ

ラテン
アメリカ

オセアニア

日　本

図10 半導体工場所在地（2022年）

半導体チップの製造を行う工場で，カバーや電線をつける行程のみの工場や研究開発工場を含まない。

産業タイムズ社「半導体工場ハンドブック2022」による。

沖縄県

図11 石油化学コンビナート所在地（2022年7月現在）

三井化学コンビナート（岩国大竹）

ENEOSコンビナート（川崎）

ENEOS（旧東燃化学）コンビナート（川崎）

三菱ケミカルコンビナート（水島）

丸善石油化学コンビナート（市原）

出光興産コンビナート（周南）

旭化成コンビナート（水島）

三菱ケミカルコンビナート（鹿島）

三井化学コンビナート（市原）

出光興産コンビナート（千葉）

住友化学コンビナート（姉崎・袖ヶ浦）

三菱ケミカルコンビナート（四日市）

太平洋ベルト

昭和電工コンビナート（大分）

東ソーコンビナート（四日市）

三井化学コンビナート（大阪）

石油化学工業協会HPおよび「石油化学工業の現状」（2022年）による。

図12 セメント工場所在地（2022年4月1日現在）

沖縄県

図13 パルプ・紙工場所在地（2022年7月現在）

沖縄県

図14　都道府県名

太平洋側なのか
日本海側なのか
内陸なのかを意識して都道
府県の名前と位置を確認！

図15 都道府県庁所在地・都市名

- ----- 都・道・府・県界
- ----- 北海道の支庁界
- ● 都・道・府・県庁の所在地
- ● 北海道の総合振興局所在地
- ● 北海道の振興局所在地

稚内
留萌　旭川　網走
札幌　岩見沢　帯広　根室
倶知安　釧路
室蘭　浦河
江差　函館
青森
秋田　盛岡
山形　仙台
新潟　福島
宇都宮
金沢　富山　前橋　水戸
福井　長野　さいたま
松江　鳥取　岐阜　甲府　東京　千葉
　　　　京都　　横浜
岡山　神戸　大津
広島　山口　　奈良　名古屋　静岡
　　　大阪
佐賀　高松　和歌山
福岡　松山　徳島
大分　　　高知
長崎　熊本
鹿児島　宮崎

0　　　200km

那覇

地
誌

東アジア

東南アジア・
南アジア

西アジア・
アフリカ

ヨーロッパ

ロシアと
周辺諸国

アングロ
アメリカ

ラテン
アメリカ

オセアニア

日　本

47都道府県の都道
府県庁所在地名は
バッチリだよね！

最後までがんばった「君」へ

　地図と地理情報，系統地理から始まって，地誌の最後「日本」まで，**本当によくがんばりました！**

　最初はちょっとだけ（？）辛い時間も過ごしたかもしれないけど，少しずつ面白くなっていっただろう？　君たちは，本屋さんで本書を手にとり，「はじめに」を読んだ瞬間，成功への一歩を踏み出しているのです。

　地理は最高に楽しい科目です。「こんな楽しい学問に出会わず大学に行くのはもったいない！」と，俺は本気で思います。最初に話したように，受験で成功することはもちろんだけど，ただそれだけでは地理は面白くないよ。

　俺は，君たちには世界を正しく見つめ，**日本の将来を背負っていく存在になってほしいんだ。**この一年間のがんばりは，必ず君たちの未来を支えてくれるからね！　もちろん，俺もずーっと君たちを応援してます。

　そして今だけじゃなく，何歳になっても輝いていられるように，元気を出して（無理矢理でも），**友達や学校の先生や家族と力を合わせて，君自身が楽しい人生にしてくださいね！**　心から，心から成功を祈っています！

　　がんばれ！　全国の地理受験生♥♥♥

瀬川　聡

次ページからの「さくいん」には，共通テスト「**地理総合**」，「**地理探究**」攻略のための**重要用語**が掲載されているよ。積極的に活用して，身につけた知識を整理してくれよ！

さくいん

な行

は行

542

ら行

わ行

瀬川　聡（せがわ　すなお）
　西南学院高等学校教諭を経て、現在、河合塾地理科講師。
　東京書籍・文部科学省検定教科書『地理総合』『地理探究』編集協力者。
　大学入学共通テスト対策から東大対策の授業まで幅広く担当。毎週、全国の校舎を飛び回るも、疲れは一切見せず、どの校舎でも熱意あふれる授業を展開。
　また、全国に配信されている「河合塾マナビス」での映像授業にも出講し、夏期講習、冬期講習は毎年必ず満員御礼となるなど、絶大な人気と実績を誇る「地理」受験指導の第一人者。河合塾の授業以外にも模試作成、テキスト執筆に加え、全国の高校地理教員研修（教育委員会、私学協会、地理部会、東京書籍）、各種講演会など活動は多岐にわたる。
　著書は、『瀬川聡の　大学入学共通テスト　地理B［系統地理編］超重要問題の解き方』『瀬川聡の　大学入学共通テスト　地理B［地誌編］超重要問題の解き方』『瀬川＆伊藤のSuper Geography COLLECTION 01 大学入試　カラー図解　地理用語集』『大人の教養面白いほどわかる地理』（以上、KADOKAWA）、『大学入学共通テスト　地理Bが1冊でしっかりわかる本［系統地理編／地誌編］』（かんき出版）、『大学入学共通テスト　瀬川聡地理B講義の実況中継［系統地理編／地誌編］』（語学春秋社）、『地理用語完全解説G』（共著、河合出版）など多数。
　地理のおもしろさを全国に伝えるため、YouTubeチャンネル「瀬川聡と伊藤彰芳のジオラジ」配信中。

かいていだい　はん　だいがくにゅうがくきょうつう
改訂第2版　大学入学共通テスト
ちりそうごう　ちりたんきゅう　てんすう　おもしろ　ほん
地理総合、地理探究の点数が面白いほどとれる本
0からはじめて100までねらえる

2020年7月10日　初版　　　　第1刷発行
2022年7月22日　改訂版　　　第1刷発行
2024年7月29日　改訂第2版　第1刷発行
2024年10月25日　改訂第2版　第2刷発行

せがわ すなお
著者／瀬川　聡

発行者／山下　直久

発行／株式会社KADOKAWA
〒102-8177　東京都千代田区富士見2-13-3
電話　0570-002-301（ナビダイヤル）

印刷所／TOPPANクロレ株式会社
製本所／TOPPANクロレ株式会社

●お問い合わせ
https://www.kadokawa.co.jp/（「お問い合わせ」へお進みください）
※内容によっては、お答えできない場合があります。
※サポートは日本国内のみとさせていただきます。
※Japanese text only

定価はカバーに表示してあります。

©Sunao Segawa 2024　Printed in Japan
ISBN 978-4-04-606236-9　C7025